Zu diesem Buch

Essen ist in aller Munde: Selten zuvor wurde so häufig über Essen geredet und so viel dafür getan. Imbißketten und Feinschmeckerrestaurants verheißen kulinarische Genüsse, ganze Stadtviertel stellen sich mittlerweile als gastronomische Ereigniszonen dar. Was sich Tag für Tag am Familien-, Kneipen- oder Restauranttisch abspielt, hat sich in den letzten Jahren tatsächlich radikal gewandelt: Pizza und Nouvelle Cuisine, Hamburger und heimatliche Kost koexistieren genauso unvermittelt wie Schnellimbiß und betonte Pflege der Tischkultur oder wie gastronomische Plaudereien, Diätratschläge und die Angst vor vergifteten Lebensmitteln.
Claus-Dieter Raths Erkundungen der Eßkultur machen auf einen kaum bedachten, theoretisch wenig erschlossenen Teil unserer Alltagskultur aufmerksam. Wie wir das Grundbedürfnis Hunger stillen, sagt über gewisse Orientierungen und Tendenzen unseres Gemeinwesens mehr aus als Produktionsziffern und Durchschnittseinkommen. Mit dem koketten Grausen vor Currywurst und industrieller Abfütterung ist jedoch noch nichts getan, erst der genauere Blick auf die vielfältigen Formen sich auflösender und neubildender Eß- und Tischkulturen erschließt die Bedeutung, die Essen in unserer Lebenswelt hat. Selbst als Gewohnheit behält Essen etwas Außergewöhnliches: ein Rest seines mythischen Reizes geht nicht einmal beim ungesellig-hastigen Verzehren einer Dosenmahlzeit verloren. Die Lust, mit der wir unser täglich Brot verzehren, verdanken wir nicht zuletzt den Bildern, Assoziationen und Phantasien, die selbst diejenigen mit Essen verbinden, die sonst Gegner jeglicher Zusätze sind.

Claus-Dieter Rath, geboren 1949 in Tübingen, hat Germanistik, Psychologie und Philosophie in Heidelberg und Berlin studiert. Anfang der siebziger Jahre begann er sich mit Alltagskultur zu beschäftigen; in den letzten Jahren betrieb er theoretische und empirische Untersuchungen über elektronische Medien im Alltagsleben und zur Anthropologie der Sinne. Seine Beschäftigung mit Eßkultur geht unter anderem auf einen mehrjährigen Studienaufenthalt in Süditalien zurück.
Claus-Dieter Rath ist wissenschaftlicher Mitarbeiter am Institut für Semiotik und Kommunikationstheorie an der Freien Universität Berlin.

Claus-Dieter Rath

Reste der Tafelrunde

Das Abenteuer der Eßkultur

rororo
Rowohlt

Kulturen und Ideen

Herausgegeben von Johannes Beck,
Heiner Boehncke, Wolfgang Müller
und Gerhard Vinnai

Redaktion: Wolfgang Müller
Umschlagentwurf: Stolle Wulfers

Originalausgabe
Veröffentlicht im Rowohlt Taschenbuch Verlag GmbH,
Reinbek bei Hamburg, April 1984

Satz Trump Mediaeval (Linotron 404)
Gesamtherstellung Clausen & Bosse, Leck
Printed in Germany
1680-ISBN 3 499 17816 8

Inhalt

Reise in die Landschaft des Essens 6
Eß-Kenntnisse 10
Gastrosophie 15
Die ersten Mahle. Vom Saugen zum Essen 31
Gegessenes und Geträumtes – Essensvorstellungen 38
Schmecken und Geschmack 69
Gift – die unmäßige Gabe 96
Zwei Karrieren: Pferd und Tomate 110
Das Mahl und seine Auflösung 131
Tischgenossen und Eigenbrötler 144
Die nationalsozialistische Tischgemeinschaft 176
Imbisse 187
Die Zivilisierung des Essers 215
Regionale und transnationale Kost 229
Konserven / Fragmente 249
Zur Lage der essenden Nation – «Ernährungsfehlverhalten» 265
Luxus und Notwendigkeiten 280
Die Fetten 297
Essens-Spaß: Genuß und Lustgewinn 317
Literaturliste 328
Bildquellennachweis 334

Reise in die Landschaft des Essens

René Magritte: Le sorcier (Der Zauberer, 1952)

essen
verzehren
fressen, prassen
Nahrungsmittel in sich aufnehmen
aufessen
verschlingen
sich nähren
eine Mahlzeit einnehmen
Frühstück halten
sich beköstigen
sich etwas zugute tun
an etwas naschen
fett werden
sich gütlich tun
wacker essen
begierig und mit Lust essen
viel und tüchtig essen
etwas Gutes zu Abend essen
die Zwischenmahlzeit halten
an einem Mahle des Guten zu viel tun
behaglich den Morgenimbiß einnehmen
ein Bankett abhalten
eine üppige Fresserei halten
am Tisch sitzen und essen
tafeln
jausen
ein kleines, frugales Abendmahl einnehmen
eintunken
festen
einen Leichenschmaus halten
an etwas herumbeißen
mühsam kauen
an etwas nagen, lange kauen
vorkauen und aus dem Munde zu essen geben
schnabulieren
mit Appetit essen
zuschnappen
schlecken
wegschnappen

reinhauen
hineinschlagen
mit Stumpf und Stiel aufessen
mit dem Essen aufräumen
naschen
mausen, stibitzen
beigen (unmäßig essen)

den Löffel so schnell wie den Dreschflegel handhaben
hastig essen
gierig drauflos, den andern vorwegessen
tief in die Schüssel fahren
Brot aus der Hand essen

1938

eine große Portion Essen bewältigen
eine Speise bezwingen
fegen, verputzen
aufkriegen
sich mehr als satt essen
an allem herumprobieren
einen Imbiß zu sich nehmen
hinwegraffen, vernichten
zermalmen
wiederkäuen
beim Essen heikel und wählerisch sein
kneifeln
gemächlich kauen
pulen
klauben
zerkrümeln, zerbröckeln

abbrechen, abbeißen
die Reste eines festlichen Mahles verzehren
ausgräten
beim Essen mit der Zunge schnalzen
knuspern
an harten Brotrinden nagen
aufknacken
mit wiederholtem Krachen beißen
verstohlen und mit Eifer Brot essen
mit quietschendem Geräusch essen
nagend essen, gleichsam wie ein Mäuschen
etwas Knorpeliges zerbeißen

mit den Zähnen zerdrücken
schwerfällig kauen
mit zahnlosem Munde kauen
schmatzen
mittels Zunge und Gaumen empfinden
prüfend kosten, schmeckend prüfen
beschmecken
ein wenig versuchen, kosten
an der Mutterbrust stark ziehen
schälen, abhäuten

zerpflücken
die Schüssel beim Essen neigen
vespern
aus einem Teller, einer Schüssel Suppe trinken
stopfen
verlecken, verfressen, verschwenden
Eßwaren leicht abkauen und den Rest liegen lassen
spröde tun im Essen
sich am Essen lange aufhalten

1958

ruhig aber anhaltend essen
mit geschlossenen Lippen kauen
verschlingen
herunterschlucken
verdauen
beim Essen den Mund zu voll nehmen
mampfen
eine ganze Wagenladung zu sich nehmen
unmäßig essen
einpacken

mit vollen Backen kauen
wie ein Scheunendrescher essen
sich vollproppen
viel hineinessen
sich besacken
einschachteln
eine Speise mit Mühe hinabwürgen
auf schmutzige Weise mit Speisen umgehen
sich einen Ekel anessen
lutschen, anhaltend saugen
in Saus und Braus leben

nicht arbeiten und statt dessen im Wirtshaus liegen und saufen
langsam schlürfen
unanständig essen
sich beim Essen verunreinigen
den Teller ausschlappen
von flüssigen Dingen essen, wie die Hunde mit der Zunge hineinschlürfen
schmarotzen
belecken
von einer kostbaren Speise genießen
üppig leben
herumschnüffeln, verstohlenerweise nach Eßwaren suchen
wählerisch sein im Essen
mit den Fingern rasch zugreifen
heimlich aus der Tasche essen
pickend essen
Brosamen abklauben
im Verborgenen etwas Gutes essen
an den Speisen nur herumtupfen
langsam, widerwillig kauen
zum Scheine mit Ekel essen
leckere Sachen schmausen, statt mit der gemeinen Kost vorliebzunehmen
ohne Lust, nach Art der Kinder, mit vollgestopftem Maule essen
in der Speise rühren, ohne zu essen
mit der Gabel arbeiten
in den Mund schaufeln
picknicken
mit gemütlicher Langsamkeit essen
sich an etwas erholen, sich an einer Lieblingsspeise nach Herzenslust sättigen

Diese Auswahl aus H. O. Schwabe: «The semantic Development of Words for Eating and Drinking in Germanic» (1915, Reprint 1971) setzt sich aus allgemein gebräuchlichen Bezeichnungen für Eßtätigkeiten und Umschreibungen dialektaler Ausdrücke zusammen.

1977

Eß-Kenntnisse

«Verständiges Essen», so schreibt 1822 Karl-Friedrich Rumohr, scheine «zwar auf den ersten Blick eine bloße Naturgabe zu sein (...), doch in der Tat (ist es) eine größere Kunst (...) und (setzt) mehr Bildung voraus (...), als man denken möchte.» (1978, S. 185)

In kaum einem Bereich menschlicher Tätigkeit herrscht ein so sichtbares Mißverhältnis zwischen wissenschaftlicher Erkenntnis, Alltagserfahrung und ‹Populär›-Wissen wie im Bereich des Essens. Entschieden weist man den Genuß bestimmter Gerichte als schädlich von sich, behauptet, ein Obsttag pro Woche fördere das Wohlbefinden, fürchtet, man würde zu dick, und wieder und wieder läßt ein (tatsächlich?) mißglücktes Essen einen Familienkrach fällig werden.

Gleichwohl erlebt man, wenn man sich als «Eßforscher» vorstellt, daß viele sich plötzlich für inkompetent erklären und den Fragenden zum ‹Eßexperten› stilisieren. (Verbunden mit schlaumeierischer Ironie: «Na so was würde ich auch forschen wollen, aber eher praktisch!»)

So wird der Leser im Folgenden auch nur finden, was er schon immer gewußt zu haben glaubt, nimmt doch jeder für sich in Anspruch, in Sachen Essen *Kenner* zu sein. Zwar wird kaum jemand ein fiktives Allwissen vorgeben, ganz bestimmt aber die Kennerschaft dessen, was man Tag für Tag tut, wenn man ißt und trinkt, wenn man Lebensmittel einkauft, wenn man überlegt, wo man essen gehen oder wie man die Reste des Abendessens für den nächsten Tag verwenden könnte. Essen ist alltäglichstes Gesprächsthema; Zeitungen und Zeitschriften haben nicht umsonst ständige Rubriken mit Kochrezepten, Regeln der gesunden Ernährung, Benimmregeln bei Tisch, Vorschläge für Abmagerungskuren usw.

Kann es denn Experten in Angelegenheiten des Essens geben? Ein Blick in die Geschichte der Wissenschaften läßt uns zu einem merkwürdigen Ergebnis kommen: Weder die Kennerschaft noch jene Sinne, auf die es beim Essen hauptsächlich ankommt – nämlich das *Schmecken* und das *Riechen* –, besitzen eine nennenswerte wissenschaftliche Reputation. Die Gründe dafür liegen wohl darin, daß diese Nahsinne, so überlegt Theodor Elsenhans 1912 (S. 153), durch ihre enge« Beziehung zu den Funktionen des körperlichen Lebens keinen so interessanten Gegenstand der Forschung zu bilden scheinen wie der «Gesichtssinn und der Gehörsinn», die die «Erkenntnis der Außenwelt und den Genuß der Kunst vermitteln». Auch möge dies daran liegen, daß Geruchs- und Geschmacksempfindungen «unter sich und mit anderen Sinnen vielfache Verbindungen eingehen, aus denen die einzelnen Bestandteile nur sehr schwer zu sondern sind».

Eine Ursache für die erstaunliche Ausgrenzung der Kennerschaft aus der Wissenschaft führt der Historiker Carlo Ginzburg an. So könne seit Galilei das Entziffern des großartigen Buches des Universums, das «wir ständig offen vor Augen haben» (Galilei), die Suche nach einem tiefen, unsichtbaren «Wesen, das jenseits der sinnlich-wahrnehmbaren Fakten rekonstruiert werden muß» (Ginzburg 1981, S. 16), nur geschehen durch «Figuren, Zahlen und Bewegungen, und nicht etwa durch Gerüche, Geschmack oder Klang; geht man über die Unmittelbarkeit tierischer Wahrnehmung hinaus, so sind jene – glaube ich – nichts anderes als bloße Namen» (Galilei, zit. bei Ginzburg 1981, S. 16). «Natürlich konnte», so Ginzburg, «der Gegensatz zwischen dem Physiker Galilei, der von Berufs wegen taub und unempfindlich gegenüber Geschmack und Geruch war, und einem Arzt jener Zeit, der Diagnosen wagte, indem er sein Ohr an eine röchelnde Brust legte, Kot beroch und Urin prüfte, nicht größer sein.» (Ginzburg 1981, S. 16f.) Die Kennerschaft, also «die Fähigkeiten, ein gebrechliches Pferd am Fersengelenk, ein kommendes Gewitter durch eine plötzliche Veränderung des Windes oder eine feindselige Absicht in der Verfinsterung der Gesichtszüge zu erkennen», war eine Form des Wissens, die «nicht Büchern, sondern der lebendigen Stimme, den Gesten und den Blicken entnommen werden» konnte (Ginzburg 1981, S. 23) – sie gründete «sich auf scharfsinnige Beobachtungen, die natürlich nicht formalisierbar und oft noch nicht einmal in Worte übersetzbar waren (...»). Deren Stärke als «teils einheitliches, teils zerstreutes Bildungsgut von Männern und Frauen aller sozialer Klassen» bestand in der «Konkretheit der Erfahrung. (...) und seine Schwäche bestand in der Unfähigkeit, sich der mächtigen und schrecklichen Waffe der Abstraktion zu bedienen.» (Ginzburg 1981, S. 23)

Auf drei Ebenen sieht sich der Esser institutionalisierten Formen des Wissens gegenüber, die zugleich Forderungen an ihn stellen und ihm das Gefühl geben, vor den Fährnissen körperlicher Schadennahme, schlechten Geschmacks und unkultivierten Eßverhaltens geschützt zu sein:

1. Der Nahrungsphysiologie und Diätetik (mit ihrem Exzeß, der Klinifizierung)
2. Der Gastrosophie und Gastrokritik (und der Lehre des guten Tons)

3) Der neueren, sozialwissenschaftlich betriebenen Kulturalisierung und Psychologisierung des Essens

Diese drei Gruppen grenzen sich von anderen Formen des Wissens ums Essen ab:

– dem Volkswissen: Bräuche, die zu bestimmten (Speise-)Praktiken auffordern und vor anderen warnen.
– Intuitivem Wissen: «Wenn ich mich auf meinen Körper konzentriere, weiß ich genau, was ich brauche.»
– Geheimwissen: Magie, Giftwirkungen etc.

Tatsächlich konzentriert sich ein Großteil der wissenschaftlichen Werke auf die biochemische Analyse von Lebensmitteln und deren Wirkungen auf den Körper, gewissermaßen auf das Verwertungsgeschehen zwischen Input und Output (Einnahme, körperliche Leistung und Ausscheidung), oder sie beschäftigen sich mit der Herstellung und Verteilung von Nahrungsmitteln.

Andere Werke untersuchen die Geschichte von alltäglichen und Festtagsspeisen, Üppigkeitsverbote und Fastenregeln, Tischzuchten, Nahrungsmythen und Rituale der Nahrungsaufnahme. Wenig findet man über den konkreten Vorgang des Essens selber, denn dieser ist, wie Georg Simmel sagte, nicht teilbar, denn selbst bei der intimsten Tafelrunde ißt jeder für sich allein. Aber auch sprachlich ist Essen nicht völlig mitteilbar, und noch schwieriger ist der Versuch, eine kulinarische Erfahrung wiederholen oder überprüfen zu wollen. Keine Enzyklopädie ist groß genug, um die unendliche Vielfalt regionaler, lokaler, klassen-, gruppen-, familienspezifischer Erfahrungen und deren Regeln zu erfassen. Es bleibt also bei allen Bemühungen um die wissenschaftliche Erfassung und Kodifizierung des alltäglichen Eßgeschehens ein Rest – vielleicht muß man eher sagen, das offiziell Vermessene und Kodifizierte sei der Rest.

Eine Wissenschaft des Essens versuchten die Gastrosophen an der Wende vom 18. zum 19. Jahrhundert in ihren Schriften zu begründen, nämlich, wie sich Brillat-Savarin ausdrückte, «die ewig gültigen theoretischen Gesetze festzulegen, die der Gastronomie den ihr unter den Wissenschaften unstreitig gebührenden Rang zuweisen sollten» (1913, Bd. 1, S. 188). Doch bis heute hat sich zwar eine Ernährungswissenschaft entwickelt, nicht jedoch eine Wissenschaft des Essens; es gibt keine Eßexperten, die neue Eßmethoden, Eßtheorien und Eßtechniken entwickeln. (Derartige Entwürfe sind denn auch zumeist von Künstlern gekommen, wie etwa den italienischen Futuristen um Marinetti, die eine futuristische Küche begründeten.)

Die Ausblendung kulinarischer Kennerschaft und der Geruchs- und Geschmacksempfindungen aus der Wissenschaft scheint mir schließlich auch darin begründet zu liegen, daß die moderne akademische Haltung vorgibt, frei von Begehren, voraussetzungslos und deshalb auch frei von Hunger, Durst, Appetit, Lust, Vorlieben, Abneigungen und Genuß zu sein. Körperliche Genüsse müssen deshalb aus dem Bereich der Wissenschaft ausgeschlossen bleiben – es sei denn, sie lassen sich irgendwie klinifizieren und klassifizieren. Es scheint also ganz so, als schlösse die Wissenschaft zugunsten des Meßbaren das Eßbare aus.

Die ständige Kluft zwischen kulturell-gesellschaftlichem *Sinn* des Essens und seinen subjektiven *Bedeutungen*, zwischen *Vorgeschriebenem* und *Vorgestelltem*, aber auch zwischen *Formuliertem* und *Unbewußtem* läßt auch heute noch eine «Philosophie der Ernährung» unerreicht erscheinen, die «die moralischen Wirkungen der Nahrungsmittel» erkenne. (Nietzsche 1882, Die fröhliche Wissenschaft, 1. Buch, § 7)

Dieser Band ist weder ein Kochbuch noch verspricht er die Erweiterung feinschmeckerischer Essensgenüsse. Er ist keine naturwissenschaftliche Analyse unserer Nahrungsmittel und belehrt nicht über das richtige Essen.

Die folgenden Kapitel gehen vielmehr um den alltäglichen sinnlichen Umgang mit Essen – wie man also Essen begreift und was einem dabei in den Sinn kommt. Auch Vorstellungen von einem Sinn des Essens sollen behandelt werden. Hier soll es um die ‹Sprachen› des Geschmacks und der Tafelsitten gehen, um die Normen des Mahls und verschiedene Ideologien, die dem Esser immer wieder ins Süppchen gerührt werden. Gefragt wird vor allem danach, inwiefern diese ‹Sprachen› heute überhaupt noch ‹lebende Sprachen› sind, ob ihre Grammatik, ihre Logik und ihre Codes überhaupt noch funktionieren und allgemeinverbindlich sind. Und es geht auch darum, was der einzelne Esser tut, nachdem solche verbindlichen Muster ihn nicht mehr leiten bei der Wahl der Speisen und bei der Gestaltung des Mahls.

Dies ist also keine Kulturgeschichte des Essens. Die folgenden Texte haben vielmehr hauptsächlich mit Vorstellungen und subjektiven Bedeutungen zu tun, die in unserem alltäglichen Umgang mit Essen entstehen und sich rasch wieder ändern können. In essayhafter, oft collageartiger Weise wird versucht, in immer wechselnder Optik sich auf unsere heutige Kultur des Essens einzulassen – eine Kultur, die sich in vieler Hinsicht auf große Zeiten und Werte bezieht: Die Gemeinschaft der Essenden, die Abendmahlspeise, das Mahl, die Etikette, die Grande Cuisine oder die gutbürgerliche Küche; in Wirklichkeit aber weist sie nur deren Reste auf.

Um das Leben dieser Reste, um diese Resteverwertung im Zeitalter des Fast Food, der latenten Vergiftungsangst und der Phantome des Dickwerdens geht es hier, also um ein ‹Recycling› der Reste traditioneller Eßkultur und um die Frage nach den neu daraus erwachsenden Gebilden.

Teile folgender Kapitel habe ich bei Symposien zur Diskussion gestellt und zum Teil veröffentlicht:

– Einen Abschnitt des Kapitels «Tischgenossen und Eigenbrötler» habe ich unter dem Titel «Essen als Ritus im Alltäglichen und seine Auflösung» bei der Vierten Internationalen Konferenz für Ethnologische Nahrungsforschung «Food as communication» in Stainz/Österreich im August 1980 vorgetragen. Eine andere Fassung beim Kongreß «Les Sociologies» (veranstaltet von G. Balandier und M. Maffesoli) in Straßburg im März 1981, veröffentlicht in Recherches Sociologiques, N. 1–2, 1982, Louvain.

– Das Kapitel «Gift – die unmäßige Gabe» ist die gekürzte und überarbeitete Fassung meines Vortrags beim deutsch-französischen Colloquium «Die Sinne des Körpers» (veranstaltet von D. Kamper, P. Virilio, J. Wehrlin, Chr. Wulf) in Paris im April 1982, veröffentlicht im Band der Edition Suhrkamp «Das Schwinden der Sinne» (Hg. D. Kamper, Chr. Wulf).

– Das Kapitel «Konserven / Fragmente» wurde beim Symposium der Wilden Akademie Berlin und des Fachbereichs Visuelle Kommunikation an der Gesamthochschule Kassel «Totengespräch und Göttertafel» im November 1983 vorgetragen und eine frühere Fassung beim 11. Colloque de l'Association internationale des socioloques de langue française (Groupe interdisciplinaire d'anthropologie et de sociologie de l'alimentation – GRIESA, geleitet von L. Moulin) in Paris im September 1982.

Ein früherer Aufriß der gesamten Thematik erschien in meinem Aufsatz «Zur Problematik der Eß-Forschung am Beispiel eines Forschungsprojekts (Il viceratore vicercato)» in der Zeitschrift für Volkskunde II, 1980, Stuttgart 1980.

Schließlich waren einige Gedanken auch in der Sendereihe des Deutschlandfunks 1983 «Essen und Esser» («Am deutschen Herd») enthalten.

Gastrosophie

Auf das Schreiben und Wirken der Gastrosophen kann hier nur in summarischer Weise eingegangen werden, denn deren ausführliche Würdigung setzte eine differenzierte historische Analyse ihres Denkens voraus. Zwei ihrer bekanntesten Vertreter sollen hier vorgestellt werden, Rumohr und Brillat-Savarin, um aufzuzeigen, wie das Reden und Schreiben über Essensfragen einerseits Kenntnisse und Bedürfnisse sozialisiert und weiter vorantreibt, andererseits aber auch das kodifiziert und kontrolliert, was gutes Essen sei und wie man es zu genießen habe.

In seinem Aufsatz «Die Sprache der Gastrosophie. Vom Geist der Eßkunst in der Literatur» (*Süddeutsche Zeitung,* 19.3.1977) umreißt K. H. Kramberg: «Das griechische Kunstwort Gastrosophie meint zu deutsch die Weisheit des Magens. Im verengenden oder ausgeweiteten Sinn kann es bedeuten:

- Die Lehre von den Freuden der Tafel.
- Theorie und Praxis der Kochkunst.
- Die Ästhetik der Eßkunst.
- Physiologie und Chemie aller eßbaren Substanzen und Wesen sowie der meisten Getränke.
- Die Prinzipien des (guten) Benehmens bei Tisch.
- Das Studium der Diätetik, eine kritische Kasuistik der Magersucht und der Fettleibigkeit.
- Und ex cathedra die streng verschärfte Kontrolle sämtlicher sozialen und ökonomischen Pflichtleistungen, wie Viehzucht, Gartenkultur, Fischfang, Ackerbau, Jagd usw., welche nicht nur für den Fortbestand der auf Nahrung angewiesenen Menschheit notwendig sind, sondern auch dem Wohl jedes einzelnen dienen, dem seine Mahlzeit ein Fest und die Einverleibung schön bereiteter Speisen und edler Getränke die schöpferische Erfüllung eines metaphysischen Bedürfnisses ist.»

Mit diesen Kennzeichen ließen sich zwar auch einzelne Schriften der Antike und der Neuzeit umfassen, doch bezeichnet «Gastrosophie» (das Wort scheint Eugen Vaerst geprägt zu haben) im strengen Sinne die Versuche eine dieser verschiedenen Bereiche umfassenden «Doktrin», vor allem vorgetragen in den folgenden Werken:

François-Pierre de La Varenne: Le cuisinier françois, Paris 1651

Grimot de la Reynière: Almanach des Gourmands, Paris, zwischen 1803 und 1812

Jean Anthèlme Brillat-Savarin: Physiologie du Gout, ou Méditation de Gastronomie transcendente, Paris 1825

Karl Friedrich von Rumohr (in der ersten Ausgabe unter dem Namen seines Kochs Joseph König): Geist der Kochkunst, Stuttgart 1822

Antonius Anthus (Julius Blumenröder): Vorlesungen über Eßkunst, Leipzig 1838

Eugen von Vaerst: Gastrosophie oder Lehre von den Freuden der Tafel, Leipzig 1852

Während La Varenne den Codex der feinen, der «französischen» Küche begründet – in Anlehnung an und gleichzeitiger Abgrenzung gegen die italienische Renaissanceküche –, den «Durchbruch zum Raffinierten und Delikaten» (Kramberg), und La Reynière deren Perfektionierung – mit fast gesetzgeberischem Anspruch – vorantrieb («Unter Grimods Präsidium konstituiert sich jene ‹Jury dégustateur›, deren Urteilen, die in Protokollen festgelegt wurden, sich Frankreichs gastronomische Öffentlichkeit bedingungslos unterwarf» (Kramberg[1]), beobachteten und klassifizierten die vier anderen noch weitere Bereiche und Dimensionen des Essens.

Brillat-Savarin

In der Vorrede zu Brillat-Savarins Buch heißt es: «Um die Aufgabe, die ich mir setzte, zu lösen, mußte ich Physiker, Chemiker, Physiologe und Sprachforscher sein. Vor allem bin ich Arzt aus Liebhaberei.» (1913, Bd. 1, S. 13) (Von Beruf war er Jurist.) In 25jähriger Arbeit (Conrad, 1913, S. XI) bemühte er sich, den «Siegeszug» des *Geschmacks*, dessen Eindringen «in alle Wissensbereiche» nachzuweisen – ein Ziel, das dieser «auf langsamerem Wege» erreicht habe als die «physische Liebe» (Conrad, 1913, S. 32). Brillat-Savarins Bestreben ist die «Vervollkommnung der Sinne» (1913, Bd. 1, S. 27).

Er will alle wissenschaftlichen Anstrengungen unternehmen, um «zur Erhöhung und würdigen Einrahmung der Genüsse des Geschmacks bei(zu)tragen» (1913, Bd. 1, S. 32). Deshalb verfolgt er in den 30 ausführlichen «Betrachtungen», denen sich noch über 100 Seiten «Vermischtes» und Kochrezepte anschließen, die verschiedenen «physiologischen» und «moralischen» Wirkungen einzelner Speisen

[1] Man sieht hieran, wie einzelne Namen und Autoritäten als Geschmacksgaranten wirken können; vgl. Kapitel «Schmecken und Geschmack»

und Getränke, wobei er stets auch anekdotenhaft auf eigene oder ihm berichtete Erfahrungen verweist. Dann widmet er sich dem Zusammenhang von Essen und Geselligkeit (Festtafel, Jagdimbiß u. a.). Er unterstreicht die «gesellschaftliche *Feinschmeckerei*» als «wertvolle Eigenschaft, die fast eine Tugend genannt zu werden verdient» (1913, Bd. 1, S. 203), als «die Quelle unserer reinsten Genüsse» (1913, Bd. 1, S. 203) und rühmt sie als «eines der hauptsächlichsten Bindemittel der Gesellschaft, (denn) sie steigert jenen Geist der Geselligkeit, der jeden Tag die verschiedenen Stände vereint, sie zu einem Ganzen verschmilzt, die Unterhaltung belebt und die Kanten der konventionellen Standesunterschiede abschleift» (1913, Bd. 1., S. 213).

In der *Feinschmeckerei* sieht er – nach unserer Terminologie – Funktion, Sinn und Bedeutung des Essens in idealer Weise vereint: zunächst ist sie «eine Feindin von Ausschreitungen; jedermann, der sich überißt oder betrinkt, läuft Gefahr, aus den Listen der Zünftigen gestrichen zu werden» (1913, Bd. 1, S. 204) – er fordert also ein bestimmtes Maß an Selbstbeherrschung; sie umfaßt aber auch das Streben nach individuellem Genuß, im Sinne von «Leckerhaftigkeit» (1913, Bd. 1, S. 204), doch bildet diese keinen Gegensatz zur Funktion des Essens für die «Erhaltung des Individuums und die Fortdauer der Art» (1913, Bd. 1, S. 33). Die Feinschmeckerei ist vielmehr «der Beweis für den gesunden und ausgeglichenen Zustand der zur Nahrungsaufnahme bestimmten Organe» und kommt den «Befehlen des Schöpfers» zur Arterhaltung nach, «der, da er uns zu essen heißt, um zu leben, uns dazu durch den Appetit auffordert, durch den Geschmackssinn dabei unterstützt und durch den Genuß belohnt» (1913, Bd. 1, S. 204).

Mit seinen Überlegungen und Setzungen beansprucht Brillat-Savarin normative Kraft und Verbindlichkeit, wenn er seine Vorrede mit einer «wichtigen Bemerkung» schließt: «Wenn ich von mir in der Einzahl spreche und schreibe, so setzt dies einen Kontakt mit dem Leser voraus, er darf prüfen, streiten, zweifeln und sogar lachen. Aber wenn ich mich mit dem furchtgebietenden ‹Wir› bewaffne, so gebe ich mir das Air eines Professors, und dann hat er sich zu beugen» (1913, Bd. 1, S. 20).

Brillat-Savarin äußert sich auch über die angemessenen Zeiten, Arten und Orte der Ruhe und des Schlafens, beobachtet das Träumen und entwickelt daraus Richtlinien «über den Einfluß zweckmäßiger Kost auf die Ruhe, den Schlaf und die Träume» (1913, Bd. 2, S. 29) – worunter er merkwürdigerweise auch «Wirkungen zweckmäßiger Kost auf die Arbeit» abhandelt (1913, Bd. 2, S. 29). (Über die Volksnahrung seiner Zeit äußert sich Brillat-Savarin übrigens nicht.)

Als durchgehende Richtschnur des Essens und Trinkens taucht die der «Mäßigung» und der «Harmonie» auf: Ihre Befolgung garantiert sowohl gute Arbeit als auch guten Schlaf usw. Dies gilt auch in bezug auf das Problem der Fettleibigkeit, die er einer «zu mehl- und stärkehaltigen Nahrung» (1913, Bd. 2, S. 41) anlastet, aber auch «zu langem Schlafen und dem Mangel an Leibesübung» (1913, Bd. 2, S. 44) und eben «übermäßigem Essen und Trinken» (1913, Bd. 2, S. 45). Seine Beurteilung der Leibesfülle ist ambivalent, denn einerseits kämpft er gegen seinen eigenen Bauch (1913, Bd. 2, S. 37), und es stört ihn an den Dicken der Verlust der Harmonie der Körperformen; andererseits bezeichnet er die Fettleibigen als «die gesündesten Leute» (1913, Bd. 2, S. 36) und er liebt – besonders bei den Frauen – «eine angenehme Rundung» (1913, Bd. 2, S. 36).

Bei einigen «korpulenten Helden» (1913, Bd. 2, S. 50) führt er auch die Relation von Körpergröße und Gewicht an (vor allem jedoch wegen deren Kleinwuchs). Er empfiehlt verschiedene Therapien zur Erreichung des «gewünschten Grads der Schlankheit» (1913, Bd. 2, S. 68) (nicht Körpergewicht!) und behandelt in ähnlicher, wenn auch weniger ausführlicher Weise die «Magerkeit».

Daran schließen sich philosophische Betrachtungen über (den Tod und) die Geschichte der Kochkunst wie der Gastmahle an, die unter anderem in die Würdigung der Vor- und Nachteile einer damals relativ neuen Institution münden: des Restaurants.

Er führt Klage über «die ziemlich ausgeprägte Neigung derer, die in Restaurants speisen, zum Egoismus, zur Gewohnheit, nur an sich zu denken, zur Absonderung des Individuums von seiner Umgebung und seiner Hinwegsetzung über alle Rücksichten», die auf die Tischsitten überhaupt der «gut bürgerlichen Gesellschaft» nicht ohne Folgen bleiben werde (1913, Bd. 2, S. 149).

Doch andererseits lobt er die Entstehung einer neuen Dynamik der Kochkultur, nachdem die Köche nun kaum mehr in Adels- oder großbürgerlichen Häusern, sondern vor allem auf dem «freien Markt» auftreten, denn dadurch ist «gutes Essen ein Gemeingut geworden» (1913, Bd. 2, S. 146), und somit hat das Restaurant «großen Einfluß auf die Vervollkommnung der Wissenschaft ausgeübt» (1913, Bd. 2, S. 149). «Denn tatsächlich genügte bereits das Bekanntwerden eines ausgezeichnet zubereiteten Ragouts, mit dem sein Erfinder Geld machte, dazu, den Eigennutz, diese allmächtige Triebfeder, auf die Phantasie aller einwirken und alle Köche zu fabelhafter Tätigkeit aufstacheln zu lassen.

Zudem hat die Analyse eßbare Bestandteile in Stoffen entdeckt, die man bisher als wertlos angesehen hatte; so wurden neue Eßwaren

Weinrestaurant Kempinski, Berlin, 1910

gefunden, alte verbessert, miteinander auf tausend verschiedene Arten zusammengestellt. Fremde Erfindungen wurden eingeführt, und der ganze Erdball wurde beitragspflichtig gemacht, so daß es Mahlzeiten bei uns gibt, auf denen man einen regelrechten Kurs der Nahrungsmittel-Geographie nehmen könnte.» (1913, Bd. 2, S. 149f.)

Durch diese bürgerliche Institution *realisiert* sich also im historischen Prozeß teilweise das doppelte Ziel seiner Anstrengungen: «Einmal nämlich wollte ich die ewig gültigen theoretischen Gesetze festlegen, die der *Gastronomie* den ihr unter den Wissenschaften unstreitig gebührenden Rang anweisen sollen. Zum zweiten wollte ich den Begriff *Feinschmeckerei* so präzise definieren, daß er ein für allemal vermöge seiner gesellschaftlichen Eigenschaft von der Gefräßigkeit und der Unmäßigkeit streng geschieden wird, mit denen er törichterweise so oft in einen Topf geworfen worden ist» (1913, Bd. 2, S. 188).

Rumohr

Die erste Auflage seines Buches «Geist der Kochkunst» veröffentlichte der Kunsthistoriker und Agrarier Karl Friedrich Freiherr von Rumohr 1822 unter dem Namen seines Mundkochs Joseph König – drei Jahre vor Brillat-Savarins «Physiologie des Geschmacks». Erst bei der zweiten Auflage, 1832, bekannte sich Rumohr zu seinem Werk.

Franz Herre zufolge wurde der «Kunstästhetiker» Rumohr in Italien «zum Küchenästhetiker, in der Nachfolge von Johann Joachim Winckelmann, auf der Suche nach dem Wahren und Schönen, dem Einfach-Guten, mit dem kunstwissenschaftlichen wie gastrosophischen Leitsatz: ‹Überall, wo man die Schminke gebraucht, fehlt es an der Wesenheit›. Nicht unbedingt in wesenhafter Nacktheit, doch ohne eine das ureigene Wesen verfälschende Maskierung wünschte er vom Koch die Nahrungsmittel-Materie künstlerisch gestaltet. Als Beispiel ‹von Würdigung der arthaften, jedem Nahrungsstoff eigentümlichen Güte› galt ihm die antike Art, das Gemüse schön grün zu sieden, worin die Italiener Meister geblieben seien. Auf das Sein, nicht das Scheinen komme es an: Verzierungen seien nur angebracht, sofern sie aus dem Charakter der Speise hervorgingen.» (Herre 1977, S. 104f.)

Rumohr – der nach Koeppen (1978, S. 10) auch auf der Suche nach einem ‹Urbrei› war – konstruiert von einem fiktiven Nullpunkt der Gastronomie aus zwei sich bekämpfende Linien:

a) die überfeinerte und übermischende,

b) die natürliche und anmutige.

«Der anmutige Stil der Kochkunst, ein Gipfel, auf dem es schwer ist, lange zu verweilen, verbindet mit der Nahrhaftigkeit den Reiz und die Zierde. Dieser Stil ist es, den ich vorzüglich ins Auge zu fassen bemüht bin (...). Aber gerade aus dem anmutigen Stile pflegt der überfeinerte, gleißende hervorzugehen, der die Ernährung, den Gehalt mehr und mehr vernachlässigen, alles in die Zierde und Zurichtung setzen wird.» (1978, S. 44)

Die erste der beiden Linien sieht er in der französischen, aristokratischen verwirklicht, die zweite in einer idealen deutschen bürgerlichen Küche. Deshalb stört ihn besonders, daß «die neueren deutschen Kochbücher (...) leider meist bloße Nachäffungen der französischen (sind), wie dies schon ihre barbarische, unnötigerweise durchaus französische Nomenklatur beweist. Man sondere nur einige brauchbare Anweisungen zu wahren Landes- und Volksgerichten aus (...), so bleibt auch den besten deutschen Kochbüchern nichts weiter übrig, als was man ungleich besser in jeder älteren französischen Anweisung zum Kochen auffinden wird. Die Franzosen sind, wenn nicht die ersten Erfinder, doch die Verbreiter aller Gehäcksel und Vermengungen. Wenn man diese liebt, so kehre man doch zur Quelle zurück, denn man wird sie dort noch immer reiner, einfacher und zweckmäßiger auffinden, als bei dem ‹Gesindel der Nachahmer›.» (1978, S. 33)

Rumohrs Wendungen gegen das Überfeinerte scheinen Teil eines Affekts des aufstrebenden deutschen Bürgertums, dessen antiaristokratische, antihöfische Haltung der Soziologe Wolf Lepenies in Anlehnung an Norbert Elias folgendermaßen charakterisiert: «Um das 18. Jahrhundert zu charakterisieren, spricht N. Elias von der Differenz zwischen der französisch orientierten und sprechenden Oberschicht, und einer deutsch sprechenden mittelständischen Intelligenzschicht, die sich vor allem aus dem Kreise der bürgerlichen Fürstendiener oder Beamten im weitesten Sinne des Wortes rekrutiert und gelegentlich auch aus Elementen des Landadels. Hier steht also eine Schicht, die weitgehend von jeder politischen Tätigkeit abgedrängt ist, die kaum in politischen und erst zaghaft in nationalen Kategorien denkt, deren ganze Legitimation zunächst in ihrer geistigen, ihrer wissenschaftlichen und künstlerischen *Leistung* liegt; dort, ihr gegenüber steht eine Oberschicht, die im Sinne der anderen nichts *‹leistet›*, sondern bei der die Formung eines distinguierten und distinguierenden *Verhaltens* im Mittelpunkt des Selbstbewußtseins und der Selbstrechtfertigung steht.» (Lepenies 1969, S. 134)

In diesem historischen Zusammenhang entwickelt sich das, was man später als «typisch deutsches» Verhältnis zur Geselligkeit, zu

Leistung, Natur und Gefühl bezeichnet. Da die deutsche (bürgerliche) Intelligenz «Leistung» gegen «Formen» setzt, wird «Geselligkeit (...) angesehen als Ort des Scheins und der Verstellung, als Zwang, ‹sich anders zu geben als man ist›, als permanente Aufforderung zur positiv sanktionierten Lüge. Mit solchem Makel versehen setzt die bürgerliche Ideen-Flucht (...) aus der Gesellschaft (= Geselligkeit) ein. Als Gegenbild erscheint die Einsamkeit, unter der nicht viel mehr verstanden wird als ein Allein-Sein, das bereits durch seine Entfernung vom Trubel der Geselligkeit Wert erringt. (...) Als Ort dieser Einsamkeit wird die Natur aufgefaßt. Der Begriff (...) suggeriert (...) die Entfernung vom Verderbten wie die Rückkehr zum Ursprünglichen. Die bürgerliche Alltagspsychologie des 18. Jahrhunderts erkennt deutlich, wie hemmend Gesellschaft auf das Ausleben von Affekten wirkt; sie ist nicht bereit, diese *Hemmung* und *Zurückhaltung* als einen Wert anzuerkennen, der ja in der Tat ein ursprünglich aristokratischer ist. Auch dabei wird die *Natur* zum bürgerlichen Ort der Melancholie (die aus der Handlungshemmung des machtlosen Bürgertums rührt; d. Verf.): sie gestattet das *Ausleben der Affekte*, da sie keiner von Menschen gesetzten Hemmungen unterliegt.» (Lepenies 1969, S. 134)

Sehr deutlich spricht diese Tendenz aus Rumohrs Äußerung: «Denn es sind selbst die gemeinsten und scheinbar hausgebackensten unserer zahlreichen Kochbücher nichts weiter, als kleine Winkelinstitute der Schlemmerei, in denen wenig von dem die Rede ist, was jede gute Hausmutter oder jeder andere Vorsteher einer Haushaltung eigentlich zu wissen bedarf; vielmehr nur von allerlei Vermischungen, Surrogaten und Verkleidungen, welche teils an sich selbst überflüssig sind, teils ihrer Natur nach der freien, schaffenden Phantasie und dem subjektiven Geschmacke müssen überlassen bleiben. (...) Diese Kochbücher nun, oder besser diese planlosen Anhäufungen von allerlei häufig höchst widersinnigen Vorschriften, haben sämtlich die Tendenz, die National- und Provinzialgerichte zu verdrängen, welche doch stets in der Volks- und Länderart begründet, und fast ohne Ausnahme schmackhaft und nahrsam sind.» (1978, S. 32f.)[2]

Bis heute taucht in Mitteleuropa die von Rumohr ins Kulinarische gewendete Ästhetik immer wieder auf, wenn es um die Ablehnung ausländischer Küche geht (besonders bei den Nationalsozialisten –

[2] Herre meint, der Kunstkritiker Rumohr sei in seiner Eigenschaft als Landadeliger auch darum besorgt gewesen, durch eine Verbesserung der Volksnahrung der landwirtschaftlichen Überproduktion zu begegnen. (Herre 1977, S. 103)

gerade auch mit der antifranzösischen Ausrichtung). Im radikalen Küchenregionalismus findet man sie ebenfalls, und einige meinen gar in Rumohrs Forderung «jeder Speise ihren arthaften Geschmack zu erhalten» sei schon die Programmatik der Nouvelle Cuisine vorweggenommen. Die «Natürlichkeit» der Speisen wird Rumohr zum gastronomischen Urmeter, und ganz im Sinne Rumohrs wünscht dessen Herausgeber in der Vorrede, der Mensch möge «aus Gesundheit freudig, aus Überzeugung mäßig, aus Verständigkeit gut essen» (in: Rumohr 1978, S. 25).

An seiner Kritik der Schlemmerei und Schleckerei – vor allem an seinen moralischen und diätetischen Leitgrundsätzen der Lebensführung – erkennt man die Differenz zu Brillat-Savarins Position, für den der Feinschmecker ja legitimerweise auch «leckerhaft» ist. (Brillat-Savarin, 1913, Bd. 1, S. 204)

Rumohrs Kritik der Schlemmerei richtet sich sowohl gegen teuren Luxus als auch gegen das Anreizen der Eßlust: «Unter Schlemmerei verstehe ich eine gewisse vergeudende Gefräßigkeit oder gefräßige Vergeudung, die vorzüglich solchen Reichen eigen zu sein pflegt, welche ihre Glücksgüter einer kalten berechnenden Selbstliebe verdanken; welche mithin einer wohlwollenden, großmütigen, belebend in jede menschliche Tätigkeit eingreifenden Verwendung ihres Überflusses durchaus unfähig sind. Der Charakter der Schlemmerei ist die Begier nach allerlei kostbarer Atzung, mit Hintansetzung des Vorzüglicheren, wenn dieses gerade nahe liegt und wohlfeileren Preises zu haben ist. Ferner gehört es zur Schlemmerei, durch Seltsamkeit, Wechsel und Mannigfaltigkeit die Eßlust anzuregen, und durch allerlei Künste der Verdauung nachzuhelfen.» (1978, S. 29)

Ebenso attackiert er die Auflösung der Mahlordnung: «Wo es nun jenen sinnlosen Anhäufungen der wunderlichsten Vorschriften gelungen ist, alle Nationalspeisen zu verdrängen, oder wenigstens sie zu verschlechtern; wo mithin von den meisten bürgerlichen Tafeln alle Genüglichkeit zu verschwinden beginnt: da tritt die Schleckerei, wie leider bereits in mehr als einer Gegend Deutschlands geschehen ist, gleichsam durch beide Torflügel ein. Die Schleckerei ist eine unregelmäßige Begierde nach allerlei zufälligen Reizen des Gaumens; eine Bezahlung a conto an einen Magen, dem die landesüblichen Termine nicht mehr in vollen und hinreichenden Summen eingehalten werden.» (1978, S. 37)

Darin sieht Rumohr die Arbeitsfähigkeit und das «geistige Leben» gefährdet. Diesen Tendenzen Einhalt zu gebieten ist die praktische Absicht seines Buches; er fordert «die Unglücklichen auf, welche dem Laster der Schleckerei häufige Opfer zu bringen pflegen, die ganze Verkettung zu überdenken, in welcher sie allgemach bis zur Unheilbarkeit verdorben worden sind» (1978, S. 37). Diese Mißstände «und der Wunsch, jenen großen Übeln unserer Zeit so viel, als noch möglich sein mag, abzuhelfen, leiteten mich auf den Gedanken und erhielten in mir den Mut aufrecht, die Kochkunst in ihrem Geist aufzufassen und auf ihre echten Grundsätze zurückzuführen» (1978, S. 39).

Schließlich entwickelt Rumohr seine – ästhetisch geprägte – diätetische Normvorstellung: «Solange genügende, ernährende Mahlzeiten einen frohen Familienkreis vereinigen, wird die Schleckerei vergebens an das Tor des mittelmäßig begüterten oder gewerbsamen Bürgers anklopfen. Eines guten und regelmäßigen Mahles gewiß, fällt es dem Hausvater nicht im Traum ein, seine Eßlust durch eine gehaltlose Leckerei zu verderben. Erst nachdem es ihm zur Gewohnheit geworden ist, daheim eine unschmackhafte, schlecht gewählte und schlechter geordnete Mahlzeit zu erwarten, verläßt er die Arbeit in den besten Morgenstunden, um aus dem Schmutz eines Italienerkellers versalzene und übersäuerte Bissen hervorzuholen, deren Unverdaulichkeit den Mangel an gesunder Nahrung nur insofern ersetzt, als sie alle gesunde Eßlust zerstört.» (1978, S. 37)

Doch geht es Rumohr nicht allein um die «Elemente der Kochkunst», denen er innerhalb seines Bandes zwei «Bücher» widmet (1. Tierische Nahrungsstoffe, 2. Nahrungsstoffe und Würzen aus dem Pflanzenreiche), sondern auch – im dritten «Buch» – ums «Essen».

Er kümmert sich dabei um eine «Erziehung zum Essen» für Knaben (entsprechend einer reformierten «heutigen Schule» [1978, S. 189], die die sehr strengen Verhaltensvorschriften etwas gelockert habe), um die «Einfachheit und Vielfältigkeit der Speisen», um «Bewegungen und Zustände des Gemütes, die man vermeiden soll, in sich selbst oder in anderen während des Essens anzuregen oder zu unterhalten» und schließlich um den «rechten Gebrauch häuslicher Mahlzeiten» und um «Gastereien und Schmäuse».

Er rät etwa (1978, S. 196f.), folgende Gemütszustände oder Gemütsbewegungen bei Tisch zu vermeiden:

Das Auffahren, den Zorn, den Ärger, da sie übermäßiges Austreten der Galle veranlassen.

Die Peinlichkeit, die Beschämung, die Unruhe, die Anstrengung, da sie ‹Zusammenziehungen des Magens› bewirken.

Und schließlich solche, welche die Organe der Verdauung lähmen: die Schläfrigkeit, die Betäubung.

Diese Rücksichtnahme gelte auch für die «häuslichen Mahlzeiten (...). Der Ehemann sollte niemals seine Geschäftsverdrießlichkeiten oder gar seine Verstimmungen gegen die Gattin mit an den Tisch bringen. Es ist schon dies ein Übel, daß die Kinder, wenn solche vorhanden sind, dem Unfrieden ihrer Eltern bisweilen als Zeugen dienen. Nun gar die nachteiligen Folgen des Zornes und des Ärgers, dem man während der Mahlzeit Raum gegeben! Häusliche Mißhelligkeiten eignen sich daher vielmehr für die sogenannten Gardinenpredigten, obgleich auch diese dem Tadel unterliegen.» (1978, S. 203f.)

Daß der «Kampf zweier Linien» immer auch als Entgegensetzung von französisch-höfischem Kulturerbe und deutschem Bürgertum betrachtet wurde, kann man am Ausgang des Jahrhunderts erkennen, von wo aus Meyers Encyklopädie (1894, 5. Aufl.) zurückblickt: «In Deutschland war man in dieser Zeit (Ludwigs XVIII., gestorben 1824; d. Verf.) auch in Bezug auf die Küche ganz unter französischer Herrschaft; selbst ein Kant gehörte zu den Gourmands und pflegte sich eingehend über das Essen und dessen Zubereitung zu unterhalten. Erst Königs ‹Geist der K.› (deutsche Ausg. von Rumohr, 1822; 2. Aufl., Stuttgart, 1832) brachte den deutschen Namen auf diesem Gebiet wieder zu Ehren. Freilich wurde dieser bald wieder verdunkelt durch Brillat-Savarins weltberühmtes, bisher unerreichtes Buch ‹La physiologie du goût› (1825; deutsch von K. Vogt, 5. Aufl., Braunschweig, 1888). Hiermit gelangte die Entwicklung der K(ochkunst) zu einem vorläufigen Abschluß. Die späteren Werke, unter denen die ‹Gastrosophie› des Barons Vaerst (Leipzig, 1851) und ‹Das Menü› von E. v. Malorlie (3. Aufl., Hannover, 1887, 2 Bde.) besonders hervorzuheben sind, bauen sich in der Hauptsache auf den Resultaten der klassischen Periode auf.»

Sucht man in den Werken von Rumohr und Brillat-Savarin nach Gemeinsamkeiten, so kann man feststellen, daß – bei allen Unterschieden ihrer Vorstellungen von der Lebensführung und den Unterschieden in Stil und Detail – alle beide Theoretiker der Mäßigkeit, des gesunden Maßes und der gastronomischen «Vernunft» sind.[3]

Beide sind an kunstästhetischen Schulen orientiert (Winckelmann, Lavater). Es ist kein Zufall, daß Rumohr Brillat-Savarins Werk in der zweiten Auflage von «Geist der Kochkunst» positiv beurteilt (1978, S. 221): «Physiologie du goût, ein geistreiches Werk, vor kurzem erschienen, enthält wichtige Winke.»

Das Regelwerk der Gastrosophie ist der selbstausgestellte Ausweis auf die Zivilisiertheit ihrer Verfasser. Wildheit und Unzivilisiertheit sehen die Gastrosophen in der Vielfresserei und im Unvermögen

[3] Sie unterscheiden sich hauptsächlich in der inhaltlichen, kulturspezifischen Füllung des Vernunft-Begriffs.

(Unwillen), seinen Appetit oder seine Appetenz durch Gesetze des Wohl-Geschmacks, der Harmonie, der Vernunft und der Mahlordnung leiten zu lassen. (Dies ist auch der Inhalt des modernen Entsetzens gegenüber dem kulinarischen Amerikanismus und der Dosen- und Imbißkultur.)

Ihr Bemühen um Ordnung und Systematisierung des Feinen, Gesunden und Vernünftigen muß allem Rohen und Groben – also tendenziell Unordentlichen – entgegentreten; das Rohe stellt sich für Rumohr so dar: «Wilde, dem tierischen Zustande nahestehende Nationen pflegen die animalischen Stoffe ohne große Umstände roh zu verzehren, wie die Patagonier in Ansons Reisen. Kalmucken und Tschergisen, welche in der Kunstbildung um einen Schritt weiter gekommen sind, streben schon dahin, ihr Pferdefleisch zu erhitzen, indem sie darauf spazieren reiten. Gebildeten Nationen jedoch würde sowohl die ganze, als die halbe Rohigkeit äußerst widrig und ekelhaft sein; (...).» (1978, S. 47f.) Die Furcht vor der Rohheit ist wohl auch die Furcht davor, daß die Bestie Mensch sich ihrer Zivilisationsfesseln entledige. Es scheint, als sollten diese Mäßigkeitsgebote im Prozeß der Zivilisation eine Art Zentripetalkraft der sozialen Ordnung gegen die Zentrifugalkraft des Exzesses, der Reaktion der kritischen Masse, gewährleisten. (Dies steht durchaus nicht im Gegensatz zum heutigen modischen Spiel mit bestimmten «Wildheiten» oder «Primitivitäten»: Armenspeisen als Partychic, ein Abend im mittelalterlichen Gasthaus, wo man «wie früher» mit den Fingern ißt, oder die Reise ins «Wilde» oder «Archaische» beim Besuch mancher ausländischer Lokale, und andere Travestien der Lebensform.)

In den gastrosophischen Texten ist die Hoffnung nachweisbar, daß das gemeinsame Einverleiben, die Geselligkeit bei Tisch eine Beruhigungs-, eine Garantie-Funktion habe gegenüber der potentiellen Wildheit und Triebhaftigkeit der Personen, die man um sich hat.

Während es sich bei älteren Tischordnungen und Üppigkeitsverboten eher um *äußere* Grenzen handelt, deren Einhaltung überwacht wird[4], versuchen die Gastrosophen den Essern (und natürlich auch den Köchen, den Hausfrauen, den Händlern und Herstellern von Lebensmitteln usw.) in pädagogischer Weise *innere* Grenzen einzupflanzen, damit sie auch im Bereiche des Essens sich selber kontrollieren – nach Maßgabe der «Vernunft», des «guten Geschmacks» und der «Tischsitten».

[4] Vgl. das Beispiel der Üppigkeitsverbote im Holsteinischen, Kapitel «Luxus und Notwendigkeiten».

Man könnte im Zusammenhang unserer Betrachtung den gastrosophischen Diskurs so charakterisieren, daß er

1. neben nahrungsphysiologischen und hygienischen Überlegungen zur Herstellung und zum Genuß bestimmter Nahrungsmittel, ihrer Zubereitung und Kombination, der Wahl angemessener Zeiten und Orte des Speisens und neben
2. verhaltensnormierenden Elementen (Etikette, Anstand, Mäßigkeit, Harmonie, Wohlerzogenheit) einschließlich psychohygienischer Momente (Wahl der richtigen Stimmung, Vermeiden bestimmter Gesprächsthemen)
3. persönliche Genuß- und Lusterlebnisse in außergewöhnlichem Maße versprachlicht, beschreibt, bespricht, sie zum Diskurs macht (wie es im Vaerst-Titel «Gastrosophie oder Lehre *von den Freuden* der Tafel» zum Ausdruck kommt) – mit einer Tendenz, diese nicht als bloß individuelle oder zufällige Episoden zu behandeln, sondern sie als mögliche kulturelle und gesellschaftliche *Norm* darzustellen.[5]

   Brillat-Savarin und Rumohr gemeinsam ist die Strategie, *Tafelfreuden* (und ihre Voraussetzungen) zu verbalisieren und dann *normativ* festzuschreiben. Dieses Regelwerk betätigt sich keinesfalls nur als «Zensur» gegenüber anderen Verhaltensweisen, sondern es treibt – vermittels seiner Institutionalisierung – immer neue Lüste und Befriedigungsformen hervor, eine Dynamik, die ansatzweise in Brillat-Savarins Würdigung des Restaurants (s. o.) zum Ausdruck kommt.
4. Zugleich wird stets versucht – im Stile der Aufklärung –, selbst Anekdotisches im Namen der «Vernunft» als Teil einer immer mächtiger werdenden Wissenschaft zu erfassen, zu beschreiben und zu klassifizieren.

K. H. Kramberg meint, man müsse sich heute «als ein Geschlecht von Epigonen» der Gastrosophen bekennen; es habe jedoch «keiner der unseren, sofern man etwas von ihm las oder aß (...) die reine Lehre von den Freuden der Tafel, die wir den Klassikern danken, um irgendeine Neuerung des Gestaltens und Schmeckens bereichert» wozu – nach einem Zitat von Vaerst – gehörte, «daß er Wissenschaften und Künste kenne und das Maß ihrer Wirkungen festhalte im *Gefühle* und daß er womöglich mit *Grazie* vereine sein schönes Talent».

[5] Brillat-Savarin scheint die anderen Gastrosophen gerade durch Berichte der persönlichen Genußerlebnisse – zu denen auch Tischgespräche, schöne und intelligente Frauen bei Tisch u. a. zählen – zu übertreffen. Sie haben aber immer exemplarischen Charakter.

Das Ende der klassischen Gastrosophie mag damit zusammenhängen, daß zu Beginn des 19. Jahrhunderts Eßkultur, aber auch die auf sie angewandten Wissenschaften überschaubarer waren als heute. Eine wichtige Rolle spielt auch das Überhandnehmen des nahrungsphysiologischen Denkens seit dem Ende des 19. Jahrhunderts, das fast nur noch die zwei Größen «Nahrungsaufnahme» und «Arbeitsleistung» zu kennen scheint, die gegeneinander aufgerechnet wurden. Doch haben nicht nur die Spezialisierung der Einzelwissenschaften und die Differenzierung der Entwicklungsströme und -dynamiken der Eßkultur dazu beigetragen, sondern wohl auch eine Statusveränderung des Essens im modernen Alltagsleben und eine Veränderung der kulturellen Modellierungstechniken (s. das Beispiel des Ernährungsberichts 1976) innerhalb der letzten 150 Jahre. Deshalb mutet es recht antiquiert an, wenn heute noch ein einzelner zum Richter der Eßkultur stilisieret werden soll, wie dies 1978 ein Werbeprospekt für ein *Gourmet-Journal* versuchte: «Seit Jahren bereitet er sich darauf vor, seine an den berühmtesten und geheimsten Plätzen in ganz Europa erworbene Kennerschaft weiterzugeben. An Gourmets und solche, die es werden wollen. In diesem Magazin für kulinarischen Lebensgenuß lesen Sie Kritisches und Lobendes über die guten und weniger guten Restaurants in Deutschland und in Europa. Und dabei geht Klaus Besser mit den großen Namen, den Künstlern der Küche, den renommierten Nobelabsteigen wenig zimperlich um. Was Sie aus seiner Feder erfahren, ist kritisch, amüsant, umfassend, direkt, aber niemals bösartig. Die objektive Wahrheit des Feinschmeckers und weitgereisten Gourmets.

Wenn Sie Besser's Gourmet Journal regelmäßig lesen, werden Sie wissen, wo Sie sich auch mit wichtigen Freunden sehen lassen können, wo man hervorragend speist und wo man besser nie gewesen ist.

Klaus Besser berichtet über die großen Zauberer der Nouvelle Cuisine, über ihre kulinarischen Konzepte, die ‹privaten› Bezugsquellen ihrer lukullischen Spezialitäten und speziellen Rezepturen. Und über die faulen Tricks der schlechten Köche.»

Außerdem scheint heute – gemessen an der Zeit Brillat-Savarins und der deutschen Gastrosophen – die Eß-Situation aus relativ beliebigen Elementen zusammengesetzt, also weder durch ein bestimmtes Geschmackskriterium noch durch bestimmte soziale Formen festgelegt (vgl. Elias' Überlegungen zur «Informalisierung» im Kapitel «Die Zivilisierung des Essers»).

Bei Brillat-Savarin u. a. werden das Essen und die Kochkunst meist zwei anderen Kunstformen parallelisiert: Gedicht und Architektur.

Man könnte vermuten, daß heute, wo andere Kunst- und Kommunikationsformen vorherrschen, die Sprache der Gastrosophie sich auch neuer Bilder bedienen müßte.

Dennoch hat der gastrosophische Diskurs bis heute seine Orte: Abgesehen von alltäglichen Gesprächen übers Essen und Disputen über gelungene oder mißlungene Festschmäuse, die man gerade hinter sich gebracht hat, siedelt er in den auflagenstarken Eß- und Trinkzeitschriften, in der Werbung und in der Verbraucheraufklärung. Aber auch in Wochenblättern (wie Siebecks Rubrik im *Zeit*-Magazin) und in Tageszeitungen, wie im folgenden Beispiel der «*SZ*-Kostprobe», in der jeden Montag eine Münchner Gaststätte der Kritik eines kulinarischen Rezensenten unterzogen wird: «Vor allem schmerzt die grausame Lieblosigkeit, mit der die Beilagen malträtiert werden. Da kommen Salzkartoffeln mal mit einer dicken Lederrinde, mal glasig wäßrig auf den Tisch; die Kartoffelknödel sind zu Schleim verkocht; das Püree, unter der Mikrowelle verkrustet, liegt wie eine plumpe Stukkatur auf dem Teller; und der Kartoffelsalat näßt grau vor sich hin. Am besten fährt man noch mit den strapazierfähigen Produkten der Wurstküche: passabel war der gemischte Preßsack (5,20 Mark); die Briesmilzwurst (9,80) geizt zwar mit Bries, doch geschmacklich braucht sie einen Vergleich in München nicht zu scheuen. Auch der Kalbskopf (7,80), häßlich zum Rechteck gequetscht, gehört noch auf die Seite der erträglichen Dinge; an das schmierige Sägmehl, das aus der Leberwurst quoll, mag man freilich nicht gern erinnert werden.» (*Süddeutsche Zeitung*, 7.3.1983) Die Kritik schließt: «Wenn wenigstens die Biere immer gut gepflegt wären. Doch das Pils (3,20) liegt eigentümlich schlaff und schal im Glas, und das Export (2,80) nimmt in den vasenartig hohen neuen Krügen allzu rasch die Raumtemperatur an. So ist man als Stammgast von einst gespalten. (...) Es ist schon wieder das, was es immer schon war: ein Lokal, in das man nur gehen kann, wenn man gegessen hat.»

In formalisierter Gestalt zeigt sich schließlich das Gastrosophie-Erbe in den Tests mancher ‹Feinschmecker-Zeitschriften›, die nach folgenden Regeln für «Ambiente», «Service», «Küche und Keller» den Restaurants Zensuren verteilen:

«2 Punkte für das Ambiente:
Es wird nicht grundsätzlich über den Stil eine Hauses geurteilt. Wichtig ist, ob der Stil durchgehalten wird und zur Küche paßt.

8 Punkte für den Service:
Empfang des Gastes
Speisekarte, Weinkarte, Beratung
Ausstattung und Ordnung auf dem Tisch
Service bei den Speisen
Service bei den Getränken
Service beim Rauchen
Hygiene
Rechnung und Verabschiedung

10 Punkte für Küche und Keller:
Der Stil der Küche: Hier wird der Nouvelle Cuisine kein grundsätzlicher Vorzug gegeben. Jede Landes- und Regionalküche wird nach ihren eigenen Regeln beurteilt.
Frische und Qualität der Produkte
Zubereitung und Präsentation der Gerichte
Beschaffenheit und Geschmack von Terrinen, Pasteten, Soufflés
Salate und Gemüse
Käse-Angebot
Desserts
Sonstiges (Aperitif, Amuse gueule, Kaffee, Petits fours, Digestif)
Pflege der Weine

Falls Sie andere Erfahrungen machen als unsere Tester, bedenken Sie bitte: Es kann sein, daß sich der Stil von Hotels und Restaurants nach unserer Veröffentlichung ändert.» (*Vif – Das Gourmet-Journal* 2/1983)

Die ersten Mahle – vom Saugen zum Essen

«... warum wir im physiologischen Sinne uns ernähren müssen und warum wir essen (ist) nicht der gleiche Grund.»
(Benjamin 1972, Gesammelte Schriften IV, S. 1013)

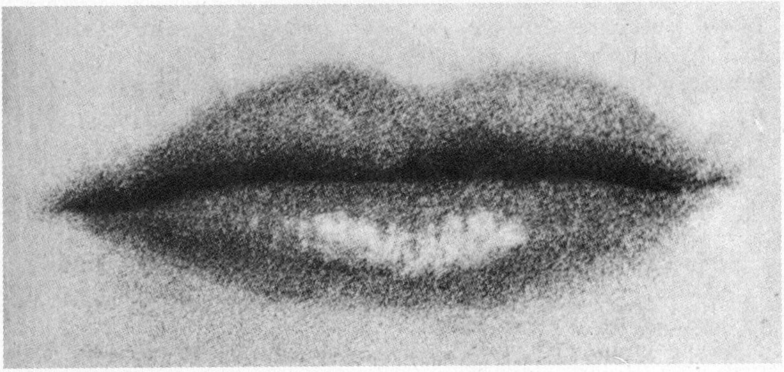

Man Ray: Lips, 1930

Während die Nahrungsphysiologie die Frage nach den materiellen Eigenschaften der Speisen und nach deren Verwandlung in unserem Körper stellt, fragt die Kultursoziologie nach der «symbolischen Bedeutung» des Essens «als einer Verkehrsform des Menschen» (Tokarev 1971, S. 301 f.). Die erstere beschäftigt sich also mit «Nährstoffbedarf» und «Nährstoffzufuhr», die letztere mit den sozialen Regeln und Gesten des Essens (zum Beispiel: Benehmen bei Tisch, Regeln der Gastfreundschaft, Prestigewert bestimmter Speisen u. a.) und mit der Rolle, die Essen innerhalb einer Gesellschaft spielt (zum Beispiel: Arbeiten und Essen, kulturelle Ablehnung einzelner Speisen usw.).

Die Psychoanalyse als dritte Bezugswissenschaft richtet dagegen ihr Augenmerk auf die Bedeutung, die ein Nahrungsmittel oder eine Essens-Situation für einen Menschen, vor allem für seine Triebbefriedigung, haben kann.

In der Geschichte eines jeden Menschen ist das Essen von vornherein in eine soziale Situation eingebunden, denn das menschliche Neugeborene kann sich nicht allein ernähren. Es ist deshalb auf eine nährende Person angewiesen. Die Psychoanalyse spricht dem Verhältnis zu dieser nährenden Person eine entscheidende Bedeutung für den psychischen Aufbau des kleinen Menschenwesens zu. Nach der Geburt, nach der Abtrennung der Nabelschnur, die bis dahin eine unmittelbare Verbindung zum Organismus der Mutter darstellt, beginnt die mittelbare Phase der Ernährung, die durch den *Mund* geschieht.

Die mütterliche Brust, die Brust der Amme oder die Schnullerflasche sind die ersten Gegenstände, die dem neugeborenen Kind – das sich bislang über die Nabelschnur vom Mutterleib nährte – Nahrung spenden. Durch den häufigen und regelmäßigen Gebrauch der Mund-Lippen-Zone, so Freuds Annahme, wird diese zu einer der erogenen, lustbesetzten Zonen des Körpers.

Die sich entwickelnde Lust am Saugen, die Befriedigung (Reduktion) der Lustspannung dadurch, die meist liebevolle Behandlung durch die pflegende Person und das Ernährtwerden – mit seinen intestinalen Lust- und Befriedigungsvorgängen – sind in dieser Situation eng miteinander verbunden.

Freuds Ausgangspunkt für die Untersuchung der infantilen Sexualität im Jahre 1905 war die Arbeit des ungarischen Kinderarztes Lindner über «Das Saugen an den Fingern, Lippen etc. bei den Kindern (Ludeln)» im «Jahrbuch der Kinderheilkunde» von 1879, in der das «Wonnesaugen» als sexuelle Äußerung des Kindes gesehen wird. Freud stellt nun die Frage nach dessen Entstehung[1]:

«Die erste und lebenswichtigste Tätigkeit des Kindes, das Saugen an der Mutterbrust (oder an ihren Surrogaten), muß es bereits mit dieser Lust vertraut gemacht haben. Wir würden sagen, die Lippen des Kindes haben sich benommen wie eine *erogene Zone*, und die Rei-

[1] Auf den «sehr energischen Einspruch (...) von seiten zahlreicher Kinder- und Nervenärzte» (Freud 1972, S. 87) gegen die Annahme, das kindliche Daumenlutschen sei eine sexuelle Aktivität, weist Freud auf deren Verwechslung von «sexuell» und «genital» hin. Das kindliche Sexualleben unterscheidet er vom erwachsenen folgendermaßen: «Das infantile Sexualleben ist wesentlich autoerotisch (das heißt, es findet sein Objekt am eigenen Leib, zum Beispiel beim Daumenlutschen); außerdem streben seine ‹Partialtriebe› im ganzen unverknüpft und unabhängig voneinander dem Lusterwerb nach» (1972, S. 103). Am Ende der Entwicklung steht «das sogenannte normale Sexualleben des Erwachsenen, in welchem der Lusterwerb in den Dienst der Fortpflanzungsfunktion getreten ist und die Partialtriebe unter dem Primat einer einzigen erogenen Zone eine feste Organisation zur Erreichung des Sexualzieles an einem fremden Sexualobjekt gebildet haben» (1972, S. 103). «Die Herstellung dieses Primats im Dienste der Fortpflanzung ist also die letzte Phase, welche die Sexualorganisation durchläuft.» (1972, S. 105)

zung durch den warmen Milchstrom war wohl die Ursache der Lustempfindung. Anfangs war wohl die Befriedigung der erogenen Zone mit der Befriedigung des Nahrungsbedürfnisses vergesellschaftet. Die Sexualbetätigung lehnt sich zunächst an eine der zur Lebenserhaltung dienenden Funktion an und machte sich erst später von ihr selbständig. Wer ein Kind gesättigt von der Brust zurücksinken sieht, mit geröteten Wangen und seligem Lächeln in Schlaf verfallen, der wird sich sagen müssen, daß dieses Bild auch für den Ausdruck der sexuellen Befriedigung im späteren Leben maßgebend bleibt. Nun wird das Bedürfnis nach Wiederholung der sexuellen Befriedigung von dem Bedürfnis nach Nahrungsaufnahme getrennt, eine Trennung, die unvermeidlich ist, wenn die Zähne erscheinen und die Nahrung nicht mehr ausschließlich eingesogen, sondern gekaut wird.» (1972, S. 88f.)

Doch treten auch nach der Entwöhnung und nach dem Übergang zu fester Nahrung erotisches und Nähr-Moment nicht völlig auseinander.

Wir haben es hier mit zwei verschiedenen Bereichen der Lust zu tun:

1. die Lust der erogenen Zone von Mund und Lippen (Lutschen, Saugen und alle ihnen ähnlichen Betätigungen),
2. die Lust der Einverleibung. Freud bringt sie ins Bild des Kannibalismus, bei dem ja auch die *Einverleibung* der Eigenschaften – oder der Seele – des Opfers erfahren wird: «Organisationen des Sexuallebens, in denen die Genitalzonen noch nicht in ihre vorherrschende Rolle eingetreten sind, wollen wir prägenitale heißen. (...) Eine erste solche prägenitale Sexualorganisation ist die orale oder, wenn wir wollen, kannibalische. Die Sexualtätigkeit ist hier von der Nahrungsaufnahme noch nicht gesondert, Gegensätze innerhalb derselben nicht differenziert. Das Objekt der einen Tätigkeit ist auch das der anderen, das Sexualziel besteht in der Einverleibung des Objektes, dem Vorbild dessen, was späterhin als Identifizierung eine so bedeutsame psychische Rolle spielen wird.» (1972, S. 103)

An Stelle der Brust, der Flasche oder der Nahrung werde auch «... ein Teil der Lippe selbst, die Zunge, eine beliebige andere erreichbare Hautstelle – selbst die große Zehe – zum Objekt genommen, an dem das Saugen ausgeführt wird» (Freud 1972, S. 87). Reize, die dieses Saugen veranlassen, können sowohl von innen kommen als auch auf äußere Stimulationen zurückgehen: «Der Zustand des Bedürfnisses nach Wiederholung der Befriedigung verrät sich durch zweierlei: durch ein eigentümliches Spannungsgefühl, welches an sich mehr den Charakter der Unlust hat, und durch eine zentral bedingte, in die periphere erogene Zone projizierte Juck- oder Reizempfindung (...).[2] Diese wird befriedigt durch einen «äußeren Reiz», der «zumeist in einer Manipulation bestehen» wird, die «analog dem Saugen ist». Zugleich kommt es aber auch vor, «daß das Bedürfnis auch peripherisch, durch eine wirkliche Veränderung an der erogenen Zone geweckt wird» (Freud 1972, S. 91), also durch die Berührung eines erregenden Objektes.

Die Ausgangskonstellation «Kind–Mutterbrust» macht im Laufe der Jahre in ihrer psychischen Repräsentanz mehrere Transformationen durch. «Als die anfänglichste Sexualbefriedigung noch mit der Nahrungsaufnahme verbunden war, hatte der Sexualtrieb ein Sexualobjekt außerhalb des eigenen Körpers in der Mutterbrust. Er verlor es nur später, vielleicht gerade zur Zeit, als es dem Kinde möglich wurde, die Gesamtvorstellung der Person, welcher das ihm Befriedigung spendende Organ angehörte, zu bilden. Der Geschlechtstrieb wird dann in der Regel autoerotisch, und erst nach Überwindung der Latenzzeit stellt sich das ursprüngliche Verhältnis wieder her. (...) Nicht ohne guten Grund ist das Saugen des Kindes an der Brust der Mutter vorbildlich für jede Liebesbeziehung geworden. Die Objektfindung ist eigentlich eine Wiederfindung» – nach «der Abtrennung der Sexualtätigkeit von der Nahrungsaufnahme» (Freud 1972, S. 126).

Ernährung und orale Sexualität bleiben auch späterhin miteinander verklammert: Die Beibehaltung oder Verdrängung einer besonders starken erogenen Bedeutung der Lippenzone kann auf den Nahrungstrieb wirken: sie kann zu besonders lustvollem Essen führen oder zu Nahrungsekel. Die orale Zone fungiert dabei in unterschiedlichem Ausmaße als Quelle zur Sexualerregung bzw. wird als solche verdrängt.

«Nicht alle Kinder lutschen. Es ist anzunehmen, daß jene Kinder dazu gelangen, bei denen die erogene Bedeutung der Lippenzone konstitutionell verstärkt ist. Bleibt diese erhalten, so werden diese Kinder als Erwachsene Kußfeinschmecker werden, zu perversen Küssen neigen oder als Männer ein kräftiges Motiv zum Trinken und Rauchen mitbringen. Kommt aber die Verdrängung hinzu, so werden sie Ekel vor dem Essen empfinden und hysterisches Erbrechen produzieren. Kraft der Gemeinsamkeit der Lippenzone wird die Verdrängung auf den Nahrungstrieb übergreifen. Viele meiner Patientinnen mit Eßstörungen, hysterischem Globus, Schnüren im Hals und Erbrechen waren in den Kinderjahren energische Ludlerinnen gewesen.» (Freud 1972, S. 89)

[2] Man könnte hier von der Halluzinierung eines Wunschobjektes sprechen (Anm. d. Verf.).

Die subjektive Bedeutung des Essens und anderer Arten oraler Betätigung und Einverleibung (einschließlich ihrer Störungen) sind jedoch nicht ausschließlich von solch einer konstitutionellen Besetzung (der besonders leichten Erregbarkeit) der Mund-Lippen-Zone oder der Verdauungsorgane abhängig. Gelüste, Ambivalenzen oder Abneigungen kommen stets auch über das Spiel gedanklicher Assoziationen zustande, also aus dem, was einem zu einer bestimmten Speise, deren Anblick oder Berührung einfällt oder was sich in einer Situation, in der es einem plötzlich den Appetit verschlägt oder in der man von Heißhunger befallen wird, in Bildern, Gefühlen und Gedanken aufdrängt. Auch brauchen nicht alle Eß-Gelüste oder Abneigungen unmittelbar etwas mit Oralität zu tun haben. Für Freud besteht eine Wechselbeziehung zwischen der Quelle der Erregung und der spezifischen erogenen Zone. Er vermutet «daß alle die Verbindungswege, die von anderen Funktionen her zur Sexualität führen, auch in umgekehrter Richtung gangbar sein müssen. Ist wie zum Beispiel der beiden Funktionen gemeinsame Besitz der Lippenzone der Grund dafür, daß bei der Nahrungsaufnahme Sexualbefriedigung entsteht, so vermittelt uns dasselbe Moment auch das Verständnis der Störungen in der Nahrungsaufnahme, wenn die erogenen Funktionen der gemeinsamen Zone gestört sind.» (1972, S. 110)

Da für Freud die psychischen Vorgänge nach dem Prinzip der Assoziation organisiert sind, kann man folgern, daß Lust- bzw. Unlust-Erlebnisse nicht nur durch Assoziationen der Situation und Person, des Geruchs, des Geschmacks und der taktilen Beschaffenheit von

Speisen, sondern auch durch die der Farbe, Form und des Namens vermittelt zustande kommen. Der Psychoanalytiker Karl Abraham erwähnt zum Beispiel, wie «die infantile Lust von weichem, knetbarem zunächst zu hartem, körnigem Material, dann zu kleinen festen Gegenständen mit sauberer und glänzender Oberfläche übergeht» (Abraham 1969, S. 136). (Vergleichen wir damit die Attribute der Konsistenz von Speisen, wie sie in der Werbung angepriesen werden: zart, weich, schmelzig, krachend, knackig, crunchy usw.)

Jeder weiß aus eigener Erfahrung, daß sich Befriedigung durch Essen aus vielerlei bewußten oder vorbewußten Motiven ergeben kann (um von den unbewußten nicht zu reden): Das Essen wurde von einer bestimmten Person angeboten (nicht nur «Bei Mutter schmeckt's am besten», sondern auch Situationen der Fürsorge, Gastfreundschaft und der Verführung), eine Speise besaß einen bestimmten Erinnerungswert, sie trug einen besonderen – unserem Bewußtsein vielleicht rätselhaft scheinenden und zugleich faszinierenden – Namen, ihr wurde eine besondere Wirkung zugesprochen, man mußte besonders viel oder erstaunlich wenig Geld für sie bezahlen ... die Vielzahl der Möglichkeiten reicht bis ins «Atmosphärische», durch das wir uns einen Eßgenuß beschert oder verdorben sahen.

Der Aufbau von Schamschranken, die Erziehung und die Vermittlung kultureller Werte überformen und verändern die ursprüngliche Bedeutung der Nahrungsaufnahme, es «kommt unsere soziale Wertung in Betracht» (Freud 1969, S. 530) (vgl. auch Kapitel «Die Zivilisierung des Essers»). Mit der Entwicklung der individuellen Sexualorganisation beginnen die erwachsen werdenden Subjekte ihre Triebansprüche in relativ konformer Weise zu befriedigen, die als sozial sinnvoll erscheint. Das heißt für unser Thema: Die Heranwachsenden übernehmen ihre national, regional, religiös, klassen- und schichtspezifisch geregelte Eßkultur. Diese Formierung durch die «Sinnhaftigkeit» des Sozialen löscht jedoch die bis dahin gebildeten Assoziationsbahnen nicht aus. Den unbewußten Gedanken können zwar Hindernisse in den Weg gestellt werden, sie können sich auf dem Wege der Bewußtwerdung auch verkleiden oder in ihr Gegenteil verwandeln, aber sie werden immer eine Basis der Vorstellungen des jeweiligen Subjekts bilden.

Bei Freuds Modell geht es keineswegs bloß darum, irgendwelche frühkindlichen Erlebnisse als Ursachen späterer Haltungen, Neigungen und Abneigungen gegenüber bestimmten Nahrungsmitteln, Zubereitungsarten oder sozialen Umständen des Verzehrs zu verstehen. Viel weitgehender und radikaler ist bei ihm davon die Rede, daß Wahrnehmungen und tätiger Umgang mit Essen, Ernährung und

Mahl den allgemeinen Gesetzen des psychischen Apparats unterliegen (vgl. Kapitel «Essens-Vorstellungen»). Freuds Überlegungen geben daher keine abrufbaren Interpretationen ab, die zur Beurteilung oder Maßregelung des Essers eingesetzt werden könnten. Die unserem Denken, Sprechen, Tun zugrunde liegenden Ziele, Objekte, Dynamiken enthüllen sich für Freuds Theorie nicht durch das Anlegen der Richtschnur eines «normalen Eßverhaltens», die ein Zuviel oder Zuwenig mißt, sondern allein im *Prozeß* der Psychoanalyse, in dem einzelne Komponenten und Bedeutungsmuster erhellt werden können.

Oraler Lustgewinn und die Lust am Einverleiben bleiben Momente, die das Denken und Handeln des Essers sein Leben lang bestimmen – bei den alltäglichen Speisen wie bei den rituellen Mahlzeiten. Jede nur denkbare Art des Mahls enthält neben dem kulturell und gesellschaftlich festgelegten *Sinn* die Dimension individueller *Bedeutung*. Abendmahl, Leichenschmaus, Geburtstagstorte, Hochzeitsessen, große Eß-Ereignisse und selbst ein schneller Imbiß werden – neben den «offiziellen» und rationalen Begründungen – für jeden von uns mit einer Reihe – bewußter oder unbewußter – Bedeutungen und Vorstellungen verknüpft, die sich von Mahl zu Mahl auf überraschende Weise wandeln können.

Es würde an dieser Stelle zu weit führen, die Freudsche Theorie ausführlicher (zum Beispiel in ihren Beiträgen zur Frage der Nahrungs-Tabus) darzustellen. In diesem Kapitel sollten lediglich Hinweise darauf gegeben werden, daß beim Essen sowohl physiologische als auch gesellschaftliche, bewußte als auch unbewußte subjektive Momente im Spiel sind. Niemals geht es um «reinen» Hunger (denn selbst der Verhungernde ißt nicht all das, was ihm Rettung bringen könnte), niemals geht es um ausschließlich Soziales (denn jeder handelt auch den gesellschaftlichen Normen zuwider; deshalb gibt es sie ja schließlich auch), und es geht auch niemals um ein «nur» Psychisches (denn der Mensch muß sich ernähren, um zu überleben, und er ist naturgemäß ein soziales Wesen, ein Sprechwesen). Diese drei Momente überschneiden und durchdringen sich ständig; in ihrer festen «Verlötung» scheint mir einer der Gründe dafür zu liegen, weshalb es so schwierig ist, über die *Tätigkeit* des Essens zu sprechen. Deshalb wird in den folgenden Kapiteln auch stets der eine oder der andere Gesichtspunkt in den Vordergrund treten.

Gegessenes und Geträumtes – Essensvorstellungen

«Salat erfrischt, ohne zu schwächen, stärkt, ohne zu reizen: ich pflege zu sagen, er verjüngt.»
(Brillat-Savarin 1979, S. 188)

Im Arsenal unserer Vorstellungen vom Essen finden sich Bilder und Trugbilder, Halluzinationen, Träume, Phantasien, aber auch all das, was wir als gesichertes Wissen und wissenschaftliche Erklärungen bezeichnen. Sie legen sich ebenso um die Speisen, die Tätigkeiten des Zubereitens und Verzehrens wie um die Personen, die uns mit Essen versorgen, es herstellen oder mit denen wir gemeinsam ein Essen einnehmen. Genauer gesagt «legen» sie sich nicht bloß um sie, unsere Vorstellungen bilden vielmehr eine Art Medium, in dem sich für uns «Realität» bildet. Dieses Medium umfaßt ganz subjektive und einmalige, aber auch gesellschaftliche und lang wirksame Formen. Die brennendste Frage, die unsere Vorstellungen beschäftigt, ist die nach der Wirkung der Speisen auf Leib und Seele.

Da zwar der Einfluß der Nahrungsmittel auf den menschlichen Organismus «täglich mehr durch Versuche bekannt wird», kaum aber der auf «unser Temperament» und den Charakter, berichtet das Werk «Die vornehme Gastlichkeit der Neuzeit» (1909) interessiert über einige Beobachtungen in England und Frankreich:

«Ein englischer Gelehrter erklärt, daß jede Art von Lebensmitteln eine ganz bestimmte Wirkung auf den Charakter und das Wesen der Person, die sie genießt, habe. So würde zum Beispiel jemand, der ausschließlich monatelang von Rindfleisch lebt, außerordentlich energisch und mutig werden. Eine Schweinefleischdiät hätte zur Folge, daß der Betreffende zunächst zum Pessimismus neigen und dann in die tiefe Melancholie verfallen würde. Todunglücklich dürften sich sehr bald die Personen fühlen, deren einzige Nahrung in Lammfleisch bestände. Ebensowenig wünschenswert wären die Folgen eines unausgesetzten Kalbfleischgenusses. Die Muskeln der Liebhaber dieses zarten Fleisches werden auffallend schlaff und widerstandslos, jede Energie geht verloren, und von Charakter ist bald keine Rede mehr. Es wird oft zu beobachten sein, daß sogenannte Pantoffelhelden große Verehrer eines schönen Kalbsbratens sind. Kein Wunder also, daß es ihnen in kritischen Augenblicken gewöhnlich an der Courage mangelt, den Herrn im Hause herauszukehren. Den häufigen Genuß von Milch und Eiern empfiehlt dieser moderne Physiologe allen jungen Damen, denen daran gelegen ist, mit sanftem, echt weiblichem Wesen, im Vereine mit Geist und mit einem weichen zarten Teint, das stärkere Geschlecht zu bestricken. Unverfälschte Kuhmilch soll niemals eine schlechte Wirkung, weder auf den Körper noch auf den Charakter des Menschen ausüben. Es gibt Leute, die mit Hochgenuß Butter in großen Quantitäten vertilgen; diese werden in den meisten Fällen ungemein phlegmatische Naturen besitzen, einen Abscheu vor jeder körperlichen Bewegung oder gar Anstrengung empfinden und schließlich in eine Apathie versinken, aus der sie sich nur schwer aufraffen können. Wünscht man gleichzeitig seinen Verstand und seine Muskeln zu stärken, so kann der Konsum von mehreren Eiern täglich, ganz gleich in welcher Zubereitung, nicht dringend genug empfohlen werden. Für geistig arbeitende Personen sind Äpfel, in reichem Maße genossen, von bestem Erfolge. (Wir erinnern daran, daß Schiller sehr viel und leidenschaftlich gern Äpfel genoß.) Das Gedächtnis zu schärfen und es bis ins höchste Alter ungeschwächt zu erhalten, dürfte es kaum ein wirksameres Mittel geben als starken Senf, den man zu jeder Mahlzeit mit allen nicht gesüßten Speisen genießen soll. Eine beständige Fischdiät würde den lebenslustigsten, intelligentesten Menschen traurig und stumpfsinnig machen. Kartoffeln, in großer Menge verzehrt, sollen ein Gefühl grenzenloser Langeweile nebst physischer und geistiger Trägheit hervorrufen. Dasselbe gilt von allen Gemüsesorten, vorausgesetzt, daß sie als ausschließliche Kost dienen. Nur in Verbindung mit reichlicher Fleischnahrung und bei häufiger Abwechslung wirken sie auf Charakter, Intellekt und Körper vorteilhaft. Der Einfluß roher und gekochter Früchte dagegen soll stets gut sein.» (Gollmer 1909, S. 83f.) Ganz andere Ansichten werden in Frankreich vertreten: «Auf dem Pariser pathologischen Kongreß vom Sommer 1908 vertrat eine Anzahl Ärzte die Ansicht, daß die verschiedenen Gemüse, welche wir genießen, einen gänzlich verschiedenartigen Einfluß auf unsere Psyche ausüben. Durchaus nicht alle Gemüse seien dem menschlichen Organismus zuträglich. Zum Beispiel scheinen, nach den Mitteilungen eines Referenten, junge Schoten reines Gift für das Familienleben zu sein. Leute, die viel junge Schoten genießen, neigen zu Frivolität, Frauen werden launenhaft und leichtsinnig. Sie neigen zum Flirten, und starken Schotenesserinnen kann der Ehemann nicht über den Weg trauen. Ja, der Referent geht noch weiter. Er behauptet, daß die Mehrzahl der Scheidungen und der ehelichen Skandale in der guten Gesellschaft auf den übermäßigen Konsum junger Schoten zurückzuführen sei. (...) Ein Mann, dessen junge Frau langsam oder unwirtschaftlich ist, sollte ihr Spinat zu essen geben. Leute, die Neigung zum Poeten in sich fühlen, sollen französische Bohnen essen. Sie entwickeln die Phantasie. Sauerampfer aber schafft Philanthropen, bestärkt die Trägheit und die Entmutigung. Die Karotte macht heiter, heilt von Eifersucht und Melancholie, beseitigt Zorn und Rachegedanken ...!» (Gollmer 1909, S. 84)

Der Verfasser des Handbuchs kommentiert abschließend: «Wer hat recht, England oder Frankreich? Mir scheinen die Unterschiede über den vermeintlichen Einfluß der Gemüse zum Beispiel doch zu groß, um vorläufig dieser neuesten Betätigung der ärztlichen Küchenwissenschaft einen anderen Wert als den eines Kuriosums beizumessen.» (Gollmer 1909, S. 84) Darin deutet sich jedoch die Hoffnung an, eines Tages etwas Genaueres über eine direkte, *unmittelbare* Wirkung eines Nahrungsmittels erfahren zu können.

So sehr uns dieser Gelehrtenstreit aus Großvatertagen lächerlich erscheinen mag, was unterscheidet sein Thema eigentlich von den Behauptungen der modernen Werbung? Deren Versprechungen von Glück, Zufriedenheit, Erfolg und Geborgenheit, von «märchenhaftem Geschmack» oder dem «Sonnenschein» aus der Packung, von Gesundheit und Genuß ohne Reue versuchen, ähnliche magische Wirkungen zu suggerieren. Das «Handwörterbuch des deutschen Aberglaubens» nennt als einen mit Essen verknüpften Vorstellungskreis den einer «Transplantation der physischen, der seelischen (...) und der Zauberkräfte des Gegessenen» (1929/30, Bd. 2, Sp. 1023), zum Beispiel im direkten oder symbolischen Essen eines Gottes: «Der Gott oder dessen Kraft kann vertreten werden durch einen Menschen, ein Tier, ein Gebildbrot oder Brot, ferner durch Kräuter, Pflanzen oder Sträucher, die dem Gott heilig sind oder konzentriert die Kraft des Vegetationsgottes enthalten. (...) Abgeschwächt haben wir diese Vorstellung, wenn man die edlen Teile und das Fleisch starker Tiere ißt, um sich deren Kraft oder Mut anzueignen. Achilles aß Bärenmark, die Giljaken nehmen durch Essen von Bärenfleisch die Kraft des Bären in sich auf. Essen von Löwen- und Leopardenherzen macht tapfer, von Wolfsherzen mutig ...» (1929/30, Bd. 2, Sp. 1029f.)

Wenn die moderne Werbung oft nahezu identische Produkte als verschiedene anzupreisen versucht, bemüht sie sich, dem fast Unterschiedslosen irgendwelche Kräfte zuzuschreiben, die ihm angeblich innewohnen: So wird aus der einfachen Dosenmilch «Bärenmarke», die sich von «Glücksklee» himmelweit unterscheidet. Auf diese

Weise sollen sich die Vorstellungen von der Wirkkraft eines Nahrungsmittels in erster Linie mit der Marke, dem Namen, dem Design, der Verpackung und den Werbeslogans assoziativ verbinden. Roland Barthes meint, die Entwicklung der Werbung habe es den Ökonomen erlaubt, «ein deutliches Bewußtsein vom idealen Wesen der Konsumgüter zu gewinnen; jeder weiß heutzutage, daß das gekaufte (das heißt vom Verbraucher erlebte) Produkt keineswegs das reale Produkt ist; zwischen diesem und jenem findet eine beträchtliche Produktion falscher Wahrnehmungen und Werte statt: indem der Verbraucher einer bestimmten Marke treu bleibt und diese Treue durch ein Ensemble ‹natürlicher› Gründe rechtfertigt, gelangt er zur Unterscheidung von Produkten, die in vielen Fällen gar keine technischen, im Labor nachweisbaren Differenzen mehr aufweisen.» (Barthes 1982, S. 66)

Werbung und magischer Glauben bauen meist auf den vielen Wirk- und Wundervorstellungen in christlichen und nichtchristlichen Mythen auf. Als Beispiele seien die angeführt, die sich um das himmlische Manna oder die Götterspeise Ambrosia ranken: Manna, ein aus dem Hebräischen «Man» gebildetes Wort, bezeichnet – so «Krünitz' Enzyklopädie» (1801) – «verschiedene vegetabilische Süßigkeiten (...), welche aus den Rinden gewisser Bäume und Stauden dringen. Das älteste Manna dieser Art ist dasjenige, womit sich die Israeliten in der Wüste erhielten. (...) Die Stelle 2. Mos. 16,13f., wo des Mannas zuerst gedacht wird, lautet so: ‹Am Morgen lag der Thau um das Heer her, und als der Thau weg war, siehe da lag es in der Wüste rund und klein, wie der Reif auf dem Lande. Und da es die Kinder Israel sahen, sprachen sie unter einander: das ist Man; denn sie wußten nicht, was es war. *Michaelis* gibt es: dieß sahen die Israeliten und sagten einer zum andern in ihrer Sprache, Man hu, das heißt, was ist das? weil sie nicht wußten, was es war›. (...) Weil man glaubte, daß das Israelische Manna aus der Luft fiel, so wird es in der heiligen Schrift auch mehrmals *Himmelbrot* und *Engelbrot* genannt.» Niebuhr habe aus Arabien berichtet, daß «in vielen Gegenden des Morgenlandes (...) aus den Blättern der Eichbäume und gewisser stacheliger Sträucher (...) besonders nach einem gewissen starken Nebel *Manna* schwitze, welche (...) häufig gesammelt wird und dem von Mose beschriebenen Manna völlig ähnlich ist.» (Krünitz, Bd. 83, S. 724f.)

Ganz prosaisch meint Herbert Heckmann in seinem Band «Die Freud des Essens»: «Man nimmt heute an, daß die biblische Manna nichts anderes als die Exkrettropfen zweier Schildlausarten (...) war, die häufig auf den Tamariskenstauden zu finden sind» (1979, S. 208) und in Farbe und Geschmack dem Honig gleichen. «Man sammelt sie auf der Sinaihalbinsel und benutzt sie als Gewürz für verschiedene Speisen und Gebäcke.» (Heckmann 1979, S. 208)

Ambrosia heißt «das Brod, oder diejenigen Speisen, wodurch sich die Götter zu sättigen pflegen, gleichwie Nectar der Tranck der Götter war. (...) Man glaubte auch ferner, daß es eine köstliche Salbe von vortrefflichem Geruch wäre, mit welcher sich die Götter salbeten. (...) Und überhaupt nennte man alles Ambrosiam, was von einer besonderen Fürtrefflichkeit, und göttlich zu seyn schiene.» Es hieß, «daß ein Mensch dadurch unsterblich gemacht, oder wenigstens sich vor allem Unglück bewahren könne». Ambrosia ist ein wohlriechendes Kraut «und schmeckt gewürtz-hafftig, etwas bitter, doch angenehm. (...) Es erfrischt das Gehirn und Hertz, stillet die Flüsse, zertheilet und stärckt und wird dahero innerlich und äusserlich gebraucht.» (Zedler, Bd. 1, 1732, Sp. 1699f.) Für Frankreich sah Roland Barthes in seinen «Mythen des Alltags» («Mythologies», 1957) ein modernes Äquivalent des Ambrosia im Nationalgericht «Steak frites»: «Das Beefsteak gehört zur selben Blutmythologie wie der Wein. Es ist das Herz des Fleisches, das Fleisch im Reinzustand, und wer es zu sich nimmt, assimiliert die Kräfte des Rindes. Ganz offenkundig beruht das Prestige des Beefsteaks auf seinem fast rohen Zustand: das Blut ist sichtbar, natürlich, dicht, kompakt und zugleich schneidbar. Man kann sich das antike Ambrosia gut von einer solchen Art schwerer Materie vorstellen, die unter den Zähnen sich auf eine Weise mindert, daß man zugleich seine ursprüngliche Kraft und seine Fähigkeit zur Verwandlung und zum Sichergießen in das Blut des Menschen spürt.» (Barthes 1970, S. 36)

Eine ähnliche Vorstellung von einer innersten Kraft in Nahrungsmitteln und Speisen findet sich bei Brillat-Savarin, wenn er von der Feststellung des «Osmazoms» spricht; dies ist «jener außerordentlich schmackhafte Stoff der Fleischsorten, der im kalten Wasser löslich ist und sich von den Extraktivstoffen unterscheidet, die nur in kochendem Wasser löslich sind.

Gute Suppen sind das Verdienst des Osmazoms; von ihm rührt die rosige Farbe des Fleisches her, wenn es gerinnt, durch seinen Hinzutritt bildet sich die Bratenkruste, und von ihm geht endlich der Duft des Wildbretes aus.» (1913, Bd. 1, S. 84) Er beschreibt dann, wo dieser Kraft-Stoff zu finden ist: «Das Osmazom läßt sich hauptsächlich aus den roten und schwarzen Fleischsorten erwachsener Tiere, also aus dem, was man gemeinhin erstklassiges Fleisch nennt, ziehen. Nur wenig oder nichts davon findet man in den sogenannten weißen Fleischsorten, wie beim Hammel, beim Spanferkel, beim Huhn und selbst im Brustfleisch des Großgeflügels vor. Deshalb haben auch die wahren Kenner stets den oberen Teil des Schenkels vorgezogen. Von ihnen kann man sagen, daß der Geschmacksinstinkt der Wissenschaft vorausgeeilt war.» (1913, Bd. 1, S. 84f.)

Es erscheint in den Bestandteilen der Bouillon, die man nach dem ersten Kochen abschöpfen kann, und ist zusammen mit den «Extraktivstoffen» Bestandteil des Fleischsaftes. Deshalb enthalten Fische oder Pflanzen kein Osmazon; es findet sich nur in den «Landtieren».

Mythische und magische Vorstellungen sind meist an ein Ritual, an bestimmte Handlungen, Zeiten und Räume und eine Reihe weiterer Umstände gebunden, in denen das heilige oder magische Objekt seine Wirkkraft entfaltet: kollektive Formen der Beschwörung eines Gottes, der Bitten um eine himmlische Gabe, der Opferung, des Dankes.

Das «Handwörterbuch des deutschen Aberglaubens» spricht etwa von der Rolle der Tischordnungen, die das Ritual der Umstände auch in profanen, alltäglichen Situationen verdeutlicht: «Ein Mädchen, das beim Essen an der Tischecke sitzt, bekommt eine böse Schwiegermutter. Wer beim Essen zwischen zwei Schwestern sitzt, wird bald heiraten. (...) Nach dem Essen muß man den Tisch abräumen, sonst kommt man nicht in den Himmel, oder das Jüngste im Haus kann nicht schlafen. (...) Der Eßtisch darf über Nacht nicht bedeckt werden, weil an ihm die Engel wachen ...» (1929/30, Sp. 1046) Ähnlich umfangreiche Bestimmungen des Rituals gibt es auch für die Verhaltensweisen der einzelnen Esser – angefangen bei der Art, wie sie das Brot zu schneiden haben, was sie bei Tisch nicht sagen dürfen bis hin zur Vermeidung bestimmter Blicke: «In Schwaben soll man während des Essens niemand die Spätzle zählen, denn so vergönnt man das Essen, und der Essende wird nicht satt. In Berlin darf man beim Essen dem Nachbarn nicht auf den Mund sehen, sonst bekommt das Essen nicht.» (Handwörterbuch des deutschen Aberglaubens 1929/30, Sp. 1035) Fast zwangsläufig stellt sich die Frage nach Sinn und Bedeutung unserer Tischsitten (vgl. Kapitel «Die Zivilisierung des Essers») und der hehren Institution des *Mahls* («Zwischen den Mahlzeiten ißt man nicht!») Es erscheint als besonderes Ritual, das die Bekömmlichkeit der Speisen gewährleistet und den sozialen Frieden in der Familie oder Gruppe sichert und deshalb unverzichtbar ist. Vielen gilt es als Inbegriff abendländischer Eßkultur (s. Kapitel «Das Mahl und seine Auflösung»).

Da es in den modernen warenproduzierenden Gesellschaften die Werbung übernommen hat, Vorstellungskomplexe, Mythen und Legenden immer wieder neu aufzubereiten und sie mit den verschiedensten Lebensbereichen, Situationen und Gegenständen zu verbinden, versuchte (einer Zeitungsmeldung zufolge) eine amerikanische

Firma, christliche Mythen in Streuwürze umzusetzen: «Nicht nur die kleinen Unternehmen haben die Zugkraft des neuen Slogans ‹Jesus sells› begriffen. (…) ‹International Flavors and Fragrances›, eine der größten Gewürzvertriebsgesellschaften der Welt, versucht es mit ‹christlichem Aroma›: ‹Wir fanden einen neuen potentiellen Kundenkreis auf dem Lebensmittelmarkt und tasten nun die Möglichkeit ab›, meint das Vorstandsmitglied Majorie Clar.» (*Süddeutsche Zeitung*, 23.12.1980)

Doch nicht nur in solch plumper Form verbinden sich Heilsversprechungen und -erwartungen mit bestimmten Speisen oder Arten zu essen; ähnliche Verfahren, sich auf mythische oder pseudomythische Figuren zu berufen, findet man auch in der Diätetik («Was macht krank, was tut gut?»), in der Propagierung moderner Regional- und Natur-Kost («Reinheit, Ursprünglichkeit») oder auch in der «Tischzucht des Nationalsozialismus», die sich auf die Gemeinschaft eines «Urbauerntums» berief.

Fast allen Kulten, Ritualen, Zeremonien, Bräuchen, die sich mit Essen verbinden, der «Wohlerzogenheit», dem «Anstand» und der «Kennerschaft», allen Regeln und Vorschriften der «vernünftigen» Ernährung, des gesunden Maßes, aber auch den Theorien der Enthaltsamkeit oder des Exzesses liegen präzise Vorstellungen von *Ursache* und *Wirkung* zugrunde; diese verdichten sich zum Teil zu Symbolen und Mythen, deren Zustandekommen und Zusammenhänge uns im Alltagsleben allerdings meist nicht mehr erkennbar sind.

Vorstellungen von der Eßbarkeit oder Nichteßbarkeit bestimmter Tiere oder Teile von ihnen und mancher Pflanzen sind sowohl in Mythen begründet (zum Beispiel religiöse bei Kuh, Schwein, Pferd), als auch in wissenschaftlicher Untersuchung. (Man entsinne sich des Streits um Butter und Margarine in den siebziger Jahren.) Sie können aber auch als schlichte Faustregel von Generation zu Generation überliefert sein (zum Beispiel Regeln, um die Eßbarkeit bestimmter Pilze festzustellen). Manche Vorstellungen, die sich an Geschmackserlebnisse heften, sind zwar weit verbreitet, aber schwer mitteilbar: der strenge Geschmack mancher Innereien, das Zerkochte, das Angebrannte, das Zähe, das Hartgebratene, das Angeschimmelte oder Angefaulte usw.

Nicht nur an den verschiedenen Arten der Zubereitung eines Nahrungsmittels (gekocht, gebraten, gedämpft, getrocknet usw.) entzünden sich unsere Vorstellungen, auch am Aussehen einer Speise (Form oder Farbe), an der Größe einer Portion, am Eindruck des Frischen und Zerfallenen oder Zerkochten, am diätetischen Wert («Macht das dick?»), am Marktwert (Luxus), an der Temperatur des Gerichts (lauwarmes Fleisch/heißer Braten), an der Art und der Verwendungsweise der Gewürze (fade/scharf)», am Verhältnis von Speise und Anlaß (Hasenbraten zu Weihnachten, Gans zu Ostern?), der Jahreszeit (Grünkohl wird in Norddeutschland erst nach den ersten Herbstfrösten gegessen). Schließlich reagiert unsere Vorstellungskraft auch auf Namen oder Spitznamen der Speisen («Was ist das, wie soll das heißen?»). Ebenso bewegen uns die verschiedensten Vorstellungen über Bekömmlichkeit und Wirkungen: Das Essen könnte vergiftet sein; wenn ich jetzt noch ein Stück Braten verdrücke, komme ich wieder nicht von meinem Gewicht runter; sein Bauch rührt bestimmt von der ewigen Sahnetorte her, die er in seiner Frustration einlöffelt.

Mit Speisen sind *Erinnerungen* an Personen und Situationen verknüpft, wie auch umgekehrt bestimmte Speisen Geschmackserinnerungen hervorrufen, die in Situationen, die man «nie vergessen» wird, geprägt wurden; bestimmte Geschmacksspuren spürt man noch auf der Zunge, man hat Gerüche noch in der Nase und kann sie bei geschlossenen Augen wieder aufleben lassen.

Diese Aufzählung erklärt noch nichts; die meisten Zusammenhänge und Faktoren werden in späteren Kapiteln behandelt werden. Auf zwei Dinge soll jedoch hingewiesen werden: Wie der Leser bemerkt haben wird, stellen sich bei der Rede vom Essen eine Reihe ganz individueller Assoziationen ein, die nur mit großer Mühe sprachlich zu fassen sind. Zugleich tauchen jedoch auch relativ allgemeinverbindliche, gewissermaßen stereotype Vorstellungen auf, über die man sich im Gespräch mit anderen relativ schnell verständigen kann. Diese gesellschaftlichen oder kulturellen Vorstellungen haben eine eigene Geschichte: Voraussetzung der Vorstellung über den «richtigen» Weihnachtsbraten ist die Existenz des uns bekannten Weihnachtsbrauchtums; Voraussetzung einer Vorstellung von Luxus ist die Existenz eines derartigen Denkmusters in der Gesellschaft; Überlegungen zur Kalorienzahl und zum Nährstoffgehalt haben die Orientierung an bestimmten Körpermodellen zur Voraussetzung usw.

Dies soll an zwei Beispielen verdeutlicht werden: In seinem Buch «Das Paradies, der Geschmack und die Vernunft» berichtet Wolfgang Schivelbusch von den Debatten im 17. und 18. Jahrhundert um die Folgen des Kaffeetrinkens: «Führt man alle die Eigenschaften auf, die man damals im Kaffee zu finden glaubt, so ergibt sich ein wunderlich bunter Katalog von Tugenden, die einander oft widersprechen. Eine kleine Auswahl: Der Kaffee hilft gegen Blähungen, er stärkt die Leber und die Galle, schafft Erleichterung bei Wassersucht, reinigt das Blut, beruhigt den Magen, regt den Appetit an, kann ihn aber auch dämpfen, hält wach, kann aber auch den Schlaf fördern, auf heiße Temperamente wirkt er kühlend, auf kalte Naturen dagegen wärmend, usw. Kurz, der Kaffee wird als ein Allheilmittel betrachtet. Es gibt keine positive Wirkung, die man ihm nicht zutraut. Durchforstet man diesen Wust nach den Eigenschaften, die am häufigsten genannt werden, dann bleiben zwei übrig, die eigentlich eine sind: Nüchternheit und Ernüchterung.» (1982, S. 29)

In dieser Vielzahl der Vorstellungen, die uns zumeist kurios, weil atypisch vorkommen, sieht Schivelbusch einige Gemeinsamkeiten, denen er einen gesellschaftlich-historischen Sinn zuweist: «Der Kaffee wirkt dabei als eine historisch bedeutsame Droge. Er infiltriert den Körper und vollzieht chemisch-pharmakologisch, was Rationalismus und protestantische Ethik ideologisch-geistig bewirken. Im Kaffee verschafft sich das rationalistische Prinzip Eingang in die Physiologie des Menschen und gestaltet sie seinen Erfordernissen entsprechend um. Das Resultat ist ein Körper, der den neuen Anforderungen gemäß funktioniert, ein rationalistischer und ein bürgerlich-fortschrittlicher Körper.» (1982, S. 52)

Ein anderes Beispiel für die gesellschaftliche Organisierung von Essensvorstellungen gibt Jos van Ussel. Er weist darauf hin, daß besonders ab dem 18. Jahrhundert – im Gefolge des zunehmenden «Domestikationsprozesses beim Menschen» (1977, S. 43), des Wohnens vieler Menschen auf engem Raum und der damit verbundenen Disziplinierung – körperliche Äußerungen immer mehr unter Kontrolle gehalten werden mußten. «Immer mehr Worte, Gebärden und Körperteile wurden zu Signalen möglicher Gefahr und Lust, wurden also mit erotischen Spannungen aufgeladen. Verinnerlichung rief größere Reizempfindlichkeit hervor, und gerade diese bedingte eine stärkere Erotisierung. Völlig unbeabsichtigt trug die verbürgerlichte Gesellschaft zum Entstehen einer bestimmten, starken Erotisierung bei.» (v. Ussel 1977, S. 42f.) Deshalb begann «in der zweiten Hälfte des 18. Jahrhunderts (...) die Sexualisierung zahlreicher neutraler Reize: Reiten, geheizte Zimmer, zu warme Kleidung, weiche Sessel und Betten, warme Getränke, Bücher, Bilder, kräftige Nahrung, zu häufiges Lachen, zuviel Parfum, Kräuter und Spezereien, ‹weichliches Ohrengekitzel› der damaligen Musik, die Glasharmonika, die ‹den geschwächten Sterblichen unseres Zeitalters, besonders das weibliche Geschlecht, mit dem Verlust seiner Keuschheit bedroht›.» (v. Ussel 1977, S. 43)

Es geht beim Essen also nicht bloß um die Zufuhr völlig beliebiger Dinge. Im Wort «Lebensmittel» drückt sich der mediale Charakter unserer Nahrung und der Speisen aus. Nahrung ist Mittel zum Leben, das heißt, das Leben wird durch Nahrung genährt. Ebenso wie das menschliche Leben aber keine bloß organische Funktion ist, sind Lebensmittel oder Ernährung keine bloße «Brennstoffzufuhr». Vielmehr gehören Lebensmittel zur symbolischen Ordnung unserer Kultur; ihr Sprachgewand ist Teil jenes Sprachspiels, das sich in unseren Köpfen vollzieht. Dort aber erweist sich, daß Nahrung nicht allein das ist, was sie an Nährstoffen enthält, aber auch nicht nur das, was die Kultur ihr als Symbolwert zugedacht hat, sondern auch das, was sich in jedem Subjekt als *Bedeutung* eines Nahrungsmittels herstellt.

Dieses skizzierte Zusammenspiel gesellschaftlich bedingter Symbolik und subjektiver Assoziationen bestimmt Art und Ausmaß unseres *Appetits*. Brillat-Savarin bezeichnet den Appetit als «die erste Empfindung der Eßlust» (1913, Bd. 1, S. 71). Er fungiere als «Wecker», der dem menschlichen Körper «den Augenblick angibt, in dem seine Kräfte nicht mehr gleichen Schritt mit seinen Bedürfnissen halten» (1913, Bd. 1, S. 71). In seiner Beschreibung faßt Brillat-Savarin die physiologische Bedingtheit und das Moment der Vorstellungen zusammen; beides wiederum verweist auf die soziale Dimension: Man muß etwas zu Essen zubereiten oder geliefert bekommen: «Der Appetit kündigt sich durch eine leichte Flauheit im Magen und durch ein geringes Mattigkeitsgefühl an.

Zu gleicher Zeit beschäftigt sich der Geist mit Vorstellungen, die den körperlichen Bedürfnissen ähneln; man erinnert sich an Dinge, die den Gaumen gekitzelt haben, die Einbildungskraft glaubt sie zu sehen, man befindet sich wie in einem Traum. Dieser Zustand entbehrt nicht des Reizes, und wir haben Tausende von Kennern in der Freude ihres Herzens ausrufen hören: ‹Wie schön ist es, einen guten Appetit zu haben, wenn man sicher ist, daß es bald eine ausgezeichnete Mahlzeit gibt!›» (1913, Bd. 1, S. 71)

So wie die verschiedensten Vorstellungen in allen möglichen Lebenslagen sich auf Essen beziehen lassen, so kann «Essen» auch selbst eine Vorstellung sein, die für etwas anderes steht. Ein weiteres Mal gibt uns das «Handwörterbuch des deutschen Aberglaubens» Auskunft: «Nach altbayerischem Aberglauben bedeutet der Traum von einer großen Mahlzeit einen Todesfall. Bei den Deutschamerikanern hört man bald von einer Leiche, wenn man träumt, daß man viel ißt. Nach englischem Aberglauben gibt es eine Trockenheit, wenn man von Fleisch träumt.» (1929/30, Sp. 1059)

Angesichts einer großen Anzahl «allgemein bekannter Anspielungen und Wortersetzungen» in «Witzworten, Zitaten, Liedern und Sprichwörtern» und in «Sagen und Volksbräuchen» sieht Freud in der

Ernährung einige der «wenige(n) Materien», für die sich «eine allgemeingültige Traumsymbolik herausgebildet» hat (1972, S. 340f.). «Was bedeuten zum Beispiel im Traume Wagen, von denen jeder mit anderem Gemüse angefüllt ist? Es ist der Wunschgegensatz von ‹Kraut und Rüben›, also ‹Unordnung›. Ich habe mich gewundert, daß mir dieser Traum nur ein einziges Mal berichtet worden ist.» (1972, S. 341) Deshalb fügt Freud 1925 – nach 25 Jahren – hinzu: «Diese Darstellung ist mir wirklich nicht wieder begegnet, so daß ich an der Berechtigung der Deutung irre geworden bin.» (1972, S. 341) Generell besteht er jedoch auf seiner Beobachtung, daß der «Vorstellungskreis (...) der Küche (gerne) zum Versteck sexueller Bilder gewählt» wird. (1972, S. 341) «In scheinbar harmlosen Anspielungen an die Verrichtungen der Küche lassen sich die häßlichsten wie die intimsten Einzelheiten des Sexuallebens denken und träumen, und die Symptomatik der Hysterie wird geradezu undeutbar, wenn man vergißt, daß sich sexuelle Symbolik hinter dem Alltäglichen und Unauffälligen als seinem besten Versteck verbergen kann. Es hat seinen guten sexuellen Sinn, wenn neurotische Kinder kein Blut und kein rohes Fleisch sehen wollen, bei Eiern und Nudeln erbrechen, wenn die dem Menschen natürliche Furcht vor der Schlange beim Neurotiker eine ungeheuerliche Steigerung erfährt, und überall, wo die Neurose sich solcher Verhüllung bedient, wandelt sie die Wege, die einst in alten Kulturperioden die ganze Menschheit begangen hat und von deren Existenz unter leichter Verschüttung heute noch Sprachgebrauch, Aberglaube und Sitte Zeugnis ablegen.» (1972, S. 342)

Da doch aber auch geglaubt wird, bestimmte Speisen hätten ganz bestimmte Träume zur Folge («Wenn man des Nachts Kraut ißt, träumt man von toten Leuten. Wer von einer drückenden Last träumt, hat zuviel gegessen.» Handwörterbuch des deutschen Aberglaubens, 1929/30, Sp. 1059), kommt es dem geübten Esser natürlich auch auf entsprechende Traumpflege an. Denn: «Gleichgültig, ob der Mensch ruht, schläft oder träumt, immer ist er den Gesetzen der Ernährung unterworfen, und nie verläßt er das Reich der Gastronomie.» (Brillat-Savarin 1913, Bd. 2, S. 29) Und weiter: «Die auf millionenfache Beobachtung sich gründende Erfahrung lehrt, daß die Nahrung die Träume bestimmt.

Alle Nahrungsmittel, welche leicht erregend wirken, führen im allgemeinen Träume herbei: wie die sogenannten dunklen Fleischsorten, die Tauben, Enten, das Wildbret und besonders der Hase.

Dieselbe Fähigkeit schreibt man dem Spargel, dem Sellerie, den Trüffeln, dem parfümierten Konfekt und hauptsächlich der Vanille zu.

Es wäre ein großer Irrtum, wenn man diese schlafbefördernden Sub-

stanzen von unseren Tafeln verbannen wollte, denn die Träume, die in ihrem Gefolge auftreten, sind im allgemeinen angenehmer und leichter Natur und verlängern unser Dasein selbst während einer Zeit, wo es aufgehoben zu sein scheint.» (Brillat-Savarin 1913, Bd. 2, S. 32f.)

Brillat-Savarin beschreibt nun, wie der vernünftige Träumer als Esser Vorsorge trägt. Neben einem gemäßigten Lebenswandel, neben der rechten Schlafensstunde und neben Kopfkissen mit Roßhaarfüllung und Nachtmütze aus Leinwand war auch seine Mahlzeit «gewählt; weder gute noch ausgezeichnete Gerichte hat er an sich vorübergehen lassen; von den feinsten, selbst von den allerberühmtesten Weinen hat er mit weiser Vorsicht getrunken. Beim Nachtisch hat er einer galanten Plauderei den Vorzug vor der Politik gegeben und hat mehr Madrigale als Epigramme gedichtet; je nach seiner Konstitution hat er eine Tasse Kaffee getrunken und kurz hinterher ein Gläschen Likör, nur um sich den Mund zu parfümieren. Jederzeit hat er sich als liebenswürdiger Gast und großer Kenner gezeigt und hat dennoch nur ganz wenig die Grenzen seines Bedürfnisses überschritten.

In diesem Zustand begibt er sich, mit sich selbst und anderen zufrieden, zu Bett, seine Augen schließen sich, und nach einer kurzen Dämmerung fällt er für einige Stunden in festen Schlaf.

Bald hat die Natur ihren Tribut gefordert; die Assimilation hat seinen Kräfteverlust ersetzt. Jetzt führen ihn angenehme Träume in ein geheimnisvolles Dasein, er sieht geliebte Personen, treibt seine Lieblingsbeschäftigungen und versetzt sich nach Gegenden, wo es ihm gefallen hat.» (1913, Bd. 1, S. 34f.)

Aber auch der Übergang vom Traum zum Tag, die Arbeit des Erwachens verbindet sich mit Essen: «Eine Volksüberlieferung warnt, Träume am Morgen nüchtern zu erzählen. Der Erwachte verbleibt in diesem Zustand in der Tat noch im Bannkreis des Traumes. Die Waschung nämlich ruft nur die Oberfläche des Leibes und seine sichtbaren motorischen Funktionen ins Licht hinein, wogegen in den tieferen Schichten auch während der morgendlichen Reinigung die graue Traumdämmerung verharrt, ja in der Einsamkeit der ersten wachen Stunden sich festsetzt. Wer die Berührung mit dem Tage, sei es aus Menschenfurcht, sei es um innerer Sammlung willen, scheut, der will nicht essen und verschmäht das Frühstück. Derart vermeidet er den Bruch zwischen Nacht- und Tagwelt.» (Benjamin 1972, Gesammelte Schriften, IV, 1, S. 85)

Wie dem Essen kulturell-symbolischer und tief in die menschliche Psyche reichender Wert beigemessen wird, so auch seinem Gegenteil – dem Fasten. Die absolute Nüchternheit – in doppeltem Sinn – ist das Bestreben Fastender, jener also, die dem Essen völlig oder teilweise entsagen.

«Was kann wirksamer sein als das Fasten? Durch seine Übung kommen wir Gott näher, widerstehen dem Teufel und überwinden die lokkenden Leidenschaften. Stets war das Fasten eine Nahrung für die Tugend. Aus der Enthaltsamkeit entsprießen keusche Gedanken, vernünftige Entschließungen und heilsame Ratschläge. Durch freiwillige Abtötungen stirbt das Fleisch den bösen Lüsten ab, und der Geist erhält neue Kraft zur Übung der Tugend.» (Leo der Große, gestorben 461, zitiert nach Glatzel 1973, S. 234)

Im Gegensatz zu erlittenem Hunger ist das Fasten nicht Entbehrung, sondern Entsagung. Meist geht es, außer beim absoluten Fasten, auch nicht um ein schlichtes Nicht-Essen, sondern um das Meiden ganz bestimmter Speisen, die für eine bestimmte Zeit tabu werden. «Fasten heißt nicht nur den Konsum von Speise und Trank reduzieren, sondern auch auf den ganzen Kulturbereich verzichten, der sich um Essen und Trinken entwickelt hat. Es heißt weiter, einen fortgesetzten Kampf mit den Forderungen des Leibes führen, einen Kampf, der sich stündlich erneuert und der nie zur Ruhe kommt, weil das im Tagesbewußtsein mit Gewalt unterdrückte Verlangen nach Speise und Trank häufig in Zwangsvorstellungen im Traum in um so verlokkenderen Bildern wiederkehrt.» (Benz 1969, S. 37f.)

Gelingt der Abschied von der äußeren Welt körperlicher Bedürfnisse und Verlockungen, dann wird der asketisch Fastende belohnt: «Im unmittelbaren Zusammenhang mit Askese stellt sich die erste Vision bei Heinrich Seuse ein, der sich ‹mit großer Selbstbezwingung› aller Gesellschaft entzogen hatte und dafür, während der Konvent zu Mittag aß, in der Einsamkeit einer Kirche den Lohn empfing:

‹Und wie er so trostlos dort stand und niemand bei ihm noch um ihn war, wurde seine Seele verzückt in dem Leibe oder aus dem Leibe heraus. Da sah er und hörte, was allen Zungen unaussprechlich ist: es war formlos und erscheinungslos und trug doch aller Formen und Erscheinungen freudenreiche Lust in sich. Das Herz war gierig und doch gesättigt, der Wille lustig und wohl gelenkt; ihm war Wünschen entschlafen und Begehren vergangen. Er starrte nur immer in den glanzreichen Widerglast hinein, in dem er zu einem Vergessen seiner selbst und aller Dinge gelangte. War es Tag oder Nacht, er wußte es nicht. Es war eine ewigem Leben entquellende Süßigkeit mit gegenwärtigem, stillstehendem, ruhigem Auskosten. Er sagte danach: ‹Ist dies nicht Himmelreich, so weiß ich nicht, was Himmel ist ...›» (Heinrich Seuse: Des Dieners Leben, zit. nach Gabele 1924)

Dem streng Fastenden geht es genau um diesen Beweis, «daß Etwas ist, wenn das Fleisch fühllos wird, wenn es gar abgestorben ist, dieses Etwas als ein metaphysischer Grund des Selbstwerts, der in keiner anderen Quelle gefunden werden soll als in eigenem Erleben» (Mattenklott 1982, S. 215f.).

Für den normalen Esser gilt: «Etwas Fremdes wird ergriffen, zerkleinert, einverleibt und einem selber von innen her angeglichen; durch diesen Vorgang allein lebt man. Setzt er aus, so ist man selber bald am Ende; soviel weiß man davon immer.» (Canetti 1980, S. 232) Der Visionärin Marianne von Escobar hingegen wird vom Engel verkündet: «Wisse meine Tochter! Nicht die Speise, sondern Gott der Herr ernährt dich mit seiner mächtigen Hand, und der Herr will, daß du dies bißchen Speise mit großen Schmerzen genießt, damit du etwas leidest in seiner Kirche, Absonderlichkeiten abschaffst, und damit die Welt erkenne, daß der Herr außerordentliche Gnaden allen Menschen erteilen kann, sie mögen gesund sein oder krank, sie mögen essen oder nicht essen.» (Nach: Benz 1969, S. 48)

Natürlich geht es zum Beispiel den Visionären – «nicht darum, durch ein solches methodisches Training die visionäre Erfahrung herbeizuzwingen, sondern darum, eine bestimmte geistige, seelische und leibliche Atmosphäre zu schaffen, in der die visionäre Erfahrung eintreten kann» (Benz 1969, S. 37).

Aber nicht nur die Nüchternheit des Fastenden ist ein äußerst schillerndes Phänomen, denn der Genuß der Entsagung besteht ja in der Erwartung eines seelischen Gewinns, den der Fastende sich zu «erhungern» trachtet, sondern auch die Bestimmung der Grenzen des Fastens, also Art und Ausmaß der gerade noch zulässigen Speisen und Getränke. So mobilisierte – einem Schwank von Jacob Frey aus dem Jahre 1556 zufolge – der Bischof von Cordoba seine ganze kirchliche Autorität, um Kasteiung und Rebhuhnbraten miteinander vereinbar zu machen. Es ritt jener «auf ein Freitag über Feld, kehrt in ein Herberg ein. Der Wirt hat kein Fische, nichts anderes denn Vögel und Rebhühner. Der Bischof hieß ihn zwei zurichten und zum Essen vortragen. Es nahm seine Knecht wunder, was ihr Herr damit vermeint, daß er am Freitag wollte Rebhühner essen, so er sonst an einem Sonntag nicht danach fragte, auch besonderlich dergleichen Speisen an solchen Tagen verboten wären. Sie sagten ihm's, ob er nicht gedächte, daß es Freitag wäre und diese Rebhühner und nicht Fisch wären. ‹Ja›, sprach der Bischof, ‹ich will sie für Fisch essen und nicht für Fleisch.› Sie verwunderten sich der Reden noch mehr. Der Bischof sagte zu ihnen: ‹Ihr Narren, wißt ihr nicht, daß ich ein Priester bin? Welches ist mehr, aus Brot den Leichnam Christi zu verwandeln oder aus Rebhühnern Fisch zu machen?› Also machte er ein Kreuz darüber und gebot, daß die Rebhühner von Stund sollten Fisch sein und sagte: ‹Also stark sind meine Worte, daß diese Rebhühner jetzunder gute Fisch sind. Wiewohl man's aber nicht sieht, so müßt man's glauben; denn der Glauben macht uns selig und behält auch die Welt.› Behielt auch die zwei Fisch bei sich und aß sie alle beid, gab seinem Gesinde geschorene Rüben, wie der Welschen Gebrauch ist.» (Nach: Heckmann, 1979, S. 82)

Es läßt sich also nicht von einer präzisen Wirkung sprechen, die durch Fasten einfach herstellbar wäre. «Die gegensätzlichen Erlebens- und Verhaltensweisen», so schreibt Hans Glatzel (1973, S. 237) «lassen erkennen, wie weitgehend die Auswirkungen des Fastens vom Milieu und von der Einstellung und Erwartung des Fasters gestaltet werden. Wer das Fasten als Opfer, Buße und Strafe auf sich nimmt, erlebt es anders als der, der in ihm einen Weg zu tieferer Erkenntnis und Unabhängigkeit vom Materiellen sucht.»

Die verstärkte Aneignung von Versatzstücken fernöstlicher Lebens- und Denkhaltungen in den letzten zwanzig Jahren wertete das Fasten um: Es ist nunmehr weniger Mittel der Buße, eher Mittel der profanen (weltlichen) Selbstreinigung oder der Erleuchtung bis hin zur schlichten «Problemlösung». Vielen bedeutet das Fasten heute profan Reinigung, «Entschlackung» oder «Entgiftung» des Körpers, nach der man sich «wie neu geboren» fühlt.

Hingegen verfolgen Aktionen wie «Fasten für den Frieden» oder

«Fasten für das Leben» einen politischen Gewinn: Jene langsame, physische Selbstausbrennung der Fastenden – «zuerst die abgelagerten Fette, dann das Eiweiß von den Organen und Muskeln» (*Die Zeit*, 16.9.1983) – soll die öffentlich dargestellte Selbstvernichtung in politischen Druck umsetzen.

Als «Fasten satt» könnte man eine neue Dauereinrichtung bezeichnen: Weder um die Drohung mit dem eigenen Tod noch um Buße oder Erleuchtung, sondern um eine andere Art der Erleichterung geht es beim modernen Fasten – um das Erreichen eines «Wunschgewichts». Hierbei firmiert *totales Fasten* als berechenbare «Nulldiät», die «wegen ihrer Risiken nur im Krankenhaus durchgeführt werden soll» (Modifast-Anleitung). Ob überhaupt und welche Speisen man während des Fastens zu sich nehmen kann, wird nun nicht mehr nach deren religiöser Symbolik beurteilt, sondern nach dem Nährstoffgehalt. Auch wird schon lange nicht mehr mit dem Ruf «Friß die Hälfte!» an die Selbstzucht des Essers appelliert, vielmehr verpflichten «Appetithemmer» in Pillen- oder Pulverform den Körper auf ein gewissermaßen automatisiertes, unwillkürliches Halbfasten-Programm – nach dem Motto «Abnehmen ist schön» (Triosan-Prospekt). So wirkt Triosan, ein «ausgewogenes, kalorienarmes Schlankheits-Diätetikum, das schnell zu einer Gewichtsabnahme führt» laut Werbeprospekt «ohne Mangelerscheinungen», denn eine der Komponenten, die Weizenkleie, «hilft gegen den Hunger, weil sie im Magen quillt und ihn somit füllt».

Dergestalt fastet man *ein bißchen* und hat «nach jeder Portion» «das Gefühl, sich richtig satt gegessen zu haben». Doch wer solcher Entsagung nicht hold ist, wer auch nicht belehrt werden mag, man lebe doch nicht, um zu essen, sondern um zu arbeiten (oder: man esse eben, um arbeitsfähig zu sein), der flüchtet sich gern in den Tagtraum von der «Verkehrten Welt», vom Schlaraffenland oder der «Cucagna»: «... da sind die Häuser gedeckt mit Eierfladen, und Türen und Wände sind von Lebzelten, und die Balken von Schweinebraten. Was man bei uns für einen Dukaten kauft, kostet dort nur einen Pfennig.

Um jedes Haus steht ein Zaun, der ist von Bratwürsten geflochten und von bayerischen Würsteln, die sind teils auf dem Rost gebraten, teils frisch gesotten, je nachdem sie einer so oder so gern ißt.

Alle Brunnen sind voll Malvasier und anderer süßer Weine, auch Champagner, die rinnen einem nur so ins Maul hinein, wenn man es an die Röhren hält. (...)

Das könnt ihr glauben, daß die Vögel dort gebraten in der Luft herumfliegen, Gänse und Truthähne, Tauben und Kapaunen, Lerchen und Krammetsvögel, und wem es zuviel Mühe macht, die Hand danach auszustrecken, dem fliegen sie schnurstracks ins Maul hinein. (...)

Jede Stunde Schlaf bringt dort einen Gulden ein, und jedes Gähnen einen Doppeltaler. (...) Wer nichts kann als essen und trinken, tanzen und spielen, der wird zum Grafen ernannt.» (Das goldene Märchenbuch, o. J., S. 63ff.)

Doch so schließt das Märchen, das wir alle kennen: «Nun wißt ihr des Schlaraffenlandes Art und Eigenschaft. Wer sich also auftut und dorthin eine Reise machen will, aber den Weg nicht weiß, der frage einen Blinden; aber auch ein Stummer ist gut dazu, denn er sagt ihm gewiß keinen falschen Weg.»

Immer wieder macht ein Erlebnis, eine Begegnung, ein Namen oder ein Geruch glauben, man sei auf ein Wegzeichen in jene Gegend gestoßen. Beim Blick in die Zukunft, die oft das Kleid der Vergangenheit trägt, vermischen sich allerdings Sehnsüchte und Alpträume. Aus der Erinnerung steigt Unerfreuliches auf: «Und als er verwundert und ungläubig an diesen Feinschmeckerhimmel dachte, erinnerte er sich an hundert kleine Städte und Städtchen in Amerika, und mit dieser Erinnerung kam das gräßliche, dyspeptische Eingedenken an das Essen dort: – den fettig-ranzigen, gedunsenen, schalen, toten und verdrossenen Fraß, den man dort in griechischen Restaurants, Lunch-Rooms, Coffee-Shops und Railroad-Cafeterias hastig und mit großen Schlükken sauren, dünnen Kaffees hinunterwürgt, so, daß man unvermeidlich Leibweh davon bekommt.» (Thomas Wolfe: Von Zeit und Strom, zitiert nach: Kiwus 1978, S. 63)

Die suggestive Kraft der Erinnerung an bessere Verhältnisse ist eine Bedrohung des Status quo, der Anpassung und Kontrolle. Konsequenterweise versuchen in Orwells Roman «1984» die Herrschenden Erinnerungen auszulöschen. Einige wenige – wie der Protagonist Wilson – haben sich jedoch Erinnerungen bewahren können: «Voll Ingrimm dachte er über die physische Beschaffenheit des Lebens nach. War es schon immer so gewesen? Hatte das Essen immer so geschmeckt? Er blickte sich in der Kantine um. Ein niedriger, gedrängt voller Raum, dessen Wände durch die Berührung unzähliger Leiber schmutzig geworden waren. Verbeulte Metalltische und -stühle, so eng zusammengerückt, daß man sich im Sitzen mit den Ellenbogen berührte. Verbogene Gabeln, am Rand abgestoßenes Geschirr, grobe weiße Becher, auf allen Flächen fettglänzend, Schmutz in jedem Sprung. Und ein säuerlicher Geruch über allem, zusammengesetzt aus schlechtem Gin, minderwertigem Kaffee, leicht metallisch schmeckendem Eintopf und unsauberen Kleidern. Immer regte sich im Magen und auf der

Haut ein Protest – das Gefühl, um etwas betrogen worden zu sein, worauf man ein Anrecht hatte. Zwar hatte er keine Erinnerung an etwas wesentlich anderes. Soweit er sich genau zurückerinnern vermochte, hatte es nie wirklich genug zu essen gegeben, hatte man nie Socken oder Unterhosen besessen, die nicht voll Löcher waren, war das Mobiliar immer schadhaft und wackelig gewesen, waren die Zimmer ungenügend geheizt, die Untergrundbahn überfüllt, die Häuser verfallen, das Brot dunkel, der Tee eine Rarität, der Kaffee schauderhaft, die Zigaretten zu wenig gewesen. Nichts war billig oder reichlich vorhanden gewesen außer dem synthetischen Gin. Und obwohl man das alles mit dem Älterwerden natürlich schlimmer empfand, war es nicht ein Zeichen, daß dies *nicht* die natürliche Ordnung der Dinge sein konnte, wenn einem stets das Herz wehtat bei der Unbehaglichkeit, dem Schmutz und dem Mangel, den endlosen Wintern, den verfilzten Socken, den nie funktionierenden Fahrstühlen, dem kalten Wasser, der sandigen Seife, den zerbröckelnden Zigaretten, den künstlichen Nahrungsmitteln mit ihrem verdächtigen Geschmack? Warum empfand man das als so unerträglich, wenn man nicht eine altererbte Erinnerung in sich trug, daß die Dinge einmal ganz anders gewesen waren?» (Orwell 1981, S. 56f.)

Aber nicht nur der Anblick von Eßbarem erzeugt Eßphantasien. Beim Lesen einer Speisekarte gewinnt man Geschmack an einem Gericht, man verwirft die Wahl wieder und entscheidet sich für ein anderes, allein dadurch, daß man es sich durch die Einbildungskraft vergegenwärtigt. Ähnliches leisten wir oft beim Beschauen von Anzeigen, Werbebildern, Aufdrucken auf Packungen oder Schaufensterauslagen: Wir beginnen, sie in unserer Vorstellung zu beurteilen, zu klassifizieren, sie in sinnliche Gegenstände zu verwandeln, die Wohlgeschmack oder Ekel hervorrufen, und sie in Gedanken zuzubereiten und/oder zu verzehren.

Essen wird dann unter der Hand oft zu etwas, was «das Leben lebenswert» machen oder Trost, Rettung und Halt bieten kann, wie bei jenem biedermeierlichen «vergnügten Schulmeisterlein Maria Wutz in Auenthal»: «Den ganzen Tag freuete er sich auf oder über etwas. ‹Vor dem Aufstehen›, sagt' er, ‹freu ich mich auf das Frühstück, den ganzen Vormittag aufs Mittagessen, zur Vesperzeit aufs Vesperbrot und abends aufs Nachtbrot› – und so hat der Alumnus Wutz sich stets auf etwas zu spitzen. Trank er tief, so sagt' er: ‹Das hat meinem Wutz geschmeckt› und strich sich den Magen.» (Jean Paul, 1790; zitiert nach: Glaser 1969, S. 53f.)

Aber auch der spürbare Mangel treibt – wie in der folgenden Reflexion aus Thomas Wolfe – solche Bilder hervor: «Nun schien ihm, die

Engländer hätten gutes Essen so vortrefflich geschildert, nicht weil sie es gehabt, sondern weil sie es nur selten bekommen und sich deswegen in großen Träumen und Phantasien darüber ergangen hätten, und ihm schien überhaupt, ein Zustand des Mangels statt eines Zustands des Besitzens, des Begehrens statt der Erfüllung habe sie in allen Stücken angetrieben, habe sie zu Taten befeuert, habe sie große Träume träumen und heldisch handeln lassen und habe ihr Dasein unermeßlich bereichert.» (Zitiert nach: Kiwus 1978, S. 86)

Mangel und Untätigkeit treiben bei Gefangenen die Vorstellungswelt an. Hermann Bausinger hat das so beschrieben: «Frühsommer 1945: PG heißt nicht mehr Parteigenosse, sondern ‹Prisonier de Guerre›, Kriegsgefangener. Lager fast überall in Europa. Nur ein kleiner Teil der ehemaligen deutschen Soldaten wird zu Arbeiten eingesetzt; die anderen liegen zu Tausenden herum – im Freien, in Zelten, in Baracken. Thema Nr. 1: das Essen. Man braucht keine Psychologie, um das zu erklären. Je größer der Hunger, je dürftiger die Verpflegung, um so aufdringlicher die kulinarischen Vorstellungen – quälende Phantasiebilder, die nicht satt machen und die eben deshalb immer neu produziert werden. Aber ich erinnere mich, und viele andere haben es mir bestätigt: die gelangweilten und hungrigen Gefangenen suchten sich nicht nur in der Ausmalung leckerer Mahlzeiten gegenseitig zu übertrumpfen – sie rekonstruierten auch Rezepte bis ins Detail und stritten sich um richtige Gewürze und Beilagen. Und manchmal geschah es, daß einer seine Erinnerungen ans Essen und Trinken ausweitete zu einem Bild seines ganzen einstigen Milieus, daß er Tisch und Stühle schilderte, Vitrine und Sofaecke, Blumenständer und Radioapparat, den Garten hinterm Haus oder ‹die kleine Kneipe in unserer Straße›.» (1980)

Hier wird Essen geradezu zum Kernstück imaginärer Heimaten, um das sich die Fiktion des Heilen, Ganzheitlichen bauen läßt, in dem man seinen Platz hat, in dem man ganz aufgehoben ist und Identität besitzt. (Die umsatzträchtige «Revitalisierung regionaler Kost» [Köstlin] beutet diese Heimat-Fiktion aus und dient sie allen an, die sich in Abstraktheit und Heimatlosigkeit gefangen fühlen. Vgl. Kapitel «Regionale und transnationale Kost»)

Schlucken und Atmen, Geruch und Geschmack scheinen dabei Seelenwege und Seelenmedien ganz eigener Art zu sein, denn die Tätigkeiten dieser sogenannten «niederen» Sinne, deren Stimme doch so weit aus unserem (deodorierten) Leben abgedrängt scheint, haben dabei das letzte Wort: die Wahrnehmung von Heimat rastet erst ein, «stimmt» erst, wenn Geruch und Geschmack auch stimmen.

Sie vermögen es auch, libidinöse Erinnerungsspuren zu aktivieren, die nachträglich gewissermaßen noch einmal aufglimmen. Die Libido ist, wie man weiß, ein Vagabund: Prousts berühmte Tasse Tee und das kleine Gebäckstück waren seine Wegweiser auf der Suche nach der verlorenen Zeit: «In der Sekunde nun, als dieser mit dem Kuchengeschmack gemischte Schluck Tee meinen Gaumen berührte, zuckte ich zusammen und war wie gebannt durch etwas Ungewöhnliches, das sich in mir vollzog. Ein unerhörtes Glücksgefühl, das ganz für sich allein bestand und dessen Grund mir unbekannt blieb, hatte mich durchströmt. Mit einem Schlage waren mir die Wechselfälle des Lebens gleichgültig, seine Katastrophen zu harmlosen Mißgeschicken, seine Kürze zu einem bloßen Trug unsrer Sinne geworden; es vollzog sich damit in mir, was sonst die Liebe vermag, gleichzeitig aber fühlte ich mich von einer köstlichen Substanz erfüllt: oder diese Substanz war vielmehr nicht in mir, sondern ich war sie selbst. Ich hatte aufgehört, mich mittelmäßig, zufallsbedingt, sterblich zu fühlen.» (Proust; zitiert nach: Kiwus 1978, S. 90)

Essensvorstellungen führen aber nicht nur in die alte, erinnerte oder phantasierte Heimat zurück, sie beflügeln auch den Entwurf von Gegenwelten, das «Herbeischmecken» einer zweiten Heimat im Exotischen. Die Wahlheimat verbindet sich oft mit Vorstellungen des Reisens oder des Anhaltens der Zeit, der Verschmelzung mit der Natur oder mit einer Idealgemeinschaft. So beschrieb in der Rubrik der *Zeit* «Junge Leute diskutieren: Was ist Traumurlaub?» ein Zwölfjähriger das Essen als Teil seines Wunschtraumes: «Unter einem Traumurlaub stelle ich mir ein ungebundenes Leben in der freien Natur vor. Die Berglandschaft Norwegens würde mich anziehen. Zwei gute Freunde, ein Zelt und wenig Gepäck, das wäre alles, was ich brauchte. Eine einfache Ernährung von Pilzen, Beeren, klarem Wasser, vielleicht als Proviant ein paar Konserven. Von der Zeit möchte ich unabhängig sein.» (*Die Zeit,* 20.7.1979) Daß der junge Träumer damit nicht alleine steht, wird belegt durch die große Zahl von Kreuzfahrten, Urlaubsorten usw., die auch als «kulinarische Ereignisse» angepriesen werden oder sich in der Erinnerung der Reisenden als solche niederschlagen. Gleichsam fahren Sommer um Sommer Ströme von Urlaubern imaginäre Speisekarten ab – man reist dem «gastronomischen Signet» (Heckmann 1979, S. 12) verschiedenster Länder und Landschaften hinterher, auf der Suche nach «Frische und Reinheit» regionaler Produkte und der «Originalität regionaler Spezialitäten». Oft aber bleibt es bloß bei den Vorstellungen, wenn man alles ganz anders vorfindet, als man es in der Phantasie «vorgeschmeckt» hatte. Oder man gibt sich doch lieber zu Hause der Fiktion des Reisens hin, indem man sich ans «italienische» oder «japanische» Essen «nach deutscher Art» hält. (So hieß es 1981 in der Ankündigung eines neuen japanischen Restaurants im Berliner Europa-Center: «Das gesamte Speiseangebot ist zwar dem europäischen Geschmack angepaßt, wird aber japanisch zubereitet.») Unsere Städte werden ohnehin mehr und mehr zu riesigen Geruchs- und Geschmackskinos, in denen jeder Wunsch sein passendes Programm findet. Unter dem Namen «ethnicity» hat sich in den USA eine Vielzahl solcher zweiter Heimaten etabliert. Seit einigen Jahren besinnt man sich dort auf das ethnisch-kulturelle Erbe, mit dem Verschiedenheit und Identität im Schmelztiegel USA demonstriert werden sollen. Traditionelle Kochpraktiken und Nahrungsmittel, heimatlich aufgemachte Feste, Restaurants und Parties tragen als wichtige Elemente diese Folklorisierung – neben Sprache, Kleidung, Theater, Tanz usw. Diese Rückbesinnung scheint erst jeweils mit der dritten Generation aufzutreten: Nachdem die Kinder der Emigranten die Speisen ihrer Eltern zugunsten des «American food» als Zeichen der vollzogenen Integration abgelehnt haben, erinnern sich die Enkel an ihr Erbe. Bei der «ethnicity» handelt es sich also um eine bewußte Attitüde der schon Angepaßten. Die Inhalte der Folklore werden dabei – ähnlich dem Mythos – immer wieder mit anderen, zum Beispiel industriellen Inhalten gefüllt. Zumeist ist ja die Information ohnehin schon über die technischen Medien angeeignet worden.

Etwas anders sieht es beim «soul food» der Afro-Amerikaner aus: 1968 schrieb der *Spiegel*: «‹Immer mehr Negerfrauen›, berichtete die Farbigen-Zeitschrift *Ebony*, tragen die Haartracht jetzt im ‹natural look› – kraus. Sie verzichten auf chemische Präparate und den Gang zum Friseur, sie lassen ihre Haare nicht mehr künstlich glätten. ‹Unsere Frauen haben sich in diesem Land mit ihrem Haar immer so angestellt›, so die farbige Sängerin Abbey Lincoln, ‹doch diese Zeit geht zu Ende›. (...) ‹Black is beautiful›, schwarz ist schön, ist der neue Slogan vieler farbiger US-Bürger. In kleinen Restaurants hängen Tafeln in den Fenstern und verweisen auf ‹soul food›, die richtige Mahlzeit für den schwarzen Mann – etwa Hühnchen und Maisbrot.» (*Spiegel*, 38/1968, S. 158)

Doch eigentlich bestand diese Sklavennahrung auf den Pflanzungen in den Südstaaten aus «Ackererbsen und Überresten und Abfällen aus dem großen Haus auf dem Hügel – Rübenkraut, Hachsen und gummiartigem, geschmacklosem Gekröse vom Schwein» (Tannahill 1979, S. 260)

Eldrige Cleaver, Anhänger der Islam-Brüderschaft Black Muslims, sah darin eher einen faulen Seelen-Zauber, der sich gegen die leiblichen Bedürfnisse richtete; noch vor seiner Mitgliedschaft in der Black

Panther Party schrieb er im Gefängnis «Seele auf Eis», darin heißt es: «Du hörst 'n Haufen Zeug über Seelennahrung. Denk an Gekröse: Die Schwarzen des Gettos essen es, weil sie nichts anderes haben, während die schwarze Bourgeoisie einen höhnischen Slogan darauf gemacht hat. Gekröse essen, das heißt für sie soviel wie mal aus Spaß die Slums besuchen. Jetzt, da sie sich ein Steak leisten können, kommen sie schon und quatschen von Seelennahrung. Die Leute im Getto wollen Steaks. Beefsteaks. Ich wünschte, ich hätte den Einfluß, um die schwarze Bourgeoisie zu zwingen, tatsächlich nur mit Seelennahrung auskommen zu müssen. Der Akzent auf Seelennahrung ist konterrevolutionäre schwarze Bourgeoisie-Ideologie.» (1969)

Die Verwirklichung bestimmter Essensvorstellungen kann in eine Art Sozial-Design umschlagen, in «Vorstellungen» im Sinne gesellschaftlich-ästhetischer Repräsentation.

Damit eine Speise als eßbar akzeptiert wird, muß das, was auf den Tisch kommt, «etwas vorstellen», «nach etwas aussehen», denn Auge, Ohr, Nase, Mund und Takt müssen in ihren Ansprüchen befriedigt werden. Schnell sind die Sinne belästigt oder gekränkt, werden unsere Empfindungen der Schönheit und Reinheit beeinträchtigt: Sei's, daß uns ein Gericht als zu primitiv, ungeschlacht oder als zu verkünstelt oder gar unecht erscheint, sei's, daß wir uns von Glanz und Aufwand getäuscht oder von den zu geringen Ausmaßen und Quantitäten enttäuscht fühlen. Unser Eindruck eines appetitlichen oder unappetitlichen Anscheins ist so von einer ganzen Reihe von Sinneseindrücken und Normvorstellungen abhängig. Neuerungen in der Zubereitung – also Grenzüberschreitungen unserer bisherigen Wahrnehmungen – bedürfen deshalb besonderer Verführungskraft, wenn unser ästhetisches Gleichgewicht nicht gestört werden soll.

Besonderer Gestaltungsaufwand wird deshalb dort betrieben, wo viel auf dem Spiel steht: etwa bei den Festessen, wo die Speisen Teil eines Ritus, eines gesellschaftlichen Schauspiels sind.

Hier ist ein kurzer historischer Rückblick reizvoll. Die glanzvollen höfischen Veranstaltungen Ludwigs XIV. in Versailles «dienten zahllosen Höfen, Adels- und Bürgerhäusern Europas zum Vorbild (...). Zu den vornehmsten Anlässen zählten Krönungen, Hochzeiten, Geburten, Begräbnisse, Friedensschlüsse, Staatsverträge, Einweihungen oder Geburtstage. Den entsprechenden Rahmen derartiger Feiern bildeten die überall seit dem Ende des 17. Jh.s errichteten Schloßbauten mit großen Sälen und weitläufigen Gartenanlagen.» (Bursche 1974, S. 9)

Auch das Geschehen bei Tafel war Teil jener Feierlichkeiten, besonders die aufwendige Dekoration der Speisen und der Tische sollte für Glanz sorgen. «Auf ihre kunstvolle Ausgestaltung wurde, da sie als Ort des erholsamen Verweilens und der Besinnung inmitten des Festbetriebes von zentraler Bedeutung war, besondere Sorgfalt verwandt. Neben dem Tischapparat mit Tüchern, Servietten und Besteck, den Geschirren und Aufsätzen aus Silber, Fayence oder Porzellan sowie den auf mannigfaltige Weise geschmückten und angeordneten Speisen umfaßte die Tafelzier außerdem noch sogenannte Schauessen, Schaugerichte oder Dessertaufsätze. Solche von Köchen, Zuckerbäckern und anderen Handwerkern nach gelehrten Programmen zubereiteten Arrangements fehlten bei keinem größeren Gastmahl. In symbolischer und allegorischer Form bezogen sie sich auf anwesende Persönlichkeiten sowie den Anlaß der Veranstaltung und waren als Teil einheitlicher Inszenierungen eng mit dem übrigen Festgeschehen verbunden.» (Bursche 1974, S. 9) Bei der Tafelzier, die «nicht allein dem ästhetischen Vergnügen der Betrachter, der Feier aktueller Ereignisse oder der Verherrlichung bestimmter Personen» dienen, sondern «immer auch die Gäste zu tieferer Besinnung anregen» sollte (Bursche 1974, S. 12), gab es bestimmte bevorzugte Motive: «Landschaftsbildungen mit Burgen oder Palästen, Tempeln, Brunnen und Grotten folgten den Mustern der großen, jeweils üblichen Schloß- und Gartenarchitektur und waren Ausdruck eines den Tafelfreuden eng verbundenen Naturverlangens.» (Bursche 1974, S. 11) «Besonders kam beim Mahle dem Wasser über seine praktische Notwendigkeit hinaus kultische Bedeutung zu. Als Symbol des Lebenswassers im Paradies gehörte es in Gestalt der Tischbrunnen stets zu größeren Tafeldekorationen und wurde daneben vielfach durch Flußgötter, Quellennymphen, Schiffe, Delphine und anderes Seegetier versinnbildlicht. Außer dem Wasser kamen noch weitere allgemeine Naturphänomene, so die übrigen Elemente, die Jahreszeiten, Monate oder Weltteile zur Darstellung; in emblematischer Verschlüsselung verknüpfte man damit Themen moralischen Inhalts.» (Bursche 1974, S. 11)

Schon die ersten Küchbücher tragen dem Essen als Schaustellung Rechnung. «Ein Kochbuch von 1604 unterscheidet zwei Arten von Schauspeisen, wovon nur die einen gegessen wurden, z. B. ein gekochter Ochsenkopf: ‹Vnnd wann du jn wilt auff ein Tisch geben / kanstu jn schmücken mit Golt oder Silber. Vnnd wann er kalt ist / so ist er gut zu essen / vnd stehet schön vor ein Schawessen.› Die anderen waren dagegen ‹Beschawessen / von Wachß gemacht / die män nicht essen› konnte. Solche ‹gar wunderschöne Schawessen / das Gesicht zu ergetzen .../ so alle von Wachs possiert vnnd künstlich gebildet gewesen›, hat man beispielsweise bei einem 1609 in Stuttgart abgehaltenen Hochzeitsbankett aufgetragen.» (Zitat im Zitat: Rumpolt 1604, nach: Bursche 1974, S. 43)

Mitte des 19. Jahrhunderts erfährt man aus der Polemik eines Kochs gegen zu verkünstelte Gestaltung der Speisen etwas über die Gründe im Wandel der Auffassungen (zitiert nach: Gollmer 1909, S. 39f.): «Der Küchenchef des Northern Hotel bringt ein bis ins kleinste ausgeführtes Zuckermodell der Petersborough-Kathedrale. Diese seltsamen Kunstwerke erregen heutzutage schwere Bedenken, denn man sieht mit Befremden, daß in diesen Dingen ein gewaltiges Verkennen der eigentlichen Ziele der Kochkunst sich kundgibt. Die Geschicklichkeit, die diese Dinge verraten, ist unbestreitbar, aber nach meiner Meinung verliert man den Sinn der Kochkunst aus den Augen in dem Bemühen, einen Aufwand von Gegenständen zu entfalten, die für die hungrige Menschheit nutzlos sind. Die Geschicklichkeit des Kochs sollte darin bestehen, Gerichte herzustellen, die vor allem dem Gaumen angenehm sind und die leicht serviert werden können. In meiner Jugend bestand noch die Sitte, jede Speise ganz auf den Tisch zu bringen. Da war freilich auch das künstlerische Talent eines Koches eine Notwendigkeit (...) In jenen Zeiten freilich war es auch für den Gastgeber eine Pflicht und eine lobenswerte Gewohnheit, selbst ein umsichtiger Tranchierer zu sein. Heutzutage behilft man sich damit, die Speisen schon zerlegt herumreichen zu lassen, oder man serviert sie den Gästen schon auf dem Teller. Das ganze Gericht bekommt man fast nie mehr zu sehen.» Ganz im Sinne einer deutschen bürgerlichen Küche muß solche unnütze, luxuriöse Zier vermieden werden; es kommt vielmehr auf die Substanz an. Deshalb mahnt der Koch seine Kollegen: «Die Art der Aufmachung allein tut es nicht. Der Künstler einer höchst geschickt und hübsch ausgefallenen ‹pièce montée› kann sich als ein sehr schlechter Koch erweisen, wenn man nur die Zubereitung selbst prüft.» «Die vornehme Gastlichkeit der Neuzeit» schließt daraus: Die Dekoration muß «in den Grenzen der Eßbarkeit liegen». Der Koch «darf sich keiner unnötigen und ungenießbaren Zierate bedienen. Grüne Blätter, kleines Gemüse, Pilze, süß, sauer oder salzig Eingemachtes, Silberspieße, Papiermanschetten genügen vollständig neben Gelee, Eiern, Zitronen usw. Wie ungeschickt ist aber z. B. ein aus einer großen Rübe geschnitzter Vogel oder dergleichen, was soll man ferner sagen, wenn zum Servieren von Kiebitzeiern (...) eine Waldlandschaft von Fett und Wachs und noch dazu mit zwei ausgestopften Vögeln aufgebaut wird?» (Gollmer 1909, S. 41)

Wichtiges formgebendes Moment des Festessens ist die Gestaltung der Tafel. Um 1910 wurde den Gastgebern empfohlen: «Der Platz vor dem Gast darf nie leer bleiben, sondern der erste Teller bleibt als

Tafelaufsatz («Chaudfroid») mit imitierten Kiebitzeiern und ausgestopften Vögeln

Unterlage bis zuletzt stehen. Zu jedem Gericht gibt es natürlich besondere Teller. Diese sowie Kompott-, Dessert-, Käse- und Obstteller, Gräten- oder Schalenkörbchen nebst den hunderterlei modernen Utensilien wie Kaviarmesser, Austerngabel, Fischbesteck, Hummergabel, Spargelzange, Kompottlöffel, Dessertlöffel, Eisschaufel, Käse-, Dessert- und Obstbesteck (jetzt immer Messer und Gabel), Marzipangabel usw. und die Gläser für die Extraweine werden heute erst unmittelbar vor dem Auftragen des betreffenden Gerichtes resp. des Desserts aufgestellt und gleich nachher entfernt. Es steht also heute zu Beginn des Mahles auf dem Platz des Gastes nur ein Teller mit Serviette, Tischkarte und Brötchen, rechts davon liegt Messer, Gabel und Löffel, links manchmal das kleine Besteck, oben nur drei Gläser für Rotwein, Weißwein und Schaumwein. Weiter nichts! Früher befand sich vor dem Kuvert eine kleine Gläsersammlung, während rechts und links so viel blitzende Instrumente lagen, daß man an eine chirurgische Klinik erinnert wurde.» (Gollmer 1909, S. 65)

Wurden schon zur Jahrhundertwende Überlegungen zu Form und Reform des Speise*zimmers* angestellt, so geriet in den vergangenen Jahrzehnten die gesamte Speise*situation* unter das wissenschaftliche Seziermesser. Sie wurde in eine Reihe von Faktoren zerlegt, an Hand derer sich Qualität und «Klasse» eines Speiseraums beurteilen lassen.

Harmatzy-Simon (1977, S. 64f.) behandelt folgende «environmental»-Faktoren, deren Zusammenwirken «z. B. aus einer Kantine einen kommunikationsfördernden Speisesaal für den einzelnen machen können»:

1. Allgemeine Rahmenbedingungen: mehr Zeit zum Essen
2. Abwechslungsreicher organischer Aufbau der Stühle und Tische im Raum
3. Design der Essenausgabe. Kleidung des Küchenpersonals
4. Bequeme Stühle und Tische
5. Tablettgröße und -form, Geschirrsortiment
6. Be- und Entlüftung: Klima, Gerüche
7. Raumhöhe (eventuell abgehängte Decken)
8. Farbliche Gestaltung (Raumwirkung groß, klein, hoch, niedrig; kalte und warme Farben)
9. Licht, künstliches Licht (die natürliche Farbwiedergabe der Speisen ist eine der wichtigsten Nebenbedingungen, um sie appetitlich betrachten, auswählen und essen zu können)
10. Akustik, Geräuschkulisse (eventuell Musik)
11. Baustoffe: hart, weich; kalt, warm.

Selbst der vernichtende Zubiß und Zugriff des Essers ist dem Architekten und Designer Hans Hollein ein «elementarer Formgebungsprozeß» (1981, S. 40ff.): «Ich erinnere mich, daß ich als Kind immer mit Kartoffelpürree gespielt und mit der Soße Bäche und Seen gegraben habe, auch eine Formung von Essen. Man kann das Essen als ein kreatives plastisches Material einsetzen, man ist Bildhauer, ein Erschaffer kleiner Welten usw. Ich kann natürlich, wenn ich ein ernsthafter Designer bin, versuchen, Nahrungsmittel in eine gute Form zu bringen. Oder ich kann aus ganz bestimmten Aspekten heraus bewußt – etwa wie in der japanischen Küche – eine Geometrisierung des Essens vornehmen, wobei für mich die Frage der Geometrien gerade beim Essen sehr interessant ist.

Die meisten Eßgeräte unterliegen nicht einer direkt linearen Geometrie, sondern weisen eher natürliche und organische Formen auf, die nicht primär den Raster als Ordnungsprinzip ansetzen.

(...) Ich habe mich dann auch mit dem kontinuierlichen Entwurfsprozeß während des Essens und bei der Vorbereitung des Essens beschäftigt. Ich bringe die Speise in eine gewisse Form und verändere sie kontinuierlich nach meinem Gutdünken. Ich beiße z. B. von einem Laib Brot ab oder bringe in ein so amorphes Gebilde, wie es ein Stück Fleisch ist, mit einem Schnitt eine klare Dialektik hinein. Das sind ganz elementare Formgebungsprozesse.»

Für Peter Kubelka (1981, S. 28ff.) kommt die Form des Eßtellers

Mittagstisch mit Gedeck für drei Personen

einer Rahmung des Resultats gastronomischer Gestaltung gleich: «Der Teller schafft nun einen künstlichen Raum und schließt die Suppe von dem umgebenden Universum ab. Der Tellerrand hat nicht nur den Sinn, daß die Suppe nicht ausläuft. Er hat eine ganz wichtige geistige Bedeutung, ähnlich dem Bilderrahmen, der um ein Gemälde gelegt wird. Es gibt da Rahmen, die ein so starkes Eigenleben besitzen, daß sie selber aussagekräftig sind. Durch ihre vielen Linien und Wölbungen drücken sie aus, daß hier eine Trennung zwischen Bild und Außenwelt stattfindet. Der Tellerrand schiebt eine Art Niemandsland zwischen die ungeformte äußere Natur und mein verdichtetes, artikuliertes Kunstwerk ein.»

Doch auch das, was der Esser nach getaner Arbeit zurückläßt, die Reste, werden als ästhetische Vorstellung begriffen, zum Beispiel in den Werken von Daniel Spoerri, einem der «Hauptvertreter des *Nouveau Réalisme*, der um 1960 die sogenannte *Eat Art* kreiert hat. Es begann damit, daß Spoerri nach einer Mahlzeit alles, so wie es stehen und liegen geblieben war, einfach auf der Tischplatte mit Klebstoff fixierte. Diese scheinbar ungeordnete Landschaft aus Spuren von Essen und Essern nannte er ‹Fallenbild›: ‹Daß ich da einen Moment wählte, der nach landläufigen Begriffen nicht schön war, geschah ja gerade, weil ich die Welt so sah, häßlich, dreckig, traurig und nicht schön aufgeräumt und verlogen arrangiert. Aber das war ja nur eine Geste, und nicht die Konsequenz, die ich daraus erst langsam ziehen mußte. Erstmal mußte ich wissen, wie es dazu kam, zu dieser Unordnung auf dem Tisch – ich mußte in die Küche zurück, ich wollte wissen, wie man kocht, was es dazu braucht. Ich wollte sogar die Hühnchen selber schlachten, die ich nachher aß – und so merkte ich, daß dieser eine aufgeklebte Moment nur eine Blitzsekunde war im Ablauf eines ganzen Zyklus, der Leben und Tod, Verwesung und Wiedergeburt heißt. So weit gespannt ist dieses Thema, das so protzig «eat art» heißt, und es gehört dazu der Verfall, aber auch der schöpferische Akt des neu Entstehenden. Und das Leben also als ein Kunstwerk zu gestalten, scheint mir eine ganz nette Lebensbeschäftigung.›

Mit seinen Fallenbildern unternahm Spoerri allerdings genau das Gegenteil von dem, was man gemeinhin unter Kochkunst versteht. Dazu gehört unter anderem auch der langwierige, minuziöse Aufbau einer Architektur von Speisen und die reiche Dekoration der Eßtafel, alles in allem ein Kunstwerk, das in kürzester Zeit schon wieder zerstört werden soll, samt den eßbaren Schriftzügen von Namen und Wünschen, die bestimmten Essern gewidmet sind.

Diese persönlichen Anspielungen tauchen in Spoerris ‹Anekdoten zu einer Topographie des Zufalls› wieder auf, einem Buch, in dem er eines seiner frühen Fallenbilder bis ins Detail entziffert hat.

Kartographisch wird darin jeder einzelne Gegenstand oder Rest aufgenommen, beschrieben, seine Geschichte und seine Beziehungen zu bestimmten Personen geschildert. Spoerri liest in seinem Fallenbild wie ein anderer im Kaffeesatz, nur daß er hierbei nicht zukünftiges Schicksal vorweggenommen, sondern die Vielfalt des Vergangenen in verdichteter Form beieinander findet.» (Giersch 1983, Deutschlandfunk)

Daß viele Künstler sich mit Nahrungsmitteln und Kochkunst beschäftigen, sieht Ulrich Giersch nicht allein in der modernen Tendenz zur Grenzüberschreitung künstlerischer Medien begründet, sondern auch in der «Tatsache, daß sich zu Hause beim Künstler selbst immer schon die Bereiche mischen. Sein Atelier ist schließlich oft genug auch noch Küche, Schlaf- und Empfangsraum oder Rumpelkammer, in der viele Dinge sich selbst überlassen werden. Die Vielfalt seiner körperlichen Aktivitäten sowie der synästhetische Aspekt seiner Arbeit haben durchaus eine Entsprechung in dem, was man als Koch- oder Küchenkunst bezeichnet.

Wenn Künstler diesen Bereich eigens zum Thema machen, so geht es ihnen allerdings eher um die extremen Auswüchse des Essens oder um all jene Vorgänge, die von der modernen Küche am liebsten ausgeklammert werden. Dazu gehörten beispielsweise das Töten eines Tieres oder unansehnliche Zersetzungsprozesse, die man sich durch eine rigorose Abfallbeseitigung schnellstens vom Halse schafft. (...)

In den sechziger Jahren begannen die Wiener Künstler Otto Mühl und Hermann Nitsch mit einer Serie von Materialaktionen Schlagzeilen zu machen. Vor den Augen der Zuschauer wurde ein Lamm geschlachtet, mit dessen blutenden Eingeweiden sich die Akteure in ein wildes Anverwandlungsritual stürzten. Für Otto Mühl dient der menschliche Körper hierbei, seinen eigenen Worten zufolge, als ‹ein gedeckter Tisch, auf dem sich das Materialgeschehen ereignet›. Zusätzlich bot er dem Publikum Geschmacks- und Geruchsproben an. Er gab den Teilnehmern Zucker und Saccharinwasser zu schmecken und ließ sie an diversen Stoffen riechen: Blutwasser, Urin, süßlich parfümiertes Körperpuder, Ammoniak, Teerosen, Wundbenzin, Baldriantee, Kot und Spülwasser.

Mit ähnlichen Ekelschwellen arbeitet auch Dieter Roth, wenn er seine Kunstobjekte mit dem eigenen Urin begießt oder Gewürze, Schokolade, Wurst und Käse hinter Glasscheiben der Verschimmelung überläßt. Zwischen den Klarsichtfolien seines Schimmelbuches wird die Gewalt von Gär-, Faul- und Zersetzungsprozessen nicht nur sichtbar, sondern auch fühlbar gemacht, verwandeln sich organische Produkte in seltsame geologische Landschaften. Wurde auf früheren Stillebendarstellungen das Vanitasmotiv durch eine verwelkende Blume oder ein nagendes Insekt repräsentiert, so ist hier die Vergänglichkeit bis zur Selbstauflösung des Kunstproduktes am Werke. Roth thematisiert aber auch noch andere Verdauungsvorgänge. Auf den gierigen Lesehunger der Medienkonsumenten zielen seine ‹Literaturwürste›, Därme, die der Künstler mit einem Brei aus Zeitungsschnipseln gefüllt hat.

Glaubt man einen bestimmten Lesestoff endlich ganz verstanden zu haben, so sagt man auch, daß man ihn verdaut oder eben für sich realisiert habe. (...)

Wenn Joseph Beuys in seinen Werken Nahrungsmittel verwendet, so will er immer auch auf das Problem des geistigen Hungers ansprechen. Seine Fettobjekte oder die Honigpumpe stehen für den lebensnotwendigen Energiekreislauf. Viele seiner Zeichnungen hat er mit Suppe, Blut, Tee und Kaffee angefertigt. In den Vitrinen der Sammlung Ströher befinden sich angeschimmelte Würste, bunte Ostereierschalen, braune Schokoladenriegel, die mit brauner Farbe übermalt sind, ein Laib Schwarzbrot, das an einem Ende mit schwarzem Isolierband umwickelt ist, ein paar alte Kochgeräte. Es sind ärmliche Dinge, die da nebeneinander liegend ein Stilleben bilden, Relikte, in denen irgendeine urtümliche Kraft zu schlummern scheint. Beuys reduziert die bunte Bilderwelt des Essens auf einen kargen, aber grundlegenden Bestand, auf eine Art Notration.

Ganz anders verhält es sich dagegen mit den Essensdarstellungen amerikanischer Popkünstler, deren Prinzip sich eher durch Aufhäufung und Auftürmung charakterisieren läßt. Hier wird die Künstlichkeit der alltäglichen Speisen bis zur Attrapppe gesteigert, wie z. B. im Falle der Eisbecher und Kuchenteller aus bunt lackiertem Gips, die Claes Oldenburg ins Buffet stellt. Sie signalisieren ewige Frische, und ihr übermäßig feuchter Glanz verstärkt die Künstlichkeit bis zu dem Grade, wo sich im Betrachter allmählich Ekelgefühle regen.» (Giersch 1983, Deutschlandfunk)

Auf zwei Gleisen – nämlich der Produktion von Eßbarem und dessen optischer Verfremdung – bewegt sich der Künstler «Alfred Hofkunst, geboren 1942, (...) Maler, Zeichner, Graphiker und Koch. Für ihn ist Kochen Kunst und gelegentlich Gegenstand seiner Kunst. Er kochte zum Beispiel 1978 an der Baseler Hammer-Ausstellung I für die Gäste und preßte 1981 an der Hammer-Ausstellung II Eßbares in graphische Blätter ein (mit einer Dampfwalze).» (*Tagesanzeiger Magazin*, 26.6.1982)

Doch ist der gestaltende Umgang mit Nahrungsmitteln kein Privileg des Künstlers. Vielmehr ist jedes Umgehen mit einem gastronomischen Grundstoff, ja schon jede Vorstellung einer Speise an ästhetischen Maßstäben orientiert.

Auch im Vorfeld des Kochens, beim Herrichten von Fleisch, Pflanzen, Früchten für den Verkauf wird auf die ästhetische Qualität geachtet: Fleisch muß die richtige Farbe haben und richtig geschnitten sein (neuerdings werden allerdings sogar Fleischfetzen zu Schnitzeln gepreßt), Gemüse und Obst dürfen nicht überreif aussehen, keine Ungezieferschäden aufweisen; vielmehr müssen auch sie jene «Frische», jenen Hauch von Stilleben repräsentieren, den wir an der gezähmten und gereinigten Natur so lieben, denn der Anblick des Blutes, des Zuckens eines verendenden Tieres, aus dem das Rumpsteak geschnitten wurde, soll uns genauso erspart bleiben wie die mühselige und schmutzige Feldarbeit.

Tausendfach werden auf Reklame- und Verpackungsbildern Brühwürfel, Teigklumpen, Gewürze nicht in ihrer materiellen Beschaffenheit – dem klebrigen, staubigen, übelriechenden Zustand – dargestellt, sondern als – versteckte – Bestandteile eines glänzend gelungenen Gerichtes.

Es scheint so, als sei einzig noch in den Hochglanzfotos in Feinschmeckerpresse und Werbung und in manchen Schaufensterausla-

gen etwas von jener alten Dekorationskunst präsent, der es gelang, Speisen und soziale Situationen in Szene zu setzen, eine Kunst, die heute sowohl im Privaten als auch im Restaurant weitgehend verschwunden ist. Möglicherweise hat aber eine Umwertung stattgefunden: Im Zeitalter der Allgegenwart von Eßbarem, der Durchdringung von Stadt und Land mit dem «Prinzip Imbiß», ist Essen nicht mehr Dekor im Interieur, sondern vielmehr Ornament, Teil eines immensen Schauessens im Stadtbild geworden. (Vgl. Kapitel «Imbisse»)

Essensvorstellungen bedeuten also nicht bloß Phantasieprodukte, Hirngespinste, unbewiesene Annahmen oder bloßen Aberglauben; nicht ein Gegensatz zum Realen ist gemeint. Vielmehr dienen die (bewußten und unbewußten) Vorstellungen und Bilder als eines der Mittel, mit denen wir versuchen, das Reale greifbar und sagbar zu machen – in welcher Art und Weise wir auch immer unsere Gedanken zu formulieren suchen.

Nachtisch

Warnung: Sollten Sie einem älteren beleibten Koch begegnen, der beim Probieren von Produkten aus den Häusern Maggi, Knorr usw. den Mund spitzt, verzückt die Augen schließt und aus seinem Mund eine Sprachblase quellen läßt, in der «Mmmmh, köstlich (vorzüglich, original, wie bei ... usw.)» erscheint, dann handelt es sich nicht um jenen Blinden, den das Märchen vom Schlaraffenland zu befragen empfahl.

Schmecken und Geschmack

Was sich uns im Geschmack mitteilt, das hat sich schon im (bewußten oder unbewußten) *Vor*geschmack angekündigt, der den Griff nach der Speise bestimmt.

«Die Annäherung eines Geschöpfes ans andere, auf das es feindliche Absichten hat, geschieht in verschiedenen Akten (...). Da ist einmal das *Belauern* der Beute: sie ist unter Verfolgung gesetzt, lange bevor sie unserer Absicht gewahr wird. Mit einem Gefühl der Billigung und des Wohlgefallens wird sie betrachtet, beobachtet, bewacht; als Fleisch gesehen, da sie noch lebt; (...). Während dieser ganzen Zeit, in der man um sie herumstreicht, fühlt man schon, wie sehr sie einem gehört; von dem Augenblick an, da man sie zur Beute bestimmt hat, ist sie einem in der Vorstellung schon einverleibt. (...)

Nach dem Heranschleichen und dem Sprung (...) erfolgt dann die erste *Berührung* (...). Die Finger tasten, was dem Körper bald ganz gehören wird. (...) Das Tasten aber als Berührung ist der Vorbote des Schmeckens. Die Hexe im Märchen läßt sich einen Finger herausstrecken, um zu fühlen, ob ihr Opfer fett genug ist.

Die Absicht des einen Körpers auf den anderen wird vom Augenblick der Berührung an konkret.» (Canetti 1980, S. 224)

«Die eigentliche *Einverleibung* der Beute beginnt im Mund. Dorthin führte ursprünglich der Weg alles dessen, was genießbar war, von der Hand in den Mund.» (Canetti 1980, S. 228)

Diesem Vorgeschmack, dessen Wirken Elias Canetti am Beispiel eines idealtypischen archaischen Jägers darstellt, folgt die konkrete Arbeit des Schmeckens; denn erst zu allerletzt tritt dieser Nahsinn in Aktion. «Sobald ein eßbarer Gegenstand in den Mund eingeführt wird, wird er auf Nimmerwiedersehen samt seinen flüssigen und gasförmigen Bestandteilen beschlagnahmt.

Die Lippen hindern ihn am Wiederhinausgleiten; die Zähne fassen und zermalmen ihn; der Speichel durchfeuchtet, die Zunge rührt und formt ihn; eine saugartige Bewegung drängt ihn nach dem Schlund zu. Beim Hinabgleiten wittert ihn der Geruchssinn, und so gelangt er schließlich in den Magen, wo er weitere Veränderungen erfährt, ohne daß bei dieser ganzen Verrichtung ein Partikelchen, ein Tropfen oder ein Atom verlorenginge, das nicht dem Schmeckprozesse unterworfen gewesen wäre.» (Brillat-Savarin 1913, Bd. 1, S. 54)

Die Sinne verschaffen uns Sicherheit und Herrschaft über das Einzuverleibende; darüber wacht, neben Auge und Gehör, das Tastgefühl, «um durch den Schmerz Kunde von jeder unmittelbaren Verletzung zu geben. (...) Der Geruch unterstützt diese Gegenstände; denn fast alle schädlichen Substanzen haben gewöhnlich einen üblen Geruch.

Dann erst entscheidet sich der Geschmack, die Zähne treten in Tätigkeit. Die Zunge drückt sich gegen den Gaumen, um zu schmecken, und bald wird der Magen seine Verdauungstätigkeit beginnen.» (Brillat-Savarin 1913, Bd. 1, S. 33f.)

Geschmacksempfindungen werden durch Reizung der «Geschmacksknospen» bewerkstelligt. «Die weit überwiegende Zahl derselben liegt auf den Papillen der Zunge, am dichtesten auf dem hinteren Zungenrücken und am Zungenrand. Außerdem ist geschmacksempfindlich die Spitze der Zunge, ein Teil des weichen Gaumens und außerhalb der Mundhöhle einzelne Partien der Rückseite des Gaumensegels und des Schlundes. Dagegen sind nicht geschmacksempfindlich der mittlere Teil der oberen Fläche und der vordere Teil der unteren Fläche der Zunge, ferner der harte Gaumen, die Wangen- und Lippenschleimhaut, das Zahnfleisch. Dies gilt jedoch nur vom Erwachsenen. Beim Kinde ist noch die ganze Zunge, nach einigen auch die Wangenschleimhaut für Geschmacksreize erregbar. Die Unempfindlichkeit eines Teils der Zunge für Geschmacksreize wird also erst im Laufe des Wachstums erworben, und es bleiben nur noch diejenigen Teile als schmeckfähig übrig, an denen die Nahrung hauptsächlich vorübergeführt wird.» (Elsenhans 1912, S. 154f.)

Zerkleinern und Kauen schließen den Geschmack auf; doch das allein genügt nicht zur vollen Empfindung, denn: «Was uns als Geschmacksqualität gilt, ist sehr häufig eine Zusammensetzung von Geschmacks- mit Geruchs-, Tast- oder auch Wärmeempfindungen. Nennen wir den Sodawassergeschmack ‹prickelnd›, den Senfgeschmack ‹brennend›, den Geschmack von Holzbirnen ‹zusammenziehend›, so ist klar, daß hier ein Übergang in andere Empfindungsmodalitäten stattfindet. Ein Versuch, den Höfler anführt, macht dies besonders deutlich. ‹Gibt man jemandem, der die Augen und die Nase geschlossen hat, eine Zwiebel zu essen, so hält er sie leicht für einen Apfel. Der vermeintliche «Zwiebelgeschmack» ist also «zusammengesetzt» aus dem sauersüßen Geschmacke eines Apfels und dem charakteristischen Geruche, an welchem wir eine vor die Nase gehaltene Zwiebel sofort als solche erkennen. Ähnliches zeigt sich, wenn man Rosen-, Himbeer-Bonbons bei verschlossener Nase auf die Zunge bringt; man schmeckt nun bloß die Süße des Zuckers.›» (Elsenhans 1912, S. 155) (Auch wenn durch einen Schnupfen die Nasen-

schleimhaut gereizt ist, «schmeckt» das Essen nicht mehr so richtig.)

Im Munde selber werden äußerst wenige Objektqualitäten erschmeckt, nämlich neben süß, sauer, bitter, salzig nur noch Tast- oder Schmerz-Wahrnehmungen wie heiß – kalt, körnig, cremig, scharf usw. Geruch und Geschmack bilden also «nichts wie einen und denselben Sinn (...), für den der Mund die Werkstatt und die Nase der Rauchfang ist: oder genauer gesagt, der eine dient zum Schmecken der fühlbaren, der andere zum Schmecken der gasförmigen Stoffe» (Brillat-Savarin 1913, Bd. 1, S. 44).

Erst der berochene, im Munde zerriebene und mit Flüssigkeit durchsetzte Stoff «erhält den Paß ausgestellt, der ihm für seine Aufnahme in den Magen nötig ist» (Brillat-Savarin 1913, Bd. 1, S. 41 f.).

Zwar sind die Geschmackswahrnehmungen des Mundes auf «Grundtöne» beschränkt, doch können diese eine Vielzahl von Kombinationen verschiedenster Abstufungen eingehen, «so daß *Mischgeschmäcke* entstehen. Dabei können die Einzelqualitäten zu einer neuen Geschmacksqualität verschmelzen und sich zum Teil auch gegenseitig kompensieren» (Keidel 1970, S. 445), wie zum Beispiel süß und sauer. Nimmt man die Geruchswahrnehmungen hinzu, die entscheidend den Geschmacksreichtum einer Speise erst sich entfalten lassen, dann kommt man auf über tausend Geschmacksqualitäten, die der Mensch unterscheiden kann. «Dennoch ist es – im Unter-

schied zu anderen Sinnesbereichen – bis heute nicht gelungen, die Gerüche in befriedigender Weise zu klassifizieren. Das bekannteste System dieser Art teilt die Geruchsqualitäten in 6 Kategorien ein:
1. würzig (Pfeffer, Ingwer),
2. blumig (Jasmin),
3. fruchtig (Apfeläther),
4. harzig (Räucherharz),
5. faulig (Schwefelwasserstoff),
6. brenzlig (Teer),
doch entbehrt auch diese Einteilung nicht einer gewissen Willkür. Nur etwa 50 Substanzen lösen reine Geruchsempfindungen aus, während die meisten Riechstoffe Mischempfindungen hervorrufen, an denen auch der Geschmackssinn und die (...) Nervenendigungen der Nasenschleimhaut beteiligt sind.» (Keidel 1970, S. 447)

Brillat-Savarin, der um die Sinnestätigkeiten des Schmeckens und um die Verwirklichung des Wohlgeschmacks ein ganzes Werk, nämlich die «Physiologie des Geschmacks» (1825) aufbaute und dem diese Erkenntnisse schon vertraut waren, erklärt: «Dies Resultat darf nicht Wunder nehmen. Denn da es in der Natur unendliche Serien einfacher Geschmäcke gibt, die in jeder beliebigen Zahl und Menge gegenseitig vermischt werden können, so würde man eine neue Sprache brauchen, um die neu entstandenen Arten zu benennen, Berge von Foliobänden, um sie zu beschreiben, und unbekannte Zahlenzeichen, um sie zu numerieren.» (1913, Bd. 1, S. 42f.)

Von den Geschmackswahrnehmungen hängen bestimmte körperliche Reflexe ab: die Speichelsekretion (und deren Ausmaß), die Sekretion von Magensaft und beim Säugling Saugbewegungen; aber auch «an der Auslösung von *Erbrechen* und Würgereflexen können die Geschmacksrezeptoren beteiligt sein» (Keidel 1970, S. 447).

Wo und wie aber die Grenzen von Wohlgeschmack beim einzelnen Menschen verlaufen, das hängt von den *Bedeutungen* ab, die eine Speise oder eine Speisesituation für jemanden im konkreten Fall hat. Oftmals kann schon eine Äußerung genügen, um den Wohlgeschmack in Ekel umschlagen zu lassen, wie etwa die Erwähnung bestimmter Krankheiten, unangenehmer Ereignisse oder ein «unappetitlicher» Hinweis auf die Zusammensetzung der Speise.

Wird der Geschmack immer störender und unerträglicher, so macht sich *Ekel* breit, der uns die Speise zurückweisen oder uns sogar – wenn er erst nachträglich überkommt – spontan erbrechen läßt.

Für den Hungrigen ergibt sich oft ein erbittertes Ringen entlang der Grenze von Geschmack und Ekel: «‹Der Nächste, bitte› rief der weißbeschürzte Proles mit der Schöpfkelle.

Winston und Syme schoben ihre Tabletts über den Ausgabetisch. Jedem wurde mit einem raschen Schwung seine Einheitsmahlzeit zugeteilt: ein Eßgeschirr voll eines rosa-grauen Eintopfes, ein Stück Brot, ein Würfel Käse, ein Becher Victory-Kaffee ohne Milch und eine Saccharintablette.

‹Dort unter dem Televisor ist ein Tisch frei›, sagte Syme. ‹Nehmen wir uns im Vorbeigehen einen Gin mit.›

Der Gin wurde in henkellosen Porzellanbechern ausgegeben. Sie zwängten sich durch den gedrängten Raum und stellten ihre Schüsseln auf die Metallplatte des Tisches, auf dessen einer Ecke jemand eine Pfütze von Eintopf hinterlassen hatte, einen schmutzig-nassen Brei, der wie Erbrochenes aussah. Winston hob seinen Ginbecher in die Höhe, hielt einen Augenblick inne, um Mut zu sammeln, und stürzte das ölig schmeckende Zeug hinunter. Nachdem er die Tränen niedergekämpft hatte, die ihm in die Augen gestiegen waren, merkte er plötzlich, daß er hungrig war. Er begann, gehäufte Löffel des Eintopfgerichtes herunterzuschlingen, in dessen schlüpfriger Masse auch Würfel eines schwammigen, rosafarbenen Zeugs auftauchten, das vermutlich Kunstfleischprodukt war. Keiner der beiden sprach ein Wort, bis sie ihr Eßgeschirr geleert hatten.» (Orwell 1981, S. 48 f.)

Nicht nur das schlecht Schmeckende oder Riechende, auch das Undefinierbare, Amorphe, die offensichtliche Täuschung, rufen Ekel hervor.

Die Eigenschaften des Bedrohlichen, des Klebrigen, der Auflösung, der Verwischung der Grenzen der Person, aber auch der Fäulnis, Gärung und sichtbaren Vergänglichkeit hat Ulrich Raulff in seinem Aufsatz «Chemie des Ekels und des Genusses» (Raulff 1982) dem Ekel zugeordnet.

Für den unverdächtigen Bissen jedoch unterteilt Brillat-Savarin die Passage hin zu den Verdauungsorganen in drei Stufen, deren dritte allein dem Esser ein *bewußtes* Schmecken garantiert: «Die *unmittelbare* Empfindung ist der erste Eindruck, welcher allein aus der Tätigkeit der Organe des Mundes hervorgeht, solange sich der schmekkende Stoff noch auf dem vorderen Teile der Zunge befindet.

Die *vollständige* Empfindung ist die, welche sich aus dem ersten Eindruck und der Wahrnehmung zusammensetzt, die entsteht, wenn die Speise ihren ersten Ort verläßt, in die Rachenhöhle tritt und das ganze Organ mit seinem Geschmack und seinem Geruch ausfüllt.

Die *reflektierte* Empfindung endlich ist die Beurteilung seiner Eindrücke durch das Gehirn, nachdem sie ihm durch die Geschmacksnerven übermittelt worden sind.» (1913, Bd. 1, S. 46 f.)

Dementsprechend unterscheidet er auch zwischen dem Gebrauch

des Geschmacks als Eß-«Werkzeug, durch welches man die Schmackhaftigkeit eines Gegenstandes empfindet» und als «Vermögen, das Gehirn zum *Bewußtsein* des Schmeckens anzuregen» (1913, Bd. 1, S. 36), also im «Nachgeschmack» die verschiedensten «Substanzen nach dem Grad ihrer Vortrefflichkeit abzuschätzen», was dem «schnellen und unaufmerksamen Esser» (1913, Bd. 1, S. 50) entgehe. In der «Praxis» sieht Brillat-Savarin das so: «Wer zum Beispiel einen Pfirsich ißt, wird zuvörderst angenehm von dem Geruch berührt, den er ausströmt; wenn er ihn anbeißt, empfindet er ein frisches, säuerliches Gefühl, das ihn ermuntert, weiter zu essen. Aber erst im Augenblick des Schlukkens, wenn der Bissen an der Nasenhöhle vorbeigleitet, offenbart sich der ihm eigentümliche Duft, der die Empfindung vervollständigt, die ein Pfirsich verursachen soll. Und erst, wenn man ihn verzehrt hat, beurteilt man, was man gerade empfunden hat und sagt zu sich: ‹Das war einmal köstlich›.» (1913, Bd. 1, S. 47)

Tag für Tag müssen entlang der Richtschnur des Geschmacks Speisen und Getränke besorgt, kombiniert, vorbereitet und gekocht werden – und sind dann dem eigenen (Geschmacks-)Urteil und dem der Mit-Esser ausgesetzt. Wie diese Urteile lauten, welche Konsequenzen sie haben können – und wie sich ein Geschmacksurteil auf andere übertragen läßt, das weiß jeder.

Zwar gelten bestimmte Grundregeln der Kochkunst, gibt es Anweisungen der Kochbücher oder die Richtlinien der Würztafeln, doch letztlich verbürgt alles Regelwerk keinen sicheren Erfolg. Es stellt vielmehr eine teilweise Voraussetzung des Erfolges dar, sichert gewissermaßen den Rohbau des Geschmacksgebäudes; die endgültige Form jedoch hängt von persönlichen und momentanen Fähigkeiten und Geschicklichkeiten, von der Kennerschaft (die nicht als Buchwissen übermittelt werden kann) und dem eigenen Urteil ab. Wolfram Siebeck wittert dabei auch konstitutionelle Faktoren: «Unzählige Aufsätze und Broschüren sind mit ‹Die Kunst des Würzens› überschrieben. Dabei ist Würzen keine Kunst. Schwierig ist allein das Abschmecken. Ich habe manchmal den Eindruck, daß es nicht erlernbar ist. Viele Köche, die die kompliziertesten Gerichte bewundernswert beherrschen, sind kaum in der Lage, ihre Kreationen so zu würzen, daß der Geschmackssinn ebenso befriedigt wird wie das Auge und die Nase. Sie sind wie farbenblinde Autofahrer. Diese wissen zwar, daß das untere Licht der Ampel das grüne, das obere rot ist. Sie wissen es, aber sie sehen es nicht.

So wissen auch viele Köche, daß eine Drehung aus der Pfeffermühle genügt, sie haben es im Gespür, wieviel Salz sie über die rohen Kartoffelscheiben streuen müssen – gut kochen können ist allemal eine Sache der Erfahrung. Doch es gibt noch eine darüber hinausgehende Stufe. Wie ein Koch sie erreicht, weiß ich auch nicht.» (*Zeit-Magazin*, Nr. 27, 1983, S. 18)

Wenn wir im Alltag davon sprechen, etwas schmecke gut oder schlecht, würzig oder fad, kräftig oder lahm, ausgewogen oder bizarr, oder einfach: bekannt oder unbekannt, dann meinen wir immer ein *Geschmacksbild*; wir orientieren uns an einer Ästhetik der Harmonie verschiedener Sinneseindrücke, die einem Code entsprechen müssen, um akzeptiert zu werden. Hat der Esser den Eindruck, daß an der Speise «etwas» fehle, so beginnt er vielerorts – den Salzstreuer in der Rechten, den Pfefferstreuer in der Linken, Maggi im Blick – das Gericht zu bearbeiten in der Absicht, ihm «mehr Geschmack» beizubringen, oder bestimmte, ihn störende Geschmacksnuancen zu überdecken. Hier geht es nicht mehr um das bloße Abschmecken als intransitiver Prozeß («Mal sehen, wie das schmeckt!»), sondern auch um den transitiven Vorgang, mit dem einer Speise Geschmack verliehen oder ihr Geschmack verändert wird.

Neben diesen relativ einfachen gibt es natürlich auch äußerst vielschichtige Geschmackserlebnisse, wenn ein besonders raffiniertes Gericht ein Panorama von Geschmäckern aufweist, in dem alle Nuancen sich gegenseitig entfalten helfen. Wie zwei geschmackliche Gegensatzpaare zusammenspielen, entwickelt Ulrich Raulff (1981) am Beispiel der italienischen Küche. Dabei wird zugleich deutlich, wie nun die Vorstellungswelt des Autors wiederum einen Rahmen abgibt, der zum Aufbau des Geschmacksbildes «paßt»: «Wie in allen mediterranen Küchen ist die erste große Achse im Koordinatenkreuz der italienischen Küche die zweier tätiger ‹Elemente›: Wein und Öl. Was an einem Pol die Säure des Weins zersetzt, bindet am anderen die umschließende Masse des Öls. Damit beider Wirkung vollkommen sei, muß der Wein alt und ausgereift, das Öl jung, ja jungfräulich (*vergine*, von der ersten Pressung) sein – zieht da nicht, wo es noch um den abstraktesten Aufriß, gleichsam die ‹Mathesis› dieser Küche geht, der Anflug eines erotischen Traumes in sie ein?

Im Anfang also sind Wein und Öl: und bereits hier, im liquiden Urzustand der italienischen Küche, erkennen wir die zwei Temperamente, die vielleicht in jeder Küche am Werke sind, doch selten so deutlich in Erscheinung treten: das zersetzende, zerstückelnde (Italien, Land der Messer) und das bindende, synthetische (Italien, Land der Liebe). Die Küche umschließt diese extremen Temperamente und läßt sie auf allen Ebenen der Zubereitung zusammenarbeiten, in wechselnder Erscheinungsform. So wird, was als elementare Polarität begann, sich auf der Ebene der Esswerker als ‹Metzger› und ‹Saucier› personifizieren. Aufgabe des ersten ist die Bändigung einer gewaltigen Destruktionskraft: ihm obliegt die Dekomposition der Materie, das Zerkleinern, Zerreißen, Zerhacken, Zu-Mus-Kochen. Der andere gebietet den Mächten der Verbindung: er besorgt die Rekomposition, das Mischen und Legieren.

Die zweite, nun schon spezifisch italienische Achse verbindet die Geschmackspole des Süßen und des Bitteren, von *dolce* und *amaro.* In Form des bitteren Aperitifs und des süßen Desserts geben sie dem Tableau der Speisen seinen notwendigen Rahmen. Von ihm geht eine erste, zarte Würzkraft aus, die indes vom einen zum anderen Esser verschieden wirkt und dem einen die eucharistische Kommunion (die Süße des Leibes Christi und die Bitternis des Todes), dem anderen aber *dulce,* das süße Wasser des Taus, und *amarum,* das Salzwasser des Meeres, zu schmecken gibt – und einem dritten vielleicht die Bachnymphe Arethusa, die auf der Flucht vor dem Flußgott Alpheios nach der weiten Reise durch die dorische Salzflut immer noch als süßes Wasser im sizilischen Syrakus an Land kam …

Über dieser *Mathesis* des Geschmacks von Öl und Wein, *amaro* und *dolce,* spannen sich nun die feineren bipolaren Linien wie die von *hart* und *weich* (die Kunst, in der Weichmasse ein Gran Härte zu erhalten: die Spaghetti *al dente*) oder die von *leicht* und *schwer* (die Kunst, einem Hauch von Eis, leichtester Crememasse, die Konterbande der Schwere mitzugeben) etc. So baut sich allmählich ein Geschmacksraum auf.»

Neben der Qualität der einzelnen Geschmackselemente und neben ihren Kreuzungen und Verbindungen läßt sich auch eine Topographie des Geschmacks entwerfen; sie ist gewissermaßen der Horizont innerhalb einer Geschmackslandschaft. So unterschied Walter Benjamin zwei verschiedene Darstellungsweisen des Geschmacks in der deutschen und der französischen Küche: «Die Basis oder conditio sine qua non jeden Wohlgeschmacks ist das Herausschmecken einer oder mehrerer bestimmter Substanzen aus der Mischung. Die echte Mischung muß nun so komponiert sein, daß von der einen oder auch den mehreren Substanzen, die überhaupt distinkt geschmeckt werden sollen, gleichsam nur die Geschmacksgipfel über die Schwelle des Totalgeschmacks hervorragen. Dieses auf die feinste Spitze des Geschmacks beschränkte Herausschmecken suchte die französische Kochkunst durch ihr ‹Supreme› zu erreichen. Die deutschen Gerichte der Gegenwart aber sind so bereitet, daß der Totalgeschmack nicht schwebend über den Geschmacksgipfeln der singularen Substanzen sich hält (wobei dann ‹mächtiges Überraschen› beim ‹Wiederfinden› eines bekannten Geschmacks in diesem Elysium stattfindet), sondern so, daß der Totalgeschmack unterhalb der Basis der singularen Geschmackspyramiden liegt, d. h., also im Brei, im Mus, in der Tunke ...» (Benjamin, Gesammelte Schriften, IV, S. 922)

Das *Schmecken* beschränkt sich wohl *nicht allein* auf eine Reizwahrnehmung der Rezeptoren in Mund und Nase, sondern schließt ein Ensemble von inneren und äußeren Reizen zu einem Geschmacksbild zusammen. Es geht beim Schmecken noch um mehr als ums Herausschmecken förderlicher oder schädlicher Substanzen und wohl auch nicht allein ums Wiedererkennen einzelner Schlüsselreize oder Erinnerungszeichen. Verschiedene Sinneseindrücke spielen zusammen: Aroma, Anblick, Wärme, Frische, Zähigkeit, Namen, Akustik, zur Verfügung stehende Zeit etc. Wenn auf die Frage «Schmeckt's ihm?» geantwortet wird: «Es schmeckt ihm nicht so richtig, denn er muß heute allein essen», so ist da zum Beispiel eine soziale Dimension als Teil des Geschmackserlebnisses mitgemeint (nicht nur als Voraussetzung des Schmeckens).

Der *Feinschmecker* möchte sich über den gewöhnlichen Schmekker erheben. Dabei beruft er sich auf seine Kennerschaft der Speisen und der ihnen gebührenden Präsentation – vor allem aber auf seine sinnlichen Fähigkeiten. «Feinschmeckerei» ist für Brillat-Savarin das gerade Gegenteil von «Völlerei» oder «Gefräßigkeit»; vielmehr ist sie «eine leidenschaftliche, begründete und gewohnheitsmäßige Vorliebe für Dinge, welche dem Geschmackssinn schmeicheln.

Die Feinschmeckerei ist eine Feindin von Ausschreitungen; jedermann, der sich überißt oder betrinkt, läuft Gefahr, aus den Listen der Zünftigen gestrichen zu werden.» (1913, Bd. 1, S. 204) Feinschmeckerei bedeutet ihm eine «Abart» der Leckerhaftigkeit, die «zugunsten der Frauen und der ihnen ähnelnden Männer in Aufnahme gekommen ist, nämlich der Vorliebe, die sich auf leichte, pikante, wenig ausgiebige Gerichte, auf Konfitüren, Kuchen usw. erstreckt ...» (1913, Bd. 1, S. 204). Allerdings geht es dabei um eine äußerst strenge Disziplin, denn sie trifft «mit Scharfsinn ihre Anordnungen», führt sie mit Weisheit aus, sie ist es, die «mit Nachdruck schmeckt und mit Tiefe ihr Urteil abgibt» (1913, Bd. 1, S. 203).

«Nicht jeder, der es sein will, ist auch ein Feinschmecker», so Brillat-Savarin, denn: «Es gibt Leute, denen die Natur die Feinheit der Organe oder dasjenige Maß von Aufmerksamkeit versagt hat, ohne welche die schmackhaftesten Speisen unbemerkt in den Magen gleiten.» (1913, Bd. 1, S. 219) Bei manchen von diesen «Unglücklichen» liegt dem ein konstitutioneller Mangel zugrunde, da ihre Zunge «nur unvollkommen mit Nervenbündeln, die dazu bestimmt sind, die Geschmacksempfindungen einzusaugen und sie dem Bewußtsein zu übermitteln, versehen ist. Von ihnen wird nur eine stumpfe Empfindung wahrgenommen; sie wissen vom Geschmack soviel, wie die Blinden vom Licht.» (1913, Bd. 1, S. 219) Bei anderen hingegen liegt's an der Mentalität: «Die zweite Art besteht aus den Zerstreuten, den Schwätzern, den Beschäftigten, den Ehrgeizigen und solchen, die zweierlei zur selben Zeit vornehmen wollen, und die nur essen, um sich zu sättigen.» (1913, Bd. 1, S. 219)

Brillat-Savarin ist von der «materiellen und organischen Prädestination in den Genüssen des Geschmackes» überzeugt (1913, Bd. 1, S. 220). Als Anhänger des Physiognomen Lavater glaubt er sie sogar genausogut wie etwa einen unverschämten oder selbstzufriedenen Menschen an ihrer Gestalt erkennen zu können, denn «die Leidenschaften wirken auf die Muskeln ein», und deren Anspannung läßt «schließlich sichtbare Spuren zurück, die der Physiognomie ihren bleibenden und erkennbaren Charakter geben» (1913, Bd. 1, S. 221). «Die zur Feinschmeckerei Prädestinierten sind gewöhnlich von mittlerer Größe, haben ein rundes oder viereckiges Gesicht, niedrige Stirn, kurze Nase, sinnliche Lippen und ein rundes Kinn. Die Frauen sind rundlich, mehr hübsch als schön, und neigen ein wenig zum Embonpoint.

Die Frauen, welche mehr Hang zu Leckereien besitzen, haben feinere Züge, ein lieblicheres Oval, zierlichere Gestalt und zeichnen sich besonders durch ein charakteristisches Zungenspiel aus. (...)

Diejenigen dagegen, denen die Natur die Fähigkeit zur Feinschmeckerei versagt hat, haben ein langes Gesicht, lange Nase und langweilige Augen; gleichgültig, wie ihre Statur sein mag, haben sie in ihrer Haltung doch stets etwas Längliches. Sie haben schwarze schlichte Haare und keine Spur von Körperfülle; die Erfindung der Hosen ist ihr Verdienst.

Die Frauen, welche die Natur mit demselben Übel behaftet hat, sind eckig, langweilen sich bei Tische und leben nur vom Bostonspiel und übler Nachrede.» (1913, Bd. 1, S. 221f.)

Doch es gibt auch die «Feinschmecker von Standes wegen, und ich möchte sie in vier große Kategorien einteilen, nämlich die Geldmänner, die Ärzte, die Schriftsteller und die Betbrüder.» (1913, Bd. 1, S. 226)

Schmecken und Geschmack sind also nicht bloß subjektive Angelegenheiten, denn jener «Paß», der einem Stoff Arglosigkeit oder sogar besondere Qualitäten bescheinigt, «der ihm für seine Aufnahme in den Magen nötig ist» (Brillat-Savarin, 1913, Bd. 1, S. 42), wird nicht vom essenden Subjekt allein ausgestellt; so wie eben auch von einem gesellschaftlichen Paßwesen, ist er von einem kulturellen Geschmackswesen abhängig. Denn die Grenzen zwischen rein und unrein, zwischen erlaubtem und unerlaubtem Genuß (Tabu; vgl. Kapitel «Zwei Karrieren: Pferd und Tomate»), werden ganz entschieden durch die jeweilige Kultur festgelegt. (Dazu gehören auch Marktmechanismen, die bestimmte Speisen und bestimmte Qualitäten verfügbar, erfahrbar machen oder nicht.)

«Was das Schmecken vernimmt», so Hubert Tellenbach, «ist immer schon etwas im Nahrungsstoff Gebildetes; und dieses im Geschmack erfahrene Gebilde ist immer schon von einem Geschmack gebildet worden. (...) Was der Zunge angeboten wird, ist ein Stück Kultur. Ein delikates Gericht gibt in prominenter Weise Kunde von einer Kultur. In dieser hat der Geschmack (im allgemeinen Sinne) Ursprung und Heimat.» In diesem Sinne nehmen wir von vornherein «schmeckend am ‹Geschmack› anderer teil, die unserer Welt angehören» (Tellenbach 1968, S. 43 f.).

Ähnlich dem Erlernen einer Sprache lernt ein Kleinkind erst allmählich die Geschmacks- und Geruchssinne am gesellschaftlichen Standard auszurichten. Durch diesen hindurch macht es seine Erfahrungen. «Die Sinnesorgane können ihre Aufgabe der Nahrungswahl nur auf Grund früherer Erfahrungen erfüllen. Ohne Erfahrungen schützen weder Geschmacks- noch Geruchssinn, weder Tast- noch Temperatursinn, ja nicht einmal der Schmerzsinn vor Nahrungsschäden. Die Sinne sind nicht, sie werden erst im Laufe des Lebens ‹Wächter der Gesundheit›.» (Glatzel 1959, S. 16)

In diesem Sinne *wird* man nach Brillat-Savarin auch erst zum «Feinschmecker» – konstitutionelle Mindestbedingungen vorausgesetzt. Die Geschmacksreaktion ist keine «ursprüngliche» (unmittelbare) Reaktion auf ein beliebiges Objekt. Sie ist vielmehr eine kulturell formierte – nämlich geschmacksgeleitete – Reaktion auf ein schon in irgendeiner Weise ästhetisiertes (abgeschmecktes) Objekt.

Selbst die empfindlichste Nase oder Zunge (zum Beispiel eines Wein- oder Brotprüfers) gewährte also noch keine sichere Führung in der Frage des «guten Geschmacks», wenn die subjektive Wahrnehmung nicht in gewisser Weise mit dem kulturellen Code übereinstimmte; vielmehr gälte sie als «abartig». Der «unbestechliche Gaumen» steht allemal schon im Dienste seiner kulturellen Ordnung. Es geht also nicht allein um Empfänglichkeit der Riech- und Schmeck-Organe, um ein «Vermessen» des Geschmacks; vielmehr gehört zur Analyse des zu Riechenden und zu Schmeckenden immer schon eine Sprache der Gerüche und der Geschmäcke: Wer die Begriffe «schimmelig», «strohig», «stumpf», «herbsäuerlich» oder «Korkengeschmack» noch nie gehört hat, dem wird es schwerfallen, einen entsprechenden Geschmack genau zu klassifizieren; er wird ihn vielmehr in diffuser Weise als «komisch», «angenehm» oder «nicht gut» wahrnehmen.

Wer bestimmt nun aber die Normen und Grenzen des «guten Geschmacks»?

Nicht nur die Vorstellung vom richtigen oder guten Geschmack, sondern auch die von der Autorität, diesen festlegen zu können, ist einem historischen Wandel unterworfen. Unvorstellbar erscheint einem angesichts unseres heutigen Geschmacksexotismus die folgende Äußerung des deutschen Schriftstellers und Weltreisenden Georg Friedrich Forster um 1780: «Niemand (...) hat ein Recht, Begriffe festzusetzen als wer *richtige Vorstellungen* erhielt, und wenn gleich Niemand eigentlich wissen kann, ob z. B. eine Ananas gut schmeckt, als der sie gekostet hat, so gehört doch mehr als dieses Kosten zu diesem Urteil. Nur ein Europäer kann daher bestimmen, was ein Leckerbissen sei, denn nur er ist vor allen anderen Menschen im Besitz eines feinen unterscheidenden Organs, und einer durch vielfältige Übung erhöhte Sinnlichkeit, oder mit anderen Worten: er hat wirklich einen leckeren Gaumen, und neben seinen Gastmählern bestehet der Genuß, selbst einer chinesischen Tafel, nur in einer unfläthigen Fresserei.» (Forster 1968)

Es war die höfische Gesellschaft (besonders Frankreichs), die Geschmacksfragen – nicht nur kulinarischer, sondern auch literarischer oder musikalischer Art – überhaupt erst zu großer Wichtigkeit verholfen hat. Der am Königshof versammelte Adel entwickelte jene «spezifische Regelung und Umformung der Triebimpulse», die die Menschen dazu brachte, eine «besondere Sensibilität» (Elias 1976, S. 410f.) für kleinste Nuancen in Ton, Geruch, Sprache, Geschmack und Gestik zu entfalten und wichtig zu nehmen. Es entwickelte sich bei Hof die «Etikette» als eine differenzierte Verkehrsordnung der Adligen. «Die Bestimmtheit, mit der sie zu sagen vermögen: ‹Diese Wortverbindung hört sich gut an; jene Farbzusammenhänge sind schlecht gewählt›, die Sicherheit ihres Geschmacks, um es mit einem Wort zu sagen, geht mehr auf unbewußt arbeitende Figuren ihrer psychischen Selbststeuerung zurück, als auf bewußte Überlegungen.» (Elias 1976, Bd. 2, S. 410)

Es ist Norbert Elias' These, daß diese Verhaltensmaßstäbe dem Adel zur Unterscheidung gegenüber dem an die Macht drängenden Bürgertum diente. Es sind «zunächst kleine Kreise der guten, höfischen Gesellschaft (...), die mit ‹Delikatesse›, mit wachsender Empfindlichkeit für Schattierungen und Nuancen in die Rhythmen, Töne und Bedeutungen der gesprochenen und geschriebenen Worte hineinhören; diese Empfindlichkeit, dieser ‹gute Geschmack› (stellt) für solche Kreise zugleich einen Prestigewert dar (...): Alles, was an ihre Peinlichkeitsschwelle rührt, riecht bürgerlich, ist gesellschaftlich minderwertig; und umgekehrt: Alles, was bürgerlich ist, rührt an ihre Peinlichkeitsschwelle. Es ist die Notwendigkeit, sich von allem Bürgerlichen zu unterscheiden, die diese Empfindlichkeit schärft; und der eigentümliche Aufbau des höfischen Lebens, durch den nicht berufliche Tüchtigkeit und auch noch nicht der Besitz von Geld, sondern die Ausgeschliffenheit des gesellschaftlich-geselligen Verhaltens zum Hauptinstrument der Prestige- und Gunstkonkurrenz gemacht wird, gibt die Möglichkeit dazu.» (1976, Bd. 2, S. 410f.)

Diese Art der Distanzierung von den Niederen wurde Schritt für Schritt vom französischen Bürgertum übernommen – der in politischer Hinsicht schon relativ machtlose Adel reagierte mit zunehmender Verfeinerung, um einen gewissen Vorsprung zumindest in den «Formen» zu halten.

Am Übergang vom 18. zum 19. Jahrhundert sind dann selbst *innerhalb* des Bürgertums wiederum bestimmte Geschmacksdifferenzen zu beobachten. Brillat-Savarin hat in seiner «Physiologie des Geschmacks», wie wir gesehen haben, neben der konstitutionellen Schmeckfähigkeit den Anteil der (klassenbedingten) Übung und der praktischen Kennerschaft betont; dabei ging es nicht um eine «naive» Wahrnehmungsmeisterschaft, sondern um das Essen und Schmecken der Speisen einer ganz besonderen Eßkultur – eben der, die dem «guten Geschmack» entsprach.

Zur Entlarvung nur vorgeblicher Feinschmecker entwickelten Brillat-Savarin und andere die «gastronomischen Examina»: «Wir verstehen darunter die Offerierung von Schüsseln anerkannten Wohlgeschmacks und so klassischer Perfektion, daß schon ihr Anblick die Geschmacksnerven jedes wohlorganisierten Menschen vibrieren läßt.» Die Regel der Prüfer bestand in folgendem: «Sobald eine Schüssel von vorzüglichem und wohlbekanntem Geschmack aufgetragen wird, blicke man scharf auf seine Gäste: wessen Züge und Augen kein Entzücken zeigen, der ist durchgefallen.» Denn wer «weder den Strahl des Verlangens noch die Aureole der Seligkeit zeigt, der ist unwert der Ehre solcher Sitzung und ihrer Genüsse» (Brillat-Savarin 1979, S. 111f.). Die zunächst vorgeschlagene Prüftechnik der «negativen Probeschüssel» wurde abgelehnt, obwohl sie eine gewisse Vereinfachung des Verfahrens gebracht hätte: Es hätte dabei gegolten, etwas zu inszenieren, «etwa ein Akzident, der eine Schüssel erster Klasse

zerschlagen, eine Postverspätung – wirklich oder fingiert –, die einen herrlichen Korb Früchte zurückgehalten. Bei so schrecklichen Meldungen könnte man den Grad der Trauer von der Stirn der Examinanden lesen und sich so eine Skala seiner Geschmacksempfindungen verschaffen.» (Brillat-Savarin 1979, S. 113)

Um den Testessern aber einen solchen Schreck zu ersparen, einigte man sich auf drei standesspezifische «Serien»: Die für den «bescheidenen Haushalt» bestand aus: «Ein tüchtiger Kalbsschenkel, mit viel Speck gespickt und in einer Sauce gekocht. Truthahn, frisch vom Lande, mit Lyoneser Kastanien gefüllt. Fette Tauben, frisch aus dem Schlage, in Speckscheiben gebraten. Des œufs à la neige. Sauerkraut mit Würstchen und geräuchertem Straßburger Speck.» (Brillat-Savarin 1979, S. 114)

Das Klassenziel galt dann als erreicht, wenn die Reaktion etwa lautete: «Donnerhagel! Das sieht nach was aus! Los und fest drangemacht!» (Brillat-Savarin 1979, S. 114)

Für Bürger mit «durchschnittlichem Einkommen» gibt es u. a. Filet de Bœuf, Rehschlegel, Truthahn mit Trüffeln, wofür sie in den Ruf «Mein Verehrter! Welche Düfte! Feiern Sie Hochzeit oder Jubiläum!» ausbrechen müssen (Brillat-Savarin 1979, S. 114). Personen aus reichem Hause erhalten unter anderem: «Ein großer Rheinkarpfen à la Chambord, schön und reich serviert. Getrüffelte Wachteln mit Ochsenmark, auf Toast aux basilic. Ein gespickter Flußhecht, farciert, in Krebssauce nach allen Regeln der Kunst. Ein Fasan auf seiner Höhe, als Toupet gespickt, auf einer Bratröste serviert à la Sainte-Alliance.» (Brillat-Savarin 1979, S. 115 f.)

Wie man aus den drei Beispielen ersieht, werden nicht nur die Gerichte immer feiner, sondern auch der lobende Ton der Ausrufe.

Doch auch heute sind diese Differenzierungen noch auszumachen, wenn auch ihre Grenzen anders verlaufen. Der französische Soziologe Pierre Bourdieu hat in seinem Werk «Die feinen Unterschiede» versucht, den französischen Sozialklassen bestimmte Geschmackstypologien zuzuordnen, mit deren Hilfe jede bestrebt sei, sich von der nächsten, tieferstehenden Klasse abzuheben und sich an höherstehende Klassen anzugleichen: «Von den einfachen Arbeitern über die Vorarbeiter, selbständigen Handwerker und Kleinhändler bis zu den Unternehmern in Industrie und Handel lockern sich (...) tendenziell die ökonomischen Fesseln, ohne daß doch das die Entscheidungen in bezug auf Nahrungskonsum leitende Grundprinzip sich änderte: der Gegensatz beider Extreme findet nun seinen Ausdruck im *Armen* und im (Neu-)*Reichen,* im ‹Essen› und im ‹Fressen›; die konsumierten Speisen und Getränke werden immer reichhaltiger (bzw. immer teurer und immer kalorienhaltiger) und immer schwerer verdaulich (Wild, Gänseleberpastete). Gerichtet aufs Leichte, Feine und Raffinierte, konstituiert demgegenüber der Geschmack der Angehörigen der freien Berufe und der höheren Führungskräfte den der Arbeiterklasse negativ als Geschmack fürs Schwere, Fette, Grobe (...).

Der Geschmack für seltene ‹vornehme› Speisen neigt zur traditionellen Küche, reich an teueren und seltenen Zutaten (Frischgemüse und Frischfleisch etc.). Die höheren Lehrkräfte und Professoren schließlich, mit größerem kulturellen als ökonomischem Kapital und aus diesem Grunde auch in allen Bereichen zu asketischem Konsumverhalten gedrängt, heben sich quasi mit voller Absicht und im Bemühen um Originalität zu geringsten finanziellen Unkosten, das sie zu kulinarischem Exotismus (italienische, chinesische Küche etc.) und Populismus verleitet (Bauernplatten), von den (Neu-)Reichen und deren reichhaltiger Nahrung ab.» (1982, S. 300f.)

Bourdieu führt auch zwei soziale Beweggründe für spezifische Geschmacksveränderungen an: Gerichte stehen «über die spezifische Art der Zubereitung mit einer globalen Auffassung von Hauswirtschaft und Arbeitsteilung zwischen den Geschlechtern im Zusammenhang (...), wobei etwa der Geschmack für Topfgerichte (*pot-au-feu,* Kalbsragout, Schmorbraten), die viel Zeit und Interesse kosten, Affinitäten aufweist zur herkömmlichen Vorstellung der Frauenrolle. In dieser Hinsicht besteht denn auch ein hervorstechender Gegensatz zwischen den Unterschichten und den dominierten Fraktionen der herrschenden Klasse, insofern hier die Frauen, deren Arbeit einen hohen Marktwert besitzt (was sicher mit erklärt, weshalb sie eine höhere Vorstellung von ihrem Wert haben), ihre freie Zeit vorrangig der Erziehung ihrer Kinder und der Vermittlung des kulturellen Kapitals widmen möchten und von daher tendenziell die traditionelle Arbeitsteilung zwischen den Geschlechtern in Frage stellen; die Suche nach Arbeits- und Zeitersparnis beim Zubereiten der Mahlzeiten in Verbindung mit dem Hang zu leichten und kalorienarmen Erzeugnissen läßt zu Gegrilltem und zu Rohkost (‹gemischte Salate›), zu Gefrierkost, Yoghurt und gesüßten Milchspeisen greifen – dies alles Speisen, die in diametralem Gegensatz zu denen der Unterschichten stehen. Deren typischstes Gericht ist der *pot-au-feu*, bei dem im wesentlichen billiges Suppenfleisch – und nicht Grill- oder Bratenfleisch – Verwendung findet. Das Kochen selbst stellt eine mindere Zubereitungsart dar, die vor allem viel Zeit in Anspruch nimmt.» (1982, S. 301 ff.)

Ein weiteres Moment, das den Geschmack determiniert, sind das «Körperbild, das innerhalb einer sozialen Klasse herrscht, und die Vorstellung über die Folgen einer bestimmten Nahrung für den Körper, das heißt auf dessen Kraft, Gesundheit und Schönheit, als auch die jeweiligen Kategorien zur Beurteilung dieser Wirkungen; da nicht alle sozialen Klassen auf die gleichen Kategorien zurückgreifen, lassen sich klassenspezifische Rangstufen der Folgen erstellen: so sind die unteren Klassen, denen mehr an der *Kraft* des (männlichen) Körpers gelegen ist als an dessen Gestalt und Aussehen, nach gleichermaßen billigen wie nahrhaften Produkten aus, während die Angehörigen der freien Berufe den geschmackvollen Erzeugnissen, die gesundheitsfördernd und leicht sind und nicht dick machen, den Vorzug geben.» (Bourdieu 1982, S. 306 f.)

Ein deutsches Pendant zu dieser umfassenden Studie gibt es noch nicht. Dort, wo es praktisch auf die Beachtung kulinarischer Geschmacks-Codes ankommt, lernt man entsprechende Faustregeln. In einem deutschen Fachkundebuch für den Kochlehrling, «Grundzüge der Kochlehre», heißt es knapp und einprägsam im Abschnitt «Die Teilnehmer am Essen müssen berücksichtigt werden»: «Jeder Mensch und jede gesellschaftliche Schicht haben ihre eigenen und ausgeprägten Eßgewohnheiten.

Damengesellschaft:	von Ausnahmen abgesehen, bevorzugen Damen leichte, milde und fettarme Speisen (z. B. Hühnerbrüstchen)
Herrengesellschaft:	das ‹starke Geschlecht› bevorzugt in der Regel kräftig gewürzte und herzhafte Speisen (z. B. Rumpsteak)

Ärztekongreß: dem geistig Schaffenden dient die Küche am besten mit kleinen, leichten und erlesenen Speisen (z. B. Kalbsmedaillon)

Betriebsausflug: den handwerklich Tätigen befriedigen in der Regel derbe, füllige und kräftige Speisen (z. B. Kasseler Rippchen)

Merke: Wer zufriedene Gäste haben will, muß sie ihren Eß- und Verzehrgewohnheiten entsprechend bedienen.» (Dries/Seibert 1972, S. 134)

Geschmack zu *haben* oder nicht zu haben scheint automatisch zum Ausweis der Zugehörigkeit zur kultivierten Klasse zu werden; damit ist er natürlich auch den Moden unterworfen. Indem man sich mit «feinen» Dingen umgibt, sich mit ihnen kleidet, sich ihnen zuwendet (Kunstgeschmack, «fine arts») oder sie verzehrt, beweist man nicht nur demonstrativ eine gewisse *Sensibilität* (hochentwickelte Sinnesleistung) gegenüber Dingen, die der «Ungebildete» nie zu erkennen, geschweige denn zu schätzen wüßte; man beweist auch, daß man den *richtigen Geschmack* hat, daß man mit Niedrigem und Verachtenswertem (dem was «out» ist) sich nicht abgibt, sich nicht abzugeben braucht.

Gerade *weil* in einigen Kulturen die Festlegung des richtigen, des «guten» Geschmacks – in der Mode, der Kunst, der Literatur, den Sprachwendungen und natürlich auch beim Essen – eine Machtfrage war (und zum Teil noch ist), kommt es oftmals zu peinlichen oder lächerlich scheinenden Situationen, wenn sich einer in der Wahl seiner Speisen oder bei deren Zusammenstellung «danebenbenimmt», nicht den richtigen «Ton» trifft, wie etwa in der folgenden Szene aus Faßbinders «Angst essen Seele auf»: Emmi und ihr soeben angetrauter marokkanischer Gatte, kurz «Ali» genannt, gehen nach dem Standesamt in ein «vornehmes Restaurant».

«Emmi und Ali sitzen sich gegenüber. Ein Kellner schaut sie mißtrauisch an.

Emmi: Weißt du was, wir essen einfach die teuersten Sachen. Das ist dann auch gut. Die teuersten Suppen, die teuersten Vorspeisen. Oder willst du was Besonderes?

Salem: Ich essen, was du essen.

Emmi: Hoi! Das ist aber ganz schön. 45 Mark. Kaviar. Trotzdem. Heute soll's nicht drauf ankommen. Weißt du, daß es auch goldenen Kaviar gibt? Hab ich mal in einer Illustrierten gelesen. Richtig golden.

Salem: Goldene Kaviar?

Emmi: Ja. Richtig wie Gold. Aber den bekommt nur der Schah von

Persien, den kriegt kein normaler Mensch. Kaviar ist gut für die Liebe, sagt man.
Salem: Gut für Liebe?
Emmi: Ja. Der macht Lust. Aber ich glaub das nicht. Höchstens ein ganz klein bißchen. So. Jetzt bestelle ich. Herr Ober!
Kellner: Haben Sie gewählt?
Emmi: Ja. Ja, wir haben gewählt. Also, zwei Hummercremesuppen. Zweimal Kaviar. Und ein Chateaubriand für zwei Personen.
Kellner: Wie hätten Sie das Chateaubriand gern?
Emmi: Wie ...? Na ja, gebraten, oder?
Kellner: Aber gewiß doch, gnä Frau. Gebraten. Aber wie? Englisch oder medium.
Emmi: Englisch. Das klingt gut.
Kellner: Also englisch. Fast roh. Gerne.
Emmi: Roh? Eigentlich ...
Kellner: Ja?
Emmi: Ich meine, roh ... das – vielleicht doch lieber das andere. Wie hieß das doch gleich?
Kellner: Medium.
Emmi: Richtig. Das ist nicht roh, oder?
Kellner: Nein. Das ist medium.
Emmi: Ja. Das ist gut.
Kellner: Und vorher einen Aperitif.
Emmi: Einen? Aber ja doch, natürlich.
Kellner: Und was?
Emmi: Ja, vielleicht – was empfehlen Sie uns denn?
Kellner: Den Hausaperitif, gnä Frau. Das mögen Sie bestimmt.
Emmi: Ja. Wenn sie das sagen, dann ... Gerne.
Der Kellner geht.
Emmi: Hui. Jetzt bin ich ganz schön ins Schwitzen gekommen. Tja, wenn man keine Erfahrung hat, mit den Dingen.» (Faßbinder 1978, S. 31 f.)

Die «gutbürgerliche» Gaststätte hingegen versucht einen moderaten Ton zu halten, indem sie «für jeden etwas» anbietet.

Gemeinsamer Geschmack und gemeinsame Abscheu scheinen starke soziale Bindemittel zu sein. Dies wird evident bei der Beobachtung von Alltagsunterhaltungen, die oft mit Geschmacksurteilen operieren: «Find ich gut, find ich schlecht, toll, dufte; findest du den sympathisch? Nein, ich find ihn ekelhaft, der Kerl ist ein Brechmittel» usw.

Der *geteilte Geschmack* hat besonders an der Bindungskraft der Tischgemeinschaft, dem Mahl, großen Anteil – neben der von Simmel hervorgehobenen *materiellen* Teilung der Speise: «Es schmeckt» gemeinsam. Darüber belehrt uns auch Brillat-Savarin: «Die Feinschmeckerei (...) steigert jenen Geist der Geselligkeit, der jeden Tag die verschiedenen Stände vereint, sie zu einem Ganzen verschmilzt, die Unterhaltung belebt und die Kanten der konventionellen Standesunterschiede abschleift.

Sie ist es auch, die jeden Gastgeber anfeuert, seine Gäste würdig aufzunehmen, die aber auch die Gäste bestimmt, sich dankbar zu zeigen, wenn sie sehen, daß man sich liebevoll mit ihnen beschäftigt hat. Hier ist der richtige Platz, um jenen stumpfsinnigen Essern eins anzuhängen, die mit sträflicher Gleichgültigkeit die auserlesenen Bissen hinunterschlingen und die mit einer gottlosen Zerstreutheit den duftigsten und klarsten Nektar hinuntergießen.

Hauptregel: Jede Anordnung, die von hoher Einsicht zeugt, ist eines ausdrücklichen Lobes wert, und ein zartfühlendes Lob ist überall da am Platze, wo das Streben, gefallen zu wollen, sich bemerkbar macht.» (1913, Bd. 1, S. 213f.)

Auch Familienbande erfahren kraftvolle Unterstützung durch Geschmacksübereinstimmungen; selbst Streit und Rivalitäten um den Speisezettel zeugen von einem Bemühen um Gemeinsamkeit – auch dies ist ein Teil der Erinnerungen an «Mutters Küche». Problematisch wird es, wenn Kleidung, Parfüm oder Musik eines Familienmitglieds nicht nach dem Geschmack der anderen sind und wenn es gar heißt: «Bei euch schmeckt's mir nicht mehr.» Damit kündigt sich ein Bruch an. Doch auch nach einem Bruch bleibt etwas zurück: die «Geschmacksspur». Denn Geschmackserinnerungen können Vorstellungswelten entstehen lassen, die die Wertigkeit einer gegebenen Situation oder einer persönlichen Stimmung radikal zu ändern vermögen (ähnlich wie man sagt, daß einem «ein Licht aufgegangen» sei).

Man kann auch Geschmacksheimaten aufsuchen, indem man sich bestimmte Speisen verschafft, sie auf bestimmte Weise würzt und zubereitet, oder indem man regions- oder gesinnungsgebundene Lokale aufsucht, die – mindestens dem Namen nach – das Wiederfinden von Geschmackserlebnissen garantieren.

Umgekehrt ermöglicht die Geschmacksdimension auch den Entwurf von Gegenwelten, das «Herbeischmecken» einer zweiten Heimat im Exotischen; und Gastronomie wie Tourismuswerbung stekken voller Versprechungen einer Gegenwelt. In Geschmäcken und Gerüchen konkretisieren sich hierbei Sehnsüchte, die mit der Ablehnung der ersten Heimat zusammentreffen können. Ekelgefühle gegen die erste Geschmackswelt können sich entwickeln; man kann dann diese Heimat nicht mehr riechen.

Mit dem Auftreten standardisierter Fertigspeisen als Konserven und – am pointiertesten – in den Hamburger-Lokalen (deren Marktführer damit werben, daß ein Hamburger in *jedem* ihrer Läden *jederzeit* gleich schmecke) erweitert sich die alimentäre Geschmacksgemeinschaft schlagartig – im Gegensatz zur familiären kann man wählen, ob man an ihr teilhaben, sich in sie einschalten will.

Freilich sind die Grenzen des «guten Geschmacks» nicht immer *völlig* deckungsgleich mit den subjektiven Empfindungsgrenzen von Wohlgeschmack und Ekel. Hier rühren wir wieder an das oben angedeutete Verhältnis von *Sinn* und *subjektiver Bedeutung*: Man kann vor Dingen Abscheu empfinden, die in der eigenen Kultur, Klasse, Gruppe, Familie als geschmackvoll gelten, man kann dies mehr oder weniger demonstrativ kundtun oder auch verschweigen und überspielen. Andererseits kann man auch Gegenständen oder Handlungen Geschmack abgewinnen, die offiziell als ekelhaft, verpönt gelten und das Subjekt in den Verdacht der Geschmacksverirrung, der Krankheit oder der Perversion bringen. Tolerierte Abweichungen sind die Gelüste der Kinder, die eben noch unreif, noch nicht auf den «richtigen» Geschmack gekommen sind, und die Gelüste während der Schwangerschaft.

Im Geschmackserleben verschränken sich sozio-kulturelle Geschmacks-Codes und Konventionen, Ausbildung der Sinnesfähigkeiten, individuelle Geschmacksmuster und -vorlieben und die Dimension der *Bedeutung*. An einer alltäglichen Situation läßt sich das Zusammenspiel zeigen: Eine Familie nimmt anläßlich einer Feier in einem Restaurant ein für alle bestimmtes Menü zu sich. Auch wenn sich das Werk des Kochs innerhalb konventioneller Geschmacksnormen (das heißt sein Stil ist nicht zu «ausgefallen» oder zu «gewagt») bewegt, so wird es dennoch Wahrnehmungsunterschiede geben: Manche werden die Aromen stärker oder schwächer empfinden. Manche werden die Gesamtheit der Geschmacksnuancen der Nahrungsmittel und der Gewürze bewußt wahrnehmen, manche nur einige davon. Manche werden einzelne Geschmackskomponenten besonders stark betonen (zum Beispiel das Salz, den «Stallgeschmack» des Lamms, das Ranzige der Butter). Einige werden den Geschmack nicht *bewußt* wahrgenommen haben, da sie durch andere Gedanken und Ereignisse abgelenkt waren; es hat ihnen aber dennoch geschmeckt. Einigen wird es nicht geschmeckt haben, obwohl sie sonst im betreffenden Lokal gerade diese Gerichte besonders schätzen. Jemand fühlte sich durch den Lärm belästigt, ein anderer durch die Hitze im Saal, jemand ärgerte sich über die gestiegenen Preise und die vermeintlich unfreundliche Bedienung, und einer meint, es schmecke hier einfach nicht wie sonst. (Die den Wahrnehmungen zugrunde liegenden Motive können zu den angegebenen Gründen auch völlig quer liegen.)

Bricht ein Tischgenosse beim Essen in den Ruf «Heut schmeckt's mir aber wieder!» aus, dann bringt man also eine Vielzahl von Tätigkeiten und Wahrnehmungen unter das Dach des Kulturbegriffs «Geschmack».

Folgendes ist damit gemeint:

1. Die Speisen sind gut, «schmackhaft» zubereitet; sie entsprechen bestimmten kulturellen Regeln und Codes des «guten Geschmacks».
2. Die Sinnesorgane in Mund und Nase des Essers sind gut in Form und sind darin geübt, die betreffenden Speisen «auszukosten».
3. Andere Sinneswahrnehmungen – Geräusche oder Musik, Wärme, Kälte, das Aussehen des Raumes, der Speisen, des Gegenüber und taktile Eigenschaften der Speise – hart, weich, zäh – als auch die Stimmung, Laune und Atmosphäre – harmonieren mit den Wahrnehmungen der Geschmackssinne (oder stören diese wenigstens nicht).
4. Die subjektive Verfaßtheit der Person läßt sie die Speisen als wohlschmeckend empfinden – denn es gibt Tage, da stößt sogar die Leibspeise auf Ablehnung.
5. Schließlich ist auch eine Dynamik des Schmeckens gemeint, die mit jedem Bissen neu belebt wird und dann wieder abklingt, bis man aufs neue zubeißt usw., bis zur Sättigung. «Heute schmeckt's mir!» heißt deshalb auch, daß man ordentlich zugreift.

Geschmack und Schmecken werden aber nicht nur kultiviert, sondern auch *diszipliniert*, denn die Geschmacks-Dimension birgt auch die Gefahr der Unbotmäßigkeit: Wer erst einmal Essen und Ernährung am Leitfaden des Geschmacks ausrichtet, der wird leicht unzufrieden; wer erst einmal auf den Geschmack gekommen ist, der ist nicht so leicht wieder zur Entsagung zu bringen.

Auch dies ist mitgemeint, wenn das Motiv der «Hungerstillung» gegen das der «Feinschmeckerei» ausgespielt wird, so als ginge es beim einen um bare Notwendigkeit, beim andern hingegen um Luxus. Hierbei wird Geschmack als Zugabe, Überschuß einer Speise angesehen. Die Devisen «Hauptsache, man kann es essen» oder «Hauptsache, man hat was Warmes im Bauch» drücken eine Haltung aus, die den Wunsch nach Wohlgeschmack als nicht notwendig und luxuriös zurückweist. Der «Leckerbissen» steht dann gegen den «Bissen» wie das «Kunstschöne» gegen das Alltagsobjekt. Bei diesen Reden wird leicht übersehen, daß jegliche Einverleibung einen minimalen «Genußwert» (Glatzel 1959) voraussetzt. (Welcher Art das Geschmackserlebnis dabei ist und welchen Anteil es am Genuß hat, ist eine andere Frage.) Die Genußfeindlichkeit hat genauso ihre Tradition wie die Feinschmeckerei. Schon in Zedlers «Großes vollständiges Universallexikon» (1734) wird der Geschmack als Störenfried gegenüber dem «Endzweck von dem Essen» und der Gesundheit angeklagt: «Es ist nicht genug, eine Speise zu sich zu nehmen, welche uns anjetzo nicht schadet, sondern welche auch ins künfftige und viele Beschwerlichkeiten verursachen kan. Offtermahls hält man etwas vor Gesundheit, welches dennoch ein auserordentlicher Zustand des Cörpers ist. Die Jugend pflegt gemeiniglich in diesem Stucke zu vergessen, daß sie alt werden könne, da denn ein schmertzhafftes Alter gemeiniglich die betrübte Straffe ist, einer dem Geschmacke ergebenen Jugend.» (Zedler 1734, Artikel «Essen», Sp. 1924)[1]

Ausgerechnet das *Wohl*schmeckende scheint also zu schaden. Über 160 Jahre später wird die Attacke im Handbuch «Gegen sinnliche und geistige Leckerei» (1897) nun im Namen von «Natur» und «Vernunft» gegen den Geschmack geführt: «Bei ‹Maulvettern und Kuchenmuhmen› beobachten wir die ungeregelte Neigung zu ausgesuchten Nahrungsmitteln, die mit dem Namen Leckerei bezeichnet wird, in ihrer vollen Ausprägung. Ihre Schwester ist die Naschhaftigkeit, ihr Sitz die Zunge, ihr Ziel sinnlicher Genuß, ihre Ursache außer der Verführung die Überreizung der Geschmacksnerven bzw. deren Genußmüdigkeit, ihre Folge, in körperlicher Hinsicht, verhängnisvolle Schädigung der Verdauungswerkzeuge und Nerven, in geistig-sittlicher Hinsicht, die Blasiertheit mit all ihren natur- und vernunftwidrigen Anhängseln. Die gesteigerte Begehrlichkeit nach absonderlichen Gaumengenüssen wächst leicht zur Leidenschaft empor, die, da sie ‹keine Ohren hat›, den Lecker zum Genüßling, Wüstling, Müßiggänger und Dieb erniedrigt. Schwarz hat Leckerei immer mit Unkeuschheit gepaart gefunden; manches Verbrechen, mancher Selbstmord mag auf sie als auf die erste Ursache zurückzuführen sein. Daß – ‹leckere Speise mach unweise› (Freidank) – also die vernunftgemäße Entfaltung und Betätigung des Seelenlebens beeinträchtigt wird, ist allbekannt. Wohl zu beachten ist der Satz: Nervöse

[1] Hiermit ist auch ein Dilemma der Wahrnehmung selbst angesprochen, in dem sich der Esser befindet: Mit seinen Sinnesorganen kann er zwar alle möglichen Geschmacksqualitäten eines Objektes, nicht jedoch den Nährwert und die Gesamtheit der Wirkstoffe wahrnehmen. Wird nun die Geschmacksdimension einer Speise – weil nicht wissenschaftlich faßbar – dem Subjektiven zugeschlagen, behaupten Nährwert und Wirkstoff – da naturwissenschaftlich erforschbar – einen Status der Objektivität. (Zu dieser Problematik vgl. Kapitel «Gift – Die unmäßige Gabe» und «Zur Lage der essenden Nation»)

Kinder werden Leckermäuler, und Leckermäuler werden nervös.» (Zitiert nach: Rutschky 1977, S. 357)

J. B. Basedow schlägt schon über ein Jahrhundert früher folgende Technik zur «Abhärtung» gegen Leckerei bei Kleinkindern vor: «Seid daher nicht zu eilfertig, ihre unschuldigen sinnlichen Begierden zu erfüllen; gewöhnet sie zu abschlägigen Antworten; versaget zuweilen etwas, bloß in der Absicht, damit bestimmte Begierden nach gewissen Dingen, deren Genuß oft unmöglich wird, nicht gestärkt werden, und damit es den Kindern leichter bleibe, die Versagung vieler Bitten ruhig zu ertragen. (...)

Zerstreut eine Begierde, der ihr widerstehen müßt; entweder durch Beschäftigung oder durch Erfüllung irgendeiner anderen. Mitten im Essen, Trinken und Spielen sagt zuweilen mit freundlicher Ernsthaftigkeit, daß sie einige Minuten ihr Vergnügen unterbrechen und etwas anderes vornehmen sollen.»

Und weiter rät Basedow zu folgender Geschmacks-Disziplinierung, einer Art Einübung in geschmackliche Gleichgültigkeit: «Sind ihnen [den Kindern; d. Verf.] gewisse Nahrungsmittel zuwider, so unterscheidet, ob sie von gemeiner oder seltener Art sind. Im letzteren Fall dürft ihr euch nicht viele Mühe geben, den Ekel zu bestreiten: im ersteren aber versucht, ob sie lieber eine Zeitlang Hunger und Durst ertragen, als dasjenige genießen wollen, so mischt unvermerkt solche Nahrungsmittel unter andere: schmecken und bekommen ihnen dieselben wohl, so überzeugt sie eben dadurch von den Fehlern ihrer Einbildung. Erfolgt aber ein Erbrechen oder andere schädliche Veränderung des Körpers, so sagt nichts, sondern versucht, ob sich auf jene verborgene Art ihre Natur nach und nach daran gewöhnen lasse. Ist dieses nicht möglich, so werdet ihr sie vergebens zu zwingen suchen: habt ihr aber erfahren, daß bloße Einbildung der Grund dieses Ekels sei, so versucht die Kur durch längeren Hunger oder durch einige Zwangsmittel. Dieses wird aber schwerer gelingen, wenn die Kinder sehen, daß die Eltern und Aufseher bald in diesen, bald in jenen Nahrungsmitteln einen Ekel zeigen. Die größte Schwierigkeit findet sich bei dem Gebrauch übelschmeckender Arzneien. (...) Können also Eltern oder Aufseher ohne Verzerrung oder jämmliche Klagen keine Arzneien einnehmen, so müssen sie es ihre Kinder nie sehen lassen, sondern sich vielmehr oft stellen, als ob sie solche übelschmeckende Arzneien gebrauchten, welche irgend einmal den Kindern nötig sein möchten. Diese und andere Schwierigkeiten werden auch gemeiniglich durch die Gewohnheit des vollkommenen Gehorsams gehoben.» (Zitiert nach: Rutschky 1977, S. 257f.)

Inzwischen scheint sich das kulturelle System der Geschmackswahrnehmung und -bewertung zu verändern: Zum einen löst sich der verbindliche Kanon des Wohlgeschmacks langsam auf. Man denke an Speiseexotismen, an die Makrobiotik und was davon in die «offizielle» Eßkultur übernommen worden ist, man denke aber auch an das durchschnittliche deutsche Wirtshausessen und die Imbisse. Andererseits verschiebt sich die Hierarchie der Sinneseindrücke: An Stelle von Geruch und Aroma kommt es heute eher auf den Seh- und Tastgenuß an. Im Frühjahr 1978 war dazu folgendes in der Presse zu lesen: «Der Geschmack vieler Lebensmittel hat sich in den vergangenen Jahren deutlich verschlechtert. Dies ist aber den meisten Verbrauchern nicht einmal bewußt, da sie praktisch kaum noch die Möglichkeit haben ‹gut zu essen› und sich ihre Geschmacksempfindungen angepaßt haben. Auf diesen Nenner brachte der Leiter der deutschen Forschungsanstalt für Lebensmittelchemie in Garching bei München, Prof. Hans-Dieter Belitz, die Situation auf dem Lebensmittelmarkt.

Grund für diese Entwicklung, erklärte er vor der Presse in Garching, sei die Forderung nach ‹moderner› Handhabung und langer Haltbarkeit der Lebensmittel. Belitz nannte als Beispiel verpacktes Brot in Scheiben und bereits geschälte Kartoffeln im Glas. ‹Es sind zum Teil grausame Erzeugnisse auf dem Markt›, meinte der Leiter der Anstalt, die am 19. April ihr 60jähriges Bestehen feierte. Die Züchtung neuer Rassen und Sorten habe nicht nur Probleme gelöst, sondern auch viele geschaffen. Beispiele sind Kartoffelsorten, die sich zwar hervorragend zur Chips-Herstellung eigneten, aber einen nicht tolerierbaren Alkaloidgehalt hätten. Belitz führte Hühnerrassen an, die große tiefbraune und damit gut verkäufliche Eier ‹produzierten›. Allerdings hätten die Eier ein mangelndes Aroma. Verschiedene neue Obst- und Gemüsesorten seien zwar nach Aussehen, Schnittfestigkeit und Ertrag sehr hoch zu bewerten, in anderen Eigenschaften wie Geschmack fielen sie jedoch deutlich ab.» (*Reutlinger General-Anzeiger,* 20. 4. 1978) Damit war gewissermaßen das amtlich bestätigt, was viele seit Jahren schon beklagt hatten.

Eine andere Zeitung kommentierte: «Wie sollte man andererseits aber eine feine Nase entwickeln, wenn man sie vor den Ausdünstungen der Zivilisation ohnehin meist verschließen muß? Belitz muß den angehenden Lebensmittelchemikern erst mühsam Nase und Zunge trainieren, ehe sie merken, daß etwa ein Hähnchen nicht nach Fisch schmecken muß und was der natürlich-frische Brotgeschmack ist.» (*Süddeutsche Zeitung,* 20. 4. 1978)

Der «natürlich-frische» Geschmack, den man erst wieder lernen müsse, charakterisiert eine der beiden Strömungen, die heute das kulinarische Feld beherrschen; die andere aber richtet sich mit Geschmacksstoffen die geschmackslosen Lebensmittel. Für Jean Baudrillard ist diese Verschiebbarkeit und Einsetzbarkeit des «Aromas» Teil einer allgemeinen Struktur: «Man kann sagen, daß es sich mit dem Sozialen ähnlich wie mit dem Geschmack in der amerikanischen (aber nicht nur der amerikanischen) Küche verhält. Es gibt geradezu ein gigantisches Unternehmen zur Entwendung und Abschreckung des Geschmacks der Lebensmittel. Die Würze wird zunächst isoliert und aus den Lebensmitteln herausgezogen, anschließend wieder eingezogen, hinzugefügt in Form von *flavour* oder burlesken und künstlichen Soßen. Zunächst expurgiert man jede Würze, dann reinjiziert man sie in Form von Zutaten. *Flavour* – das hat etwas vom *Glamour* der Belle Epoque des Kinos: Beseitigung jeder Spur von Charakter, von Einzigartigkeit oder persönlicher Verführungskraft zugunsten eines Glanzeffekts, einer Studio-Aura, die auf der Faszination der Modelle beruht. Desgleichen im Sozialen: wie die Funktion des Geschmacks in der Soße isoliert wird, so wird das Soziale als Funktion isoliert und aus allen therapeutischen Soßen, in denen wir schwimmen, herausgezogen. Therapeutische Soziosphäre des Kontakts, der Kontrolle, der Überredung und Abschreckung, des Hausierens mit Verdrängtem in massiven und homöopathischen Dosen (‹have a problem …›). Das ist die Ob-Szenität: alle Strukturen umgestülpt, ausgepackt, alle Verfahren sichtbar gemacht. Das geht in Amerika vom unwahrscheinlichen Netz der Telefon- und Stromkabel – alles in der Luft, an der Oberfläche – bis zur Auffächerung aller konkreten Körperfunktionen im Wohnbereich, zur Aufzählung aller Zutaten auf der letzten Campbell-Suppendose bis zur Offenlegung des Einkommens oder des I. Q. (es gibt keinen sozialen ‹Status› mehr: alle Verbindungen sind indiskret) bis zum wahnhaft ausgebauten Signal- und Warnsystem – eine unmoralische Obsession, die Eingeweide der Macht auszubreiten, verwandt der Leidenschaft der Gehirnwäsche, die kritische Funktion zu lokalisieren.» (1982, S. 352)

Wurde der industriell hinzugefügte Geschmack zunächst als «Verbesserung» bezeichnet (Speisekonserven seien wohlschmeckender und sie seien in *verschiedenen* Geschmacksrichtungen verfügbar), so wird er in den letzten Jahren zunehmend als Verfälschung des Natur- oder Frischgeschmacks erlebt. Folglich wird nun mit dem «naturreinen Geschmack» geworben; dieser allerdings droht schließlich übertrumpft zu werden vom inszenierten, synthetisch erzeugten «Geschmack der Frische».

Während Rumohr u. a. noch darüber besorgt waren, daß der überzogene, überbetonte Geschmack, das «Überkünstelte» den Nährwert zu kurz kommen lasse (vgl. Kapitel «Gastrosophie»), dreht sich im 20. Jahrhundert die Sorge um: der Geschmack führe als Vehikel zur Fresserei, zur Überfüllung mit Nährstoffen. Den nächsten Schritt bezeichnet die Befürchtung, der Geschmack könne Schadstoffe gleichsam überdecken; Geschmackstoffe – wo sie nicht «natürlich» wirken – werden damit tendenziell für Indikatoren schädlicher Substanzen genommen.

Wie oben erwähnt, erweist sich *eine* Fassung des «richtigen», eines neuen «guten Geschmacks» darin, daß die Speisen ihre Natürlichkeit zu erkennen geben – doch was ist «Naturgeschmack» anderes als eine kulturelle Konstruktion wie jede andere auch?

Der Nährwert mit geringem Geschmack hat nun auch sein Gegenstück gefunden im Geschmack mit verschwindend geringem Nährwert (aus der Apotheke): «*Triosan. Schnell abnehmen mit Geschmack.* (...) *Die Stärke von Triosan.* Es schmeckt und macht satt. Triosan ist ein modernes Diätetikum, mit dem Sie eine Schlankheitskur bis zum gewünschten Erfolg durchhalten können. Triosan enthält zwei Sattmacher, die Ihnen den Appetit auf einen Rückfall wirksam nehmen: Eiweiß und Weizenkleie. Dabei schmeckt Triosan so gut, daß sie während einer Triosan-Kur kaum der Versuchung durch andere süße oder herzhafte Sachen erliegen. (...)

Triosan: Trink-Diät, Eß-Diät und Diät-Suppen. Triosan macht Ihnen das Durchhalten leicht: Mit Geschmack und Abwechslung. Die cremige Trink-Diät gibt es mit Vanille-, Erdbeer- und, jetzt neu, Kaffee-Geschmack. Knusprig können Sie die Eß-Diät mit Bananen- oder Erdbeer-Geschmack genießen. Wenn Sie eine heiße oder herzhafte Abwechslung suchen, dann werden Sie vom Geschmack der neuen Diät-Suppen ‹Zwiebel› und ‹Gemüse› angenehm überrascht sein. Nehmen Sie jetzt schnell ab mit Triosan, das Sie problemlos zubereiten können. Sie brauchen dazu nur kaltes oder heißes Wasser. Mit Triosan wird Ihnen das Abnehmen schmecken. Fragen Sie Ihren Apotheker nach Triosan.» So wirbt die «Drei Punkte Diät Triosan zum Abnehmen» im Frühjahr 1983.

Wir sollten uns angesichts dieser Entwicklung darüber im klaren sein, daß zwar in allen Kulturen der *Genuß* eine entscheidende Rolle beim Essen spielt, denn er ist einer der Türhüter unseres Körpers, dem *Geschmack* aber nicht überall die entscheidende Bedeutung zukommt, die er seit einigen Jahrhunderten im abendländischen Kulturraum innehat. Dies gilt sowohl positiv für den Kult der Geschmackshuberei, als auch negativ für die Verächter des Wohlgeschmacks im Namen von Natur, Vernunft usw. (In anderen Kulturen mögen Sättigungskraft einer Speise, ihre «Reinheit», ihr kultischer oder Prestige-Wert u. a. wichtigere Genußfaktoren sein.)

Es ist durchaus denkbar, daß der Geschmack seine vorherrschende Rolle bei uns auch wieder einbüßen wird. Dies müßte nicht bedeuten, daß fortan alles schlecht schmecken würde oder geschmacklos wäre, sondern daß das Ideal geschmacklichen Auskostens einer Speise einen geringeren Anteil am Eßgenuß hätte. Das *durchschnittliche* Speiseangebot in deutschen Gaststätten und die zunehmende Betonung der «kommunikativen» Werte eines Mahls oder einer Eßsituation verstärken den Verdacht, das Zeitalter des Geschmacks sei in diesem Land schon vorbei. Angesichts der Unzahl von Imbiß- und Fast-Food-Einrichtungen und ihren relativ wenigen und ziemlich geschmacksähnlichen Produkten könnte man annehmen, das Geschmacksspektrum konzentriere sich auf einige wenige Geschmacksregister oder -farben. Es gehe also (verglichen mit den Hoch-Zeiten der Gastronomie) eher um das Wiederfinden und Bestätigen einer Geschmacksidentität als um eine Wanderschaft durch immer neu zu entdeckende Geschmackswelten. Beobachtet man, wie die Werbung mit dem Wort «Geschmack» hantiert (besonders in der Zigaretten- und Getränke-Werbung), so findet man Hinweise genug für eine sonderbare Entwicklung: Sie führt von einem direkten Schmecken des «Geschmackskörpers» eines Produkts hin zur Vorherrschaft des imaginären Gehalts von Nahrungs- oder Genußmitteln, die eben nach «Freiheit und Abenteuer» oder ähnlichem schmecken. Wolfram Siebecks «Kulinarische Notizen» klingen da optimistischer: «Ich sehe zuversichtlich dem Tag entgegen, da zum erstenmal in einem deutschen Ratskeller mit seinen Holzschnitzereien, Schmiedeeisen und Zinngeschirr, daß in diesen Bastionen der kulinarischen Unkultur nach den Richtlinien einer anspruchsvollen und modernen Feinschmekkerküche gekocht wird, wie das inzwischen schon in dreißig oder vierzig, wahrscheinlich sogar schon in fünfzig vorzüglichen Restaurants in der Bundesrepublik geschieht. Ich bin deshalb zuversichtlich, weil ich glaube, daß man zwar vielen Menschen eine Zeitlang einreden kann, kulinarischer Genuß sei Sünde und Luxus, daß man aber nicht allen Menschen für immer den Anspruch auf kulinarische Verfeinerung verweigern kann.» (1982, S. 13)

Führt man sich die Trendmeldungen des Gastronomie-Gewerbes (vgl. Kapitel «Imbisse») vor Augen, so könnte man abschließend vermuten, daß eine Aufspaltung stattfindet in schnelles, funktionalistisches (und auch «gesundes») Alltagsessen und oft zu «Geschmacksabenteuern» stilisierte Eß-Ereignisse mit Freizeit-, Luxus- oder Hobby-Charakter.

Gift – die unmäßige Gabe

«Bei einem gemütlichen Abendessen haben am Samstag in Sulzberg (Landkreis Oberallgäu) 30 von 320 Gästen so schwere Lebensmittelvergiftungen erlitten, daß sie in die Krankenhäuser Kemptens gebracht werden mußten. Bis Sonntagnachmittag konnten zwölf wieder entlassen werden. Die Patienten hatten Würstchen mit Kartoffelsalat zu sich genommen. (...) Die ersten Beschwerden machten sich vier Stunden nach dem Essen bemerkbar. Zahlreiche Gäste klagten über Übelkeit, Erbrechen und Durchfall. Sie wurden durch die Rettungsleitstelle in die Krankenhäuser gebracht. Essensproben wurden sichergestellt und zur Untersuchung nach München gebracht.» (*Süddeutsche Zeitung,* 24.5.1982; ähnliche Meldungen können wir regelmäßig lesen.)

Eine der wichtigsten Entscheidungen, die der Esser zu treffen hat, ist die, ob eine Speise ihm «gut» erscheint oder ob sie ihm möglicherweise schaden könnte. Doch was leisten dabei seine Erkenntnisorgane, wonach richtet sich seine Entscheidung?

Während in archaischen Gesellschaften «rein» und «unrein», verbotene Speisen und erlaubte, sehr klar unterschieden sind, ist in den modernen Zivilisationen, in denen über fast alles irgend Eßbare verfügt werden kann, nur Verlaß auf das subjektive Urteil des Essers, dessen Kennerschaft, oder aber auf das der Wissenschaft. Wenn Brillat-Savarin in seiner «Physiologie des Geschmacks» schreibt «... denn fast alle schädlichen Substanzen haben gewöhnlich einen üblen Geruch» (1913, Bd. 1, S. 33), dann vertraut er auf die Urteilskraft von Nase und Mund, die einem Stoff den «Paß» ausstellen, «der ihm für seine Aufnahme in den Magen nötig ist» (1913, Bd. 1, S. 41).

Im Falle des Giftes aber scheinen dem Esser weder die fünf Sinne noch die Wissenschaft rechtzeitig und zuverlässig zu nützen. Es bleiben ihm nur Vertrauen oder Verdacht.

Wie präsent diese Überlegungen in unserem Alltag sind, bemerken wir oft erst dann, wenn wir uns nicht recht wohl fühlen; sehr schnell glauben wir uns dann zu erinnern, daß diese oder jene Speise uns geschadet habe, daß sie vielleicht «nicht so ganz in Ordnung» war. Es werden dann eine Reihe von Phantasmen belebt, die sich am deutlichsten an Hand drei verschiedener Formen – des Giftmordes, der Umweltvergiftung und des Liebeszaubers – aufzeigen lassen.

Das wohl erste Organ, das mit Gifthalluzinationen zu tun hat, ist der Mund, der für René Spitz die «Wiege der Wahrnehmung» ist. Bitterer Geschmack, Verwesungsgeruch oder die fäulnisartige Beschaffenheit eines Bissens lassen an Gift denken. Oft aber reicht schon die Tatsache, daß etwas «ungewohnt» schmeckt, um Ängste um die eigene Gesundheit auszulösen. Auch Geruchs-Idiosynkrasien haben «Wirkung»: «Der Geruch faulender Äpfel machte bei Goethe, der Schiller besuchte und in dessen Abwesenheit sich an seinen Schreibtisch gesetzt hatte, in dem solche Äpfel als Delikatesse lagen, Betäubung, welche sich schnell bis zur Bewußtlosigkeit steigerte und erst wieder schwand, als man den Leidenden an die frische Luft gebracht hatte.» (Lewin 1920, S. 96)

Giftmord, so sagt der Kriminologe, ist nicht eine bloße Sonderform des Mordes – er ist etwas ganz Besonderes. Er ist kaum Affekttat, sondern vorbedacht, überlegt ausgeführt, heimtückisch, unter Ausnutzung der Arg- und Wehrlosigkeit des Opfers.

Die Sphäre der Geborgenheit als Ort des Unheimlichen

Während bei Morden insgesamt sich die Tatorte im Freien und in geschlossenen Räumen die Waage halten, finden Giftmorde zu 90 Prozent in Wohnungen statt – hauptsächlich in der gemeinsamen Wohnung von Täter und Opfer –, «denn nur in der Wohnung finden sich für die Giftmordtat die optimalen Tatumstände: die Nahrungsaufnahmetätigkeit des Opfers und die vertraute Umgebung.

Es sind alle Kulissen schon vorhanden, die nötig sind: sie brauchen nur noch benutzt zu werden, indem der Täter die Kausalreihe in Gang setzt und seine Rolle dem Opfer zuspielt.» (Unruh 1965, S. 92)

Es schöpft schlichterdings niemand Verdacht, da man den Angehörigen des Opfers eine solche Tat nicht zutraut.

«Während alle übrigen Mordmittel – außer dem Feuer – eine unmittelbare Energieübertragung von seiten des Täters auf das Opfer voraussetzen (...) und das Werkzeug diese Energie verstärkt» (Unruh, 1965, S. 65), entnehme «das Gift (...) einen Teil seiner Kräfte aus der Substanz des Körpers, aus den chemischen und biologischen Wirkungen, die es auslöst und die bislang wenig erforscht und daher als unberechenbar, willkürlich und mithin übernatürlich erschienen» (Unruh 1965, S. 63). Es erscheint deshalb das Opfer des Giftanschlages «insofern als *Täter,* als es den *Hauptteil* (...) selber abwickelt, indem es das Gift mit der Mahlzeit nun selbst in den Körper einführt; erst nach diesem Zeitpunkt nimmt das Opfer (...) Opfereigenschaft an» (Unruh 1965, S. 91).

«Daher kommen als Täter, die diese Mechanik bevorzugen, nur solche in Betracht, mit denen das Opfer menschlich in irgendeiner Weise verbunden ist, wie dies der Fall ist bei Mitgliedern der Hausgemeinschaft – Eltern, Kinder, Ehegatte – oder aber bei Verwandten, Freunden und Bekannten, die zu Besuchen einladen oder aber zu Besuch bei dem Opfer erscheinen.» (Unruh 1965, S. 72) «Der Giftmord muß mithin als Familien- und Gruppenverbrechen betrachtet werden.» (Unruh 1965, S. 156)

In einer Studie Ende der zwanziger Jahre fanden «sich die günstigen Umstände, die die Unauffälligkeit der Giftbeibringung verbürgen, in optimaler Weise am Wochenende: (...) Ein Mensch, der in lustbetonter Stimmung in größerem Ausmaße ißt und trinkt, achtet infolge der mit dieser Stimmung einhergehenden abgebauten Verdachtsbereitschaft nicht im üblichen Maße auf feine Geschmacksdifferenzen, so daß eine Giftbeibringung keine großen Schwierigkeiten bereitet; zum anderen aber scheinen sich für das Opfer die nach dem Giftgenuß auftretenden somatischen Beschwerden mit der Reichlichkeit der Mahlzeit zu erklären.» (Unruh 1965, S. 84f.)

Leonardo Sciascia beschreibt das Vorfeld dieses Tötens aus dem Hinterhalt: «Das Gift, das beim Drogisten unter dem Vorwand der Desinfektion von Haus und Gasse gekauft wurde; oder für das man der ‹fattucchiera›, der man seine Bestimmung enthüllt hat, reichlich gezahlt hat; oder das Gift, das heimlich aus Kräutern und Salzen destilliert wurde. Das Gift der Fälle, die gemeinhin schmutzig genannt werden: Liebeleien, das Zeug (la roba), die unerträglichen Schikanen des pater familiae; der Haß, der sich Tag für Tag, Stunde um Stunde staut; die Ungeduld, die sich steigert und rast; gehässiger Neid und Raub:

Im allgemeinen ist es von Frauenhand eingeträufelt, (hinterrücks) im Gewand einer sorgfältigeren und etwas stärker gewürzteren gastronomischen Aufmerksamkeit: Die Leibspeise des vorbestimmten Opfers, mit etwas mehr Gewürz – Pfeffer, Zimt –, Zucker, Essig, um den bitteren und säuerlichen Geschmack des Giftes zu überdecken.» (Sciascia 1970, S. V)

Der Giftmörder droht nicht. Er tritt nicht als Person auf, die imponieren will. Er will sich nicht durchsetzen, vielmehr betreibt er Zersetzung, Subversion. «Dr. Hyde (Kansas City 1909) verseuchte das Trinkwasser einer Familie, deren Vermögen er erben wollte, mit Typhusbazillen. Anna Margarete Zwanziger vermischte unter anderem das Salzfaß der Familie Gebhard mit Arsenik.» (Unruh 1965, S. 91)

So leicht Justizirrtümer in Giftsachen möglich sind, so schwer ist es, eine verläßliche Giftmordstatistik zu erstellen. «Ein Elternpaar aus Jena wurde (Anfang des Jahrhunderts) angeklagt, im Verlaufe von 7 Jahren 6 ihrer insgesamt 11 Kinder mittels Gift getötet zu haben. Kurz vor der Verurteilung durch das Schwurgericht in Weimar wurde festgestellt, daß die grünen Tapeten und Wandanstriche von 6 Zimmern der gemeinsamen Wohnung aus ‹arsenhaltigen› Farbstoffen hergestellt waren; der Arsengehalt im Kinderzimmer entsprach einer letalen Dosis für 900 Männer oder 2000 Kinder.» (Unruh 1965, S. 84f.)

Vom Giftmischer zur Gift-Umwelt

Heute ist die Gefahr *individueller* Schädigung durch Giftanschläge oder durch verdorbene Lebensmittel gesunken. Dies verdankt sich zum einen den Fortschritten der Toxikologie, zum anderen der Einführung der staatlichen Lebensmittelkontrollen (durch Fleischbeschauer usw.) und der industriellen Massenproduktion von Lebensmitteln. *Wenn* Gift heute aber die Maschen der Kontrolle durchschlüpft, dann mordet es massenhaft: Die Giftöl-Epidemie in Spanien 1981 traf 16000 Menschen und forderte bislang über 260 Leben.

Das große Problem der Vergiftung bleibt jedoch die Suche nach dem *Agenten* (Täter). Denn bekannt ist meist nur ein *Effekt* ohne Urheber.

«*Coca-Cola-Dosen in ganz Italien ‹vorsorglich› beschlagnahmt*
Como (AP) Ein Amtsgericht in Como hat den Verkauf von Coca-Cola-Dosen in Italien vorsorglich gestoppt und die landesweite Beschlagnahmung angeordnet, nachdem der 19 Jahre alte Italiener Marco Paracchi aus Barni nach dem Genuß des Inhalts einer Dose an schweren Vergiftungen erkrankt ist. (...) Der behandelnde Arzt teilte mit, in der Dose habe sich offenbar Jod befunden. (...) Richter Ciraolo sagte, es müsse festgestellt werden, ob nur die eine Dose, aus der Paracchi getrunken habe, oder eine ganze Sendung einen gesundheitsschädlichen Stoff enthalten habe. Die Auslieferung von Coca-Cola-Dosen werde bei den Verteilern in ganz Italien gestoppt. (...)

Noch ist nicht geklärt, wie das Jod in die Dose hineingekommen ist. Man denkt auch an einen diabolischen Giftmörder. Im vergangenen Jahr ereigneten sich in Mailand mehrere geheimnisvolle Giftmorde. In allen Fällen fanden die dann vergifteten Personen zufällig im Hauptbahnhof, in Parkanlagen oder auf der Straße Flaschen mit Aperitifen, Wein und anderen Getränken, die offensichtlich fabrikfrisch versiegelt waren. Einige der Toten wiesen schwere Zyankalivergiftungen auf.» (*Süddeutsche Zeitung*, 10.2.1982)

Fälle dieser Art bestimmen heute das Bild. Gift erscheint als in der Masse (unserer Substanzen) versteckte oder als böse Masse selbst, in der wir uns bewegen.

Neben der *großen Katastrophe* hat noch eine andere Figur die Nachfolge des klassischen Familienmordes angetreten: die *schleichende* Vergiftung der gesamten Welt. Im März 1982 berichtete die Zeitschrift *DM* von einem Staatsanwalt, der neun Tage lang nach dem Täter fahndete, der «... die Muttermilch von Rosemarie Kramer (26) vergiftete». Doch die Mühe war vergebens: Da «der oder die Täter nicht zu ermitteln waren (...), stellte der Ankläger das Verfahren ein.

Dabei enthält die Milch, mit der die junge Frau ihr Baby stillt, dreimal soviel Hexachlorbenzol (...) wie in Trinkmilch zulässig (...) und mehr als doppelt soviel DDT (...) wie in der Kuhmilch erlaubt (...).» Rosemarie Kramer erstattete «wegen Vergiftung der Umwelt Anzeige gegen Unbekannt».

In Äußerungen wie der folgenden wird Gift zum Massenkommunikationsmittel, zu einem Band, das in unserer Zivilisation heute fast alle Vorstellungen von Essen und Trinken durchzieht: «Mit jeder Mahlzeit vergiftet sich der Bundesbürger ein kleines bißchen mehr. Gänzlich einwandfreie Lebensmittel ohne Rückstände gibt es längst nicht mehr». (*DM* 3/1981, S. 18) Haushalt und Körper sind zur Durchgangsstation des ökologischen Recycling geworden, bei dem immer «etwas» haften bleiben kann.

Der Giftverdacht weitet sich auf alles aus. Die Welt scheint immer weniger verfügbar, und immer größer wird der Katalog der Dinge, die man meiden muß. Forschung und Publizistik entdecken immer neue und immer weiterreichende Giftgefahren in unserer unmittelbaren Umgebung: Zum Beispiel das Formaldehyd (Substanz, die im Verdacht steht, krebserregend zu sein); es «steckt in Isolierschaum, Spanplatten, Kunststoffen, Haushaltsreinigern, Shampoos, Badezusätzen, Textilien, Hautcremes, Medikamenten», aber auch in unseren Tinten und Filzstiften (*Stern*, 46/1981, 5.11. 1981, S. 140ff.)

Versuche, bestimmte krankheitserregende Keime im Fleisch durch medikamentöse und Zuchtmaßnahmen zu eliminieren, haben zu monströsen Ergebnissen geführt: Der Esser des 20. Jahrhunderts sieht das zarte Kalbfleisch verseucht, den herzhaften Schweinebraten vergiftet und das Ei im Glas krebserregend. Angesichts dieser Hybrid-Tiere wurde dem heutigen Esser die Hygiene selbst zum Ekel. Er muß sich nun gegen das Essen verteidigen. Nicht mehr als Bemächtiger oder Meister des Essens fühlt er sich, sondern er fürchtet, von ihm zersetzt und zerfressen zu werden. Umwelt-Gift, so liest man, «ätzt und verursacht Reizhusten, Brechreiz und Kopfschmerzen», ist «ge-

DM
Das kritische Verbraucher-Magazin
F 4733 E
Auto-Garantie
Wer die beste Kulanz gewährt
Urlaub in den USA
Billigtips fürs Fliegen und Wohnen
Video-Clubs
So werden Filmfans ausgetrickst
Schützen Sie sich gegen Gifte
DM liefert die Gefahren-Liste
Testen Sie Ihr Trinkwasser
DM liefert die Prüf-Stäbchen
Noch mehr Gift im Essen
Gewinne im Garten
Kaufberatung für Pflanzen, Samen und Geräte
Nr. 3/82 DM 4,– öS 32,– sfr 4,–

sundheitsgefährlich», «kann Herzfunktionen beeinträchtigen», «Gehirnschäden verursachen», «hat betäubende Wirkung», «verändert die Erbmasse, wirkt krebserregend» (Nach: *DM* 3/1982, S. 25f.)

Die Zeitschrift *DM – Das kritische Verbraucher-Magazin* präsentiert auf dem Titelbild ihrer Märzausgabe 1982 den vertrauten deutschen Landmann als eine Kreuzung aus Junkie und sadistischem Laboranten. Die dazugehörigen Titel: «Noch mehr Gift im Essen», «Schützen Sie sich gegen die Gifte – *DM* liefert die Gefahrenliste» und schließlich noch «Testen Sie Ihr Trinkwasser – *DM* liefert die Prüfstäbchen».

Hier wird etwa folgende Giftfigur entworfen: Der Körper wird Gift-Reservoir; «Schadstoffanreicherung» nennt man das. In den einzelnen Organen bildet sich eine Art Giftbank, die dem Körper dann vernichtende Zinsen abwirft. Doch sind ihre Konten nicht abrufbar. Es geht dabei um mehr als um einen Belagerungszustand: Der Körper wird sich selbst zum inneren Feind, zur inneren Umwelt, zum bedrohlichen Endlager. Durchzogen von Giften, zersetzt, wird er zu einer Landschaft des Schreckens, zum Schlachtfeld. Nicht mehr geht die Natur in ihm auf, sondern er vergeht durch sie. Sie beleidigt den Körper; nicht aufblühen läßt sie ihn, sondern sie verätzt ihn. Mutter Natur ist zur Stiefmutter geworden. Statt Milch und Honig empfängt man die verschwenderische Gabe aus Asche, Schwefel und giftig stehenden Nebeln.

Der Blick des «bewußten» Zeitgenossen kehrt sich nach innen – nicht um in stiller Einkehr seinen Frieden zu finden oder um sein Sündenregister zu entziffern, sondern um den Zustand der Synapsen, der Blutbahnen, der Organe, des inneren Systems zu diagnostizieren. Das Auge des Betriebsprüfers wacht darüber, daß nichts sich unerlaubt ablagere, binde, das den Strömungscharakter innerer Vorgänge durch Stockung bedrohen, ein Schwerwerden des Körpers bewirken könnte.

So ist nun die Welt zur fremden und bedrohlichen geworden. In der Gestalt der Umwelt-Vergiftung wird das gesamte Universum zugleich zum Zuhause als auch zum Ort des Unheimlichen. Alles ist herangeholt und fremd zugleich.

Umweltgift ist weder Zutat noch Beimischung. Es ist kein gezielt operierender Bösewicht am Werk. Die Wirkung ist den Dingen nicht mehr äußerlich – Gift ist ein Teil der Ware selbst und nicht von dieser ablösbar.

Nicht bestimmte, emblematische Stoffe, sondern jegliche uns bekannte Substanz wird nun mit einem «Giftwert» versehen. Tatsächlich wird heute die Verklammerung von Lust und Gift als eine Art

Wert-Gleichgewicht vorgestellt: unsere Objekte werden mit Nutz- bzw. Nährwert einerseits und Giftwert andererseits annonciert. Daneben wird uns als sinnliche Qualität das «Aroma» vorgestellt, das immer verfügbarer und verschiebbarer zu werden scheint. Die Reklame für «Cortina»-Zigaretten lautet: «Die neue Leichte. Besonders niedrige Werte. Richtig im Geschmack.»

Man kann sich dem Gift nur prophylaktisch entziehen. Manche versuchen, sich durch die Fiktion eines autonomen, möglichst substanzlosen Lebens unter gewächshausartigen Bedingungen zu schützen – sich abzuschotten –, oder sie weigern sich, überhaupt noch etwas aufzunehmen.

Doch selbst dann treten Gifte auf den Plan: Es wird uns heute von der Biochemie vorgeführt, daß der gesunde Körper *selbst* «Gifte» enthalte und solche sogar produziere. Neuerdings gilt zum Beispiel Arsen – das traditionelle Mordgift – als einer «jener Grundstoffe, ohne die höheres Leben überhaupt nicht gedeihen könne» (*Spiegel* 2/1982, S. 146).

Das Gift der Sinnlichkeit – Blondes Gift

Freud stellt uns die Liebe als weitverbreitete Vergiftungsidee vor: «Ich meine, wir können (...) nicht umhin, die Neurosen als Folgen von Störungen in einem Sexualstoffwechsel anzusehen, sei es, daß von diesen *Sexualtoxinen* mehr produziert werden, als die Person bewältigen kann, sei es, daß innere und selbst psychische Verhältnisse die richtige Verwendung dieser Stoffe beeinträchtigen. Die Volksseele hat von jeher solchen Annahmen für die Natur des sexuellen Verlangens gehuldigt, sie nennt die Liebe einen ‹Rausch› und läßt die Verliebtheit durch Liebestränke entstehen, wobei sie das wirkende Agens gewissermaßen nach außen verlegt.» (Freud 1969, S. 376)

Der Schriftsteller Carlo Levi beschreibt in seinem Roman «Christus kam nur bis Eboli», wie man ihn in den dreißiger Jahren auf seinen Zwangsaufenthalt in einem Dorf Lukaniens vorbereitete, in das er während des Faschismus verbannt wurde: «Hüten Sie sich vor den Frauen ... Nehmen Sie nichts von einer Frau an, weder Wein, noch Kaffee, keine Speise und kein Getränk ... Die Getränke sind gefährlich ... Wissen Sie, woraus sie gemacht werden? Blut, Menstrualblut ... Sie tun auch Kräuter hinein und sprechen Zauberformeln darüber, das Wichtigste ist eben das. Ungebildete Leute. Sie mischen es überall hinein, in die Getränke, in die Schokolade, in die Blutwurst, womöglich auch ins Brot ...» (Zitiert nach: Risso/Böker 1964, S. 26)

Michele Risso, ein italienischer Ethnologe und Psychoanalytiker, erläutert: «Der *Frau* (...) verwehrt die Sitte jedes öffentliche Handeln und verurteilt sie bei der Wahl des Liebespartners zu völliger Passivität. Der Mann, der sozial Privilegierte, braucht sich um die Gunst eines Mädchens kaum zu bemühen. Wenn ihre Eltern seine Werbung annehmen, gelangt sie ohne weiteres in seinen ‹Besitz›. Die Frau hingegen muß, um den Mann ihres Verlangens zu gewinnen, mit geheimen Waffen kämpfen: Sie kann ihre weibliche List gebrauchen oder dem Mann mit Magie Netze stellen.» (Risso/Böker 1964, S. 26)

Mit der ersten Welle der Arbeitsimmigration in der Schweiz um das Jahr 1960, «war im Verhalten vor allem vieler süditalienischer Kranker aufgefallen, daß sie in demonstrativ wirkender Weise über schwere Körperveränderungsgefühle und andere Erscheinungen klagten, die sie auf magische Beeinflussung zurückführten» (Risso/Böker 1964, S. 11). Risso und Böker geben den Bericht eines in der Schweiz lebenden und an plötzlichem «Verhexungswahn» leidenden süditalienischen Arbeiters wieder: «Er habe im Oktober jenes Jahres an einem Fest teilgenommen. Beim Essen habe man ihm sicher ‹etwas›, er wisse nicht was, gegeben, was schwere Folgen für ihn gehabt habe. Auf der Heimfahrt mit dem Velo sei er auf den Kopf gestürzt, sei zwei Wochen im Spital gewesen und habe anschließend monatelang mit der Arbeit aussetzen müssen.» (Risso/Böker 1964, S. 17)

Die magische Gabe, «fattura» genannt, tritt in verschiedener Gestalt auf: am häufigsten als ‹fattura d'amore› (Liebeszauber), seltener als ‹fattura a morte› (Todeszauber»). (Risso/Böker 1964, S. 13)

Im Gegensatz zur Umwelt-Giftfigur, die ohne Namen und ohne Täter arbeitet, gibt das Fattura-System dem Effekt einen Urheber. «... auch den Angehörigen ist es selbstverständlich, daß dem Gesunden jederzeit eine krankmachende fattura begegnen, daß er sie unterwegs ‹auflesen› kann ...» (Risso/Böker 1964, S. 63)

«Eine fattura ist zwar unheimlich, sie ist aber nichts Sinnloses; sie kann bekämpft werden, wenn man das Richtige dagegen unternimmt. So läßt zum Beispiel Germinio P. ein Büschel Haare nach Hause schicken, damit die Eltern etwas gegen den erlittenen Zauber unternehmen können. Die Verwandten von Maria de B. bringen ein Stück ihrer Wäsche zu einem magaro nach Italien. – Diese Patienten können also mit Mitteln ‹behandelt› werden, welche in ihrer Vorstellung *kausale Wirkung* haben.» (Risso/Böker 1964, S. 74)

Die Umweltvergiftung hingegen kennt keinen Sinn. Während im System der fattura jeglichem Zauber prinzipiell durch einen Gegenzauber die Kraft genommen werden kann, ist man dem *Umweltgift* völlig ausgeliefert. Längst ist der Glaube an ein allseitiges Antidot verblaßt.

Tritt beim Liebeszauber und bei der Idee des Giftanschlags die Vergiftungsangst klar zutage, so nimmt sie im Zeitalter der allgemeinen Vorsorge und der allseitigen Hygiene die Form einer diffusen Allgegenwart an: Das Gift *geht um*; es gibt kein bedrohliches oder verführerisches Subjekt mehr «dahinter».

Gift – Gabe

Es ist der Liebeszauber, der oftmals tödlich wirkende Liebestrank, der mit «venesnom», «venenum», «veleno», «venin» als Bezeichnung für ein Toxikum gemeint ist. Ähnlich gilt für das «Pharmakon»: Es ist Toxikum, Heilmittel und Liebeszauber zugleich. Den anderen Euphemismus für todbringende Substanzen findet man im Wort «Gift» des germanischen Sprachbereiches: Heute ist fast ausschließlich nur je eine der beiden Bedeutungen erhalten: Gift im Englischen meint Gabe/Geschenk, Gift im Deutschen bedeutet heute (außer in Mitgift) Toxikum. Im Holländischen weist nach Marcel Mauss (1969, Vol. III, S. 46) das Neutrum des gleichen Wortes auf das Toxikum, das Femininum hingegen auf das Geschenk.

In der germanischen Welt fand Mauss ein hochentwickeltes «système des préstations totales», in dem eine stete Verquickung von Personen und Gütern, gegenseitigen Dienstleistungen, empfangenen und verliehenen Ehrungen und Festen einen regen Austausch von Gaben mit sich brachte. (Mauss, 1969, S. 47) Eine große Rolle spielte dabei das *Getränk* als Gabe, besonders das Bier. (Mauss, 1968, S. 49) In den wenigsten Fällen ist es giftig, aber es *könnte* potentiell giftig sein oder werden, denn der «Charme» der Gabe enthält stets auch den Zauber (eine der Bedeutungen von engl. «charme»), der die Kommunierenden, die Eß- und Trinkgenossen, auf ewig miteinander verbindet. Die Macht des Gebenden und dieses Bündnisses bleibt an der Gabe haften. Sie kann «boisson» (Getränk) zu «poison» (Gift) werden lassen. «Che ti faccia veleno!» («Daß es Dir zu Gift werden möge!») ist im Italienischen ein Ausdruck äußerster Mißgunst gegenüber einem Trinkpartner. Wird der Partner vertragsbrüchig, so kann sich sein Pfand in der Hand des anderen zum Vehikel magischer Macht verwandeln. Hierin liegt die Rolle des Subjekts in der Ambivalenz von guter und schlechter Gabe begründet.

In vielen Kulturen können (Nahrungs-)*Reste* für magische Praktiken benutzt werden. Dem Hexer geben sie – genauso wie organische Reste des Körpers: Fingernägel, Haare etc. – die Möglichkeit, über den sie Hinterlassenden magische Macht auszuüben. In Kriegs- und Gefahrenzeiten dürfen deshalb niemals Nahrungsreste liegenbleiben.

Im ökologischen Reden von der Überhäufung der Natur mit Müll taucht die Angst um das Hinterlassen des Restes auf, eine Art «Pfand», das man der Natur gegeben, dessen Einlösungsversprechen man jedoch gebrochen hat. Das Pfand verwandelt sich zum Instrument der Rache.

Bei Giften geht es immer um ein unsichtbares Gegenüber. Das Opfer wird dazu verführt, die Gabe zu nehmen, den Trank zu trinken, das Objekt anzunehmen.

Das Objekt verstellt sich. Kaum scheint es besiegt, schon verwandelt es sich in eine tödliche Macht. Es übermannt den, der sich über es hermachen will. Aus einem Heer von Objekten, Erscheinungen, Farben, Tönen, Gefühlen taucht plötzlich der tödliche Effekt auf: Das Pilzesammeln – in manchen Gegenden fast ein Volkssport – fordert jeden Spätsommer Hunderte von Menschenleben. «Im Jahr 1946 wurde in Berlin eine Massenvergiftung durch Pantherpilze (1500 Fälle von Intoxikation) beobachtet.» (Bodin 1970, S. 177) Dieser Pantherpilz wurde in älteren Werken als eßbar bezeichnet.

Arsenale von Sicherungstechniken gegen vergiftetes Essen und Trinken haben sich in der Menschheitsgeschichte entwickelt. So reflektiert Rumohr zu Beginn des 19. Jahrhunderts: «Wir besitzen vortreffliche Schriften über die Schwammgewächse überhaupt und insbesondere, aus denen Hauswirte und Köche manche Kenntnis schöpfen könnten. Doch gefällt sich die Natur, auch in den scheinbar gleichartigen Bildungen bald ein unheilbares Gift, bald eine bezaubernde Würze hervorzubringen. Zur Giftprobe der Schwämme wird vorgeschlagen und in Anwendung gesetzt: Zwiebeln, Eintauchen silberner Löffel und anderes. Einige glauben die Heilsamkeit der Schwämme am Geruche zu unterscheiden.» (1978, S. 172)

Doch: «Auch die berühmten Färbungsproben sind trügerisch. Zwar stimmt es, daß Pilze bestimmter Arten an ihren Schnittflächen sich durch Oxydation verfärben können; ebenso stimmt es, daß Münzen oder silberne Bestecke bei Kontakt mit gewissen Pilzen schwarz werden, weil diese Schwefelwasserstoff abgeben; es ist auch richtig, daß einige Pilzarten Blausäure enthalten, die mit einem speziellen Indikatorpapier nachweisbar ist – aber alle diese Merkmale können ebensogut bei eßbaren wie bei giftigen Arten auftreten.» (Bodin 1970, S. 174)

Gift schadet, tötet, ohne zu drohen. Es entzieht sich den fünf Sinnen. Gift als blinder Passagier. Es gibt keinen spezifischen Gift-Geruch oder eine spezifische Gift-Farbe. Wenn wir von giftigen Gerüchen oder von der giftgrünen Farbe sprechen, treffen wir meist etwas,

was allein das Harmonie-Empfinden stört. (Kräftig-grelle Farben = schreiend)

Das Dilemma der Gifterkennung entwickelt in aufklärerischem Geiste «Krünitz' Oeconomische Encyclopädie oder allgemeines System der Staats-, Stadt-, Haus- und Landwirtschaft» (Brünn, 1788): «Wir sehen hieraus, daß wir mit diesen Erfahrungen noch lange nicht zurechtkommen, wenn wir unserer Sache gewiß syen wollen. Es bleibt uns also alsdann, und auch in dem Falle, wenn der verdächtige Körper, den wir untersuchen, gar keine Wirkung auf den Körper anderer Tiere äußert, nichts übrig, als Versuche an dem menschlichen Körper selbst zu machen. Dieses geschieht auf dreyerley Art: 1. mit dem Blute oder anderen Säften eines gesunden Menschen, außer dem lebendigen Körper; 2. mit Missethätern; und 3. an unserem eigenen Leibe.» (Art. «Gift», S. 430) Als letzte Instanz bleibt also nur der Selbstversuch: «Wenn man alsdann die Zufälle in ihrem Anfange zu leiden hat, welche auf den Gebrauch dieses oder jenes Giftes folgen, welche, wenn ihnen kein Einhalt geschieht, dem Leben selbst ein Ende machen würden: alsdann kann man sich freylich, wiewohl mit der äußersten Gefahr seines Lebens, versichern, daß solche Körper Gifte sind.» (1788, S. 434)

Tautologie: Gift ist nur dann Gift, wenn es im menschlichen Körper schädlich wirkt: Deshalb besteht die einzige Garantie im Menschenversuch. Versuchstiere zum Beispiel haben einen anderen Stoffwechsel. Für den Pilzesser bedeutet es also «gar nichts, wenn eine Schnecke auf einem Pilz sitzt und ihn sich gut schmecken läßt» (Bodin 1970, S. 174).

In Herrschaftshäusern wartete man zu diesen Zwecken des Vorkosters «Kredenz» ab: «Die Bedeutung von ‹Anrichtetisch› entwickelte sich aus der Wendung ‹far la credenza›, die ‹Prüfung auf Treu und Glauben vornehmen›, welche die Aufgabe des Mundschenks oder Dieners an Herren- oder Fürstenhöfen umschrieb, die Speisen und Getränke, ehe sie dem Herrn vorgesetzt wurden, an ‹Seitentischchen› vorzukosten und damit auf ihre Unschädlichkeit zu prüfen.» (Duden Etymologie, Mannheim 1963)

Aber selbst dies Verfahren bietet keine absolute Gewähr: Es zeigt uns weder Summationsgifte noch das Vorhandensein zum Beispiel solcher Giftpilze an, die als «Zeitbombe» wirken. (vgl. Bodin 1970, S. 174f.) Gifterkennung ist meist nur noch als Auffindung der Gifte im schon geschädigten Körper möglich.

Wenn Gift nur das «Zuviel» ist, die Over-Dose, Überdosis, dann kann man nicht von Gift als einer Substanz, einem Mittel reden. In diesem Sinne ist auch kein Katalog der Drogen anlegbar. Stets kommen nur Sammlungen von Wirkungen und Namen zustande – nicht jedoch ein System, eine Theorie, ein Gift-Kodex. Telefonisch erreichbare Giftzentralen haben in ihren Computern die notwendigen Hilfsmaßnahmen gespeichert.

Giftigkeit ist schon bei Hippokrates und Paracelsus keine Frage der Qualität, sondern der Quantität, der Dosis, der Konzentration. In diesem Sinn gibt es kein eigentliches Gift, kein Gift an sich.

Mit der Vorstellung der Harmonie der Säfte in der Tradition der antiken Vier-Säfte-Lehre (Blut, Schleim, Schwarzgalle, Galle, die mit bestimmten Gefühlszuständen und Charakteren und mit der kosmischen Ordnung korrespondieren) verbindet sich die Idee des Giftes als Fremdem, Unstimmigem, Störendem. Es zerstört das maßvolle Verhältnis der Teile zueinander, greift ein, lähmt, brennt, frißt.

Ein Gift-Sinn müßte dann ein Sinn des/fürs Zuviel sein, der des Zuviel bedarf und gleichzeitig vor ihm warnt. Aber zuviel wovon? «Gift» bringt unsere Vorstellung von «Wirkung» – die uns in der Sphäre der Massenmedien so geläufig wie problematisch ist – ein weiteres Mal in die Krise.

Entweder ist das Objekt auf Grund seiner Ähnlichkeit mit scheinbar harmlosen Gattungsgenossen nicht in seiner Schädlichkeit erkennbar, oder es verwandelt sich im Prozeß des Schlachtens (zum Beispiel Verletzung der Galle), des Lagerns (Verfaulung oder Bakterienbildung zum Beispiel durch Unterbrechung der Kühlkette bei tiefgekühltem Spinat) oder des Kochens (des ungenügenden oder des zu langen Kochens) zu Giftigem. Oder die Speise wird erst giftig durch die Hand des Meuchelmörders, der monatelang den Gerichten Arsenik zugesetzt hat. Das «Übliche» ist plötzlich giftig, sei's durch Summation der kleinen Arsenik-Dosen, sei's durch das Gift der täglichen Fahrlässigkeit und Lieblosigkeit der schlechten Küche. Die Hausfrau und Mutter, die langsam den Gatten oder die ganze Familie vergiftet, ist heimlich aus dem Zwangsverhältnis der sozialen Arbeitsteilung ausgestiegen: Statt zu nähren, tötet sie. Der heimische Herd wird zur Giftküche.

Dieses schleichende Gift ist eine Ausschwitzung der Machtverhältnisse. Nur wer die Macht hat, einen zu schützen und zu nähren, hat auch die Macht, einen zu vergiften.

Gift ist Ent-Täuschung. Man wähnt sich am schützenden und nährenden Busen der Natur oder im Schutz des Zuhause oder wenigstens doch gesichert durch Staat und Technologie – und schon bekommt man etwas Ungutes; man sieht sich in einen Hinterhalt geraten. Die Idee der Vergiftung tritt auch dort auf, wo durch das Auftauchen eines Fremden ein Begehren enttäuscht wird: «Es scheint vielmehr, daß die

Gier des Kindes nach seiner ersten Nahrung überhaupt unstillbar ist, daß es den Verlust der Mutterbrust niemals verschmerzt. (...) Mit der Entziehung der Brust hängt wahrscheinlich auch die Angst vor Vergiftung zusammen. Gift ist die Nahrung, die einen krank macht. Vielleicht führt das Kind auch seine frühen Erkrankungen auf diese Versagung zurück.» (Freud 1969, S. 553)

Die zeittypische Figur scheint mir im Verhältnis von Allergie und Umwelt zu liegen: Nachdem die Welt nun erfahren und alles – in die Nahwelt herangeholt – zu «Umwelt» wird, mobilisieren sich im Subjekt des 20. Jahrhunderts Überempfindlichkeiten, Allergien, «krankhafte Reaktionen des Körpers auf körperfremde Stoffe». Zugleich eine stete Erwartung gegenüber allem und jedem. Dagegen wird die Aura des «Selbstgemachten» gesetzt, das selbst bald Industrieprodukt ist.

Die zerstreute Präsenz des Giftes ist ein permanenter Schock, der Aufmerksamkeit schafft. Die ständige Herausforderung um ein Geheimnis – man weiß, es ist da, man weiß, es ist überall.

Zwei Karrieren: Pferd und Tomate

Daß nicht allein die Devise «Egal was – Hauptsache es schmeckt» unser Verhältnis zum Essen bestimmt, soll im Nachfolgenden skizzenartig am Beispiel eines Tieres und einer Pflanze aufgezeigt werden.

Während in Deutschland der Gedanke an Pferdefleisch bei vielen Ekel hervorruft, gilt die Tomate als Inbegriff des «Frischen», «Gesunden» und «Natürlichen». Gleichwohl haben beide jahrhundertelang ein ähnliches Schicksal geteilt: Sie galten als gesundheitsschädlich, tabu oder minderwertig.

Pferdefleisch

Edle Ritter, Cowboys, Herrenreiter, Kavallerie und Spanische Schule, Prinz Eisenherz, Billy the Kid, «Fury» und Goldmedaillen für deutsche Olympiasieger – von Kindesbeinen an werden wir durch Bücher, Filme und Fernsehen mit Pferdegeschichten gefüttert. Das Pferd gilt als einer der Partner des Menschen, entsprechend wird es in «edel», «gutartig» und «böse» unterteilt (und schlägt ein Pferd häufig aus oder will es ausbrechen, so wird es gar «Schläger» oder «Verbrecher» geheißen). Jugendliche pflastern sich das Zimmer mit Pferdepostern voll und küren die Figur des Jockeys, jener urbanisierten Mischung aus Knappe und Cowboy, zum Idol, denn er scheint in unmittelbarster Verbindung mit diesem geliebten Tier zu stehen.

Es fällt deshalb recht schwer, sich den einen über ein gebratenes Stück des anderen gebeugt vorzustellen. Doch verkündet uns das «Dictionnaire de l'Académie des Gastronomes»: «1868 organisierte der Jockey-Club ein Festessen, bei dem drei ‹reinblütige› Engländer zum Preis von 140 Pfund Sterling verzehrt wurden.» Und im Wiener «Appetit Lexikon» (Habs und Rosner, 1894) heißt es: «*Pferdefleisch*, zu zäh in der Faser und zu süßlich im Geschmack, so daß es sich nur mit ziemlichem Aufwand von Kaumuskelkraft und scharfem Gewürz genießen läßt, ist allerdings nichts weniger als eine Delikatesse, im Notfall aber GERÄUCHERT dem Büchsenfleisch und dem Corned-Beef entschieden vorzuziehen, und zwar nicht bloß des höheren Nährwerts, sondern vor allem auch des saftigen Geschmacks wegen. Fleisch von jungen und wohlgenährten Tieren darf sich sogar bei an-

Händler mit Pferdewürsten, 1919/20

gemessener Zubereitung neben dem Rindfleisch sehen lassen, wie die Germanen sehr wohl wußten. Bei ihnen galt Pferdefleisch für den auserlesensten Opfer- und Festtagsbraten.

Von einem ‹allgemeinen Widerwillen des Menschen gegen das Pferdefleisch› kann daher ebensowenig die Rede sein wie von einem dergleichen Widerwillen gegen die Austern.»

Nichtsdestotrotz trägt über Jahrhunderte eine tiefsitzende Abwehr dazu bei, daß Pferdefleisch meist mit ausweglosen Situationen, absolutem Elend und Hunger assoziiert wird. So, wenn Ulrich Bräker in «Der arme Mann in Tockenburg» schreibt: «Die Not stieg um diese Zeit [Winter 1770; d. Verf.] so hoch, daß viele eigentlich blutarme Leute kaum den Frühling erwarten mochten, wo sie Wurzeln und Kräuter finden konnten. Auch ich kochte allerhand dergleichen und hätte meine jungen Vögel noch lieber mit frischem Laub genährt, als es einem meiner erbarmungswürdigen Landsmänner nachgemacht, dem ich mit eigenen Augen zusah, wie er mit scinen Kindern von einem verreckten Pferd einen ganzen Sack voll Fleisch abhackte, woran sich schon mehrere Tage Hunde und Vögel sattgefressen hatten.»

Ein bei Straßenbekämpfen in Berlin 1919 getötetes Pferd wird von der Bevölkerung als willkommene Fleischquelle im Nu skelettiert.

«Bey dem Gebirge zwischen Peru und Chili machten die Spanier selbst, im Jahr 1535, wegen Mangel der Lebensmittel keine Schwierigkeit, sich an Pferdefleisch zu sättigen, wie es auch in Europa in belagerten Städten noch in neueren Zeiten hier und da geschehen ist, z. B. in Kopenhagen im Sommer 1807, wie die Engländer es bombardierten.» (Krünitz 1808, Artikel «Pferd», S. 326f.)

Auch heute noch kennt man die Mischung aus schauderndem Wohlgefallen und angeekelter Zurückweisung italienischer Salami, wenn man darauf hingewiesen wird, sie könne Pferdefleisch enthalten. Ebenso geläufig ist die Ansicht, daß der etwas süßliche Geschmack des Pferdefleisches (bedingt durch den höheren Glykogen-Anteil) an Menschenfleisch erinnere, womit das Verspeisen eines Pferdebratens in die Nachbarschaft des Kannibalismus gerückt wird.

Als im September 1924 im württembergischen Reutlingen die Verkaufsfiliale eines Tübinger Pferdeschlachters eröffnet wird, liest man:

«Empfehlung!

Einer geehrten Einwohnerschaft von Reutlingen und Umgebung teile ich mit, daß ich unter Heutigem in *Reutlingen* Pfäfflinshofstraße eine

Filiale

eröffnet habe. Es wird mein Bestreben sein, allen Wünschen meiner werten Kundschaft gerecht zu werden und bitte daher um geneigten Zuspruch.

Achtungsvoll

Adolf Bolz, Pferdeschlächter, Tübingen

N. B. Mein Laden ist von jetzt an jeden Samstag geöffnet, erstmals Samstag den 27. September 1924.»

Am nächsten Tag:

«Morgen junges, speckfettes Fleisch sowie Rauchfleisch und Wurstwaren empfiehlt

Adolf Bolz, Reutlingen

Pferdeschlächter

Pfäfflinshofstraße»

Die Inflation macht ein weiteres Werben überflüssig, denn Pferdefleisch ist das billigste aller Fleischsorten, billiger wohl noch als das «fette Hammelfleisch», das im gleichen Blatt «Albr. Kalbfell Wwe.» fortwährend empfiehlt. Offizielle Notierungen jedoch findet man nicht: Weder das Verzeichnis der Kleinhandelspreise der Stuttgarter Markthalle noch das des Schlachtviehmarktes erwähnt Pferdefleisch. Das Pferd ist dort einzig und allein Nutztier. Nur ein gefallener und schwerverletzter oder ein altersschwacher Gaul wird geschlachtet, die Qualität des Fleisches schwankt infolgedessen beträchtlich.

Deshalb heißt es auch in Habs-Rosners «Appetit-Lexikon»: «Das Leidige bei der derzeitigen Roßschlächterei ist nur, daß dem Schlächter fast ausschließlich alte, verlebte und abgetriebene Tiere in die Hände fallen, aus denen sich kaum etwas anderes machen läßt als Pferdewurst.»

Die Züchtung von Pferden zum Fleischgewinn ist im Schwäbischen unbekannt, zu groß ist das Gefälle zwischen dem Preis, der für ein Arbeits- oder Reitpferd und dem, der für ein Schlachtpferd zu erzielen ist – vergleichbar der Wertschätzung einer Henne, die, solange sie jung und gesund ist, Eier produziert, und die man deshalb nicht schlachtet.

«Meyers Konversationslexikon» von 1909 wendet sich gegen «Ge-

Pferdeschlachthof, 1930

ringschätzung» des Pferdefleisches als «Vorurteil»: «Es steht dem Fleisch ungemästeter Schlachttiere weder im Nährwert noch an Appetitlichkeit nach. (...) Pferde jüngeren oder mittleren Alters, die aus irgendeinem Grund arbeitsunfähig geworden sind, lassen sich heute als Schlachtpferde ziemlich gut verwerten, wofür besondere Roßschlachtereien bestehen. In Preußen wurden 1903 rund 86000 (in Berlin 1905 12890) Pferde geschlachtet.» (1909, Bd. 15, S. 711)

Wenn jedoch die Fleischerei-Gewerbe-Ordnung den strikt getrennten Verkauf von Pferde- und anderem Fleisch vorschreibt, so erinnert das auch an möglicherweise religiöse und ideologische Motive, ähnlich etwa den islamischen Vorschriften, die die Trennung von Schweine- und anderem Fleisch verlangen. Zwar könnte in der äußeren Ähnlichkeit von Pferde- und Rindfleisch, die zu Verwechslungen führen könnte, ein Grund für den getrennten Verkauf liegen, doch scheint dies keine hinreichende Erklärung, selbst wenn es immer wieder zu Betrügereien kam. So meint Christian Guy, man habe während der Französischen Revolution, im Hungerjahr 1793, unwissentlich Pferdefleisch gegessen: Schlachter verkauften es als Rindfleisch. Sie wurden mit Empörung entdeckt und streng bestraft.

Voraussetzung einer derartigen vorsorglichen Trennung ist, daß das eine Fleisch als gut und wertvoll, das andere hingegen als schlecht und minderwertig angesehen wird.

In der Tat wurde in Reutlingen Pferdefleisch mit Freibank- oder minderwertigem Fleisch gleichgesetzt und von den einen als Notnahrung, von den anderen als Tierfutter betrachtet.

Im charakteristischen Nebeneinander von Geringschätzung und besonderer Verehrung werden dem Pferdefleisch medizinische Qualitäten zugesprochen, zum Beispiel als Mittel gegen Blutarmut. Wenn es im Reutlinger Volksmund hieß, besonders die Tübinger Professorengattinnen kochten Pferdefleisch, so war damit sicher auch die Rolle des Wissens von bestimmten positiven Wirkkräften gemeint.

Immer wieder wird vorgebracht, die Ablehnung des Pferdefleisches in Mitteleuropa und Skandinavien sei auf religiöse Motive zurückzuführen, nämlich auf den Kampf des Christentums gegen den nordischen Pferdekult. Die schwedische Volkskundlerin Brita Egardt weist jedoch am Ende ihrer gründlichen Untersuchung «Pferdeschlachtung und Abdeckerschande» darauf hin, daß man erst im 18. Jahrhundert die Pferdefleischverbote in den Schreiben der Päpste Zacharias und Gregorius III. [Regierungszeit von 731–741 und von 741–752; d. Verf.] an Bonifatius, den Apostel der Deutschen, als Maßnahme gegen einen heidnischen Pferdekult darzustellen beginnt, «wobei man sich auf Beispiele für Pferdeopfer und kultische Pferdemahle in den altnordischen Sagas stützt» (Egardt 1962, S. 289f.).

Die germanische Mythologie kannte eine Vielzahl von berittenen Göttern, geheimnisvollen Rappen, Schimmeln, Gespensterpferden, unheimlichen Reitern, «wilden Jagden», wütenden Heeren und reitenden Toten.

Es *scheint* (denn es ist fast unmöglich, über vorgeschichtliche Kulturen und Religionen etwas Verbindliches zu sagen), daß der Festkalender der Germanen sich, «solange die Stämme seßhaft waren, an das bäuerliche Jahr (anschloß), das diesen Veranstaltungen auch ihren Sinn gab; die Hauptfeste wurden im Spätherbst bzw. zu Wintersbeginn, zur Mittwinterzeit (Mitte Januar) und im Spätfrühling bzw. zu Beginn des Sommers gefeiert; dazu kam vielleicht noch ein Mittsommerfest. Nach nordischen Berichten opferte man auf diesen Jahreskreisfesten für gutes Wachstum, Ernte und Frieden, gegen Sommeranfang auch für den Sieg. Hauptpunkte solcher Feste waren die Schlachtung der Opfertiere, unter denen das vornehmste das Pferd war, und das gemeinsame Kultmahl.» (Religion in Geschichte und Gegenwart, 1961, Bd. 2, Sp. 1436) Das Pferd galt aber auch als Seelenträger, das die Toten ins Jenseits führe. (Manche haben daraus den Brauch abgeleitet, bei besonders feierlichen Bestattungen den Leichenwagen von einem Pferd ziehen zu lassen.) «Die Sagaliteratur kennt für Norwegen und Island das Pferdeessen als etwas Gewöhnliches.» (Handwörterbuch des Deutschen Aberglaubens, 1929, Artikel «Pferd», 1934/35, Sp. 1612) Interessant ist, daß das Fleisch aber meist von Opfertieren gestammt haben soll. Einerseits sei das Opfertier mit dem Wesen der Gottheit identifiziert worden, der es dargebracht wurde. Der Genuß der Opferspeise durch den Menschen sollte ihm, durch das Opfertier vermittelt, die Kräfte der Gottheit oder die dem Tier innewohnenden Eigenschaften zuteil werden lassen.

In den protestantischen Ländern des Nordens wurde zu Ende des 18. und während des 19. Jahrhunderts intensiv für den Verzehr von Pferdefleisch geworben, mit dem Argument, Vorurteile gegen Pferdefleisch gingen allein auf papistische Verbote zurück. Auf der Grundlage von Aussagen über Pferdefleisch als Nahrungsmittel in Papstbriefen, Bußbüchern, Synodalakten, Christenrechten, Heiligenbiographien usw. zeigt Egardt, «daß an die Kirche anknüpfende Stellungnahmen sowohl für wie gegen den Genuß von Pferdefleisch aus verschiedenen europäischen Ländern seit dem 4. Jahrhundert und bis ins 18. Jahrhundert hinein vorliegen, daß sich jedoch aus dem Urkundenmaterial nirgends etwas über die Ursache der Verbote entnehmen läßt» (1962, S. 290).

Es scheint sich dabei um ein generalisiertes Verbot zu handeln, das auf das nahrungsgeographische Milieu des Judentums und des frühen Christentums zurückgeht und nicht auf ein religiöses Dogma: «Auf griechischem Gebiet wurde Pferdefleisch schon im 4. Jahrhundert als unreine Nahrung angesehen.» (Egardt 1962, S. 290)

In den einzelnen Kulturen und Klimazonen hat sich dieses christliche Verbot in unterschiedlichem Maße durchgesetzt. «Es hat sich gezeigt, daß religiöse Pferdefleischverbote, sowohl christliche wie anderweitige, von Völkern, bei denen der Pferdefleischkonsum eine gewisse Rolle für die Versorgung spielte, nicht widerstandslos und bisweilen überhaupt nicht anerkannt wurden.» (Egardt 1962, S. 291). So wurde zwar um 740 «der Pferdefleischgenuß als heidnisch in Allemannien verboten, und Karl der Große sorgte in der Folge dafür, daß auch die norddeutschen Niedersachsen sich diesem Verbot fügten. Aber noch im 11. Jahrhundert wurde in den Klöstern am Bodensee Pferdebraten verspeist!» (Habs/Rosner 1977 S. 276)

Merkwürdigerweise haben Egardts Forschungen ergeben, «daß in weiten Teilen der Welt Vorurteile bestanden. Allein schon aus diesem Grunde könnte man daran zweifeln, ob die Ursache zu deren Entstehung wirklich die Verurteilung eines heidnischen Pferdekults von Seite der christlichen Kirche war.» (1962, S. 290)

Man könnte vermuten, daß es um das Zusammenspiel zweier Verbote ging, das nämlich *gerade dort* wirksam wurde, wo das Pferd als heiliges Tier galt: kirchliche Verbote verbinden sich mit den Resten eines germanischen Tabus. Das Pferd galt den Germanen als heilig, geweiht und rein. Sein Fleisch und bestimmte Körperteile (zum Beispiel der Schädel) wurden in rituellen Akten geopfert. Da es aber dieser Sphäre des Heiligen angehörte, durfte es nicht von jedermann zu jeder Zeit an jedem beliebigen Ort verzehrt werden. Möglicherweise galt der Genuß von Pferdefleisch, also Fleisch des heiligen Tieres, deshalb von dem Moment an gefährlich, verboten und unrein, als der kultische Zusammenhang zerbrochen war. Das profane Pferdefleischessen bekam etwas Unheimliches. «Die christlichen Pferdefleischverbote sorgten jedoch, soweit sie bekannt wurden, dafür, daß man den Genuß von Pferdefleisch als Sünde aufzufassen begann, und dies wiederum trug dazu bei, eine vielleicht bereits bestehende Kostgewohnheit zu festigen.» (Egardt 1962, S. 291)

Weder 1933 noch 1937 ist im Reutlinger Adreßbuch eine Pferdeschlächterei eingetragen. Es scheint, daß während der Zeit der Rationierung während und nach dem Zweiten Weltkrieg für eine Fleischmarke das doppelte Quantum an Pferdefleisch ausgegeben wurde. Es heißt aber auch, Pferdefleisch sei ohne Marken erhältlich gewesen.

Mit Datum 3. April 1941 meldet ein geheimer Lagebericht des Sicherheitsdienstes (SD) der SS in bezug auf das gesamte Deutsche Reich: «Über das Anstehen vor Pferdemetzgereien wird berichtet, daß sich in der letzten Zeit einzelne Leute bereits am vorhergehenden Tage um 20 Uhr angestellt hätten, um dann auch wirklich am nächsten Tage zu dem begehrten markenfreien Pferdefleisch zu gelangen.» (Grube/Richter 1982, S. 171 f.)

Auch nach 1945 wird wieder auf Pferdefleisch zurückgegriffen: Der Hunger verschiebt die Ekelschranken, Kriegsheimkehrer bekommen Pferdefleisch gegen Nevritis, geschwollene Beine und Gelenke, da es das Wasser herausziehe.

1951 wird in Reutlingen wieder eine Verkaufsstelle für Pferdefleisch verzeichnet und von 1956 bis 1967 eine Pferdeschlachterei. Als mit dem Wiederaufkommen des Autoverkehrs und mit der Industrialisierung der Landwirtschaft das Pferd ausrangiert wird, kommt es zu einer Pferdefleischschwemme. Zwar heißt es in «Dr. Oetkers Warenkunde» von 1957 ungerührt: «Pferdefleisch wird vor allem geschmort oder als Sauerbraten bereitet», ein Großteil des Pferdefleisches wurde

in den fünfziger Jahren jedoch schon nach Italien und Frankreich exportiert.

In der Nachkriegszeit gelten denn auch die *französischen* Besatzungstruppen als Hauptkonsumenten. Da Pferde weder für Tuberkulose noch für Bandwürmer anfällig sind und dem Pferdefleisch nachgesagt wird, man könne ihm sofort ansehen, wenn es alt oder verdorben sei, hält man es zur Diät für Kinder und Kranke – sogar im rohen Zustand – für besonders geeignet. In französischen Städten finden sich noch heute in vielen Vierteln gleich mehrere Pferdefleischläden.

In die offiziellen französischen Eß-Sitten hält – Christian Guy zufolge – die «Hippophagie» im 19. Jahrhundert mit einer Reihe großer Pferdebankette ihren Einzug: «Am 6. Februar 1855 versammeln sich 132 Tafelgäste im Speisesaal des Pariser ‹Grand Hotel›. Sie werden an einem Festmahl teilnehmen, das in der Geschichte der französischen Küche zum historischen Datum werden wird: man wird in Frankreich zum erstenmal *Pferd essen*. 68 gleichfalls geladene Gäste haben ihre Teilnahme abgesagt ... Hier das Menü:

Suppe
Nudeln in Pferdebouillon
Vorspeise
Pferdewürste und -aufschnitt
Fleischplatte
Gekochtes Pferd
Pferd à la Mode

Pferderagout
Pferdefilet mit Champignons
Gemüse
Kartoffeln in Pferdefett geschwenkt
Salat in Pferdeöl
Dessert
Rumkuchen mit Pferdemark
Als Wein gab es einen ‹Cheval blanc›.» (Guy 1975, S. 49)

Doch schon lange vor diesem offiziellen Akt hat die moderne Pferdeesserei begonnen: «Es wird berichtet, daß die Soldaten der Grande Armée in der Schlacht bei Eylau auf Anordnung des Befehlshabers und berühmten Chirurgen Baron Larrey sich von Pferdefleisch ernährten, nachdem es ihnen der Baron vorgemacht hatte. Als sie nach ihrer Heimkehr diese mittlerweile zur Gewohnheit gewordene Ernährungsweise fortsetzen wollen, empört sich die Kirche und versucht, sich dieser neuen Offensive [der Hippophagie; d. Verf.] entgegenzustellen, indem sie sich darauf beruft, daß ‹die Notwendigkeiten, denen sich der Soldat im Feld gegenübersieht, sich nicht im bürgerlichen Leben ausbreiten sollten›.» (Guy 1975, S. 50)

Um 1811 schließlich gibt die Kaiserliche Kommission für Öffentliche Gesundheit den Pferdefleischverkauf frei – zur Ernährung der Haustiere. Die Volksmassen jedoch kaufen es für den eigenen Gebrauch.

Aber erst 1866 wird in Paris mit der Boucherie Lemordelay im Quartier Saint-Marceau die erste Pferdeschlachterei eröffnet. «Einige Wochen später macht im Quartier Latin ein billiges Restaurant auf, in dem ausschließlich Pferdefleisch angeboten wird und andere Gerichte, die mit seinem Fett zubereitet sind. Seitdem wächst der Verbrauch. 1867 ißt man in Paris 2152 Pferde; 1874 – durch die Belagerung von Paris 1870/71, bei der viele erst auf den Geschmack gekommen sind – werden es 4358, und zehn Jahre später überschreitet man die 12000. Diese Zahl wird – sogar heute und angesichts des Bevölkerungszuwachses – kaum mehr überschritten.» (Guy 1975, S. 52)

Pferdefleisch als Nahrungsmittel breitet sich im 19. Jahrhundert in Europa rasch aus. «Die erste Pferdeschlachterei wird 1830 in Kopenhagen aufgemacht, in Belgien und Deutschland etwa gleichzeitig mit Frankreich, in England erst 1878.» (Guy 1975, S. 52) In Deutschland erscheint schon 1848 Henriette Davidis Spezialkochbuch «Praktische Anweisung zur Bereitung des Roßfleisches». Um 1860 waren «‹neuerdings› in einigen Großstädten des zollvereinten Norddeutschlands Roßschlachtereien für die ärmeren Bevölkerungskreise eingerichtet worden. Das Mästen ausgedienter Pferde zu Schlachtzwecken hatte aber (...) noch keinen nennenswerten Einfluß auf den Fleischmarkt genommen. 1868 gab es in Berlin erst sieben Pferdeschlachtereien, in denen 1863/64 rund 1300 Pferde für den Verzehr geschlachtet wurden. Nach Viebahns Beobachtungen wurden in Sachsen die meisten Pferde verzehrt.» (Teuteberg/Wiegelmann 1972, S. 98).

In Deutschland – so erfährt man aus dem «Großen Brockhaus» – beträgt um 1956 der Anteil des Pferdefleisches am gesamten Fleischkonsum gerade noch zwei Prozent. 1967 meldet der *Spiegel*, die Franzosen lägen an der «Spitze aller Pferdefleisch-Verzehrer Europas. Sie konsumieren 100000 Mähren pro Jahr – dreimal soviel wie die Bundesdeutschen.» (*Spiegel* 44/1967)

Zu Beginn der siebziger Jahre schließt der letzte Reutlinger Pferdefleischladen, nachdem das Pferd inzwischen als Freizeittier in Medien und Herzen galoppiert war. In seinen Räumen wird ein Pornoshop eröffnet.

Heute ist vom Pferd in den deutschen Städten nicht mehr viel zu sehen – weder auf den Straßen noch auf dem Speisezettel. Manchmal begegnet man in der U-Bahn einer Person in Reitstiefeln und Käppi, mit einer kleinen Peitsche bewaffnet, die in dieser «Verkleidung» von einem Reitstall am Stadtrande zurückkehrt, oder man überholt auf der Autobahn einen Pferdetransport.

Galten zu Beginn des Jahrhunderts das Pferdefleisch neben Freibank- und Kaninchenfleisch «als typische Substitutionslebensmittel und Versuche der sozialen Unterschichten, eine Aufbesserung des insgesamt noch zu geringen Fleischanteils in der täglichen Nahrung zu erreichen» (Teuteberg 1976, S. 246), so hängen heute deutsche Gourmet-Blätter melancholisch dem wiederentdeckten, dem verschwundenen Pferd nach, das nun, da es rar ist, als Delikatesse gilt. Zum Beispiel heißt es in «Berlin – Ein Handbuch» 1980 vom Lokal «Kleine Taverne» in Schöneberg: «Budweiser und Pilsner vom Faß, und als Delikatesse Pferdesteaks. Ausprobieren!»

Die Tomate

Nur wenige Nahrungsmittel haben in Deutschland einen so intensiven Statuswandel erfahren wie die Tomate, die sich von der für giftig gehaltenen Zierpflanze zum Inbegriff des Frischen und Südländischen entwickelte. Ihr Beispiel belegt eindrucksvoll das Zusammenspiel von gesellschaftlicher Geschmacksnorm und subjektivem Gefühl der Bekömmlichkeit.

Die Tomate schätzen wir heute als Frucht von vollreifer, leuchtend roter Farbe mit fester, glatter und fleckenloser Oberfläche. Wenn wir Tomaten kaufen oder ernten, achten wir – anders zum Beispiel als bei Kartoffeln – darauf, daß wir *schöne* Früchte bekommen.

Erst im 19. Jahrhundert begann der deutsche Esser jedoch von jener Frucht zu naschen, die er 400 Jahre lang – unter dem Namen «Liebesapfel» oder «Paradiesapfel» – am liebsten im Freigarten oder im Blumentopf sah.

«Bei der Entdeckung Amerikas fanden die Spanier in Mexiko und Peru hochentwickelte Tomaten-Formen vor. Anfang des 16. Jahrhunderts nach Europa gelangt, wurde sie in den Kräuterbüchern jener Zeit als Goldapfel (J. R. Dodonäus, 1557), Poma amoris (M. Lobelius, 1576), Liebesapfel (P. A. Matthioli, 1586), peruanischer Apfel oder Poma aurea (J. Delachamps, 1587) erwähnt und zum Teil abgebildet. Später wurde auch die ursprünglich dem Granatapfel vorbehaltene Bezeichnung Paradiesapfel auf die Tomate übertragen. Der Anblick der leuchtendroten Früchte sollte zärtliche Gefühle erwecken.» (Grimm 1935, Bd. 11, S. 677)

Die Tomate kam etwa gleichzeitig mit einem anderen Nachtschattengewächs, der Kartoffel – übrigens hatte auch sie zunächst als giftig gegolten.

In Matthiolis «New kreüterbuch» (1563) hieß es: «Amoris poma, sindt auch ein fremder gast in Deutschlandt, werden in gärten vnnd scherben gezielet justshalben (...) im Welschlandt ziehet man dieser öpffel vil, wachsen auch vil eher dann im Deutschlande. man isset sie auch daselbst ... vnd ist nicht ein vnliebliche speisz, wie wol sie dem leibe böse nahrung geben (...), dann so man ir offt isset, bringen sie böse cholerische feuchtigkeit, blähung, hauptwee, schweermutigkeit, vnd verstopffung.» (Zitiert nach: Grimm 1935)

Rund 30 Jahre später sagt Camerarius: «goldöpffel, poma aurea, (...) auch amoris poma, sind in allen gärten gemein worden, darumb es nit vil beschreibens bedarff (...) in Welschland pflegen diese frücht etliche zu essen mit pfeffer, oel vnd essig gekocht, aber es ist ein vngesunde speisz, vnd die gantz wenig nahrung geben kan; ist ein sehr übel gewächs von geruch, und wird nur wegen der ansehnlichen rothen und gelben früchte, die doch ebenfalls zu nichts können gebrauchet werden, gepflantzet.» (Zitiert nach: Grimm 1935)

Eine Begründung für diese nationalen Unterschiede, die deutsche Zurückhaltung und die welsche «Unvorsicht», ist nicht angeführt. Sei es, daß Franzosen und Italiener als übermütiger galten, sei es, daß man noch nicht festgestellt hatte, daß deren Tomaten besser ausgereift und deshalb bekömmlicher waren (denn unreife Tomaten enthalten einen großen Anteil des schädlichen Solanin).

Aber auch noch um 1738, also etwa 180 Jahre nach den «New kreüterbuch» heißt es, der Liebesapfel «... zieret mit seiner anmuthigen frucht, sowohl die gärten zur sommerzeit, als auch die zimmer, wohin man sie des winters stellet, nicht wenig ... (es) wird das kraut sowohl wie die frucht vor ungesund gehalten, wie wohl sie in Indien und Italien in scheiben geschnitten und mit pfeffer, saltz, oel und eszig, wie etwan ein gurkensalat, zur kühlung genossen werden.» (Zedler 1738, Bd. 17, S. 1451f.) Desgleichen noch einmal 100 Jahre später: «bey uns nur als zierpflanze in gärten ... in heiszen ländern werden die früchte mit pfeffer, öl und salz gegessen, in Europa aber durchgeschlagen und als schmackhafte suppen und brühen benutzt.» (Oken 1841, 3, 2, S. 989; zitiert nach: Grimm, 1935) «... im norden lange als giftig verschrien, findet sie seit der revolution eingang in die französische küche, und hier wie im deutschen drängt der name tomate den älteren pomme d'amour, liebesapfel, allmählich zurück.» (Grimm 1935, Bd. 11, Sp. 677) – in Anlehnung an «tomatl», seine mexikanische Bezeichnung. In Österreich und in Bayern ist die Tomate noch heute als «Paradeiser» und «Paradiesapfel» bekannt.

Die Entdeckung der Eßbarkeit der Zierpflanze deutet sich auch im Beinamen «Neues Gemüse» an, den sie im 19. Jahrhundert erhält.

Dem Gastrosophen Rumohr ist die Tomate als Speise möglicherweise in Italien begegnet. In seinem Buch «Der Geist der Kochkunst» (1822) behandelt er sie unter «Kräuter, welche eine sehr starke und eigentümliche Würze enthalten und daher nur zu besonderen Speisen passen» (1978, S. 167) – in der unmittelbaren Nachbarschaft so bekannter und damals auch zum Teil exotischer Zutaten wie Minze, Raute, Dill, Kapern, Majoran und Thymian. «Liebesäpfel, pomi d'oro, welche im südlichen Europa zur Würze von Tunken und Suppen dienen, denen sie einen angenehm säuerlichen Geschmack und eine schöne rotgelbe Farbe mitteilen»; die Warnung folgt aber auf dem Fuß. «In Menge genossen sollen sie das Blut verdicken», und er schließt seine kurze Mitteilung: «Mir ist unbekannt, weshalb man den Anbau dieser würzenden Frucht in Deutschland vernachlässigt.» (1978, S. 168)

Das «Hauslexikon. Vollständiges Handbuch praktischer Lebenskenntnisse für alle Stände» (1836) empfiehlt folgende «Küchenzubereitung»: «Zu Saucen vortrefflich ist folgende Marmelade aus L.[iebesapfel; d. Verf.]. Die reifen, rothen Früchte werden gewaschen, mitten durchgeschnitten, der wässerige Saft und die Körner herausgedrückt und weggethan, die Früchte dann in einem Casserol nebst wenig Salz und 1 Lorbeerblatt, 1½ St. auf dem Feuer zu Muß gekocht, durch ein Sieb gestrichen, wieder ins Casserol gethan, unter öfterem Umrühren dick wie Pflaumenmuß eingekocht, in kleine Töpfchen gethan, nach dem Erkalten mit Schmelzbutter begossen oder gut mit Papier zugebunden. Hiervon thut man einen Löffel voll zu einer braunen Sauce. Diese Marmelade ertheilt den gewöhnlichsten Zubereitungen einen köstlichen Geschmack und rothgelbe Farbe, und bewirkt, unter fertige Reis- oder Gräupchensuppe gemischt, einen angenehm säuerlichen, höchst pikanten Geschmack. Auch kann man aus derselben durch folgende Zubereitung ein vortreffliches Zwischengericht erhalten: man rührt dieselbe in verhältnismäßiger Menge unter gefertigte rohe Pasteten oder Farce oder bloße Bratwurstfülle nebst etwas geschabtem Knoblauch (der hierbei wesentlich ist) und Petersilie, formirt diese Masse auf einer Schüssel als Brei, bestreut sie mit geriebenem Brode und bäckt sie im Ofen. Wenn sie ½ St. gebacken und Farbe hat, begießt man sie mit Citronensaft und ißt sie so warm.»

1854 stimmt Eugen von Vaerst in seiner «Gastrosophie oder Lehre von den Freuden der Tafel» das deutsche Loblied auf die Tomate an: «Der Liebesapfel (Solanum Lycopersicon) (...) ist eine Frucht, die wohl unmittelbar aus dem Paradiese zu uns gekommen sein muß, und wenn sie nicht die hesperidischen Äpfel bedeutet, gewiß der Apfel gewesen ist, den Paris der Venus bot, sehr wahrscheinlich auch der, welchen die Schlange zur Verlockung der Eva anwendet. Wer auch nur die Liebesapfel-Sauce nennt, hat alles verständlich gemacht, was über Saucen in letzter entscheidender Instanz zu sagen ist.» (Bd. 1, S. 184)

In Spanien, Italien und Frankreich entwickelte sich eine Vielzahl von Rezepten um die grünen und roten Tomaten. Zudem galten sie dort – besonders im Süden – bei der Mehrzahl der Bauern oft als einzige Überlebensgrundlage: «Pane e pomodoro, pane e olive» und «pane e limoni» hieß ihr Speisezettel.

In Deutschland jedoch wagt man sich zuerst allein an die hochrote Tomate, und auch die wird zuerst nur in gekochter Form genossen. In Sophie Wilhelmine Scheiblers «Allgemeines Deutsches Kochbuch für alle Stände» (Leipzig und Berlin 1868) ist dann auch als einziges Tomatengericht – französischnamig – die «sauce tomate» aufgeführt. Doch wird die verführerische Frucht nur mit äußerster Vorsicht genossen; man verzichtet auf ihre innere Hälfte, indem man Kerne und Wasser herausdrückt. Gegen diese Innereien ist häufig Abneigung spürbar. Das Hauptgewicht der Tomatenzubereitung liegt zunächst ausschließlich auf ihren Würzeigenschaften, die bis in die Ketchupzeiten auch die sich emanzipierende Tomate begleiten werden.

Es scheint so, als sei – in großem Umfang – die Tomate erst in den zwanziger Jahren vom Extrakt- und Salatlieferanten und der Brotauflage zum vollwertigen Nahrungsmittel aufgestiegen. Die Tomate ist

– neben Paprika, Pampelmuse, Ananas und Orange – ein Beispiel für das Vordringen unbekannt schmeckender Nahrungsmittel im frühen 20. Jahrhundert. Hans Glatzel zufolge war sie «vor dem Ersten Weltkrieg in Deutschland so gut wie unbekannt, sie ist innerhalb von 20 Jahren zum Volksnahrungsmittel geworden. Eine geschickte Propaganda hatte ihre ernährungsphysiologischen Vorzüge gebührend hervorgehoben und damit den ‹Normalverbraucher› erzogen.» (1959, S. 241)

Während der Hungerszeiten im Zweiten Weltkrieg und danach wurde die Tomate aus dem Garten oder dem Topf zum begehrten Ersatz fürs tägliche Brot oder zu dessen vitaminreicher Ergänzung.

Die moderne biochemische Analyse ergab: «Die Früchte enthalten pro 100 g eßbaren Anteil etwa 94 g Wasser, nur wenig Kohlenhydrate, v. a. aber 24 mg Vitamin C sowie Vitamine der B-Gruppe.» Ihren erfrischenden Geschmack verdanken sie übrigens den Fruchtsäuren.

Aber nicht alle mochten diesen Fremden trauen. Noch um 1920 wurden Stimmen laut, die vor diesem Nachtschattengewächse warnten, da es Krebs verursache. Sie sind bis heute nicht verstummt.

Ein gewisses Mißtrauen gegenüber dem Rohgenuß scheint mir noch aus Kiehnles Rezept für Tomatensalat (1953) zu sprechen, wenn ein besonderes Abreiben und das vorsichtige Entfernen der Kerne empfohlen wird: «1½ Pfund feste Tomaten, 3 Eßlöffel Essig oder Saft einer Zitrone, Salz, Pfeffer, 1 Prise Zucker, 1 Schalotte oder feingewiegte Zwiebel. Die Tomaten werden bis zum Gebrauch recht kalt gestellt, mit einem Tuche sauber abgerieben und auf einem Brett mit scharfem Messer in feine Scheiben geschnitten und die Kerne vorsichtig entfernt. Man vermischt die Tomatenscheiben mit den übrigen Zutaten und schmeckt den Salat gut ab. Oder man legt die Tomatenscheiben in eine Glasschale und gießt die angerührte Salatsoße darüber, ohne den Salat zu mischen.» (Kiehnle 1953, S. 143) (Andere Rezepte findet man besonders in vegetarisch orientierten Kochbüchern, zum Beispiel: Nietlispach 1929, S. 18.)

In Süditalien hingegen wird gerade die hier als Abfall deklarierte Fülle zu manchen Gerichten verwandt: Für «Pane pomodoro» wird ungesäuertes, getrocknetes Brot mit Wasser und Olivenöl befeuchtet. Dann werden ganze Tomaten auf dem nassen Brot zerquetscht und Salz und Oregano oder Pfeffer zugefügt.

«Il Talismano della felicità», das große italienische Kochbuch des 19. Jahrhunderts, das heute noch in seinen überarbeiteten Auflagen verbindlich ist, weist darauf hin, daß «stets reife, rote, harte und leuchtende Früchte, ohne Flecken und Risse» (S. 889) zu wählen sind. Gleichwohl empfiehlt die Autorin eine Vorspeise aus *grünen*, sich durch ihren Wohlgeschmack auszeichnenden Tomaten (S. 68): «Man nehme ein Dutzend eher unreife Tomaten, wasche sie gut, schneide die Käppchen weg und entferne die Samen und das Wasser mit einem Löffel. Man koche drei oder vier Eier hart und schneide sie zu Würfelchen. Ebenfalls zu Würfelchen schneide man einhundert Gramm Thunfisch in Öl. Eier und Thun werden in eine Schüssel gegeben, mit einer guten Prise Pfeffer gewürzt, ein Löffel voll Kapern und ein Löffel voll feingehackter Petersilie zugefügt. Man rühre diese Mischung mit einer Mayonnaise an, die man aus einem Ei hergestellt hat, und fülle damit die Tomaten.»

Die Tomate tritt uns in verschiedenen Zuständen und Verkleidungen entgegen: Unseren zahm und etwas wäßrig geratenen Garten- und Gewächshaustomaten stehen die mächtigen tiefroten Fleischtomaten und ihre birnenförmigen gelb-roten Artgenossen der südlichen Länder gegenüber. Eßbare grüne Tomaten und die winzigen Kirschtomaten kommen bei uns kaum auf den Markt. Was nicht unter unserer Sonne und in den Gewächshäusern reifen konnte, wird importiert oder – um vieles billiger – in Konservenform bezogen, vor allem jedoch als konzentriertes Tomatenmark.

Im Spar-Rezeptbuch von Friedel Fischer werden dementsprechend Tomaten-Tunke oder -Suppe allein aus Tomaten*mark* hergestellt: «Tomatensuppe mit Reis: 40 g Fett, 1 Zwiebel, 20 g Mehl, 60 g Reis, 4 Eßl. Tomatenmark, 1½ Liter Flüssigkeit, Salz, Muskat, Schnittlauch. Man dämpft die Zwiebel im Fett glasig, gibt das Mehl und den gelesenen und gewaschenen Reis dazu und löscht mit Tomatenmark und Flüssigkeit ab. Dann kocht man die Suppe 30 Min. und schmeckt ab.» (S. 22) Hier verliert der Liebesapfel sein Gesicht. Er verschwindet als Püree in Dosen und Tuben. Alle festen Bestandteile der Tomate werden durchpassiert und zu einem Konzentrat eingedickt. Zum Kochen wird die Masse dann wieder mit Flüssigkeit versetzt. Beim Herstellen von Soße rechnet Kiehnle 2 Eßlöffel Tomatenpüree an Stelle eines halben Pfundes Tomaten.

Ketchup, der jüngere Bruder des Tomatenmarks, enthält würzende Zusätze wie Weinessig, Salz, Zucker, Paprika, Pfeffer, Selleriesamen, Nelken, Zimt, Ingwer, Zwiebeln, Knoblauch und Muskatnuß. Der Name Ketchup oder Catsup ist übers Englische zu uns gekommen, er ist aber malayischen Ursprungs. Eine der ersten deutschen Herstellungsbetriebe für «Tomatoe Ketchup» gründete im Jahr 1916 der ehemalige Chefkoch des Hotel Adlon, Adolf August. Zunächst wurde diese rote Würztunke nach englischer Art hergestellt (also «herzhaft-pikant») und wurde lediglich von Restaurants und einem kleinen Kreis von «Feinschmeckern» bezogen. Populär wurde Ketchup erst in der amerikanischen Variante (mit dem etwas süßlichen Geschmack), die von den US-Truppen nach Deutschland gebracht wurde. Die Tomate in der Flasche wurde in Deutschland bald allgegenwärtig. In vielen Lokalen stand oder steht sie noch in unmittelbarer Nachbarschaft des Würztrios Pfeffer, Salz, Maggi. Dem zum Teil etwas schmuddeligen Charakter von Ketchup verband sich die Mär von den darin verarbeiteten Rotläusen, einem Gruseleffekt der frühen sechziger Jahre. Klopft oder schlägt man mit der flachen Hand mehr oder minder heftig auf den Flaschenboden, so quillt ein langsamer Fluß des roten Breis übers Mahl; Pflichtübung für fast alle Imbisse ist der Spritzer «Rot» aus der Plastikflasche. Zugleich wird diese flüssige Form der Tomate zum Inbegriff kulinarischer «Unkultur», Symbol der Gleichmacherei der Nahrung, Symbol aber auch einer Verselbständigung und Steuerbarkeit des «Geschmacks», der nach Belieben einsetzbar und verstärkbar wird: Schmeckt der Bissen noch nicht richtig «herzhaft» – gib' noch etwas Ketchup drüber.

Mit Begeisterung wird Ketchup von Kindern auch als Farbstoff auf Teller, Hand und Kleidung verwendet, und mit einem gewissen Nervenkitzel fragt man sich beim Anschauen blutrünstiger Filmszenen, ob das echtes Blut sei oder Ketchup.

Die berühmten Flaschen machen heute nur noch einen winzigen Teil der Produktion aus; 98 Prozent des roten Saftes hingegen werden in großen Eimern mit bis zu zehn Kilo Inhalt ans Gastronomie-Gewerbe verkauft. In Deutschland werden heute pro Tag schätzungsweise 20 Tonnen Ketchup hergestellt; die Früchte kommen deshalb auch nicht aus dem Gärtchen hinterm Haus, sondern sie werden zu 99 Prozent aus Griechenland und Italien importiert.

Wir können die Tomate aber auch als Instant-Gericht erleben, zum Beispiel als unsere «Dosis» der in Millionen Litern vorfabrizierten Tomatensuppe. Andy Warhol hat ihr mit der Serigraphie «Campbell's Tomatoe Soup» ein Denkmal gesetzt.

Vollends domestiziert erscheint die Tomate als Saft – merkwürdigerweise wird sie gerade in dieser verfremdeten Form gewissermaßen als «Hauptgericht» konsumiert: Dabei wird sie auf verschiedene Arten konjugiert: Mit Pfeffer, Salz, Olivenöl, Zitrone und Worcestersauce als Cocktail, mit Wodka – als «Bloody Mary» etc.

Als 1957 Dr. Oetkers Warenkunde meldet «Es gibt bereits Tomatenpulver», verweist sie damit auf die Ära der Tomaten-Suppen und -Saucen aus der Tüte. Das Pulver ermöglicht ein «Bestäuben» einer jeden Speise mit einer Spur von Tomate. Man erinnert sich an die faden, da gestreckten, und oftmals klumpigen Tomatensüppchen mit Reiseinlage jener Jahre.

HEINZ

An ihre lange Geschichte als Zierpflanze gemahnt das unschuldige Tomatenscheibchen, das – zuerst mit etwas Petersilie garniert – auf dem Tellerrand neben den Gerichten abgelagert wird. Hans-Dieter Bahr sah hierin einmal gar eine Art hysterischer Vorspiegelung der Frische und Zahmheit des eigentlich Verwesten: «Jedes Steak, das als Fleisch ja erst zart wird, wenn es zu verwesen beginnt, wird im Blattgrün oder Rot der Tomate verborgen ...» (1980, S. 28), eine trügerische Anstandsdame.

Im klassischen Rezept der gefüllten Tomate wird diese ihres Inneren beraubt und dafür mit einer Fleisch- oder Reisfüllung ausgestopft.

Auch dem modernen Eß-Design ist sie wichtiges Element geblieben, denn sie schmückt nicht nur die traditionellen kalten Platten, sondern sie ist auch Teil der architektonischen Dramaturgie mancher Hamburger-Typen: «Zwischen die Sesam-‹Buns› geklemmt, wird beim Whopper das Tomaten-Rot mit dem komplementären Grün des Salatblattes kontrastiert. Dazwischen die Synthese: der braune Hackfleisch-Klops.» (Bien 1983). Erst recht im Salat wird die akkurat in Scheiben geschnittene Frucht zum Signal der Frische, denn sie weist dann in ungefährlicher Form jenes lebendige Rot auf, das man am (rohen) Fleisch nicht sehen mag. Die kleine Kugelform der «schnittfesten» Tomate läßt sie auch in aufgeschnittener Form im «knackigen Salat» für schnelle Menschen noch als ganze erkennen und vermittelt den Eindruck, als sei sie gewissermaßen in den Teller hineingewachsen. So wird sie neben anderen klar geformten Nahrungsmitteln zum Inbegriff moderner Diät, die Überschaubarkeit und Kontrollierbarkeit fordert. Dazu erfährt man im «Tomaten-Kochbuch»: «Frische, sonnengereifte Tomaten sind kalorienarm, haben wenig Kohlenhydrate, kaum Eiweiß und Fett. Sie sind reich an Fruchtsäuren, Mineralstoffen und wertvollen Vitaminen, Hormonen und Fermenten.

Diese Hauptnährstoffe sind für den Aufbau und die Gesunderhaltung des menschlichen Organismus von großer Bedeutung. Kaum ein anderes Gemüse und kaum eine andere Frucht vereinigt so viele gute und lebenswichtige Stoffe in sich wie die Tomate.» (Denckler 1978, S. 9)

Des weiteren taucht sie in unlösbarer Verbindung mit bestimmten Gerichten auf, am häufigsten mit der Pizza. Das, was in Deutschland seit den sechziger Jahren italienische Pizza heißt, ist die Vermählung der von den Spaniern im 17. Jahrhundert nach Süditalien gebrachten Tomate mit der weißen Pizza. «Pizza Napoletana» heißt dieses rote Tomaten-Teig-Produkt.

Doch sind die verschiedenen Daseinsformen der Tomate einander nicht gleichgültig. Die italienische Zeitung *La Republica* berichtet (13.4.1983) von einer Versammlung italienischer Pizzabäcker, die sich im klaren darüber sind, daß – trotz der Mode- und anderer Industrien ihres Landes – die Pizza in der ganzen Welt das beeindruckendste Bild für Italien abgibt: «Von Backofenhitze ausgeglühte Gesichter, von Kohlenhydraten aufgedunsene Leiber, napolitanische Dialekte, alle voller stolzer Bewußtheit des Erstgeborenenrechts der hundertjährigen Geschichte der Pizza. Die Matadore der ‹Margherita› in Amerika, Asien und Australien beherrschten die Diskussion, allen voran Orazio Sant'Angelo, der sagte: ‹Zwanzig Jahre habe ich damit verbracht, den Taiwan-Chinesen und den Filipinos in Manila beizubringen, daß es Getreide und Tomaten für die Pizza braucht und nicht Reismehl und Ketchupsoße.›»

Mit dem Vordringen der meridionalen Küche machte sich die Tomate immer breiter. Auch bei uns mochte sie nicht mehr länger als bloße Würze, Augenzier oder als Korsett für eine Reis-Hackfleisch-Füllung herhalten. Sie erschien auch in unseren Breiten als «sugo al pomodoro», der nur unzureichend mit Tomatensauce zu bezeichnen ist. Denn der anfrittierte, gewürzte und dann köchelnde Sugo, der unter gekochte Teigwaren gehoben wird, enthält immer noch Reste des Fruchtfleisches, das man unter den Zähnen spüren kann.

Die Italiener, für deren Küche (statistisch gesehen) die Tomate das wichtigste Gemüse ist, verzehrten (in Rom und Umgebung) 1963/64 im Durchschnitt 23,2 Kilo (Gaebe 1964, S. 31), die Deutschen aßen im Jahr 1982 pro Kopf sechs Kilo Tomaten. Dennoch ist anscheinend der Tomatenkonsum bei uns in den letzten Jahren ziemlich angestiegen: «Der Löwenanteil, gut zwei Drittel, kommt aus den Niederlanden (220000t) und Belgien (22000t), den Rest teilen sich die Mittelmeerländer (Spanien mit Kanarischen Inseln, Marokko)», aber auch Griechenland, Albanien und Italien. Doch «die meisten Tomaten, die bei uns angeboten werden – alle aus den Niederlanden, aus Belgien und 60 Prozent der einheimischen Ernte –, wachsen nämlich nicht mehr unter natürlichen Bedingungen im Freiland; sie kommen aus Gewächshäusern, aus zum Teil hypermodernen Anlagen, in denen Temperatur, Feuchtigkeitszufuhr und Düngung per Computer gesteuert werden. Der neueste Trend: Anbau in Hydrokultur. Diese Tomaten sind zu reinen Kunstprodukten degeneriert (das ist der Ausspruch eines Züchters).» (*essen und trinken* 9/1983)

Wichtig ist, daß eine Tomate nicht vorzeitig gepflückt wird – nachträglich kann sie zwar ihre Farbe noch in ein schönes Rot verwandeln, nicht aber das Aroma. Auch sagt ein jungfräulich-frisches Aussehen («schnittfest») nichts über den Wohlgeschmack aus, denn: «Je reifer eine Frucht bei der Ernte ist, desto besser schmeckt sie. Reif gepflückte erkennt man daran, daß ihr Fruchtfleisch nicht hart und schnittfest, sondern elastisch ist und die Haut sich leicht vom Fruchtfleisch lösen läßt.» (*essen und trinken* 9/1983)

Kaum daß sie in unseren Breiten zu eigenständigem Leben erwacht war, schien es, als sollte sie nun ihre Rolle als zierendes Pflanzen-Beiwerk zur Fleischspeise verlieren, um zur vegetarischen Hülle eines Tierkörpers zu werden. Nicht den Wolf im Schafspelz, sondern das Rind in der Tomatenhaut versprach ein Artikel im *New Scientist* vom 31. März 1983. Es wurde dort von der Entwicklung zweier Hamburger Biologen berichtet, die den zahlreichen Nahrungsmittelhybriden ein weiteres hinzugefügt hatten: Neben der Vermählung von Sonnenblumen, Bohne und Kartoffel sei ihnen – dank einer neuen elektrolytischen Thermoschock-Technik – die Zellfusion von Tomate und Rind gelungen. Dieses Frucht-Fleisch, so hieß es, sehe nach ganz normaler Tomate aus, bis auf zwei Unterschiede: zum einen sei die «Haut» ziemlich dick und resistent, zum andern zeigten sich am Stielansatz ungewohnte Auswüchse, die sich bei mikroskopischer Untersuchung als echte tierische Proteine im Pflanzengewand erwiesen. Um diesen Tomaten-Rinder Komplex noch mit einem brotartigen Element zu verbinden, solle er mit Weizen-Zellen zu einem «Superhybrid» verschmolzen werden. Eine italienische Zeitschrift jedoch setzte unseren Hoffnungen in die Wissenschaft einen Dämpfer auf; gleichzeitig wies sie darauf hin, daß diese Entwicklung so neu nicht sei: Ihr waren nämlich die merkwürdig undeutschen Namen der Wissenschaftler aufgefallen, die beiden *Hamburger* hießen Barry McDonald und William Wimpey. (Bald darauf stellte sich der Artikel der *New Scientist* als wissenschaftlicher Aprilscherz heraus.)

Tatsache aber scheint, laut Reay Tannahill, die Züchtung von Tomaten im Hinblick «auf ein Standardgewicht, das eine genaue Einteilung nach Pfund und Kilogramm erlaubt (18 Tomaten = 1 kg)», die den winzigen, gummiartigen Champignons, «die sich durch ihr Aussehen und sonst gar nichts auszeichnen», Gesellschaft leisten.

Die Rache der Tomate

Die Tomate ist – im Verein mit faulen Eiern – ein beliebtes und bewährtes Wurfgeschoß, da sie über gute Flugeigenschaften verfügt und markante Spuren hinterläßt. Zu diesem Zweck kann sie übrigens guten Gewissens im Rohzustand belassen werden.

Und von einem, der das Naheliegende nicht sieht und der vielleicht vor Liebe blind ist, sagt man, er habe wohl Tomaten auf den Augen.

Das Mahl und seine Auflösung

Zwischen Trieb und Stillung, so der Kulturpsychologe Hellpach, «schaltet sich ein Etwas ein, das entweder (...) das elementare Verlangen abbiegt (...) oder (...) der Unmittelbarkeit des Zugriffs entrückt: *geistige Zwischenglieder* entfernen Trieb (...) und Befriedigung (...) voneinander (...). Abgesehen von Perioden ärgster Not und Wirrnis, wie sie in langwährenden Kriegen, Umstürzen, Seuchen vorkommen, ist keine Zeit und keine Gegend darauf verfallen, die Menschen aufzufordern, zu essen, wann und wie sie Lust haben, jeder nach seinem Gutdünken und Verfügen; immer wieder hat man aus *Futter Speise* geformt, den *Verzehr* zum *Mahl* geordnet (...)» Hellpach 1953, S. 18ff.)

Lange Zeit war das *Mahl* der Rahmen, der alle Eßhandlungen umfaßte. 1801 definierte Krünitz' «Encyclopädie» (Bd. 82, S. 492) «Mahl» als «die Handlung, da man Speise zu sich nimmt. Hiervon sind die zusammengesetzten Mittagsmahl, Abendmahl, Nachtmahl, Frühmahl, Gastmahl, Hochzeitsmahl, Ehrenmahl, Freudenmahl, Trauermahl, Opfermahl, Henkermahl etc. gebräuchlich.»

Die neuere Etymologie nimmt an, das Wort «Mahl» sei ursprünglich mit «Mal» identisch gewesen. «Auch im Englischen (meal) (...) entwickelte sich wie im Deutschen aus der Bedeutung ‹Zeitpunkt, festgesetzte Zeit› die Bedeutung ‹Essenszeit, Essen›.» (Duden Etymologie, S. 418)

Grimms Wörterbuch erwähnt hingegen – Ende des 19. Jahrhunderts – eine zweite Bedeutung des altnordischen «mâl», nämlich «Sprache, Vertrag, Rechtssache», und empfiehlt: «unser mahl convivium als ein wort mit dem alten mahal judicium, concio, pactum zu betrachten, und in materieller hinsicht liegt es näher, statt des weniger einleuchtenden bedeutungsüberganges von einem zeitpunkt zu einer festlichen bewirtung, vielmehr daran zu denken, wie nach allgemeiner alter sitte jeder gröszeren versammlung, sowie dem abgeschlossenen rechtshandel oder vertrage ein feierliches zusammenessen folgt (...).»

Dieses Moment des Zusammenessens sieht der Soziologe Simmel auch noch zu Beginn des 20. Jahrhunderts als entscheidendes Kennzeichen der Mahlzeit. Er schreibt im Jahr 1910: «In dem Maße, in dem die Mahlzeit eine soziologische Angelegenheit wird, gestaltet sie sich stilisierter, ästhetischer, überindividuell regulierter. (...) Zunächst tritt hier die *Regelmäßigkeit* der Mahlzeiten auf. Von sehr tiefstehen-

Festessen anläßlich der Erbhuldigung
für Maria Theresia von Österreich, 1740

den Völkerschaften wissen wir, daß sie nicht zu bestimmten Stunden, sondern anarchisch, wenn ein jeder gerade Hunger hat, essen. Die Gemeinsamkeit des Mahles aber führt sogleich zeitliche Regelmäßigkeit herbei, denn nur zu vorbestimmter Stunde kann ein Kreis sich zusammenfinden – die erste Überwindung des Naturalismus des Essens.» (1957, S. 245)

Während das Wort «Essen» vorrangig auf den *Akt* zielt, benennt «Mahl» einen geradezu *rituellen Rahmen*, der folgendes umfaßt:

– die festgelegte Zeit (Voraussetzung ist eine für eine Gesellschaft oder Gruppe verbindliche Zeitstruktur, in der die Essenszeiten geregelt sind);
– alltägliche Wiederkehr oder bestimmter Anlaß (mehr als «bloß» Hunger oder Appetit; *äußere* – Gasteinladung, Feier u. a. – oder *innere* Motivation);
– festgelegter Ort;
– festgelegter Personenkreis;
– bestimmte Vorbereitungen: Händewaschen, Fußwaschung (Antike), Abwarten der Vollzähligkeit der Esser;
– bestimmter – mehr oder weniger zeremoniell geregelter – Ablauf: Anfang und Ende sind klar erkenntlich (zum Beispiel Zeichen des Patron, Tischgebet u. a.), die Speisen sind verbindlich festgelegt und werden – mindestens der Möglichkeit nach – von allen geteilt;
– Speiseabfolge (in Europa zum Beispiel Vorspeise, Hauptgericht, Nachspeise) nach bestimmten Regeln.

Schon Zedler (1739) wies auf die besondere soziale Form des Mahls hin: «Es wird aber das Mahl oder die Mahlzeit unterschieden theils nach der Zeit, wenn man ordentlich zu speisen in Gewohnheit hat, und da ist bekannt das Mittag-Mahl und Abend-Mahl; theils nach der Beschaffenheit derer Umstände, warum ein solcher Termin anberaumet, und mit gewissen Ceremonien besonders angesetzet worden, als da sind die Freuden- und Trauer-Mahle, zu welchen ersten zu rechnen alle Gast-Mahle, Banquets, Hochzeit, Kindes-Tauff und bey andern frölichen Begebenheiten angestellte Essen, wobey gute Freunde zusammen kommen, und dieselben mit einander in Freuden verzehren; das letzte aber begreiffet nicht nur die an dem Begräbniß-Tage von denen hinterbliebenen des Verstorbenen auszurichtende Trauer- oder Leid-Essen oder wie sie sonst Nahmen haben mögen, sondern auch mit Recht die so genannte Henckers-Mahlzeit, da einem Maleficanten kurz vor seinem Ende nach seinem Wunsche Speiß und Tranck gereichet wird.» (Bd. 19, Sp. 227f.)

Das Mahl, so scheint es, ist ein stark normativ geregeltes Essen, ein Ritus, der dem Essen über das Sich-Ernähren und auch über die indivi-

duelle Eßlust hinaus ein geistiges oder weihevolles Moment verleiht.

Für Georg Simmel «entfaltet sich» im «sich zusammenfinden zur gemeinsamen Mahlzeit» die «Überwindung des bloßen Naturalismus des Essens», dieser «in der Entwicklung unserer Lebenswerte so primitiv und niedrig gelegenen Tatsächlichkeit». Über diese «Sozialisierung» «steigt» das Essen auf, hin «zur Bedeutsamkeit des Opfermahles, zu der Stilisierung und Ästhetisierung seiner schließlichen Formen» (1957, S. 250).

«Die Kulte des Altertums» sieht Simmel «im Opfermahl zusammengefaßt», das sich jedoch nur an «begrenzte Kreise lokal Zusammengehöriger» wandte. «Insbesondere im semitischen Altertum bedeutet dies das brüderliche Verhältnis durch den gemeinsamen Zutritt zu der Tafel Gottes.» Doch das Christentum, als eine der Weltreligionen, verändert die Maßstäbe. «Erst das christliche Abendmahl, das das Brot in dem Leibe Christi identifiziert, hat auf dem Boden dieser Mystik die wirkliche Identität auch des Verzehrten und damit eine ganz einzige Verknüpfungsart unter den Teilhabenden geschaffen. Denn hier, wo nicht jeder ein den andern versagtes Stück des Ganzen zu sich nimmt, sondern ein jeder das Ganze in seiner geheimnisvollen, jedem gleichmäßig zuteil werdenden Ungeteiltheit, ist das egoistisch Ausschließende jedes Essens am vollständigsten überwunden.» (1957, S. 244)

Die von Simmel soziologisch beschriebene «Verknüpfung» der einzelnen im Mahl sieht in der biblischen Formulierung – in der Version des «Evangelium nach Markus» (14,22–24) – so aus: «Während des Mahls nahm er [Jesus; d. Verf.] das Brot und sprach den Lobpreis; dann brach er das Brot, reichte es ihnen und sagte: Nehmt, das ist mein Leib. Dann nahm er den Kelch, sprach das Dankgebet, reichte ihn den Jüngern, und sie tranken alle daraus. Und er sagte zu ihnen: Das ist mein Blut, das *Blut des Bundes*, das für viele vergossen wird.»

Im «Herrenmahl» «tritt (...) die Gemeinde in Tischgemeinschaft mit ihrem erhöhten Herrn» (Religion in Geschichte und Gegenwart, Bd. 1, Sp. 10f.); für Paulus konstituiert sich sogar «die Gemeinde als der *eine* Leib Christi». Den Tischgenossen wird «in der Feier des Mahles die Heilsfrucht dieses Todes (Jesu; d. Verf.) zugesprochen. Der Tod wird als ein für *sie* erlittener mitgeteilt. (...) Das Herrenmahl weist in die Gegenwart. Jede Feier ist eine neue Bekräftigung des Bundes Gottes mit seiner Gemeinde. (...)» Und: «Es ist die Vorwegnahme des kommenden Messiamahles und wird darum in eschatologischem Jubel gefeiert.» (Religion in Geschichte und Gegenwart, Bd. 1, Sp. 11)

Während Simmel diese sozialisierende *Dynamik* des Mahls untersucht, wie sie in der christlichen Abendmahlsymbolik auftaucht, kümmert sich die Kulturwissenschaft bzw. die Volkskunde eher um die einzelnen *Bestandteile* des Mahles.

Auch in der kulturwissenschaftlichen bzw. volkskundlichen Analyse von Essen und Ernährung ist das Mahl, die Mahlzeit, zur Grundeinheit geworden. Günter Wiegelmann zufolge bündeln sich «alle ethnologisch wichtigen Aspekte der Nahrung (...) in der Mahlzeit. (...) Die Mahlzeit erfüllt alle Bedingungen, die man an eine Grundeinheit stellen kann: Sie ist zu allen Zeiten und in allen Sozialgruppen gleichermaßen vorhanden, sie ist den generellen Zielen der Disziplin zugeordnet, fordert geradezu abstrahierende Betrachtung, sie bietet durch die Nähe zum Lebensrhythmus vielfache Querbezüge zu anderen Sachbereichen des Lebens und wirkt dabei für die Disziplin integrierend.» (Zitiert nach: Tolksdorf 1976, S. 75)

Ulrich Tolksdorf zerlegt formalisierend die komplexe Grundeinheit «Mahlzeit» in verschiedene Elemente: Er führt dazu aus: «Unter ‹Speise› (SP) wollen wir den (Kost-)Komplex verstehen, der sich konstituiert aus einem pflanzlichen, tierischen oder mineralischen Produkt, das in einer (...) Population als Lebens- oder ‹Nahrungsmittel› (N) angesehen wird, sowie einer ‹kulturellen Technik› (T), mit der es für den menschlichen Verzehr verändert (zubereitet) wird.» (1976, S. 76)

Die «soziale Situation» hat eine Zeit- und eine Raumdimension.

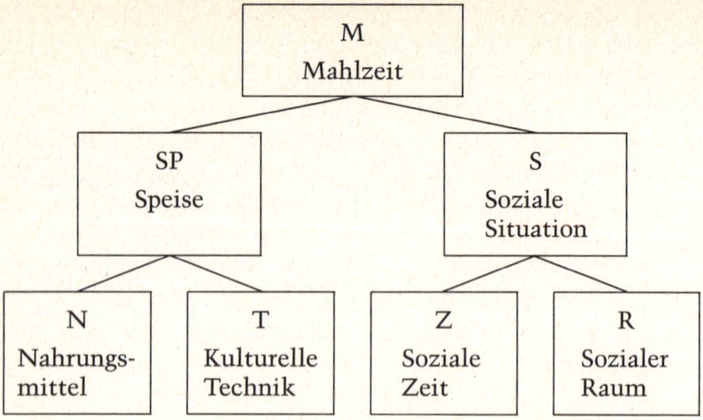

(Teil des Darstellungsmodells von Tolksdorf)

«Unter ‹soziale Zeit› (Z) verstehen wir u. a. lebensgeschichtliche Situationen wie z. B. Kindheit, Krankheit, Schwangerschaft, Alter (denen z. B. bei ‹Nahrungsmitteln› bzw. ‹Speise› Kinder- und Krankenkost entspricht), aber auch z. B. Hunger- und Notzeiten oder bestimmte jahreszeitliche Termine wie z. B. Frühling und Herbst oder Weihnachten und Ostern. Dazu gehören natürlich auch Tages-, Wochen- und Jahresrhythmus, ebenso wie die Zeiten der Arbeit und der Freizeit. (...)

Dasselbe gilt für den ‹sozialen Raum›, wo wir den Verzehrsort (...), also z. B. Haus – außer Haus, Gute Stube, Küche, Gastwirtschaft, auf der Straße (Imbiß-Situation), Tischordnung usw. bestimmen. So mag es z. B. bei der Kategorisierung von Situationen wichtig sein, ob der soziale Ort ‹Tisch› vorhanden ist oder nicht. Das Fehlen eines Tisches (bei Parties, Picknicks, Stehhallen, Mahlzeiten auf dem Feld usw.) bedeutet einen weitreichenden Verlust von dem, was wir traditionellerweise mit Eßkultur verbinden, da es keine feste Sitz- und Tischordnung, keine Tafelsitten, keine festen Tischpartner und Tischgespräche usw. mehr gibt. Weiterhin hat diese Verzehrs-Situation bestimmte Auswirkungen auf die Auswahl und Zubereitung der Nahrungsmittel.» (Tolksdorf 1976, S. 80f.)

Tolksdorf und andere Kulturwissenschaftler versuchen, durch diese Aufteilung des Mahls in einzelne Elemente dem inneren Zusammenhang bestimmter Speisen und Situationen auf die Spur zu kommen. (Im Kapitel «Regionale und transnationale Kost» ist ein kleines Beispiel für Tolksdorfs Analyse zu finden.)

Wenn man von «Mahl» spricht, geht es also um mehr als um «bloßes» Essen, nämlich um eine fast rituell geregelte Handlung. In diesem Sinne ist «Mahl» mehr als die bloße Verklammerung der Elemente «Nahrungsmittel», «Zubereitungstechnik», «sozialer Raum», «soziale Zeit». Sein geregelter Charakter verleiht dem Essen ein gleichsam weihevolles Moment, denn das «Mahl» ist anderes als nur ein «Sich-Ernähren», es besteht aus mehr als der Realisierung individueller Eßlust.

Wenn Ginka Steinwachs das «Mahl» als das Gegenteil von «falsch essen» bestimmt, so enthält der Begriff mehr als die Summe seiner Elemente. «Richtig essen hat viele Implikationen. Ein Faktor von nicht zu unterschätzender Wichtigkeit ist dabei die Zeit. Wie ein richtiges, und d. h. mit Grimod: gutes, heißes, reichliches Mahl, sich in ein falsches verkehrt, wenn es hastig eingenommen wird, so kann ein falsches, und d. h. schlechtes, kaltes, knappes Essen, wenn es zelebriert wird, in ein richtiges Mahl umschlagen.» (1977, S. 439)

Man kann aus diesen Bestimmungen schließen, daß die Tätigkeit des Essens Teil einer Mahlsituation sein *kann*. In dem Moment aber, in dem es keine verbindliche Zeitstruktur, keine allgemein anerkannten Anlässe oder verbindlichen Zeremonien mehr gibt, *ißt* man zwar, man *hält* aber nicht mehr im vollen Sinne *Mahl*.

Wenn von «richtigem Essen» und behaglicher Tischgemeinschaft die Rede ist, wird immer noch das Bild bäuerlicher Tischordnung beschworen. In ihr scheint sich die Naturnotwendigkeit des Essens eine sinnvolle Form ohne ästhetischen Aufwand geschaffen zu haben. Besonders die Volkskunde und die romantische Literatur des 19. Jahrhunderts sah mit Vorliebe in der bäuerlichen Lebens- und Arbeitsgemeinschaft ein ideales Urbild alles menschlichen Seins; die bäuerliche *Tisch*gemeinschaft galt dementsprechend als die ursprüngliche, «gesunde» Form des Zusammenseins. Besonders zwei Vorstellungen zogen und ziehen den Städter auch heute noch besonders an: zum einen die unmittelbare Nähe der Esser zum nährenden Busen der Natur – während der Städter auf den Markt, auf den Warentausch und Geldverkehr angewiesen ist, um die Nahrung als *Ware* «aus deutschen Landen frisch auf den Tisch» zu bekommen. (Dabei wird schlicht vergessen, daß es vom Agrar*markt* abhängt, welche Feldfrüchte angebaut und welche Tiere gehalten werden, denn Bauern produzieren, um zu verkaufen.) Mit dieser Vorstellung naturverbundener Ernährung verband sich zum anderen beim zivilisationsgeplagten Städter die Vorstellung von gewissermaßen «naturwüchsigen» menschlichen Beziehungen, von rein *geselligen* und nicht gesellschaftlichen Verhältnissen. Sie gipfeln im Bild einer unterschieds-

losen bäuerlichen Tischgemeinschaft, in der Herr und Gesinde gleichberechtigt um einen Tisch saßen und sich ohne Bevorzugung des Herren teilten, was auf den Tisch kam. Dies alles schien gleichsam in einer natürlichen und göttlichen Ordnung aufgehoben. Besonders der Nationalsozialismus hat dieses Bild mystifiziert (vgl. Kapitel «Die nationalsozialistische Tischgemeinschaft»).

Wie es nun wirklich um die bäuerliche Tischgemeinschaft stand, beschreibt Karl Baumgarten am Beispiel der Tischordnung im alten mecklenburgischen Bauernhaus. Die Sitzordnung zeichnete sich dort zu Beginn des 19. Jahrhunderts noch durch zwei Eigenheiten aus:

«1. Männer und Frauen saßen getrennt am Tisch, die Männer auf einer wandfesten Bank hinter dem Tisch entlang der Fensterwand, die Frauen auf einer beweglichen, oft lehnenlosen Bank vor dem Tisch.

2. Der Bauer nahm am Tisch einen Sonderplatz ein. Er saß, meist ebenfalls auf einer wandfesten Bank, am Kopfende des Tisches. Fast immer wird dies (...) durch die Feststellung: ‹Tins (= vorne) set de Buer› gekennzeichnet.» (1965, S. 7) Der Großknecht saß ihm meist zur Seite, daneben der Mittelknecht (auf großen Höfen) und schließlich der Junge. Arbeitsdifferenzierung legte auch die Anordnung auf der Frauenbank fest: Neben der Bäuerin die «Grotdiern», dann die «Lüttdiern», erwachsene Kinder wurden allgemein entsprechend ihrer Tätigkeit in diese Ordnung eingegliedert bzw. hatten Anspruch auf einen ihrer Arbeit entsprechenden Platz. «Die tradierte Tischordnung im alten Bauernhaus Mecklenburgs war gleichzeitig Abbild der hier in Relikten bis ins 19. Jahrhundert hinaufreichenden patriarchalischen Ordnung bäuerlichen Lebens. In ihr gebührte dem Bauern als ‹pater familias› – er schnitt und verteilte das Brot – der bevorrechtete Platz. Nach dem Bauern erscheint am gemeinsamen Eßtisch die Männerseite der Frauenseite gegenüber bevorrechtet. Auch das entsprach einer ursprünglichen Ordnung im patriarchalischen Sinne. Dabei zählte zur ‹familia› nach altbäuerlichem Begriff neben Frau und Kindern auch das Gesinde. Sinnfälliger Ausdruck dafür war – außer der am gleichen Tisch gemeinsam eingenommenen Mahlzeit – die für Bauer und Bäuerin übliche Anrede. Beide waren für alle, ob Sohn oder Knecht, ob Tochter oder Magd, ursprünglich *Vadder* und *Mudder*, erst später *Bur* und *Fru*. Alle wiederum wurden von diesen mit *Du* angesprochen. Doch gebührte dem Gesinde und den Kindern eine solche Anrede dem Bauern und der Bäuerin gegenüber nicht.» (Baumgarten 1965, S. 8)

Zunächst in der Nähe der Städte (zum Beispiel um Lübeck) und auch unter dem Einfluß der Wohn- und Lebensformen der Großgrundbesitzer (zum Beispiel zwischen Rostock und Güstrow) begann sich diese Tischordnung aufzulösen: Der Bauer und seine Familie hatten einen Tisch für sich, aber immer noch in der gleichen Stube. «Später zog sich jedoch die Familie des Bauern in ein anderes Zimmer zurück. Nebeneinander erschienen von nun ab zunehmend im Bauernhaus eine *Lüdstuw* für das Gesinde, eine *Wahnstuw* für die bäuerliche Familie. Während für die erstere noch längere Zeit die Verwendung von Bänken bezeugt ist, gewann die letztere mit dem von Stühlen umstellten Tisch in der Mitte des Raums und dem übrigen *blanken Geschirr* (polierte Möbel; d. Verf.) mehr und mehr städtisches Aussehen. Zu Beginn des 20. Jahrhunderts dürfte damit vielerorts in Mecklenburg der endgültige Bruch mit der tradierten Tischordnung vollzogen sein.» (Baumgarten 1965, S. 12)

Dieser Entwicklung lagen unter anderem ökonomische Veränderungen zugrunde: Waren bis ins 19. Jahrhundert Bauer und Knecht gegenüber dem Grundherrn leibeigen und schollengebunden, weshalb beide einen ähnlichen Status hatten («Durch Willkürakt des Grundherrn konnte der Bauer jederzeit abgemeiert, der Knecht zur Übernahme eines Hofes veranlaßt werden.»), so konnte nun (besonders ab 1867) der mecklenburgische Bauer «durch Zahlung eines wesentlichen Kanons ein weitgehendes Verfügungsrecht über Grund und Boden erwerben». Der bisherige «Hauswirt» wurde «nunmehr nahezu Eigentümer seines Betriebes und der Bauer in seiner gesellschaftlichen Stellung damit gegenüber dem Gesinde bedeutend gehoben» (Baumgarten 1965, S. 13). Der Bauer wird fortan mit «Herr» angeredet. Ein weiteres entscheidendes Moment der Auflösung war aber auch die Landflucht, der Abzug in die Städte und die Proletarisierung der ländlichen Familien.

Versuchen wir nun, uns dem Mahl durch einen Blick auf die unterschiedlichen Mahlgemeinschaften zu nähern. Wir nehmen Essen in einer verwirrenden Vielfalt von Situationen ein: Sicher ist es ein Unterschied, ob ich im Sommer mit Freunden ein Picknick veranstalte oder ob ich mich an der Essensausgabe einer Kantine in die Schlange einreihe; ob ich mit Geschäftsleuten «auf Spesen» ein üppiges Arbeitsessen einnehme oder ob ich im Auto an der roten Ampel von einem belegten Brot abbeiße; ob ich an einem Hochzeitsmahl teilnehme oder ob ich in der Diskothek einen Hot Dog esse; ob ich im Krankenhaus Kartoffelbrei eingelöffelt bekomme oder ob ich im Hamburger-Lokal sitze; ob ich zu einem «Feinschmeckerkurs» antrete oder ob ich zu Hause frühstücke, oder ... oder ... oder.

A. Paul Weber: Heimliches Nachtmahl, 1947

Exkurs zum sozialen Sinn des Essens

Versteht man Essen nicht als nur von dem einzigen Grund Hunger bestimmte Reaktion, so heißt das andererseits auch zu verzichten auf eindimensionale Gleichsetzungen wie zum Beispiel Essen = Gemeinschaftsbildung, Essen = Versorgungs-Ritual, Essen = Aktualisierung der nährenden Mutterbrust, Essen = Bemächtigung, Essen = Kompensation ungelebter Bedürfnisse usw.

Gleichwohl ranken sich diese Themen zumindest in Mitteleuropa nicht zufälligerweise ums Essen herum. Wir wissen, daß es eine Vielzahl von sozialen Formen des Speisens gibt. Die älteste und erste im Leben eines jeden Menschen ist der Kontakt mit der nährenden Mutter (oder einer anderen pflegenden Person), in dem zunächst noch Nährende und ernährtes Kind als Einheit empfunden werden. Diese Beziehung ist biologisch bedingt, da sich das menschliche Neugeborene – im Unterschied zu vielen Tieren – nicht *alleine* ernähren kann.

Die Notwendigkeit der *Arbeitsteilung* bei der Jagd und dem Erlegen von Tieren in einem bestimmten Stadium der Menschheitsentwicklung mag den Anlaß dazu gegeben haben, die Beute *gemeinsam* zu verzehren. Dies besonders zu der Zeit, in der das zur Zubereitung oft notwendige Feuer nicht überall verfügbar oder transportierbar war. In späteren Zeiten waren die gemeinsame Haushaltung und die für den

Haushalt verbindliche Zeiteinteilung Grundlage der Mahlgemeinsamkeit. Die Großfamilie hatte innerhalb ihrer Arbeitsökonomie die fürs Kochen zuständigen Personen bestimmt, die alle Mitglieder versorgten. Schließlich – nach dem Zerfall der Großfamilie – sind Motive der Geldökonomie eine der materiellen Grundlagen des gemeinsamen Essens: Es ist billiger, für mehrere einzukaufen und zu kochen als für eine einzelne Person. Doch ist die Mahlgemeinsamkeit nicht mehr vorrangig ans Haus gebunden – genausogut und parallel zu ihr kann sie in der Kantine ihren Platz haben.

Moderne Koch- und Aufbewahrungstechnik (Kühlschrank, Konserven) machen angesichts der differenzierten und sich überlagernden Zeitketten der Familienmitglieder (und oft auch der Arbeitskollegen) das Essen zu einem beliebig organisierbaren Moment.

All diese materiellen Gründe des gemeinsamen Essens werden durch eine Reihe von Mythen und Riten flankiert: Abendmahl, Leichenschmaus, Festmahle, rituelle Mahlanfänge und -auflösungen (Warten, bis alle bei Tisch sind, Gebet, Zeichen des Hausherrn zum Beginn – oder gar zum Ende; mit dem Aufstehen warten, bis alle fertig sind u. a.)

Wenn wir nun im folgenden die Formen und Veränderungen der sozialen Formen des Essens betrachten, dann müssen wir berücksichtigen,

– daß Essen sowohl eine soziale Situation bestimmen, ihr also einen eigenen Charakter geben kann, als auch
– daß eine soziale Situation den Verlauf und den Charakter eines Essens bestimmen kann.

Im sozialen Sinn des Essens laufen sowohl Formen der Geselligkeit einer Kultur als auch gesellschaftlicher Sinn und Bedeutungen des Essens als Akt der Bedürfnisbefriedrigung (von Hunger und Appetit) zusammen. Es treffen sich – abstrakt formuliert – soziogenetische und psychogenetische, phylogenetische und ontogenetische Momente (s. Elias 1976, Bd. 2, S. 391 f.). Beim Essen vollzieht sich eine Einheit von Hungerstillung, äußerer sozialer Funktion und innerer Dynamik des Eßvorgangs. Soziale Verhältnisse und Ereignisse schaffen demnach Eß-Situationen, andererseits stiftet Essen soziale Situationen.

Versucht man sich zu erinnern, mit wem man wann und wo gegessen hat, so fragt man sich, ob durch die Geste des Teilens einer Speise denn alle Personen mir gleichermaßen zum Tischgenossen oder zum «Kumpan» werden. (In «Kumpan» steckt übrigens das italienische «compagno». Das Wort bezeichnet den, mit dem man sein Brot teilt und verzehrt – im Gegensatz zum «Eigenbrötler».) Man könnte versuchen, die Qualität der Beziehungen zu den Personen zu unterschei-

den, mit denen man gegessen hat, mit denen man am häufigsten oder am liebsten speist: welche Gemeinsamkeiten zwischen Kleinkind und Mutter (oder einer anderen nährenden Person), innerhalb der Kernfamilie (Mutter, Vater, Geschwister) oder der Wohngemeinschaft, mit der erweiterten Familie (Großeltern, Tanten, Onkel, Vettern, Basen ...), mit Freunden, Schulkameraden, Geliebten, Arbeits- oder Studienkollegen, Geschäftspartnern, Parteifreunden schafft Essen? Verbindet mich eine Mahlzeit mit all diesen Personen in gleicher Weise? Hat gemeinsames Essen heute überhaupt noch diese soziale Bindekraft, von der Simmel zu Beginn des Jahrhunderts sprach? Macht es zum Beispiel einen Unterschied, ob ich mit jemandem spazierengehe, einen Film anschaue, ein Bier trinke oder mit ihm essen gehe? Und noch weiter gefragt: Macht es einen Unterschied, ob ich jemanden «bekoche» oder in einem Restaurant zum Essen einlade?

Die Antworten auf all diese Fragen hängen davon ab, welcher soziale Sinn dem gemeinsamen Essen heute noch zukommt, ob überhaupt noch von einem verbindlichen Sinn des Miteinander-Teilens von Essen gesprochen werden kann. (Zur Frage der subjektiven Bedeutung vgl. Kapitel «Gegessenes und Geträumtes».)

Es wäre vermessen, all diese Fragen hier mit einer allgemeingültigen Antwort erledigen zu wollen. Viel mehr wollen wir uns im nächsten Kapitel auf das Verhältnis von Privatem und Öffentlichem beim Mahl beschränken.

Tischgenossen und Eigenbrötler

«Was ich denke, kann ich andere wissen lassen; was ich sehe, kann ich sie sehen lassen; was ich rede, können Hunderte hören – aber was der einzelne ißt, kann unter keinen Umständen ein anderer essen.» (Simmel 1957, S. 243) Der Soziologe Georg Simmel sieht in seinem Aufsatz «Soziologie der Mahlzeit» (1910) das soziale Dilemma der Mahlzeit darin, «daß auf das, was der eine haben soll, der andere unbedingt verzichten muß». Doch gerade an diese «exklusive Selbstsucht des Essens» (1957, S. 244), an diese in den «Niederungen des organischen Lebens gelegene (...) Bedürfnisbefriedigung» (1957, S. 248), knüpft sich «eine Häufigkeit des Zusammenseins, eine Gewöhnung an das Vereinigtsein» (1957, S. 244). «*Daß* wir essen müssen, ist eine in der Entwicklung unserer Lebenswerte so primitiv und niedrig gelegene Tatsächlichkeit, daß sie jedem Individuum fraglos mit jedem gemein ist. Dies eben ermöglicht das Sichzusammenfinden zur gemeinsamen Mahlzeit.» (Simmel 1957, S. 250) Die Mahlzeit ist gewissermaßen einer der kleinsten gemeinsamen Nenner der Menschen über alle Klassen, Rassen, Altersstufen, Geschlechter, Nationen hinweg. Gemeinsames Essen und Trinken «löst eine ungeheuere sozialisierende Kraft aus, die übersehen läßt, daß man ja gar nicht wirklich ‹dasselbe›, sondern völlig exklusive Portionen ißt und trinkt», ja es bewirkt sogar, daß «Personen, die keinerlei spezielles Interesse teilen, (...) sich bei dem gemeinsamen Mahle finden» (Simmel 1957, S. 244) können. Die gemeinsame Mahlzeit hat deshalb «in manchen früheren Epochen einen ungeheuren sozialen Wert erlangt, dessen deutlichste Offenbarung die *Verbote* der Tischgemeinschaft sind. So bestimmt die Cambridge Guild im elften Jahrhundert eine hohe Strafe für den, der mit dem Mörder eines Gildebruders ißt und trinkt; so verordnet das Wiener Konzil von 1267 in seiner stark gegen die Juden gerichteten Tendenz noch besonders, daß Christen mit ihnen keine Gemeinschaft der Tafel haben sollten; so ist in Indien die Befleckung durch gemeinsames Essen mit einem der Kaste nach Niederen von gelegentlich tödlichen Folgen! Der Hindu speist oft allein, um *ganz* sicher zu sein, daß er keinen verbotenen Tischgenossen hat. Im mittelalterlichen Gildenwesen ist das gemeinsame Essen und Trinken ein Punkt von so vitaler Wichtigkeit, wie wir es heute gar nicht mehr nachfühlen können. Man möchte glauben, daß in der Unsicherheit und Fluktuierung des mittelalterlichen Daseins dies ein sozusagen

anschaulich fester Punkt war, ein Symbol, an dem sich die Sicherheit des Zusammengehörens immer von neuem orientierte.» (Simmel 1957, S. 144f.) Jene geradezu magische Bindungskraft der Mahlzeit für die einzelnen Esser sieht Simmel darin begründet, daß die «Form ihrer Konsumierung» (1957, S. 245) stilisiert, ästhetisch und überindividuell geregelt ist. Neben bestimmten *Speiseverboten*, dem äußeren Rahmen einer Eßkultur, bestimmen die *Formen* des Essens (nach Simmel) die Bildung von Sub-Kulturen, spezifischen Mahlgemeinschaften. Hierzu gehören die zeitliche «*Regelmäßigkeit* der Mahlzeiten» (nämlich zu essen, wenn «zu vorbestimmter Stunde» ein Kreis sich zusammenfindet, und nicht, wenn ein jeder gerade Hunger oder Appetit hat), die *Reihenfolge*, in der man sich bei Tisch bedient und die «Regulierung der *Eßgebärde*» – «ein Kodex von Regeln, von der Haltung von Messer und Gabel bis zu den angemessenen Themen der Tischunterhaltung» (Simmel 1957, S. 246).

Die Eßgemeinschaft bildet sich also nicht durch das bloße Essen-Wollen, den unmittelbaren «Sättigungszweck», sondern durch das Verlangen nach einer «ästhetischen Befriedigung» innerhalb der ‹guten Gesellschaft›. Deshalb erscheine «gegenüber dem Bilde der Esser in einem Bauernhaus oder bei einem Arbeitsfeste (...) ein Diner in gebildeten Kreisen den Bewegungen der Personen nach völlig schematisiert, überindividuell, reguliert» (Simmel 1957, S. 246). (Im Kapitel «Die Zivilisierung des Essers» wird noch auf die Rolle der Verhaltensunterschiede bei Tisch als Mittel der *Abgrenzung* gegen die niedrigeren Klassen bzw. der *Annäherung* an die höherstehenden Klassen eingegangen werden.)

Den ästhetischen Genuß sieht Simmel bei seiner Analyse bürgerlicher Eßkultur nicht nur durch das gleichförmige Handeln der Esser, sondern auch durch die Gegenstände gewährleistet: *Messer* und *Gabel* dienen dazu, eine Distanz zwischen der Hand des Essers und dem Bissen zu schaffen. Auf diese Weise läßt sich die Zurückhaltung gegenüber der individuellen Begierde, dem unmittelbaren Zupackenwollen ausdrücken; zugleich wird dadurch das Verhalten der Tischrunde gleichförmig, denn alle bedienen sich der gleichen Instrumente und in ähnlicher Haltung. Die *Teller* symbolisieren für Simmel ein weiteres Moment der Ordnung bei Tisch: zwar sind sie als einzelne «gegenüber der Schüssel, aus der in primitiven Epochen ein jeder einfach herausgelangt, (...) ein individualistisches Gebilde» (1957, S. 247), doch stellen die Teller insgesamt eine Gleichartigkeit, eine Konzertierung der einzelnen Teile des Tischgeschehens dar. Tellermulde und Tellerrand bilden Grenzen, die den Gesten des einzelnen Einhalt gebieten, ihn nicht darüber hinaus greifen lassen – in die Töpfe oder gar ins Revier des Nachbarn, denn jeder genießt die gleichen Bürgerrechte: «Die Teller eines Eßtisches müssen jeweils in sich völlig gleichartig sein, sie vertragen keine Individualität (...).» (Simmel 1957, S. 247) Individuelles muß weitgehend ausgeschlossen bleiben, da ja der Akt des Verzehrens schon ein Höchstmaß an Egoismus bedeutet. Weder dürfen Gestalt und Farben des Eßtisches individuell aussehen (nur «Weiß und Silber»), noch darf sich die Tischunterhaltung, «wenn sie im Stil bleiben will, (...) über die allgemeinen, typischen Gegenstände und Behandlungsarten in individuelle Tiefen begeben. (...) Über die Banalität der gewöhnlichen Tischgespräche zu klagen, ist deshalb ganz mißverständlich. Die graziöse, aber immer in einer gewissen Allgemeinheit und Unintimität sich haltende Tischunterhaltung darf jenes Fundament [nämlich die ‹soziale Realisierung› eines ‹primitiven Bedürfnisses›, d. Verf.] nie *völlig* unfühlbar machen, weil erst an dessen festgehaltenem Charakter die ganze auflösende Leichtigkeit und Anmut ihres Oberflächenspiels sich offenbart.» (Simmel 1957, S. 249)

Ganz anders nun charakterisiert Simmel das Essen im Gasthaus. Zunächst müssen wir aber zwei Arten der «Speisendarbietung» in diesem halböffentlichen Raum unterscheiden: das gemeinsame Mahl und das individuelle Essen. «Das gemeinsame Mahl, bei dem alle Gäste sich zu einer bestimmten Stunde um eine große Tafel versammeln» (Benker 1974, S. 191), an deren Kopfende oftmals der Wirt Platz nahm, wird als «Table d'hôte» bezeichnet. «Die andere Art zu speisen war das individuell gestaltete Mahl für einzelne oder kleine Gruppen.» (Benker 1974, S. 192) Etwa ab dem 17. Jahrhundert «wurde es üblich, in den Gaststuben nicht nur an der langen Tafel, sondern an getrennt stehenden Tischen verschiedene Gerichte zu servieren, die ‹à la carte› ausgewählt werden konnten. Auch beides nebeneinander – allgemeines Menü und à la carte-Speisen – findet sich bis zum heutigen Tag.» (Benker 1974, S. 192) Die Verschränkung von Speisenwahl und Tischordnung von Individuellem und Allgemeinem geht aus der folgenden Äußerung über die Wiener Gastronomie im Jahre 1834 hervor: «Table d'hôte wird nirgends gespeist. Der Österreicher spielt wie der Engländer beim Essen den Individuellen. Und wunderlich genug haben beide dabei gar nichts Persönliches, sondern essen alle dasselbe, der eine sein Rindfleisch und den Plumpuddig, jener ‹a Backhendl, a Möhlspeis und a Rostbraterl›.» (Heinrich Laube: Reise durch das Biedermeier; zitiert nach: Benker 1974, S. 192)

Dem Soziologen Simmel erscheint die eben erwähnte Table d'hôte als eine widrige Einrichtung, hält hier doch Individualität ins Essen Einzug – obwohl es dabei ja, wie wir gesehen haben, um eine große Tischgemeinschaft ging –, denn man begegnet sich «nur des Essens wegen, das Zusammen wird nicht als eigener Wert gesucht». Dies ist die «Voraussetzung, daß man trotz des Zusammensitzens mit all diesen Leuten dadurch in keinerlei Beziehung zu ihnen tritt» (1957, S. 247). Vom Speisen an getrennten Tischen im Restaurant spricht er nicht. (Vgl. auch Brillat-Savarins Anmerkung zur Institution des Restaurants.)

Die Besucher der Table d'hôte sind für Simmel gewissermaßen eine Ansammlung von sich bloß Sättigenden, denn «ausschließlich die Sozialisierung» kann den «Eßzweck» «in eine höhere ästhetische Ordnung leiten» (1957, S. 247). Dies erinnert an die – etwas zugespitzte – Beschreibung des französischen Reiseschriftstellers Huret, der um die Jahrhundertwende folgendes Bild des Berliner Essers entwarf: «... mit dem wulstigen Hals, der, um sich bequemer über seinen Teller bücken zu können, den Stuhl zurückgeschoben hat, mit gespreizten Armen am Tische sitzt und kein Wort mehr spricht, sobald die Schüsseln in Sicht sind: ‹Jetzt Schluß und ans Werk!› Er bringt zum Essen den gleichen Eifer, die gleiche Ausdauer mit wie zu seiner Tagesarbeit. Für das, was um ihn vorgeht, hat er jegliches Interesse verloren, die ganze Welt ist für ihn verschwunden – er schwelgt ...» (1979, S. 56) Für Sim-

mel ist nicht der individuelle Essensgenuß, sondern die Suche nach einem sinnvollen Zusammensein «gewissermaßen die Seele» (1957, S. 248) der Mahlzeit.

Mittlerweile hat sich viel verändert: «Essen» und «Nahrungsaufnahme» werden als Synonyme behandelt; statt der Table d'hôte laden eine Unzahl von Restaurants, Kantinen, Mensen und Imbißstuben zum Essen ein (die es übrigens um 1910, als Simmel den Aufsatz verfaßte, auch schon gab). Nur ein geringer Teil der Bevölkerung trifft sich noch zur «regelmäßigen Mahlzeit» (vgl. Kapitel «Zur Lage der essenden Nation»), zudem wird uns von Ernährungswissenschaftlern geraten, fünf (statt drei) über den Tag verteilte Mahlzeiten einzunehmen, die wir kaum stets mit den gleichen Personen teilen können. Ist die traditionelle Mahlzeitengemeinschaft von der Entwicklung ad acta gelegt worden?

Die nach 1870 hektisch einsetzende Industrialisierung lockte verarmte Handwerker, Kleinbauern- und Landarbeiterfamilien usw. in die Großstädte. Sie fanden sich in dichtbelegten Mietkasernen wieder, in rasch aus dem Boden gestampften Wohnvierteln oder Notunterkünften am Stadtrand. Die Neuankömmlinge mußten sich an die oft weite Entfernung zwischen Wohnung und Arbeitsplatz, an den städtischen Verkehr und den schnellen, von «Zeit ist Geld» beherrschten Lebensrhythmus der Stadt gewöhnen. Mit der Trennung von Wohnen und Arbeiten zerfiel meist auch die häusliche Tischgemeinschaft: Zu weit auseinander lagen die Arbeitsplätze der einzelnen Familienmitglieder, um sich zum gemeinsamen Mahl zu treffen. Sie wurden nun jeder für sich Teil umfassenderer Essensgemeinschaften, mit den Arbeitskollegen in der Betriebskantine oder einer naheliegenden Wirtschaft; so etwa, wenn das Essen im Henkelmann ans Fabriktor gebracht (vgl. Kapitel «Imbisse») oder von einem Lehrling, Hilfsarbeiter usw. für eine Arbeitsgruppe in Kantine oder benachbarten Läden eingekauft wurde.

Otto Rühle führt in seiner «Illustrierten Kultur- und Sittengeschichte des Proletariats» (1930, Reprint 1970) folgendes Zeugnis der schreibenden Arbeiterin Adelheid Popp an: «Die in der Nähe der Fabrik wohnenden Arbeiterinnen gingen nach Hause, und diese hatten es am besten, da sie warmes und besseres Essen bekamen. Einige Wochen ging ich zu Bekannten. Das war eine wahre Qual. Ich hatte 25 Minuten rasch zu gehen, dann verschlang ich eiligst das heiße Essen und eilte wieder an meine Arbeit, bei der ich immer atemlos und wie gehetzt anlangte. Das hielt ich nicht lange aus, und ich blieb wieder in der Fabrik ... Wer in der Fabrik über die Mittagsstunde blieb, kaufte sich um einige Kreuzer Wurst oder Abfälle in einer Käsehandlung. Manchmal aß man Butterbrot und billiges Obst. Einige tranken auch ein Glas Bier und tunkten Brot ein. Wenn uns vor dieser Nahrung schon ekelte, dann holten wir uns aus dem Gasthaus das Essen. Für fünf Kreuzer entweder Suppe oder Gemüse. Die Zubereitung war selten gut, der Geruch des verwendeten Fettes abscheulich, wir empfanden oft solchen Ekel, daß wir das Essen ausgossen und lieber trockenes Brot aßen und uns mit dem Gedanken an den Kaffee trösteten, den wir für den Nachmittag mitgebracht hatten ... Wir versuchten es auch, in eine Auskocherei zu gehen. Da erhielt man für 8 Kreuzer Suppe und Gemüse. Für weitere 8 Kreuzer kauften sich manchmal zwei zusammen ein Stück gekochtes Fleisch ... Nur jene Mädchen konnten sich besser ernähren, die an ihrer Familie eine Stütze hatten. Das waren aber nur wenige. Viel öfter hatten die Arbeiterinnen ihre Eltern zu unterstützen, oder sie mußten Kostgeld für ein Kind bezahlen.» (Rühle 1970, S. 344) Im «Privatbereich» wurde die Eckkneipe – besonders in Berlin, aber auch im Ruhrgebiet – zu einer Art öffentlichem Wohnzimmer (in dem allerdings mehr getrunken als gegessen wurde): «Vergegenwärtigt man sich, daß es in den Berliner Arbeitervierteln in jedem dritten Haus eine Kneipe gab (...), so ist leicht vorstellbar, wie naheliegend im wörtlichen Sinne der Gang ins Wirtshaus war. Auch Frau Grete D., eine heute 90jährige Berlinerin (...) erinnert sich: ‹Wissen Se, früher gab's in Berlin so viele Kneipen, in jedet Haus war 'ne Kneipe. Und wenn Vatern dat oben vielleicht zu langweilig wurde, dann ging er runter, Schafskopp spielen, da warn ja immer Leute.› Über die Bedeutung, die das Wirtshaus für sie hatte, äußerten sich Arbeiter in einer Befragung aus dem Jahre 1912 so: ‹Offengestanden finde ich in der Wirtschaft mehr Vergnügen als zuhaus. Denn ist man zuhaus, so krakehlt die Frau und macht dem Manne noch mehr mutlos. Im Wirtshaus trinkt man den Fusel, und so schwinden alle trüben Stunden.› Ähnlich wie dieser 27jährige Bergmann aus dem Ruhrgebiet, Vater von zwei Kindern, schrieb ein 42jähriger Metallarbeiter mit sechs Kindern: ‹Manchmal treibt mich das Elend und die schlechte Lebensart ins Wirtshaus. Dann vergesse ich solange den Kummer, den ich mir mache, weil (ich) meine Familie nicht anständig ernähren kann.› Die Kneipe also als Flucht vor der tristen Realität, als Gegenwelt zur Familie, in die die Männer – und wohlgemerkt nur die Männer – sich jederzeit zurückziehen konnten, in der sie Geselligkeit, Unterhaltung, Ablenkung und Zuspruch fanden. Für die Frauen war dieser Schritt aus der häuslichen Enge kaum möglich: Das Wirtshaus war ihnen verschlossen, es war die Form proletarischer Männeröffentlichkeit par excellence.» (Asmus 1982, S. 251)

Die Kneipe oder «Budike» konnte sowohl halböffentlicher Raum, aber auch kollektives Zuhause sein. Otto Nagels proletarischer Roman von 1928 «Die weiße Taube oder Das nasse Dreieck» schildert die Szenerie einer ziemlich elenden Budike, die von den umwohnenden Arbeitern gemieden und «Pennerkneipe» genannt wurde: «Es war immer Hochbetrieb in ihrem Lokal, und die Pfennige und Groschen, die tagsüber von einigen hundert Bettlern in Berlin zusammengefochten wurden, wanderten fast restlos in Muttchens Kasse. Was nicht vorn an der Theke hängenblieb, nahm hinten das Logierhaus ein. Dieses bestand aus zwei Ladenräumen, zwei Stuben und den dazugehörigen Küchen. In jedem Ladenraum standen zehn, in jeder Stube acht und in den beiden Küchen je zwei Betten. Die Gäste zahlten monatlich zwanzig Mark für ihr Bett. Bei täglicher Bezahlung kostete das Nachtquartier etwas mehr, nämlich durchweg siebzig Pfennige. Anspruchslos wie die ‹Kunden› nun einmal sind, nahmen sie mit dem Gebotenen vorlieb und meinten sogar: ‹Man schläft hier wie im feinsten Hotel.› Die 40 Betten waren fast immer voll belegt.» (1977, S. 15)

Doch auch der bürgerliche Esser drängt nach draußen: In «Die vornehme Gastlichkeit der Neuzeit», das ein Jahr vor Simmels Aufsatz erschien, liest man eine an Simmel erinnernde Klage über den Zerfall der bürgerlichen Geselligkeit durch den «starken Zug zur ‹außerhäuslichen Geselligkeit›, der sich in den Großstädten sehr bemerkbar macht. Gewöhnlich wird Raummangel als Ursache angeführt. Aus irgendwelchen geschäftlichen oder Bequemlichkeitsgründen muß die Wohnung in einer ganz bestimmten Gegend liegen; dort sind die Wohnungen gerade sehr teuer, man muß sich daher in der Zimmerzahl aufs äußerste einschränken und jedes Eckchen ausnutzen. Daher geht man in das Gasthaus. Dort trifft man seine Bekannten, ißt und trinkt ganz nach Geschmack und Belieben, ein gegenseitiges Überbieten ist ausgeschlossen, jeder kann kommen und gehen, wann er will, man hat keinen Ärger mit Lieferanten und Dienstboten, und zu Hause bleibt alles in Ordnung. Sehr schön, aber es wäre traurig, wenn das zum Ideal der bürgerlichen Geselligkeit würde. Das ist der Untergang der deutschen Küche, und es lockert die Familienbande ganz bedeutend. Wie einst der Herd bei unseren Vorfahren ist heute der Tisch das Zentrum der Familie. Wohl dem Hause, dessen Leiterin bei Angehörigen und Freunden den Weg zum Herzen durch den Magen zu finden weiß, denn das ist eine der vornehmsten Aufgaben der deutschen Hausfrau. Wo nicht Raum und Mittel genug vorhanden, geht es sehr gut ohne kostspielige Bewirtung zahlreicher Gäste ab, aber ohne Zweifel ist die Gemütlichkeit im Hause eine größere. Überdies ist für unsere Gattinnen und Töchter das Wirtshaus nicht der wünschenswerte Ort zur Geselligkeit und noch viel weniger für die Kinder und Heranwachsenden.» (Gollmer 1909, S. 33)

Die selbständige Esserin

Schwer hatten es in aller Öffentlichkeit alleine essende Frauen: Im «Wegweiser für die gute Lebensart zu Hause, in Gesellschaft und im öffentlichen Leben» (der 1908 in der fünften, verbesserten und vermehrten Auflage unter dem Titel «Das goldene Anstandsbuch» erschien) hieß es dazu: «Junge Mädchen und Damen dürfen natürlich auch allein in Konditoreien gehen, zumal diese zumeist besondere Damenzimmer haben. Anders verhält es sich mit Wirtschaften, da in diesen zuweilen Damen ohne Begleitung zurückgewiesen werden. Dies geschieht in Großstädten deshalb, weil der Inhaber sein Lokal nicht in Verruf bringen will und man eine ehrbare Dame von einer anderen oft nicht unterscheiden kann.» (v. Eltz 1908, S. 472) Ganz anders spricht – etwa zur gleichen Zeit – «Der Ratgeber für den Guten Ton in jeder Lebenslage»: «Daß sich eine Dame, wenn sie etwa ein Restaurant allein zu betreten hat und einen Platz einnimmt, nicht selbst vorstellt, ist selbstverständlich. Allein? Nun ja, in unserer Zeit, die mit allen Kräften darauf hinarbeitet, auch das weibliche Geschlecht möglichst selbständig zu machen, gibt es in großen Städten Tausende von weiblichen Personen, die auf sich selbst angewiesen sind und durch Arbeit aller Art ihren Lebensunterhalt verdienen müssen. Die wenigsten davon sind in der Lage, eine eigene Wirtschaft zu führen, in welcher sie das Mittagessen erwartet, sondern sie sind darauf angewiesen, auch ihre leiblichen Bedürfnisse zum größten Teil außerhalb des Hauses zu suchen und auch im Restaurant zu speisen. Dies würde vor noch gar nicht so langer Zeit geradezu verpönt gewesen sein und das größte Aufsehen gemacht haben, ist heutzutage aber eine ganz allgemeine Erscheinung, es nimmt niemand daran Anstoß, und niemand kann darin etwas finden, daß weibliche Personen auch in Restaurants allein verkehren. Sie sind in Verkaufsgeschäften als Kassiererin, Verkäuferin, Buchhalterin u. dergl., in den Telegraphen- und Fernsprechbureaus als Beamte beschäftigt, haben, gerade so wie die dort angestellten Männer, nur eine kurze Pause, während welcher das Mittagsmahl eingenommen werden muß, und sind gehalten, dieses Bedürfnis in einem Restaurant zu befriedigen, so daß ihre körperlichen Kräfte für ihren Dienst aufrechterhalten werden. Die Mädchen müssen also schaffen wie die Männer, also auch leben wie diese, und es ist vollkommen ausgeschlossen, daß sie dabei ihrer Frauenwürde verlustig gehen. Ein Mädchen, das etwas auf sich hält, wird sich auch an solchen öffentlichen Orten die Achtung der Männerwelt zu erhalten wissen, und jedermann wird ihm dienstfertig entgegenkommen. Die Zeiten haben sich geändert und das Verhältnis zwischen den Geschlechtern im öffentlichen Leben völlig umgestaltet. Für Tausende von weiblichen Personen sind die Restaurants eine Notwendigkeit geworden, und wer über den Verkehr derselben an solchen Orten heute noch die Nase rümpfen wollte, der würde sich einfach lächerlich machen.» (Albrecht o. J., S. 340f.)

Sprüche vom Geld

«Über Geld spricht man nicht …

Die Gemeinschaft der öffentlichen Esser

Wenn Walter Kiaulehn mit Blick auf die ersten Jahrzehnte unseres Jahrhunderts notierte: «Nach ihrem ersten Schreck über die Fülle der großen und kleinen Gasthäuser in Berlin sind alle Ausländer bald entzückt von der Berliner Lebensart und verlieben sich rasch in die Angewohnheit, die Hälfte aller Mahlzeiten außerhalb des Hauses einzunehmen» (1981, S. 217), dann ist damit sicher nicht nur die bürgerliche Gesellschaft gemeint, die immer mehr in den öffentlichen Raum vordringt. In jenen Jahren blühten Restaurants und die Hotelgastronomie, die Bars und Varietés, die Garten- und Terrassenrestaurants, die Festsäle, Biergärten, Weißbierstuben und Weinlauben. In Berlin war dies die Zeit von Aschingers vierzig «Bierquellen» und des Kempinski, in dem die feine Welt ein und aus ging. Ob jene Glanzzeit des Berliner öffentlichen Lebens aber für alle Berliner ein «großes Fressen» war, ist zweifelhaft. Kiaulehn sah abends bei Aschinger vor allem «die Berliner Kleinbürger mit ihren Frauen» sitzen (1981, S. 222), tagsüber herrschte die «Laufkundschaft» vor. Auch berichtet er von dem viel verspotteten «Weinzwang» in der damaligen Berliner Gastronomie, der das Essen im Restaurant relativ teuer machte. «Das Menü in den großen Bräus am Potsdamer Platz und in der Friedrichstraße kostete nur eine Mark, in den Weinpalästen, wie der ‹Traube› in der Leipziger Straße, im ‹Traben-Trarbach› und im ‹Rheingold› (Potsdamer Straße), nur anderthalb bis zwei Mark. Hinter die Kalkulation schaute man leicht, wenn man einen kleinen Vermerk auf den Speisekarten las. In den Bierhäusern hieß er, daß sich der Preis für ein Menü ohne Bier [es muß wohl heißen: ohne *Wein*; d. Verf.] um 20 Pfennig erhöhe, in den Weinhäusern verlangte man 50 Pfennig mehr. Das war immer noch billig. Aber die Fremden, besonders die Amerikaner und Russen, nahmen es übel, daß sie Wein trinken sollten, wenn sie zum Beispiel Lust auf ein Glas Bier hatten.» (1981, S. 224) In der Gunst der Esser standen wohl die kleinen, meist kalten Speisen an der Spitze, die wir heute «Imbisse» nennen (vgl. Kapitel «Imbisse»).

In seiner «Kultur- und Sittengeschichte Berlins» schreibt Hans Ostwald, um die Jahrhundertwende habe die Zeit angefangen, «in der sich die wohlhabenderen Berliner mit ihren Frauen abends irgendwo in Gasthäusern trafen. Die elegant ausgestatteten Weinstuben konnten sich nur entwickeln, weil zahlreiche Besucher jeden Abend die Tische besetzten. Auch in vielen Hotels trafen sich die bekannten und befreundeten Familien. Die großen Weinlokale (...) ermöglichten es schließlich auch dem nur wohlhabenden Berliner, sich abends mit Frau und Töchtern in den Lokalen zu treffen. Auf diesem neutralen

Boden wurden dann oft die verschiedensten Kreise anregend durcheinander gewirbelt. Aber die Kreise, die vielleicht ganz und gar in einem geistigen oder künstlerischen Leben aufgingen – Schriftsteller, Hochschullehrer –, mußten sich von einem solchen nicht kostenlosen Gesellschaftstreiben fernhalten. Die Klassengegensätze prägten sich schärfer aus – wenn auch die großen Lokale demokratisierten. Sie wirkten doch nur in den bemittelten oder gut verdienenden Kreisen.» (1923, S. 239f.) Doch um 1923 ist auch im Bürgertum «das allgemeine gesellschaftliche Schlemmen», das vor dem verlorenen Ersten Weltkrieg «üblich war, (…) sehr zurückgegangen» (Ostwald 1923, S. 267). Weiter beobachtet Ostwald eine eher *diffuse* Art der Geselligkeit, denn: «Irgendein ständiges, gemeinsames gesellschaftliches Treiben wie andere Weltstädte hat Berlin nicht aufzuweisen, es sei denn das Prunkleben, das sich in einigen Hotels, wie Esplanade, im Kaiserhof, im Adlon, im Bristol, im Continental und in einigen westlicher gelegenen Lokalen meist gegen Mittag und zum Tee sowie abends entfaltet. Alle diese Hotels haben hallenartige Gesellschaftsräume, mit Marmor, Spiegeln, Bronze, echten Hölzern oder auch vergoldetem Stuck oft vornehm, oft zu üppig ausgestattet, in denen zeitweise mehr internationale Eleganz ihren luxuriösen Lebensgewohnheiten frönt, als daß Berliner Gesellschaftskreise ihre Gastmähler und Bälle dort abhalten.» (1923, S. 268)

Gleichwohl bleibt diese Welt als Sehnsuchtsbild, als Lebensgefühl auch für jene gegenwärtig, die sich zwar nicht in ihr bewegen können, die ihr aber doch in der Dichte des städtischen Lebens zum Berühren nahe sind.

«Die Berlinerin», so Ostwald, «geht überhaupt gern abends aus. Sie hat nicht die Zeit und die Liebe zur Küche.» (1923, S. 654) Nachdem sie als Berufstätige tagsüber für ihren Lebensunterhalt gearbeitet hat, «denkt sie auch wieder an die Lockungen der Weltstadt, an den Spaziergang am Kurfürstendamm oder an den Bummel durch die gleißenden Hallen der Warenhäuser, an die molligen und pikanten Teenachmittage in den großen Hotels oder in den bunt und künstlerisch ausgestatteten Konditoreien; an die Rennen auf der Grunewaldbahn oder im Stadion und an all das bunte, turbulente gesellschaftliche Treiben des neuen Berlin.

Auch durch die Herzen der jungen Berlinerin stürmt jene heiße Lebenssehnsucht, die sich der Stadt an der Spree und ihren Bewohnern bemächtigt hat. Jeder möchte überall dabeisein. Nur nichts versäumen! Und so sind alle die großen Vergnügungsstätten jeden Abend oft bis zum letzten Platz gefüllt – selbst jede kleine Stätte, wo wenige Musiker Weisen aufspielen.» (Ostwald 1923, S. 654)

Schon um die Jahrhundertwende hatte sich der französische Reiseschriftsteller Huret gewundert über «diese Vergnügungssucht, diese allgemeine Lust, sich in Gesellschaft bei festlicher Beleuchtung und Musik an Speise und Trank gemütlich zu tun. Solche Schlemmereien, die in Paris zwei bis dreimal im Jahr, zu Weihnachten, Neujahr und am Fastnachtsdienstag üblich sind, kommen hier [in Berlin; d. Verf.] jeden Abend vor. Man könnte wirklich glauben, in einem sehr wohlhabenden Land zu sein, dessen Bewohner beständig Kirchweih feiern.» (1979, S. 62f.) Wenn auch diese Aussage offensichtlich übertrieben erscheint, ist sie vom Atmosphärischen her interessant.

In vielen Gaststätten war der Esser nicht länger bloß jener zufällige Tischgenosse, von dem Simmel schrieb, sondern es bildete sich ums Essen eine neue Geselligkeit: der Esser wurde nun Zuschauer und Akteur in einem öffentlichen Spektakel. «Bei Kempinski gab es jede Art von Raum, von der kleinen Nische für zwei Personen bis zu riesigen Sälen mit kolossalen Wandgemälden. Alles kostete 75 Pfennig. Sechs Austern mit Butter und Brot kosteten 75 Pfennig, und 75 Pfennig kostete auch das Glas Sekt. Für anderthalb Mark hatte man also ein ‹Sektfrühstück›. Für den gleichen Preis aß man gut zu Mittag. Die billigste Flasche Wein war für 80 Pfennig zu haben, es gab auch Bier, und für 2,75 Mark, wie es im Liede hieß, konnte man mit ‹seiner Kleinen gespeist› haben, ‹gespeist›, nicht nur ‹gegessen›.

(...) Es war das Paradies für jedermann, die Eleganz für alle. Für 2,50 Mark wurde einem der Kaviar im beleuchteten Eisblock serviert, eine harmlose Angeberei. Damals kostete das Pfund Kaviar zehn Mark, und so waren in dem Eisblock immerhin hundert Gramm Kaviar. Kempinski wurde trotz seiner wilhelminischen Pracht populär, und das hieß: er war in das Herz des Berliner eingegangen.» (Kiaulehn 1981, S. 225) Alles schien von einem Hang zum Sensationellen und Rummelhaften bestimmt: «Der kosmopolitische Zug der Berliner artete ins Schaurigschön-Grandiose im Bau eines babylonischen Kneipenturms am Potsdamer Platz aus: ‹Haus Vaterland›. Heute würde man sagen: Es war eine Wucht! Damals begnügte man sich mit der Feststellung: ‹Das ist vielleicht ein Ding!› Als die Berliner sehr bald genug damit gespielt hatten, überließen sie es ganz den Fremden. In diesem kolossalen Haus tobte sich noch ein letztes Mal die Panoramasucht des 19. Jahrhunderts aus. Es gab einfach alles. Von einer Mexikobar aus sah man in die flimmernde Wüste, und aus dem Wiener Grinzing blickte man in die Sternennacht über dem Stephansdom. Aus den Fenstern des türkischen Cafés, wo man auf schwellender Ottomane sein Wasserpfeifchen rauchte, sah man über den Bosporus hin, und so schlenderte man von einem Vaterland ins andere, durch

Rußland, Amerika und den Orient, verdarb sich den Magen, weil man alles durcheinander aß und trank und endete bei einem Mosel auf der Rheinterrasse, wo sich der Wunder größtes begab: ein schwarzes Gewitter zog pünktlich alle Stunden über das freundlich lachende Rheintal hin, entlud sich mit Blitz, Donner und Regen und wurde schließlich wieder von der Sonne besiegt.» (Kiaulehn 1981, S. 228)

Es mußte etwas los sein, ein Programm-Spektakel mußte ablaufen, oder man mußte sich selber inszenieren. Diese Ästhetisierung des Eß- und Trinkgeschehens hatte nun eine andere, über häusliche Geselligkeit hinausgehende, weitergehende Funktion, wie dies in früheren Epochen – in anderer Form und anderer Bedeutung – etwa bei den höfischen Festen im Barock der Fall war.

In den letzten Jahren des Nationalsozialismus und nach der Zerstörung Berlins am Ende des Zweiten Weltkriegs war auch die große Zeit der Berliner Gastronomie vorbei. 1939 gab es in Berlin 13000 Gaststätten, 1951 in West-Berlin nur noch 4000 und in Ost-Berlin 2500. 1983 wurden in West-Berlin 5700 gastronomische Betriebe gezählt – davon 1267 bloße Schankwirtschaften und 2630 Speisewirtschaften, des weiteren Cafés, Imbißbetriebe, Kantinen, Bars und Eisdielen (*Allgemeine Hotel- und Gaststätten-Zeitung*, 28. 4. 1983). Viele West-Berliner Lokale haben heute rund um die Uhr geöffnet. «Wer also um Mitternacht aus unerfindlichen Gründen plötzlich von Hungergefühlen geplagt wird, der kann sich getrost noch mit ein paar Freunden zum Essen verabreden, anschließend in einem Kreuzberger Studentenlokal versacken, gegen halb vier mit dem Nachtbus in die Disco weiterfahren und gegen Morgengrauen dann im nächsten Lokal in aller Ruhe ein opulentes Frühstück zu sich nehmen. Wer dann immer noch nicht nach Hause ins Bett möchte, kann nahtlos zum Frühschoppen übergehen – und so weiter. Die Nacht zum Tage zu machen kann so auf die Dauer richtig zur Angewohnheit werden, und irgendwann beim Aufwachen weiß man dann nicht mehr, ob es nun sieben Uhr morgens oder sieben Uhr abends ist.

Mir ist aufgefallen, daß die Aufsplitterung in verschiedene ‹Scenen› gerade in den Berliner Kneipen sehr weit gediehen ist. Richtig ‹gemischte› Kneipen, in denen sich die verschiedensten Leute begegnen, sind relativ selten. Meist versucht man dann ein Lokal irgendwie einzuordnen, in der Regel mit gängigen Klischees: Studenten, Schickeria, Punk, Penner, Touristen, Künstler (?), Teenyboppers, Creme de la Creme, wir um dreißig, Alternativis, Schwule, Lesben, Transvestiten, Nepper–Schlepper–Bauernfänger und so weiter.» (Loose 1980, S. 222)

Radikal anders als jene Orte oft spektakulärer Geselligkeit stellen sich die übrigen Orte öffentlichen Essens dar: Kantinen, Mensen,

Selbstbedienungsrestaurants und Cafeterien. (Von den Imbißbuden soll im übernächsten Kapitel die Rede sein.) Einen Reporter in Cordhose und Pullover schickte die *Berliner Morgenpost* in die Mensa der Technischen Universität: «Hinter Trödelständen mit Felljacken und Räucherstäbchen ist die ‹Studiker-Kantine› listig versteckt. (...)

Mit etwas Orientierungssinn ist der Eingang leicht aufzuspüren; zur ‹Begrüßung› hält jemand die *Kommunistische Volkszeitung* parat, Sekunden später hat man in diesem Bahnhofsgedränge ein türkisches Flugblatt in der Hand, gefolgt von der marxistischen *Berliner Hochschulzeitung*.

Doch damit nicht genug. Bis zur Bonkasse ist noch Meterware Transparent zu passieren. In arabischer Schrift. Völlig unverständlich, wären da nicht Hammer und Sichel, die auf die Richtung weisen.

Voller Flugblatt-Papier – aber immer noch mit leerem Magen – stauen sich Studenten vor den Kassen. Ein Stammgericht und drei Gedecke stehen zur Auswahl. Die Publikumsgunst entscheidet sich für ‹Geschnetzeltes mit Reis, Pilzsuppe und Weintrauben›.

Für zwei Mark ist das Gedeck auch vom Hochschulfremdling gekauft, Studentenausweise werden nicht gefordert. Erneutes Anstehen vor der Essenausgabe: Das Geschnetzelte kommt per Fließband auf einem Plastiktablett mit eingestanzten Vertiefungen. Man greift die Platte, gibt den Bon ab und sucht in langen Tischreihen nach einem Plätzchen.

Ist es gefunden, merkt auch der Gutmütigste schnell: Hier wird nicht gegrüßt oder nur ‹Mahlzeit› gemurmelt. Wer nicht in Gruppen anrollt, ißt still vor sich hin, schaut düster konzentriert auf sein Tablett. Ältere Semester mit längerer Mensa-Erfahrung erscheinen mit einer unverdächtigen Tageszeitung. (...) Nach fünf Minuten ist die Mensa-Mahlzeit bewältigt, grußlos geht's wieder einmal in Richtung Fließband, und das Plastiktablett entschwindet mit Suppen- und Traubenresten hinter einer Klappe.» (*Berliner Morgenpost*, 26. 10. 1980)

«Ende der 50er Jahre wurden zunächst für Großkantinen Überlegungen angestellt, statt Tischbedienung die Speisenausgabe mit Cafeteria-Selbstbedienungssystem zu versuchen. Diese in den USA, England und Skandinavien auch im Restaurantbereich gebräuchlichen Systeme wurden damals bei uns bekannt. Im Zuge der wirtschaftlichen Entwicklung wurden viele Kantinen neu gebaut, alte neu eingerichtet, Architekten und Innenarchitekten wurden für die Gestaltung beigezogen. Raumnutzung, Zahl der Sitzplätze, rationeller Ablauf der Speisenausgabe für Tisch- und Selbstbedienung, Zeit-, Personal- und Kosteneinsparungen waren meist die entscheidenden Faktoren bei Planung und Ausführung.

(...) Das Tablett von der Ausgabetheke zum Tisch tragen, das maßgerechte Einschieben und Anordnen der vier Tabletts pro Tisch waren Probleme für sich. Man mußte aufpassen, daß man nicht versehentlich vom Teller des Nachbarn aß. Für solche Eßplätze wurden von Architekten etliche Tablett- und Geschirrsätze entworfen, die auf dem Papier ganz rationell und akzeptabel aussahen, jedoch ästhetisch gesehen monströse Gebilde waren.» (Engler, in: *IDZ* 1972, S. 57)

Im Gegensatz zur Kantine alten Typs (mit Tischbedienung) oder zum Restaurant «kommt es nicht mehr zu einem direkten oder indirekten Kontakt zu einer Person in der Rolle des Gastgebers. An seine Stelle treten Funktionszwänge, etwa das Einordnen in einen Bedienungsablauf, in welchem jeweils nur eine Person an einem Punkt des Handlungsgeschehens aktiv werden kann.

Es dürfte sich bei näherer Untersuchung herausstellen, daß dennoch *Selbstbedienungsläden* nur aufgesucht werden von Essern, deren Partizipationsfähigkeit an sozialer Interaktion nicht ausgebildet oder verlorengegangen ist. Sie wollen sich dem Druck ritueller Interaktion entziehen, ohne zu merken, daß sie damit auf die wesentlichste Form der sozialen Interaktion durch Essen ganz verzichten.

(...) Deshalb ist nicht verwunderlich, daß sich Selbstbedienung zunächst durch Essen am Arbeitsplatz herausgebildet hat. Das Prinzip entstand in den Funktionsbereichen Kaserne und Fabrik. Der soziale Ort bloßen funktionsgerechten Anschlusses an den unumgänglichen Stoffwechselkreislauf in den Formen Energieverbrauch und Energieaufnahme ist die Kantine.» (Brock, in: *IDZ* 1972, S. 43)

Wenn nun das gemeinsame Essen in einem bestimmten Kreis, der zu vorbestimmter Zeit sich findet, das «Mahl» also, immer mehr verdrängt wird durch zeitlich, räumlich und personell ungebundenes Essen, so kann dieser Vorgang mehrere Bedeutungen haben:

1. Er ist ein Symptom für den allgemeinen Rückgang von Geselligkeit überhaupt.
2. Die gemeinschaftsbildenden Momente des Essens verschwinden und werden durch andere Tätigkeiten oder Objekte ersetzt (zum Beispiel Freizeit-Aktivitäten). In diesem Fall wäre zu fragen, wie dieser Vorgang den Charakter sozialer Beziehungen verändert hat und welche Veränderung der sozialen Beziehungen ihn selbst hervorgebracht hat.
3. Das Essen hat lediglich seinen Mahl-Charakter verloren (wie er in der bürgerlichen Etikette beschrieben ist und im romantischen Bild der bäuerlichen Lebensgemeinschaft/Tischgemeinschaft existiert), es kann aber jederzeit seine Mahlfunktion wieder einnehmen, sofern es bewußt inszeniert oder zelebriert wird. Das Mahl,

auch das Festmahl, hat sich gewissermaßen «veralltäglicht». Dies schlösse keineswegs aus, daß das Essen mit einer anderen Person nicht bestimmte *Bedeutungen* für die Essenden (und bestimmte soziale Folgen) hätte, sondern hieße vielmehr, daß gemeinsames Essen nicht von vornherein einen bestimmten *Sinn* aufweist. Das bedeutungsvolle «Mahl» wäre nun eine bewußte Entscheidung, etwas Außergewöhnliches, Besonderes, das eines großen Aufwandes der Ästhetisierung bedarf (vgl. die Ratschläge bestimmter Kochbücher, Gourmet-Zeitschriften usw.).

Die Fernsehmahlzeit

Die Massenkommunikationsmittel haben sich in beachtlicher Weise Zutritt zur Tafelrunde verschafft. Das Zeitunglesen bei Tisch, bei dem der Esser/Leser sich und seinen Teller durch eine Papierwand von den anderen abschottet und so sein Desinteresse an der Tischgemeinschaft kundtut, gilt in privatem Kreise als verpönt: «Über Tisch soll man nicht lesen. Ißt man allein, so soll man dem Essen seine ganze Aufmerksamkeit widmen, und ißt man mit andern, so begeht man eine Taktlosigkeit gegen diese, wenn man seine Lektüre ihrer Unterhaltung vorzieht.» (v. Eltz 1908, S. 154) Anders aber im öffentlichen Lokal, wo die Zeitungslektüre neben Gespräch und Spiel(en) zur legitimen Unterhaltung gehört. Der «Ratgeber zum guten Ton in jeder Lebenslage» beobachtet hierzu um die Jahrhundertwende: Manche «Gäste unterhalten sich am liebsten allein mit der Lektüre von Zeitungen und Zeitschriften, die in den besseren Lokalen stets in reicher Auswahl ausliegen. Sie begnügen sich aber oft nicht mit einem Blatt, sondern lesen im Laufe des Abends, wessen sie irgend habhaft werden können, kennen auch die Erscheinungstage der neuen Nummern ganz genau, und dann sind sie doppelt eifrig. Unter diesen eifrigen Zeitungslesern gibt es wieder Personen, welche gleich ein ganzes Bündel von Blättern mit Beschlag belegen und andern Gästen, die auch gern ein oder das andere Blatt eingesehen hätten, vorenthalten. Solche Zeitungstiger pflegen auch gegen eine Bitte um gefällige Überlassung eines Blattes gewöhnlich taub zu sein. Da gibt es dann nur das eine Mittel, den aufwartenden Kellner mit der Herbeischaffung zu beauftragen, denn dieser hat ja die Pflicht, auch für die andern Gäste zu sorgen und läßt sich nicht so leicht abschrecken. Am bequemsten hat man das in großen Cafés, wo viele Zeitungen und Zeitschriften gehalten werden, denn da ist ein Bediensteter ausdrücklich für das Zeitungswesen angestellt, der die Gäste nach deren Wunsch mit Lektüre zu versorgen hat.» (Albrecht o. J., S. 345)

Walter Benjamin hat 1930 eine solche Situation des anonymen Essers beschrieben. Scheinbar paradoxerweise ist ihm die Zeitung nicht nur Mittel der Absonderung, sondern ein Mittel der Verbindung zur Masse der anderen Esser (von denen er sich nicht unterscheiden will). Benjamin beschreibt, wie er, vom Hunger getrieben, zufällig in eine römische Osteria gerät; nachdem er das einzige Getränk und die einzige Speise, die es gibt, bestellt hat, beginnt er, sich ins Schreiben zu verlieren. «Die Stube war voll geworden: Arbeiter aus der Nähe, die hier mit ihren Frauen, viele sogar mit den Kindern, sich trafen, um die Mahlzeit, nach Feierabend, außer Hause zu nehmen. (...) Es war die scharf bestimmte, einander eng verbundene Einwohnerschaft des Quartiers, und weil es ein kleinbürgerliches war, sah man niemand aus den höheren Ständen, geschweige denn Fremde. Wie ich da saß, hätte ich nach Kleidung und Aussehen von Rechts wegen auffallen müssen. Aber seltsam – mich streifte kein Blick. Bemerkte mich keiner, oder schien der ganz an die Süßigkeit des Weines Verlorene, der ich mehr und mehr wurde, ihnen allen hierher zu gehören? Bei diesem Gedanken erfaßte mich Stolz; eine große Beglückung kam über mich. Nichts sollte mich von der Menge mehr unterscheiden. Ich tat die Feder weg. Dabei spürte ich in der Tasche ein Knistern. Es war der ‹Impero›, eine faschistische Zeitung, die ich unterwegs zu mir gesteckt hatte. Ich ließ ein neues Viertel Falerner kommen, schlug das

Blatt auf, hüllte mich ganz in seinen schmutzigen Mantel, der mit den Begebenheiten des Tages gefüttert war wie der der Madonna mit den Sternen der Nacht, und langsam schob ich ein Stück nach dem andern von dem getrockneten Stockfisch in meinen Mund, bis der Hunger gestillt war.» (Benjamin 1972, Gesammelte Schriften, S. 377f.)

Das *Radio* ermöglichte das Zusammensein der häuslichen Tischgemeinschaft und ihre gleichzeitige Einbindung in den Klangraum des öffentlichen Konzerts, eines Vortrags, der politischen Kommentare, eines Hörspiels, der Nachrichten oder der Funkwerbung. Gerade die «leichte Musik zur Mittagsstunde» kommt in gewisser Weise der Forderung Simmels ans Tischgespräch nahe, es solle nicht partikulär oder individuell, sondern möglichst leicht und allgemein sein, bis hin zur Oberflächlichkeit.

Das *Fernsehen* jedoch spricht Auge und Ohr des Essers an. Der «Internationale Frühschoppen» von Werner Höfer wurde für viele Familien für Jahrzehnte zum festen Bestandteil des Sonntagsbratens (oder zu dessen Vorboten). Die dort parlierenden, sich räuspernden und weintrinkenden Herrschaften, die im Halboval vor der Kamera saßen, bildeten die spiegelbildliche Ergänzung zur Eßgemeinschaft im Wohnzimmer, die sich zum Fernsehempfänger hin geöffnet hatte. (Die Unglücklichen, die mit dem Rücken zum Apparat saßen/sitzen mußten, galten oftmals als bloße Sichthindernisse. Nach Schluß der Sendung allerdings rückten sie wieder zu vollwertigen Mitgliedern der Tafelrunde auf.)

Mit dieser neuen Einrichtung wurden die Tischgenossen keineswegs immer zum Schweigen gebracht; vielmehr stellte das Fernsehprogramm oft ein tragendes Element der Eßsituation dar, schuf es doch einen neuen Bezugspunkt für die Gruppe der Essenden (deren sozialer Zusammenhalt oft schon geschwunden war): Durch kommentierende Zwischenbemerkungen, Assoziationen, Einfälle und Abschweifungen sozialisierte man sich von neuem – dank Hochfrequenz(technik). Ganz der Forderung Simmels entsprechend wies das Tischgespräch nun eine «gewisse Allgemeinheit und Unintimität» auf.

Bei dieser Vervielfachung des «Einnehmens» – Bild, Ton, Fernsehdramaturgie, Speisen, Gerüche –, durch die Präsenz des Fremden im eigenen Heim beim Biß in die gewohnte Speise, tritt nun eine neue ästhetische Befriedigung, eine neue Geselligkeit und eine neue äußere, allgemein anerkannte Ordnungsmacht auf, die die Tischgesellschaft zusammenhält und «veredelt».

Vom kalabrischen Dorf bis in die deutsche Millionenstadt wird von nicht wenigen beim Essen der Fernseher eingeschaltet (in einigen europäischen Ländern gibt es Programme auch um die Mittagszeit), ja, für viele richtet sich der Zeitpunkt des Abendessens nach dem Programmschema. Der Beginn der Filme im Vorabendprogramm oder die Fernsehnachrichten werden so zu Zäsuren im Alltag.

Geradezu einen neuen religiösen Ritus sieht der Kommunikationspsychologe Abraham Moles in der «familiären Fernsehmahlzeit, wo die Personen, die Teilhaber am Familien-Ritus, sich an einem Ort versammeln, am Eßtisch oder auch in der Sitzecke, gegenüber dem Fernsehaltar auf dem Fernsehtisch oder der Kommode. Jeder ißt, schaut dabei auf den Bildschirm und spricht – auch dies ein Ritual – zu den Worten des Fernsehgottes, mit denen dieser die leuchtend bunten Bilder kommentiert, einen wiederum anderen, quasi rituellen Kommentar. (...) All diese ‹angepaßten Geräusche› (Huxley), all dieser Austausch von festgefahrenen Gedanken mit geringer Variationsbreite haben ihre Entsprechung in gewissen Riten des kollektiven Gebets in verschiedenen Religionen, wo die Gläubigen den Angaben des Priesters folgen, wie es sich gebührt.» (1983, S. 20)

Essen und Fernsehen sind die Hauptinhalte der spätindustriellen Kleinfamilie geworden. Beide füllen die Zeit, die nach der Arbeit außer Haus und dem Rücktransport ins Heim noch bleibt – bis zum Schlafengehen. Bei aller Verschiedenheit der Zeiten und Lebensrhythmen hat es das Fernsehen geschafft, einen Moment der Synchronität, der Gleichzeitigkeit herzustellen. Es stabilisiert für eine Zeitlang die essende Kleinfamilie, indem es in spektakulär-ästhetischer Weise eine Gemeinsamkeit herstellt, eine rituelle Tätigkeit, in deren Praxis sich alle verbinden.

Klaus Schlesinger beschreibt diese neue Szene so: «Keine Stunde, die er im Keller verbringen kann, ist Kotte zuviel – nur wenn es im Fernsehen einen alten Film gibt, läßt Kotte alles stehen und liegen. Beim Fußball ebenfalls, da sitzt Kotte in seinem Sessel, Karla strickt, alles ist still im Raum, bis auf die Stimme des Kommentators und die Geräusche vom Feld. Kotte starrt den unsichtbaren Linien nach, die der Ball auf der Mattscheibe zieht, nimmt ab und zu einen Schluck aus der Pilsnerflasche und brüllt manchmal auf, als wäre er tief getroffen. Da erschrickt Karla jedesmal, sagt aber nichts, denn sie weiß, Kotte kann ekelhaft werden, wenn er beim Fußball gestört wird.» (Schlesinger 1979, S. 7f.)

Ein andermal «spielte das Fernsehen Die lustige Witwe, und Magdeburg kam nach einem dramatischen Elfmeterschießen gegen eine englische Profimannschaft ins Halbfinale. Kotte war in seinem Sessel ins Schwitzen gekommen, vergaß sogar, aus der Pilsnerflasche zu trinken, und war mit dem Kommentator der Meinung, Zeuge eines historischen Ereignisses gewesen zu sein. Am gleichen Abend war auch München eine Runde weitergekommen (…).» (Schlesinger 1979, S. 20)

Neben der Beschleunigung und Differenzierung des Lebens und der räumlichen Mobilität in der Großstadt trug das Fernsehen zu einer weiteren Veränderung des Essens bei: Es schuf eine völlig neue Form der Sozialisierung der Tischgenossen, tendenziell wurde der Tisch bei diesem «Heimimbiß» überflüssig.

Die Dichte und Geballtheit des Geschehens auf dem Bildschirm verlieh dem Essen einen öffentlich/gesellschaftlich produzierten Ereignisrahmen, wie er vielleicht in manchen Berliner Eßlokalen der zwanziger Jahre bestanden hatte. Dies trug zu einer Umwälzung des Verhältnisses von heimischem und öffentlichem Essen bei: Das elektronische Varieté in der Wohnung ersetzte schon bald den Kinobesuch, das Bummeln und die Einkehr in ein Lokal oder auch das Ausgehen zum Abendessen in einem Restaurant.

In welcher Weise nun aber in diesem Ineinander von Tätigkeiten und Eindrücken die Ästhetik des Eßaktes zerfällt, beschreibt persiflierend Eckhard Henscheids Roman «Beim Fressen beim Fernsehen fällt der Vater dem Kartoffel aus dem Maul» (Der Roman ist zugleich auch Persiflage einiger Lehrmeinungen zum Thema Fernsehen): «Die Freude ist geraubt. Die Mutter hat dem Vater zwar ein schönes Abendessen hergemacht. Aber der Vater pfeift praktisch darauf oder sieht es kaum. Es ist ein hervorragender Braten, der duftet, und Kartoffeln sind auch allerhand dabei. Die Mutter stellt es vor den Vater und den Alkohol. Der Vater trinkt hastig und heftet dabei jederzeit den Blick wie verzaubert auf und in den Fernsehapparat. Auch die Kleinen, dem Beispiel des Vaters folgend, schauen sehr interessiert schon rein.

Diese Gruppe ist sehr froh. Dagegen die Mutter läßt jetzt eine dicke Träne über die Wange laufen. Denn erstens hat der Vater bei der Ankunft seine Wange nicht auf der Mutter Wange gelegt, zweitens achtet der Vater den Braten und die Kartoffeln kaum. Denn er muß ja alles miterleben! So lautet die Parole, wie gesagt.

Das ist, so Leo Janz, ein bekannter Evangelist, sehr gefährlich für die Religion und Nerven. Der Vater verzehrt ein Stückchen Braten ganz schnell, damit er nicht verhungert, dann vielleicht zwei – drei Kartoffeln, dann schiebt er auch schon alles beiseite und greift zum Nikotin und vergißt das Essen erneut. Es ist weder eine Freude für die Mutter noch für Gott. Die Kinder leiden schon kaum mehr darunter. Sie sehen auch fest fern (Drehscheibe).

Normalerweise sollte der Vater abwechselnd und langsam den Braten, dann vielleicht eine Kartoffel, dann wieder ein Stückchen Braten, dann wieder Kartoffel usw. zum Munde führen. Und erst dann später vielleicht etwas fernsehen. Aber das klappt nicht mehr. Bei den meisten Menschen ist es heute schon umgekehrt.

Sei auch der Vater noch so hungrig. Der Kriminalfilm muß und muß gesehen werden!» (1981, S. 22ff.)

Schließlich gehen Essens- und Fernsehassoziationen auch sprachlich völlig durcheinander: «Dort der Mord, hier der Mund. Beides kann die Synchronie nicht schaffen. Ein Bombenschuß aus der Pistole. Mann fällt um, maustot, butt, quatsch. Des Vaters Augen schnellen hoch – kurz vorm Ziele, angesichts des offenen, greifbereiten Mauls, bleibt jetzt das Kartoffel harren. Labiles Gleichgewicht, Gefahr! Gefahr! Wird sie eindringen? Wird sie vielmehr kippen? Ach! Ach! Die gelbe Kugel löst sich langsam von der Gabel! Nicht ausreichend ist die Umklammerung, das rasche Schnappen der Lippen des Vaters nach der sinkenden Kartoffel! Die Schwerkraft ist ja viel zu groß! (…) Erste Polizeisirenen heucheln auf. Die Katastrophe schwillt, die Kinder ducken sich geschickt, Mutter hat schon einen sitzen. Schschscht! Dem Kartoffel haut es in das Teller von der Vater! Patsch! Zack! Bumm! Soße zischelt außi aus die Teller! Platsch! Boiing! Wrumm! Das Kartoffel ruhig wird und bleibt dann auf die Teller hocken. Des Kommissar rennt schon herein. Versaut ist bloß die Tischtuchmuster.» (Henscheid 1981, S. 91 f.)

Um ähnlichem vorzubeugen bzw. eine angemessene Form zu geben, hat die amerikanische Lebensmittelindustrie schon längst ein eigenes (ähnlich kompaktes) TV-Food entwickelt, das als fertiges Menü in der Metallfolie nur erhitzt zu werden braucht. Doch auch bei uns wird das weitere Programm vom Snack begleitet: TV-Mix-Knabbermischung, Nüsse, Salzmandeln, Schokolade, Pralinen, dazu Cola, Bier, Wein, Sekt, Wasser oder Likören.

In dieser Situation ist es bestimmt kein Zufall, wenn jene «gutbürgerlichen» Lokale auf der Strecke bleiben, die weder Gesellungs- noch Eßlust befriedigen, die weder einen kulinarischen noch einen anderen ästhetischen Reiz bieten können. (Natürlich ist deren Niedergang nicht allein dem Fernsehen zuzuschreiben.) Dementsprechend wird jetzt das Gasthaus als «Kommunikationsstätte» angepriesen. So ist in der Zeitschrift *gastgewerbe technik* (2/1983, S. 23f.) zu lesen, die Gastronomie müsse «erkennen, daß sie ihr Image einer ‹Begegnungsstätte› so mit Leben auszufüllen hat, daß sich die neue, junge Generation darin wohl fühlt – und daß auch die ältere Generation hier ein Kommunikationsangebot vorfindet, wie sie es zu Hause geboten bekommt: im gemütlichen Sessel, vor der Flimmerkiste …

Atmosphäre: Machbar?

Die Zeiten, in denen man in einen rauhfasertapezierten Raum eine Theke mit Zapfanlagen und 12 karge Stühle hineinstellen konnte und die Leute von sich heraus die Stimmung mitbrachten, sind nun mal vorbei. Die zwischenmenschliche Kommunikation muß gemacht werden: vom Wirt, seinen Leuten, von der Atmosphäre oder von vielfältigen Ideen, mit denen man Gäste zu Stammkunden macht. Gaststätten müssen eine kommunikative Eigendynamik entwickeln! Der Wirt darf nicht mehr darauf warten, daß ihn ein durstiger oder hungriger Gast ‹einfach nur so› mal besucht, sondern er ist wesentlicher Kommunikations-Baustein, muß sich den Medien stellen, die ihm rundherum die Kunden abwerben.»

Damit das Bier also wieder im Gasthaus getrunken und dazu auch gegessen wird, schlägt man folgende Marketing-Maßnahmen vor: Neben dem Anbieten und Propagieren spezieller und exklusiver Biere: «Eine Ausstattung des Gastronomen mit Werbe- und Marketing-Maßnahmen, die ihm helfen, seine Gäste zu motivieren, als da sein können:

- eine Videothek – speziell für die Kinder im Gastgewerbe,
- ein Lektüre-Angebot für den Gast, der ein paar Stunden in Muße genießen möchte.
- Mehr kontinuierliche Durchführung von Promotion – von Musikabenden über Autorenlesungen bis hin zu Prominententreffs, mit denen seitens der Brauereien ein Trading up der von ihnen belieferten Gastronomie erreicht wird.
- Konsequente Marktforschung zur Feststellung von Trends, an denen die Gastronomie partizipieren kann.» (*gastgewerbe technik* 2/1983, S. 24)

Wenn man sich noch einmal zurückbezieht auf Simmels Äußerungen zur Gesellung beim Essen, dann könnte man die scheinbare Paradoxie formulieren: Je mehr das Essen seinen Charakter als gemeinschaftliche Handlung verliert, um so mehr wird es kollektiver Kommunikationsgegenstand: Das Reden übers Essen, die Verbreitung von Begriffen und Bildern des Essens in Massenmedien und alltäglichen Gesprächen haben das «Mahl» ersetzt. Es lebt als Bild jedoch weiter in der Rückbesinnung auf regionale und lokale Kost (vgl. Kapitel «Regionale und transnationale Kost»), in verschiedenen Versuchen, an die Restaurant-Szene der zwanziger Jahre anzuknüpfen («Was wünschen die Herrschaften» vom Punk-Kellner gefragt). Der Schnellimbiß läßt die Bühne des Essens verschwinden, auf der etwas Spektakuläres inszeniert werden könnte. Die Szene löst sich ins städtische Umfeld auf. An die Stelle der traditionellen Geselligkeit tritt die Ästhetik des

(Massen-)Produktes, das durch seine Gleichförmigkeit eine abstrakte und anonyme Essensgemeinde herstellt.

Schon kündet sich auch das Ende des Fernsehens als geselligkeitsstiftende Instanz an im allgemeinen Überdruß am von oben gesteuerten Programm. Statt dessen bringen Video und Telematik eine partielle Individualisierung des Umgangs mit dem Fernsehapparat.

Es scheint so, als seien die neuen gemeinsamen Nenner des Sozialen das Reden übers Essen, seine Wirkungen und seinen Genußwert (s. Kapitel «Essens-Spaß»).

Die Auflösung eines verbindlichen Systems der Eßriten

Die Journalistin Ursula von Kardoff fragt sich 1979 «Ist Gastfreundschaft in Deutschland Fastfreundschaft?» (*Zeit-Magazin* 14/1979) Und sie rätselt weiter: Ist man noch immer «ein bißchen zurückhaltend in Zuwendung, mit Speis und Trank und nicht ausschweifend wie in manch anderen Ländern?» Die Antwort fällt zugunsten traditioneller «Werte» aus: «Ein ordentlich gedeckter Tisch. Kaffee und Napfkuchen – das ist immer noch der Inbegriff deutscher Gastlichkeit. So war es schon zu Kaisers Zeiten, und so ist es noch immer in den Etagenwohnungen oder Einfamilienhäusern der breiten bürgerlichen Mittelschicht. Spontane, in manchen Ländern fast orgiastische Gastfreundschaft ist dem Deutschen fremd. Allenfalls bei den Jungen hat sich etwas geändert und bei Bewirtungen, die zu Lasten der Steuerkasse gehen.» Sie schreibt den Bundesbürgern zwar eine zunehmende Neigung zur Geselligkeit zu – vor allem dank mehr und mehr Freizeit –, doch sie bezweifelt, daß dies auch eine Zunahme der Gastfreundschaft bedeute. Vor allem *eine* neue Art von kulinarischer Geselligkeit fällt ihr auf: «die sogenannten ‹Arbeitsessen auf Spesen› und die Public-Relations-Einladungen, die bisweilen wahrlich nicht die schlechtesten sind. Steuerabzugsfähig, dennoch elitär, bitten Verlage zu Buchbesprechungen, Galeristen zu Vernissagen, Modisten zur Show mit Buffet, Boutiquen zu Einweihungen. Mit spontaner, herrlicher Gastfreundschaft hat das freilich nicht viel zu tun, denn man feiert zu Lasten der Steuerkasse.»

Tiefergehende Veränderungen sieht sie hingegen bei der Jugend. Als Beispiel führt sie spontane Parties an, «zu denen nicht direkt geladen wird, die sich einfach herumsprechen (...). Man bringt Freund und Freundin mit und manchmal auch den Schlafsack. Ein Hauch von

Räucherstäbchen oder Marihuana, Retsinawein aus Korbflaschen, Makrobiotisches, Gitarre naturell, Aggressionen im Gespräch, doch auch Zärtlichkeit – hier hat sich ein unbefangenes Ritual entwickelt. Alle duzen sich, keiner wird vorgestellt, doch niemand fühlt sich verloren (...).»

In diesem sich verändernden Verhältnis von Essen und Trinken zur Geselligkeit zeigt sich der vom Kulturforscher und Soziologen Norbert Elias aufgespürte «Informalisierungs-Schub» (auf den wir im Kapitel «Die Zivilisierung des Essers» eingehen). Der Begriff faßt die Auflösung vieler bislang gültiger kodifizierter Grenzen und Regeln/Normen in den modernen abendländischen Gesellschaften. Diese Entwicklung, deren Ursachen nur teilweise bewußt sind, schreitet schnell voran. Ein Bündel der Motive, die den Bruch mit der traditionellen bürgerlichen Kleinfamilie und dem Wohlstandsdenken bewirkten, soll im folgenden skizziert werden.[1]

Eß-Kultur wird «nicht kompakt ‹weitergereicht› oder ‹aufgeprägt›, sondern gewissermaßen unter ständigem Vibrationsdruck infiltriert» (Claessens 1967, S. 124), durch das ständig wiederholte Auftreten banaler Gesten. Doch diese «Formen menschlichen Tuns sind zugleich unlöslich mit den ihnen zugrunde liegenden Formen des Vorstellens, Denkens, Bewertens verbunden» (Claessens 1967, S. 124).

Schon ehe das Kind sprechen lernt, ist es «ganz eingetaucht in das Medium von Gemeinsamkeiten» (Dilthey), denn: «Im Prozeß der Befriedigung des Nahrungsbedürfnisses internalisiert das Kind ein gut Teil des Eßverhaltens, der Nahrungsmittelarten, die angemessen sind, der *Eßsitten*, der Haltung, die einzunehmen ist, der Instrumente, die beherrscht werden müssen – und das heißt *soziale* und technologische Informationen in großem Umfange.» (Proshansky/Ittelson 1977, S. 253)

Proshansky und Ittelson führen weiter aus: «Die Mahlzeit und ihr Umfeld bleibt auch weiterhin während der späteren Jahre des Wachstums eine ergiebige Quelle des sozialen Lernens. Das Abendessen in der Familie kann jedoch auch zu einer Art Arena werden (...), in der man seinem Herzen Luft macht, was von der Zusammensetzung der Familiengruppe und vielleicht auch von dem für das Familienmahl verfügbaren Raum abhängt. Interaktion kann dazu beitragen, *Probleme zu lösen*, sie kann sie allerdings auch *schaffen*.» (1977, S. 254)

[1] Die folgenden Abschnitte beruhen auf der gekürzten und leicht modifizierten Fassung meines Vortrags «Essen als Ritual im Alltäglichen und seine Auflösung» bei der IV. Konferenz für Ethnologische Nahrungsforschung («Food as communication») in Stainz/Österreich.

In den Industriegesellschaften ist der Eßtisch einer der ganz wenigen Orte, wo die Kleinfamilie zusammenkommt. In alltäglichen Tischszenen werden sowohl soziale *Identität* eingespielt (zum Beispiel: Welche Gerichte man sich leisten kann; ob die Tischsitten mit denen anderer sozialer Gruppen [nicht] übereinstimmen usw.) als auch familiäre Einheit, denn hier sind alle Familienmitglieder versammelt, mit ihren Ansprüchen an Geborgenheit, und ihren familiären Verpflichtungen. Es wird geschwiegen oder besprochen, was «draußen» oder in der Familie passiert. Hierin ist das Familienmahl eine Schnittstelle zwischen familiärem Binnenraum und der Rolle der Familie in der Öffentlichkeit. Der Eßtisch ist auch Ort des Zwanges und des Gehorsams: Neben die Pflicht zur Teilnahme und zur Pünktlichkeit tritt die allgemeine Einübung und Kontrolle mikrosozialen Verhaltens – das Benehmen, die Eßsitten von der Portionsgröße über die Art zu kauen bis zum Aufessen. Am Familientisch wird aber auch gelernt, was Gemeinschaft, Geselligkeit bedeuten – oder vielmehr, was sie im jeweiligen Familientyp bedeuten, denn man erfährt auch ihre Einschränkung.

In manchen historischen Momenten, in manchen Epochen aber werden das ritualisierte Alltägliche und die in ihm enthaltenen (materiellen und ideologischen) Bezugssysteme durch kritische Befragung und Reflexion für eine Zeitlang aufgehalten oder gar aufgesprengt. Diese Erschütterungen zeigen sich zum Beispiel in der Suche nach dem Alltag selbst und seinem möglichen «Sinn» (auch als Ort der Veränderung) wie in wissenschaftlichen Bemühungen um den Begriff «Alltag». Das lawinenartig zunehmende Reden und Schreiben *über* Essen korrespondiert mit der Fragwürdigkeit und Auflösung bisheriger kulinarischer Praktiken und der mit ihnen verknüpften sozialen Rituale.

Hatte die europäische und amerikanische Studenten- und Jugendbewegung bürgerliche Werte allgemein in Frage gestellt und Rituale und Verhaltensnormen nach ihrem unmittelbaren Gebrauchswert, ihrem Nutzen befragt, so zielte die *deutsche* Bewegung auch auf das bürgerliche, das deutsche Essen der Eltern.

Nicht nur die «Tischzucht» wurde abgelehnt, sondern auch die bürgerliche Küche, das heißt deren Umgang mit den Nahrungsmitteln. Man unterschied «bürgerliche Kneipen» und «linke Kneipen» – die durchaus undeutsche Kost servierten («unser Grieche, Italiener» usw.). Allerlei «alternative» Kneipen gesellten sich dazu: In ihnen gab und gibt es makrobiotische, vegetarische, naturbelassene, regionale oder schlicht «vernünftige» Kost.

Im Rückblick auf die späten siebziger Jahre läßt sich gerade an

Hand der sogenannten Alternativszene aufzeigen, wie sich *durch* die Forderung nach Vernunft *hindurch*, über sie hinweg, ein ganz anderes, neues Verhältnis zum Essen ankündigt und durchsetzt.

Offensichtlich zeigt sich in der «Gegenkultur», trotz ihres scheinbaren Avantgardestatus, auch das, was untergründig und unauffällig schon in der Gesellschaft existiert, aber noch keinen Namen hat.

Die Alternativkultur hat «substantielle Voraussetzungen unserer Produktionsweise in Frage gestellt: wirtschaftliches Wachstum, Technologie, Folgewirkungen der Technik, vermehrte Industrialisierung und auf der individuellen Ebene: Arbeits- und Erfolgsstreben, Konsumerismus, Leistungsdenken, Struktur und Länge des Arbeitstages und des Arbeitslebens des einzelnen» (Hollstein 1980, S. 142). Sie hat sich von der offiziellen Kultur der westlichen Gesellschaften – und natürlich auch deren Eßkultur – abgegrenzt und abgewendet und anderen Kulturen und Erfahrungsweisen zugewendet – auch im Alltagsleben und in der Schaffung neuer Rituale.

In den Zeiten der Protestbewegung der späten sechziger Jahre war die Haltung zum Essen vor allem durch den Aspekt der Abgrenzung bestimmt. Das hieß für die materielle Seite der Eßkultur: Die Protestgeneration war im aufkommenden Wohlstand großgeworden und stieß auf die Moral derer, die ihn aufgebaut hatten und um seinen Bestand fürchteten. «Für die Jugendlichen ist der Wohlstand selbstverständliche *Vor*bedingung, aber nicht die Hauptbedingung.» (Bopp 1980, S. 27) Sie finden ihn schon vor, die ältere Generation sah ihn als Hauptaufgabe und zum Teil als Lebensinhalt.

Die bürgerliche Haltung wurde in der Protestbewegung als Konsumfetischismus kritisiert, Freude am «Schönen» und Wohlschmekkenden als bürgerlicher Ästhetizismus attackiert.

Zugleich wurde das Elend in der Dritten Welt zunehmend diskutiert und in Beziehung zum Überfluß und zur Konsummoral in der Ersten Welt gesetzt. In der waren Essen, Trinken und der Erwerb von Gütern gesellschaftliche Werte und oft der einzige erlaubte oder konfliktfreie Gespächsstoff in den Familien.

In der Kritik der satten, zufriedenen Loyalität der Massen mit dem System der kapitalistischen Gesellschaft, der Manipulation durch «panem et circenses» wurde aber oft nicht nur das Schau-Spiel, sondern auch zugleich das Brot abgelehnt. Die «gute Sache» wurde eindeutig von der «guten Suppe» geschieden. Merkwürdigerweise blieben Koch- und Eßpraktiken der Bewegung von ihrem theoretischen Hedonismus weithin unberührt. Zugleich wurde auch klar, daß «Lebensqualität» – das heißt auch: Qualität der kulinarischen Erfahrung –, die ja in gewisser Weise auch als ein «Sinn» der Entbehrungen während der Arbeitszeit empfunden wird, nicht in entsprechendem Maße eingefordert werden konnte.

Trotz der betont entmystifizierenden und jeder Ritualisierung und Zeremonie feindlichen Haltung der Protestbewegung der sechziger Jahre kam nach und nach eine Reihe von Mythen zum Vorschein, die auch das Verhältnis zur Ernährung bestimmten – sowohl zu den Nahrungsmitteln als auch zur Eß-Situation. Da die Bewegung sich in die Tradition der Aufklärung gestellt hatte, war der allgemeinste Mythos der der «Vernunft» – gewandt gegen den Irrationalismus: «Vernunft» in bezug auf Ernährung tauchte hier unter mehreren Gesichtspunkten auf: 1. ökologische Vernunft, 2. vernünftige Verteilung von Nahrungsmitteln, 3. eine Nahrung der Vernunft, 4. utopische Vernunft: Schlaraffenland, «Wir wollen alles», «Seid realistisch – verlangt das Unmögliche».

Beispiele für derartige Mythen sind leicht zu finden: In der ersten Hälfte der siebziger Jahre erscheint in Gestalt der Biodynamik u. a. der Mythos des ‹Natürlichen›. Zur gesunden Ernährung heißt es im *Öko-Journal* (5/6, 1975): «Strebt ein Mensch nun aber eine harmonische Einheit mit der ganzen Welt an, so wird er den körperlichen Teil seiner Persönlichkeit auch mit einer differenzierteren, naturnahen Nahrung am *Funktionieren* erhalten. Eine mit den Mitteln der Technik entfremdete und des Reichtums beraubte Nahrung wird diese Funktion nicht übernehmen können.» Die Mischung aus Romantizismus und Technologie des Körpers zielt auf die sogenannte «Verfälschung» authentischer, natürlicher Nahrungsmittel und warnt vor dem Überschreiten der Grenzen der menschlichen Natur. Der «Alternativkatalog 2» faßt die wichtigsten Hinweise für eine organische Ernährung wie folgt zusammen: «Zucker und raffinierte Getreide sind vollständig aus der Nahrung zu eliminieren. (...) Fleisch essen ist *unnötig*: Statt dessen Nüsse, Kerne, Erbsen, Bohnen, mit faserreichen, ausgeglichenen, sparsam gewürzten Naturprodukten. Das beste Getränk ist *Wasser*. Gefolgt von allerlei Kräutertee. (...)

Rezeptbücher und regalweise halb- und ganzwissenschaftliche Abhandlungen über Ernährung sind in den Reformhäusern und Buchhandlungen zu finden.

Geheimtip: Dem eigenen Geschmack und *gesunden Menschenverstand* vertrauen (lernen). Einen eigenen Garten anstreben oder in einem mitwirken. Experimentieren und sich selbst beobachten.» Oftmals jedoch wiederholt dieser «gesunde Menschenverstand» schlicht die herkömmlichen Trennungen wie die zwischen Notwendigem und Überflüssigem und überträgt so – auch auf radikale Weise – die Produktionsideologie auf innerkörperliche Prozesse.

In einem fetischisierten Verständnis der Kategorie des Gebrauchswertes erscheint ein Mythos des «Nützlichen». «Der Schlüssel zur gesunden Küche» (1979), der im alternativen Buchhandel vertrieben wird, fordert, die Nahrung nicht mehr «gedankenlos» in sich hineinzustopfen, sondern statt dessen bewußte Aufmerksamkeit beim Essen zu üben. «Wir ernähren uns besser, sind *leistungsfähiger*, verfeinern unseren Geschmack, der dann von selbst die richtigen Speisen auswählt, die wir brauchen, wir kommen mit *geringeren Mengen* aus und lernen uns *beherrschen*.» (S. 7f.) Es wird unterschieden zwischen aufbauenden und *nutzlosen* Nahrungsmitteln. Zusammenfassend heißt es (S. 9f.): «Sobald jedoch unser Körper nicht mehr richtig *arbeitet*, beginnt auch das Hungergefühl unzuverlässig zu werden und verwandelt sich in sog. Appetit oder Heißhunger. Und man fragt sich, ob die Speisen *wirklich Nährwert* haben und *wieviel* davon *nötig* ist, um den Körper richtig zu ernähren.»

Die Entsagung, die noch vor einigen Jahren durch den Mythos des Proletariats legitimiert wurde, taucht jetzt im Mythos der «Neuen Einfachheit» wieder auf. Walter Hollstein zitiert zum Beispiel die Frage: «Ist mein Konsumverhalten darauf ausgerichtet, Grundbedürfnisse zu befriedigen, oder kaufe ich viele Dinge, die keine realen Bedürfnisse decken?»

Vernünftige Verteilung von und Versorgung mit Nahrungsmitteln wird auch gefordert und realisiert in Gemeinschaftsküchen, Kommunen und Wohngemeinschaften. «Aus Amerika haben Teile der europäischen, gerade auch der deutschen Linken eine andere Form basisdemokratischer Organisation übernommen: die des ‹network›. Kleine Netze werden dabei als Gruppen verstanden, die ihre Alltagswelten ganzheitlich oder zumindest in Teilbereichen gemeinsam organisieren. Das heißt, daß diese kleinen Netze zum Beispiel ihre Lebensmittel zusammen besorgen (die amerikanischen ‹food conspiracies›), Obst und Gemüse gemeinsam anbauen, Werkstätten errichten, Gegenschulen gründen, kooperative Hilfs- und Servicedienste errichten (das schwedische Servicehausmodell) u. a.» (Hollstein 1980, S. 139)

Die «Nahrung der Vernunft» grenzt sich politisch-symbolisch ab von «Eisbein mit Sauerkraut» und ähnlichen, als «typisch deutsch» oder «bürgerlich» empfundenen Gerichten.

Der Traum vom Schlaraffenland setzt sich dem politischen Puritanismus entgegen. Er knüpft an die großen Utopien an und hat als Perspektive die kostenlose Versorgung eines jeden mit vielfältiger Nahrung (wie es ab und zu an den langen Tischen mancher Straßen- und Stadtteilfeste im kleinen zelebriert wird). Zugleich verkörpert sich in ihm der Mythos des Genießens, des Hedonismus, der auch in den offiziellen Kulturen sich langsam verbreitet. (s. Kapitel «Essens-Spaß»)

Seit einigen Jahren scheint nun aber in der sogenannten Gegenkultur der Aspekt der Vereinigung (Aggregation) in der Ernährung zu überwiegen, und zwar sowohl gegenüber der materiellen Seite als auch gegenüber der sozialen (situationsbezogenen) Dimension des Essens. Die Ent-Ideologisierung der Eß-Situation bedeutet aber nicht Rückkehr zum alten Zustand, denn ein neues Lebensgefühl hat sich entwickelt. Die Distanz gegenüber bürgerlichen Werten und allem gesellschaftlich und kulturell Gegebenen koexistiert mit einer Wiederannäherung an das «Schöne», den «Geschmack» usw. Der Appetit auf Analysen und Darstellungen dessen, was schlecht ist, war vergangen. Nutz- und folgenlose Theorien gab es im Dutzend, der auf globale Verhältnisse gerichtete Revolutionswunsch reduzierte sich auf die Ausgestaltung neuer und besserer Lebensverhältnisse im sozialen Nahraum.

Das Moment der Distanz zur traditionellen Eßkultur drückt sich nun auch in der nachlässigen Rede vom «Einwerfen», «Einschütten», «Runterwürgen» usw. aus. Sie markiert die Abgrenzung gegen das bürgerliche Genießen (das zur «Haltung» auch gegenüber nicht schmackhaften Speisen versteinert ist) und charakterisiert zugleich genau allgemeine Eßformen.

Die Redewendungen bezeichnen darüber hinaus aber einen Pol innerhalb der sich entwickelnden Aufteilung in funktionelles Essen («Schnell mal was einwerfen») und «gutes», das heißt «kommunikatives» Essen.

Die «Demokratisierung» des Kochens (bei Einladungen zum Beispiel helfen alle in der Küche mit) ist das krasseste Extrem zur Institution des (Koch-) Künstlers. Die Gegenkultur wertet das Kochen (=Geben) und Essen (=Nehmen, Verzehren) gegenüber der bürgerlichen Tradition um, sie löst einen Ritus auf, schafft aber zugleich eine neue Ritualisierung.

Die Einladung zum Essen in die Wohngemeinschaft trägt nicht den gleichen Charakter von Intimität, die die traditionelle Einladung hat. Dies bedeutet jedoch nicht unbedingt eine «unpersönlichere» Atmosphäre, denn die Konventionen für *Öffentlichkeit* und *Privatheit* bestimmter Gesprächsthemen und Verhaltensweisen haben sich geändert:

– Der Gast eines Mitgliedes einer Wohngemeinschaft ist auch Gast der anderen (wenn auch nicht zugleich immer als solcher gerne gesehen und akzeptiert).

- Die Zusammensetzung der Tischrunde ist oft unvorhersehbar. (Dies hat auch Folgen für die Größe der Portionen.)
- Aus der Arbeitsteilung, die auch für den Küchendienst gilt, resultiert ein starker Wechsel des Charakters und der Qualität des Essens. Sie hängen ab von Präferenzen der jeweils Kochenden für bestimmte Rezepte, von ihren Fähigkeiten, Talenten und ihrer Routine, aber auch vom Ergebnis des Einkaufens.

Die Pfeiler der traditionellen Eß-Ethik beginnen zu bröckeln: Die verschiedensten und widersprüchlichsten Mythen, Riten und Sitten werden vermischt. «Peace food» und «plastic food» koexistieren im individuellen Konsum, man spricht kritisch von «sinnentleertem Konsum» und versucht zugleich bewundernd die großen Feste der Völker und ihrer Herrscher – wie vergangen und fern auch immer – nachzuvollziehen. Einsamkeit und «Verhäuslichung» kontrastieren mit der lebendigen Atmosphäre des Straßenfestes (besonders in «sanierten» Stadtkernen). Die Betonung des Heimatlichen (Regionalismus) springt über in die Suche nach Exotischem (ausländische Lokale). Die funktionalistische Haltung zum Essen verträgt sich offensichtlich doch mit dem Wunsch nach Exquisitem. Unter einem Dach leben das Fasten (Reverenz an fernöstliche Haltungen) und das Sich-verführen-Lassen ebenso wie das sparsame Haushalten und die Liebe zur Grande Cuisine. Das Hausväterliche steht gegen das Spektakuläre, das selbstreflexiv Verbohrte gegen die Oberflächlichkeit des Neon-Lichts im Retro-Lokal Stil fünfziger Jahre, die Körnerfresserei gegen die Spiele mit Farbstoffen in der Nahrung. Und es ist fraglich, ob diese Antinomien sich glätten werden zu einem Mittelweg. Ein ähnlicher Trend zur Aufspaltung in Unvereinbares bemerkte auch der deutsche Hotel- und Gaststättenverband: Die Leute wollen einerseits das funktionelle Lokal mit schnellem Essen und andererseits das Exquisite, Besondere und Bequeme. Das «traditionelle», mittelmäßige Gasthausmahl droht dazwischen auf der Strecke zu bleiben.

Die Meinung liegt nahe, daß sich in der Alternativkultur das Durcheinander eines gesellschaftlichen Experimentierfeldes ausdrückt, in dem sich in einem späteren Stadium einige wenige Grundformen (mit ihren Ritualen) herausbilden werden.

Zugleich scheint sich aber gerade die Heteronomie, die Mannigfaltigkeit und das Nebeneinander des Unvereinbaren als eine *bleibende* zukünftige Form anzukündigen.

Nebeneinander und scheinbar unvermittelt stehen die Suche nach dem Authentischen (zum Beispiel reine Luft, natürliche Nahrung, das Hausgemachte) und nach der Aura des Einmaligen (Aufwertung des Kunstwerks, Besuch von Galerien und Konzerten) mit dessen Gegenteil im Konsum der Plastik-Kultur und der massenhaft reproduzierten Kunstwerke (Film, Schallplatten, Fernsehen) und kulinarischer Massenwaren (Hamburger, Konserven u. a.). Auf einer allgemeineren Ebene koexistieren die ökonomische *Zukunfts*orientiertheit mit ihrer Rede vom Nützlichen und Vernünftigen (langfristig und kurzfristig: atomare Gefahren und Probleme der Verträglichkeit bestimmter Speisen) und zugleich die Hingabe an den Moment, der *ohne* perspektivische Verlängerung oder kohärente Rechtfertigung gelebt werden kann.

Eine Hypothese sei gewagt: Der französische Soziologe Michel Maffesoli unterscheidet in seinem Aufsatz «La pulsione orgiastica», der unter anderem vom Exzeß bei Tisch und danach handelt, zwischen dem (Fest-)Mahl als «terminus ad quem» (das heißt das Mahl als Ziel sozialer Aktion) und als «terminus a quo» (das heißt das Mahl als Ausgangspunkt sozialer Aktion). Der Exzeß, die Orgie, die Überschreitung hat als Voraussetzung jedoch immer eine streng reglementierte Normalität. Es wäre zu fragen, ob bei weniger regelbestimmter ritualisierter Lebensweise auch der exzessive Gegenpol kaum ausgeprägt ist. Es scheint mir so, als käme es zu einer Verlagerung des kommunikativen Schwerpunkts des Essens: die Lust an den oft mäßigen, unvorbereiteten und schlampig gekochten Mahlzeiten in manchen Wohngemeinschaften besteht eher im «netten», «lustigen» Miteinander-Kochen, das heißt, das Essen ist nur noch «terminus ad quem», Einmündung, aber nicht mehr «terminus a quo», Ausgangspunkt sozialer Dynamik wie zum Beispiel dem Exzeß.

Ich war vor einiger Zeit in einer Wohngemeinschaft eingeladen. Gleich nachdem der letzte Teller der zwölf Esser leer war, wurde der Tisch abgeräumt; der «Diensthabende» setzte die Geschirrspülmaschine in Gang und säuberte die größeren Töpfe im Spülbecken. Als er den Tisch abgewischt hatte, schloß er sich der Mehrzahl der anderen an, die ins Kino gingen, wo der Film «Panische Zeiten» gespielt wurde. Anschließend wollten sie noch in eine Diskothek reinschauen: Sie hieß «Exxcess».

Wenn heute in Broschüren, die Esser zur Selbstkontrolle anhalten sollen, verdächtigend gefragt werden kann, «Schmeckt's Ihnen besonders gut in Gesellschaft anderer Personen?» (wobei die Antwort «Ja!» natürlich Minuspunkte bringt), so scheint – um in Simmels Begrifflichkeit zu bleiben – der «Geselligkeitszweck» vom «Eßzweck» übertroffen zu werden. Längst ist das Spiel des symbolischen Austausches – von Gabe, Entgegennahme und Verpflichtung zur Gegengabe, wie sie etwa Marcel Mauss beschrieben hatte (vgl. die Kapitel «Luxus und Notwendigkeiten» und «Gift – Die unmäßige Gabe») – zerbrochen, wenn man eine in Gastfreundschaft angebotene Speise einfach mit dem Hinweis ablehnen kann, sie «schade der Linie». In Essensangelegenheiten scheint es heute vielmehr um einen «Wirkungszweck» in zweifacher Hinsicht zu gehen: zum einen um einen *«Nährzweck»* (der nicht unbedingt auf Sättigung zielt, sondern auf Wirkstoffaufnahme), zum andern um die fast beliebige Einsetzbarkeit des Essens als «Mahl»-Situation und Spektakel (die eine Art *«Unterhaltungszweck»* konstituieren). Beide Wirkzwecke schaffen eine neue Sozialisierung: die Sozialisierung der Begriffe und Bilder um die Wirkungen des Essens und um seine Inszenierbarkeit als Sozial-Design (Folklorismus und andere).

Die nationalsozialistische Tischgemeinschaft

Als Beispiel der Ideologisierung und Mythisierung des Essens als «Mahl» wollen wir im folgenden auf die nationalsozialistische Tischgemeinschaft eingehen.

Ernährung und Eßkultur wurden von der «Nationalsozialistischen Revolution» keineswegs ausgespart. Nach der offiziellen Doktrin mindestens sollte alles Fremde (Speisen, Rezepte, Namen) abgelehnt werden. Dagegen wurden der Umgang mit wirtschaftlicher Not und die Verklärung der Knappheit zur Tugend mit modernsten Mitteln der Werbung propagiert.

In den Speisen, bei den Eßformen sollten folkloristische Motive Eingang finden, deren Ritualisierung und Mythisierung die Propaganda und die nationalsozialistische Geschichtsschreibung der Eßkultur besorgten. Schließlich hatte die Eßkultur ihren Beitrag zur Propagierung der Volksgemeinschaft zu leisten. Winterhilfswerk und Eintopfsonntage, Straßensammlungen und fleischlose Tage sollten die Beteiligung aller am nationalen Aufbau ausdrücken.

Neben Beruf und «freiwilligem Dienst bei den Formationen» war der «Feierabend zu Hause» der dritte Schauplatz, der zu einer Grundlage «gesunder und beseelter Volkskultur» (Ramlow o. J., S. 245) werden sollte. In der «Schönheit des Wohnens» (Ramlow o. J., S. 17) sollte aber das traute Heim nicht still genossen, auch in ihm sollten die Familienbande mit der «Gemeinschaft des Volkskörpers» verklammert werden. Besonders die häusliche Gastfreundschaft eignete sich dazu, sofern sie sich am mythischen Bild eines gesunden «Urbauerntums» ausrichtete:

«Das gastliche Heim»
«Gastliches Feiern im Heim gilt vielfach noch als ein Vorrecht derer, ‹die es sich leisten können›. Es ist auch begreiflich, daß ein häuslich denkender Arbeiter und seine tüchtige Gattin vor den Ausgaben und Mühen einer Bewirtung gleichermaßen zurückschrecken.

Allen Bedenken zum Trotz soll aber das Heim – auch des weniger begüterten Volksgenossen – wiederum zur Pflegestätte freundschaftlicher Geselligkeit werden. Im häuslichen Kreis, bei Speise und Trank gehen die Herzen auf, und Freunde und Arbeitskameraden gehören erst dann zur Familie, wenn sie sich einmal gegenseitig besucht haben.» (Ramlow o. J., S. 243)

Die Gastfreundschaft sollte keineswegs «über die Verhältnisse» gehen. «Eine aufrichtige und volkstümliche Gastfreundschaft ist eine der ergiebigsten Quellen reiner Freude und geistiger und seelischer Befruchtung für unser völkisches Gemeinschaftsleben, für einen die seelische Volkskraft stärkenden Familien-, Sippen- und Kameradschaftsgeist. Die häusliche Gastfreundschaft ist, so verstanden, eine der Grundlagen gesunder und beseelter Volkskultur.» (Ramlow o. J., S. 245)

Das Spannungsverhältnis von Urbauerntum und hochindustrialisierter Gesellschaft, von Scholle und Radio, wurde dabei so zu lösen versucht: «Wir leben heute im Zeitalter der Technik und bekennen uns mit Freude zu seinem anstrengenden und lärmenden Rhythmus; aber wir fühlen und wissen, daß wir an dem ‹Tempo› und den anorganischen Kräften, dem Eisen, den Motoren und dem Beton dieses Zeitalters zugrunde gehen würden, wenn nicht eine Erfüllung unseres Sehnens nach den gewachsenen und stillen Kräften der Natur und des Volkstums Ausgleich bieten könnte.

Diese Sehnsucht hat nicht zuletzt darin ihre Erfüllung gefunden, daß das Zeitalter der Technik auch das des Wanderns, des Gartens und der Sehnsucht nach volkstümlicher, naturnaher Lebensformung geworden ist. An Stelle der leeren Worte und Versprechungen der liberalistischen Zeit ist damit auch wieder die unsere Bluts-, Gedanken- und Wunschgemeinschaft mit Überzeugungskraft verkörpernde sinnbildliche Form und Handlung getreten.

Je mehr das Erleben der technischen Errungenschaften aus einem kindlichen Spiel mit Pferdekräften und Rekorden zu einem überlegenen und praktischen Gebrauch ausreift, desto klarer wird die natürliche Scheidung zwischen einer beseelten und naturhaften Volks- und Arbeitskultur einerseits und der dieser schöpferischen Kultur dienstbaren Technik andererseits in Erscheinung treten.» (Ramlow o. J., S. 242)

War nun das Heim ins nationale Ganze und in scheinbar aus Urzeiten rührende Traditionen eingebunden, so erschien die Nation ihrerseits wie *ein* großer Geselligkeitsverein, *eine* große Tafel.

«Die großen Spektakel, das monströse Polittheater, das sich nun nach 1933 an die Stelle der Politik setzt, hatte den Schein aufrechtzuerhalten, als sei die ‹soziale Frage› gelöst, als wären ‹alles Leid und alle Sorgen› unter der Schirmherrschaft des ‹Führers› gestillt.» (Stollmann 1978, S. 133) Mit Hilfe «purer Reklametechnik» versuchte man, die

Constantin Gerhardinger: Bäuerlicher Brotsegen; ausgestellt 1937

«Hoffnungen auf ein unerschütterliches, geordnetes Familienleben mit dem Markenartikel ‹Nationalsozialismus›» zu assoziieren. Bei einem Votum für Hitler wird glückliche Häuslichkeit versprochen, so wie sie realiter selten vorhanden, aber oft erträumt war.» (Stollmann 1978, S.128)

«Seit 1933 gab es in Deutschland ‹Opfer-› oder ‹Eintopfsonntage›. Mit aufwendigen Propagandafeldzügen wurde die Bevölkerung aufgefordert, statt eines teueren Sonntagsmenüs Eintopfgerichte zu essen.» (Horbelt/Spindler 1982, S.27) Inge Stolten erinnerte sich in ihrer Autobiographie «Das alltägliche Exil»: «Am Eintopfsonntag gab es irgendwo bei uns im Haus immer wieder Familienkrach, weil der Mann darauf bestand, wenigstens am Feiertag Fleisch auf dem Teller zu sehen, während die Frau für den Führer darauf verzichten wollte.» (1982, S.25)

«Zur ‹Eintopfsammlung› des Winterhilfswerkes sollte der Betrag gegeben werden, der den Unterschied zwischen den Aufwendungen für das teuerste Wochengericht (was ja im allgemeinen am Sonntag auf den Tisch kam) und für das Eintopfgericht ausmachte.

In den Kriegsjahren wurde der ‹Eintopfsonntag› dann zur ‹freiwilligen Pflicht›. Niemand sollte sich mehr dem Ruf nach ‹Opfern› entziehen können. Selbst in Wand- und Taschenkalendern waren die Daten der ‹Eintopfsonntage› ähnlich wie Feiertage ausgezeichnet. Mit Gedichten wie diesem, das in der *Gelsenkirchener Allgemeinen Zeitung* 1939 abgedruckt war, wurde für die Teilnahme geworben:

‹Wir schreiten vorwärts in Schritt und Tritt
Und reißen den letzten Zagen mit!
Ein Wollen, ein Streben hält uns frisch,
Wir sitzen zusammen an einem Tisch,
Ganz Deutschland saß gestern Kopf an Kopf
In Einheit zusammen um einen Topf!›

Um auch bei diesen Gerichten Einfallslosigkeit zu vermeiden, dachten sich die Kochpropagandisten immer neue Eintopfrezepte aus. Die meisten dieser ‹Neu-Kreationen› allerdings waren alte Rezepte, nur mit neuem Namen versehen.» (Horbelt/Spindler 1982, S. 27)

«Einmal im Monat war Eintopfsonntag zu Hause und in den Gaststätten oder auf öffentlichen Plätzen. Zugelassen waren Gemüsekost mit Fleischeinlage, Löffelerbsen mit Einlage oder Nudelsuppe mit Rindfleisch. Wenn man mehr als 50 Reichspfennig bezahlte, ging der Differenzbetrag auf das Konto des Winterhilfswerks, das im Herbst 1933 gegründet wurde und Notleidenden zugute kommen sollte.» (Grube/Richter 1982, S. 188 f.)

1937 erklärte der nationalsozialistische Kulturhistoriker Friedrich Hussong hoffnungsvoll: «Eine der schönsten Wandlungen aber erleben wir Deutschen gerade jetzt, seit das Zwischenreich dem neuen Reich Raum machen mußte, da wir uns auf die Gaben und Kräfte des eigenen Bodens besinnen und die wohl schönste und stärkste Tischsitte und Tischzucht uns anleben aus einem großen Gedanken zu einem großen Zweck: *Das neue Tischbrauchtum*, wie es in den Gaben für das Winterhilfswerk, in den Eintopfsonntagen, in der Sorgfalt des Kampfes gegen den Verderb zum Ausdruck kommt. Nie war eine Tischzucht so groß entworfen und eine Tischsitte so einmütig angenommen wie diese eines ganzen Volkes, das um den großen Tisch seines Lebens enger zusammenrückt, damit auch der letzte Mann noch Raum daran finde.

Und vielleicht wird dieses Rückgreifen auf das Eigene gerade *uns* wiederbringen, was seit Jahrzehnten immer mehr allen abhanden kam: Nationalküche eigener Artung.» (1937, S. 145 f.)

In seinem Buch «Der Tisch der Jahrhunderte» gab er die nationalsozialistische Eßkultur als Höhepunkt und Konsequenz der Geschichte der Gastronomie aus. Eine positive Bestimmung dieser neuen Küche sucht man allerdings vergebens, man stößt auf nicht mehr als Hinweise wie jenen – von Hermann Göring stammenden –, daß die Küche sich «an der Scholle» zu orientieren habe. Um so ausführlicher wetterte Hussong vor allem gegen den Einfluß der französischen Küche, Eßsitten und Sprache auf den deutschen Esser – ganz so, wie im wissenschaftlichen Bereich die Zeitschrift *Die Ernährung* natürlich gegen die Machenschaften einer «jüdischen Nahrungsphysiologie» wütete.

Mehr als französische Leckerei entsprach Hussongs Geschmack die englische Koch- und Eßweise: «Gutes Material an Fleisch und Gemüse, Vermeidung starker Würzen und irritierender Mischungen. Die Wirkung: Eine Sportnation, bei der es fast keine Fettleibigkeit gibt.» (1937, S. 133) Der Hinweis auf die «wesentlich derselben Rasse wie die Engländer» angehörenden Amerikaner, die durch «törichte Ernährungsweise» (1937, S. 133) «zur Nation der Magenleiden und Darmkrankheiten» werden, machte das offizielle männliche Körperbild des Nationalismus – «zäh wie Leder, hart wie Kruppstahl, flink wie Windhunde» – deutlich, von dem Paul Virilio sagte, daß es Teil einer weltweiten Entwicklung zum Projektil-Menschen gewesen sei. Doch auch die englische Küche ist der Propaganda nicht das Wahre: sie sei zu geschmacklos.

Ganz allgemein müßte man gegen die «leidige Ausländerei im deutschen Gaststättengewerbe» vorgehen. «Wer vielleicht einmal im monatelangen Kulturkampf mit den Angestellten seines Stammlokals auch nur versucht hat, im Herzen Berlins verstanden zu werden, wenn er ‹Setzeier über Schinken› bestellt statt ‹Ham and Eggs›, der weiß, wieviel Mut und Beharrlichkeit dazu gehört, auf diesem Gebiet auch nur das geringste zu hoffen.» (Hussong 1937, S. 143) «Es möge der Deutsche auch hier gedenken, daß er ein Deutscher sei.» Es gehe um «mehr als eine Übersetzung des Küchenvokabulariums aus dem Französischen ins Deutsche» – nämlich um «den Neubau einer deutschen Küche überhaupt» (Hussong 1937, S. 141).

Sicherlich hat sich trotz dieser Appelle und trotz verordnetem Eintopfsonntag in den Haushalten keine nationalsozialistische Küchenrevolution vollzogen.

Herbert Heckmann berichtet von den Bemühungen des badischen Meisterkochs Friedrich Wilhelm Ganter, «die Zeichen seiner Zeit zu lesen»: «Durch die Familie seiner Frau kam er mit den Spitzen der NSDAP zusammen, für deren Ziele er sich schnell begeisterte. Seine alten Freunde aus der Baden-Badener Zeit überraschte er mit der Abschaffung der französischen Speisebezeichnungen und der radikalen Beschränkung auf eigenständige deutsche Gerichte. Jeglichen Internationalismus in der Gastronomie lehnte er ab. In einem Aufsatz ‹Was ißt der Deutsche?› in der Zeitschrift Die Kochkunst übte er scharfe Kritik an dem Verrat der meisten deutschen Kochbücher an der deutschen Landschaft. Er schrieb damals: ‹Sie sind nicht organisch aufgebaut auf dem, was die Heimat an Bodenschätzen spendet. Sie sind Bücher für Jedermanns Land und Wo auch immer Kochtöpfe. Die Freudigkeit, sie jenseits deutschen Bodens aufzunehmen, kann zwar beschränkt werden durch geschmäcklerische Unterschiede, jedoch nicht deshalb, weil sie der Eigenart deutscher Ernteschätze in betontem Maße Rechnung tragen.›

(...) Sehr oft kam Hermann Göring nach Kochingen und ließ das Wild, das er selbst erlegt hatte – zuweilen gar mit Pfeil und Bogen – von Fritz Ganter zubereiten. Der Wildschweinrücken Widukind mit Steinpilzen und einer kräftigen Biertunke sowie Rebhühner Walhalla mit Preiselbeeren zählten zu den Höhepunkten der Speisekarte. Marcel Boulestin, der 1935 eine Deutschlandreise machte, um den Deutschen einmal in die Töpfe zu gucken, wie er sich in seinem Buch: ‹In Europa zu Gast› ausdrückte, aß auch im Wilden Mann und war begeistert. ‹Fritz Ganter ist ein Wotan der Küche: Kühn bis zur Einfachheit, deftig bis zur Herausforderung, ein Mann der absoluten Qualität. Er hat zum Beispiel herausgefunden, daß sich das Wasser einer bestimmten Schwarzwaldquelle zum Kochen eignet. Seine Suppen sind tatsächlich eine Offenbarung – und eine grandiose Widerlegung des Suppenkaspars. Was die Gäste anbelangt, so essen sie mit teutonischer Verbissenheit. In ihre Gesichter stiehlt sich ein feierlicher Ernst, der sich gegen Ende einer Mahlzeit in schwerblütige Ausgelassenheit verwandelt.›» (Heckmann 1977, S. 6)

Die Propaganda bemühte sich aber auch um ein Deutschtum der

Genußformen: Im *SA-Mann* erscheint am 18.9.1937 eine wütende Attacke gegen ein Lob des Tanztees, das einige Tage zuvor im Feuilleton einer Berliner Mittagszeitung erschienen war.

«Man kann über die Sitte des Nachmittagstees denken, wie man will. Man kann niemand darüber Vorschriften machen, welches Getränk er sich am zweckmäßigsten einverleibt, wenngleich die biedere deutsche Kaffeestunde für Familie und Geselligkeit eine mindestens so ruhmreiche Tradition hat wie die aus den nordischen Ländern übernommene Sitte der Teestunde. Doch das ist eine Frage des Geschmacks, vielleicht auch des Temperaments. Grundsätzlich aber sollten wir die aus England stammende, im Herkunftslande selbst schon entartete Mode des Fünf-Uhr-Tees ablehnen. Wir Deutschen haben niemals einen Five o'clock gekannt. Erst die moderne, von jüdischem Geist bestimmte Lebensführung hat wie auf allen Gebieten den Mangel eigener Gemütswerte und kultureller Gestaltung durch fremde Sitten zu verdecken versucht. Wohl verstanden: Es handelt sich nicht um die Art des Getränkes, noch viel weniger um die Tageszeit, zu der man sich seinem Genuß hingibt. Es spielt dabei auch gar keine Rolle, daß man, wie der Verfasser des erwähnten Artikels feststellt, die Teestunde in Berlin von 5 Uhr auf 4 Uhr verlegt, ja, daß man überhaupt keinen Tee, sondern ‹vorzüglichen Kaffee› trinkt. Es geht vielmehr um eine ganz bestimmte, von fremdem Geist geprägte Form unseres geselligen Lebens.

Das ist jüdische Vagabundentum.

Fünf-Uhr-Tee: Darunter versteht man, falls er sich im privaten Kreis abspielt, eine schwätzende, Sandwiches essende, Tee trinkende, Zigaretten dampfende Gesellschaft, die um den Omnibus auf Gummirädern herumwogt, die kostbaren Tassen mal hier, mal dort absetzt, wo man gerade einen Augenblick auf seiner Wanderung Rast macht, um sie dann sogleich wieder aufzunehmen. Fünf-Uhr-Tee: Das ist jene Gesellschaft, in der man nicht Unterhaltung, sondern ‹Konversation› pflegt. Man glaubt nämlich, durch diese scheußliche amerikanische Sitte, stehend zu essen und zu trinken, eine besonders gemütliche und zwanglose Unterhaltung zu erzielen, während doch nur das Geschwätz lebendiger wird, nicht aber das Gespräch, wenn man mit Hut, Handschuhen und Kuchen in der Hand im Zimmer auf und ab läuft und dabei jeden Augenblick gewärtig sein muß, daß einem ein ungeschickter Bedienter die mit zwei Fingern gehaltene volle Tasse in den Hut stößt, der darunter am dritten Finger schwebt. Man soll nur ja nicht seßhaft werden in feiner Gesellschaft, nicht einmal auf seinem Stuhl. Das ist aber nicht deutsche ‹Sitte des Hauses›, sondern jüdisches Vagabundentum in den Salon verpflanzt. Das sind nicht gemeinschaftsbewußte, gesellige deutsche Menschen, sondern ‹aufs Parkett verirrte internationale Zigeuner›.» (zit. nach: Mosse 1979, S. 72f.)

Nicht nur die zunehmende Bespitzelung in den Lokalen des Dritten Reiches hatte Auswirkungen auf den öffentlichen Esser, stellte Erich Lissner 1933 in seiner «Wurstologia oder: es geht um die Wurst» fest. Die «Bezugsscheinpflicht» für bestimmte Lebensmittel ab 1939 brachte einige Einschränkungen des Speiseplans und des Besuches von Gaststätten – sofern man nicht über das nötige Geld verfügte, um von den Lebensmittelkarten unabhängig zu speisen.

Richard Grunebergers Analyse der Versorgungssituation jener Jahre wirft ein Schlaglicht auf die Differenz von quantitativer und qualitativer Entwicklung der «Versorgung des deutschen Volkes mit Speise und Trank»: «... nach dem schweren Schlag der Weltwirtschaftskrise erreichte das Naziregime eine allgemeine, wenn auch ziemlich ungleichmäßig verteilte Gesamtverbesserung der Lebenshaltung, wobei sich Zunahmen im Konsum von Fleisch, Fisch, Molkereiprodukten, Kaffee, Alkohol und Tabak ergaben, dafür aber Einschränkungen bei Früchten, manchen Fetten, Eiern, Geflügel, Gemüse und Reis. Neben der mengenmäßigen Verringerung mußte außerdem eine Qualitätsverschlechterung bei einer ganzen Reihe von Lebensmitteln in Kauf genommen werden. Dabei bleibt aber zu bedenken, daß eine Qualitätsverschlechterung nicht unbedingt auch eine Herabsetzung des Nährwertes bedeutet: So hatte zum Beispiel die intensivere Ausmahlung des Brotgetreides keine solche Wirkung. Vergleicht man mit den USA und England, dann war die Friedenskost im Deutschland der Nazis nicht gerade sonderlich reizvoll. Die Angelsachsen, besonders die Amerikaner, aßen mehr Fleisch, Weißbrot, Zucker und Eier, und die Deutschen mehr Kohl, Roggenbrot, Kartoffeln und Margarine. Dennoch war es zunächst nur der Gaumen, der darunter zu leiden hatte, nicht so sehr die Gesundheit. Das galt auch für den größten Teil des Krieges.» (Gruneberger 1971, S. 221)

Trägheit und Beharrungskraft «kulinarischer» Bedürfnisse scheinen dem Regime einigen Ärger bereitet zu haben. So «ermahnten die Propagandisten der Partei das Publikum, einen ‹politischen Magen› zu entwickeln, eine Erweiterung des ‹Eintopfessens›, das das ‹Fastenopfer› des ganzen Volkes genannt wurde. Der ‹politische Magen› des Volkes erwies sich jedoch gelegentlich weniger gut entwickelt, als es die Diätvorschriften verlangten: der Beifall, mit dem auf dem Nürnberger Parteitag 1938 Görings Ankündigung begrüßt wurde, daß es hinfort wieder weiße Brötchen geben werde, veranlaßte bissige Leitartikler zu Ausfällen gegen ‹diejenigen, die in den letzten Jahren so unentwegt und widerlich gemeckert und so getan haben, als seien sie ohne Windbeutel und Schlagobers dem Hungertode ausgeliefert›.» (Gruneberger 1971, S. 222; Zitat aus: *Schwarzes Korps* vom 22. Sept. 1938)

Der Anschluß Österreichs eröffnete eine mißtrauisch beäugte Chance, zu feineren Genüssen als den einfachen, verordneten zu kommen: «Die Einschränkungsmaßnahmen, die das Regime im Frieden getroffen hatte, schufen eine erhöhte Nachfrage nach Molkereiprodukten von Luxusqualität. Nach dem Anschluß Österreichs fielen daher auch deutsche Touristen wie Heuschreckenschwärme über die österreichischen Kaffeehäuser und Konditoreien her und veranlaßten das *Schwarze Korps* zu der vorwurfsvollen Feststellung, man könnte ‹geradezu meinen, das Großdeutsche Reich sei nur geschaffen worden, damit dieser Pöbel rasender Spießer Schlagsahne vertilgen kann›.» (Gruneberger 1971, S. 219; Zitat aus: *Schwarzes Korps* vom 6. Juli 1939)

Schwarzmarkt und private Tauschgeschäfte entwickelten sich zu einer parallelen, illegalen Ökonomie, die zugleich auch ein alternatives Kommunikationsnetz, eine zweite Öffentlichkeit herstellte. Das «Organisieren» von Nahrungsmitteln und später die neuesten «Kriegsrezepte» waren Hauptgesprächsthemen, in denen sich sowohl Unmut übers Regime als auch Erfindungsgeist und soziale Schläue ausdrückten.

Schon vor dem Zweiten Weltkrieg verschärfte sich die wirtschaftliche Lage. Um das relativ hohe Niveau der Versorgung der Deutschen zu halten, plünderte man zunächst Polen, dann Frankreich aus.

Essens-Politik als Image-Pflege im besetzten Frankreich beschreibt Kleo Pleyer in seinem martialischen Roman «Volk im Feld» (1943): «Die zurückgebliebenen Franzosen kommen aus dem Staunen nicht heraus. Welches Schreckensbild hatte die Pariser Hetzpresse von den deutschen Hunnen ausgemalt! Und wie sind sie in Wirklichkeit! Statt die französischen Kinder an der Feldküche zu schlachten und als Kindsgulasch zu verspeisen, bekommen die kleinen hungrigen Mäuler aus dem großen Kessel deutsche Soldatenkost. Die Landser, die an ihre jungen Geschwister oder an ihre Kinder denken, geben den Kleinen Schokolade und streicheln die Struwelköpfe.» (1943, S. 77)

Auf späteren Feldzügen – so die Landsersprache – trinkt der deutsche Soldat «morgens und abends Negerschweiß (schwarzen Kaffee) oder Chinesenschweiß (Tee). Manchmal ißt er zu Mittag Kälberzähne (Graupen). In mancher Woche, wenn die Feldküche, genannt Gulaschkanone oder Huak (Hungerabwehrkanone), immer wieder ihr Einheitsgericht verabreicht, sieht der Soldatenwitz vier verschiedene Gerichte: Kohl mit Karotten, Karotten mit Kohl, Kohlkarotten und Karottenkohl.» (Pleyer 1943, S. 130)

Die «Eßkultur» jener «lebenshungrigen Todeskandidaten» (Pleyer 1943, S. 79) in der besetzten Sowjetunion wird da so beschrieben: «Die Gespräche, die unsere Landser mit russischen Frauen führen, drehen sich nicht um Liebe, sondern um Bratkartoffeln. Anfangs sträubt sie sich, die Hauswirtin, die nur ungern ihr warmes Lager verläßt. Es steigt ein kleiner panslawischer Kongreß. Sie redet russisch, schnell wie ein Maschinengewehr. Der Landser aus Oberschlesien spricht polnisch, der aus dem Sudetenland tschechisch. Während andere Panslawistenkongresse ohne greifbares Ergebnis geblieben sind, gehen aus unseren überslawischen Beratungen regelmäßig Bratkartoffeln hervor. Die Landser organisieren jeden Tag von neuem den unfreiwilligen weiblichen Arbeitsdienst. Da hilft kein ‹Nje ponimaju› (Ich verstehe nicht), da helfen keine Ausflüchte anderer Art. Da wird Wasser und Holz geholt, da werden Kartoffeln geschält. Durch munteren Zuspruch werden die weiblichen Gemüter erwärmt und aufgeschlossen. Das widerspenstige ‹Nje ponimaju› weicht einem verständnisinnigen ‹Aha!› und ‹Da, da!› (jawohl). Bald ist ein lustiges Gespräch im Gang, und unter Kichern verwandelt sich der unfreiwillige Arbeitsdienst in einen freiwilligen. Am Ende dampft und duftet auf dem Tisch des Landsers Leibgericht: Bratkartoffeln.» (Pleyer 1943, S. 202)

Für die besetzten Gebiete im Osten hatte das Institut für Kochwissenschaft eine Broschüre herausgegeben: «Östliche Speisen nach deutscher Art. Mit Rezepten und Anleitungen, die vom OKH [= Oberkommando des Heeres; d. Verf.] erprobt und zusammengestellt sind.» «In dem weiten Raum des Ostens stellt der Krieg erhöhte ernährungs-wirtschaftliche, verpflegungs- und küchentechnische Anforderungen an alle, die dieses besetzte Gebiet aufbauen helfen. Schaffung und Zubereitung der Nahrungsmittel, selbst bei kleinsten Gemeinschaften, sind oft schwierig. Unkenntnis der Lebensmittel und mangelnde Zubereitung stellen oft ihre Ausnützung in Frage. Die nachfolgende Schrift soll deshalb allen Deutschen im Osten ein Helfer in der Herstellung nahr- und schmackhafter Gerichte sein.»

Aber schon vor dem Zweiten Weltkrieg, als das Deutsche Reich aufzurüsten begann, wurde die Küche im isolierten Deutschland immer deutscher. Im Rahmen «des Autarkieprogramms errichtete man ein diätetisches Laboratorium unter der Ägide des Reichsgesundheitsamtes zum Zwecke der Untersuchung von neuen Lebensmitteln wie Walfischfleisch, neuen Fischkonserven, Milchproteinbrot, ‹Deutschem Kakao› und neuem Apfelsaft. Die neuen Apfelsäfte waren zwar schädlich für die Zähne, aber die meisten anderen Neuerungen erwiesen sich als ganz erfolgreich. Sehr viel kritischer für den allgemeinen

Gesundheitszustand war jedoch der Mangel an Obst und Gemüse und der Wandel im diätetischen Verhalten, der sich aus der amtlich angeordneten Ersetzung des früheren Weizenkeimbrotes durch Vollkornbrot ergab. Während des Krieges gab man besonders dem neuen Typ des Schwarzbrotes die Schuld an den weitverbreiteten Magenbeschwerden, und die Sorge um die Gesundheit der Arbeiterschaft war mit ein Grund, daß die Behörden die Betriebe zur Einrichtung von Werkskantinen drängten. Wegen Magenbeschwerden gingen 1940 12 Millionen Arbeitstage verloren, und etwas später gab eine führende Ärztezeitung zu, daß die Armee der an Magenleiden Erkrankten in diesem Kriege ‹stark zugenommen› habe.» (Gruneberger 1971, S. 232)

Mit dem Herannahen des Jahres 1944 jedoch stellten sich der Deutschen Gesellschaft für Ernährungsforschung diese Probleme in verschärfter Form: Die Titel der Zeitschrift *Die Ernährung* lauteten da: «Über die Ursachen von Magenerkrankungen im Kriege», «Die Wicke, Techniken ihrer optimalen Nährwertausnutzung, Geschmacksverbesserung, Steigerung von Anbau und Zucht», «Vergiftungen durch das Essen von Bucheckern»; es wird die «gesteigerte Bejahung von Krammetsvögeln» zur Erhöhung des Wildbretaufkommens vorgeschlagen ebenso wie die «Umstellung» der Säuglinge von Mutter- auf Schafmilch; ein weiterer Ratschlag lautet: «In Zeiten, wo grüne Gemüse und Kartoffeln knapp sind, ist das Beste, einen gestrichenen Kaffeelöffel kohlensauren Kalk eine Stunde nach der Hauptmahlzeit in etwas Wasser verrühren und trinken.» (Alle Angaben aus der *Die Ernährung*, Jg. 1944) Nachdem zunächst für Kranke Extra-Rationen berechnet worden waren, überlegt man nun schon bald, *welche* Kranken überhaupt noch auf diese Weise den Frontkämpfern «zur Last» fallen dürfen. 1982 – fast vierzig Jahre später – sieht Wolfram Siebeck noch Reste des Dritten Reichs in der Haltung der Deutschen kulinarischen Genüssen gegenüber: «Ob man den Teufel selber fürchtete, mit dem schlemmenden Sündern gedroht wurde; ob der wehrkraftzersetzende Wunsch nach ‹guter› Butter den Volksgenossen zum Volksfeind stempelte; oder ob die Hungernden der Dritten Welt anklägerisch beschworen werden, sobald nicht mit Kümmel gewürzt wird, sondern mit Trüffeln – immer noch gilt Genuß beim Essen als ähnlich obszön, wie für viktorianische Heuchler der Spaß im Bett ein schockierendes Verbrechen war. Es ist leider so, daß die Opferbereitschaft der Deutschen, die Hitlers Eintopfsonntag widerspruchslos hinnahmen und den Kommißbrot-Heroismus feierten, längst nicht so sang- und klanglos verschwunden ist, wie das eigentlich zu erwarten wäre in jenem Moment, als die Metzger wieder fragen lernten, ob's vielleicht ein Stückchen mehr sein dürfte.» (Siebeck 1980, S. 10)

Imbisse

1822 schlägt der Gastrosoph Rumohr, Verfechter eines «anständigen, reinlichen, einladenden Mahls», vor, «da, wo dem Überfluß entsagt werden muß», nach folgendem Rezept «den Tisch hinreichend und ergötzlich (zu) besetzen»: «Nach einer kräftigen Suppe (...) wird es nunmehr einer vorsorgenden Hausmutter nicht fehlen an allerlei Gesalzenem oder säuerlich Eingemachtem, an frischer Butter, Radieschen und ähnlichem. Diese Sächlein werden ihr zum zierlich in kleinen Tellern aufgetragenen *Imbiß* dienen. Gesalzene Heringe und gesäuerte Gurken; Radieschen und frische Butter; einige Schnitte guter Wurst oder hartgeräucherten Schinkens; oder Überreste von gekochtem Gesalzenem aller Art werden ihr auch ohne großen Aufwand die Mittel an die Hand geben, zwei oder vier Tellerchen zum Imbiß aufzusetzen. Dann folgt das Gesottene; dann das Gemüse, mit Beilagen von gebackenem oder auf dem Rost gebratenem Fleisch, und Fische, wenn etwa dem beschränkten Hausstande nicht täglich den Braten zu geben gestattet ist. Endlich beschließen das Mahl leichte Mehlspeisen, geronnenc Milch, oder Käse und Früchte, welche die Jahreszeit gibt oder die Kunst aufbewahrte.» (1978, S. 201 f.)

Fürs «häusliche Mahl an einem Fasttage» rät er zu «Suppe von aufgeriebenen Kartoffeln, mit Fleischbrühe bereitet (...), oder von Krebsen mit durchgetriebenen Erbsen, oder von Grünigkeiten, die man in heißer Butter leicht übergangen hat, oder andere.

Imbiß: Frische Heringe oder Sardinen, geräucherter Lachs, Kaviar, auch andere geräucherte Fische, welche, wie der Aal oder wie die schwarze Forelle von Berchtesgaden, des Erwärmens auf dem Roste bedürfen; endlich auch marinierte Fische. In Seegegenden dafür Austern, Muscheln oder Strandkrebse. Gegenüber gesäuerte Gurken oder kleine Gurken, Veitsbohnen, Blumenkohl und andere mit Spezereien in Essig eingesottene Vegetabilien. Anders: ein Tellerchen mit frischer Butter und gegenüber Radieschen, schwarzer Rettich oder, wenn die Jahreszeit sie nicht gibt, etwas härtlich abgesottener Sellerie in Scheiben geschnitten und mit Salz, Pfeffer und Essig.» (1978, S. 202); es schließen an: als «Eingang» ein gesottener Fisch, dann Gemüse und schließlich ein Fisch am Spieß.

Der Imbiß «an einem Fleischtage» hingegen umfaßt «einige Schnitte Schinken oder geräucherter Wurst; gegenüber ein Tellerchen mit kaltem Braten oder Fleisch unter Gallert» und neben «Vegetabilien» «von Zeit zu Zeit auch einige in Schmalz abgebackene Kleinigkeiten» (Rumohr 1978, S.203). Bei Festschmäusen sollten bis zu zwölf solcher Imbisse angeboten werden.

Stets geht dem Imbiß die *Suppe* voraus, und es folgen ihm *Eingang*, *Gemüse* und *Hauptschüssel* (meist Fleisch) und schließlich der *Nachtisch* («Obst, Käse und kalte Milchspeisen»; Rumohr 1978, S.203)

Imbiß ist hier also Teil einer Speisenfolge, die sich zum *Mahl* fügt, eine Mahlzeit *in* der Mahlzeit, bestehend aus eingeschobenen «Sächlein». «Bei dieser Art, die Mahlzeit mit einem Imbiß zu beginnen, welche in Italien mehr als in Deutschland üblich ist, kann man mit leckeren und mithin häufig kostbaren Sachen sparsam umgehen» (Rumohr 1978, S.203), denn er soll – als kleine Portion genossen – eigentlich auf die weiteren Gerichte hinführen, indem er die «Tätigkeit des Magens» anregt («die Magensäure aufregen»), die Sinne belebt und den «jähen Hunger» abstumpft, «welcher zu dem nachteiligen Schnellessen oder Verschlingen geneigt macht. (...) es ist nicht gut, davon viel zu genießen, mithin Menschenpflicht, seine Tischfreunde dazu nicht anzureizen.» (Rumohr 1978, S.207)

Wenn 1847 «Meyers Conversations-Lexikon» schreibt: «Im allgemeinen ist es empfehlenswerth, täglich nur *eine* Hauptmahlzeit zu halten und außerdem, um der Leerheit des Magens vorzubeugen, 1 bis 2 Mal etwas Weniges zu genießen» (Bd. 9 S. 182), dann ist jenes sich Auffüllen mit Kleinigkeiten oder jene Verhinderung von Leere gemeint, die unseren heutigen Vorstellungen von Imbiß entsprechen, nicht der Teil eines Mahls, sondern die kleine Mahlzeit *zwischen* den Mahlzeiten. Diese kurze Unterbrechung anderer Tätigkeiten kennen wir in institutionalisierter Form als «zweites Frühstück», als nachmittägliches «Vesper» oder als «Jause».

Albert Hauser zufolge war der Imbiß – als Mahlzeit zwischen den Mahlzeiten – der Vorläufer des heutigen Mittagessens. «Wie in Deutschland und Frankreich, so wurden auch in städtischen Bürgerkreisen der alten Eidgenossenschaft drei Hauptmahlzeiten eingenommen: das Morgenessen oder, wie man in Zürich sagte: das Morgenbrot, die Morgensuppe, zwischen 4 und 5 Uhr morgens; dann um 10 Uhr, in späterer Zeit um 11 Uhr oder 11 ½ Uhr der Imbiß, ein oft aus Mus, in wohlhabenden Kreisen meistens aus Fleisch, Gemüse und Getränk bestehendes Vormittagsmahl, später auch Mittagsmahl genannt (...), schließlich das Abendessen (Nachtimbiß, Nachtmahl, Abend- oder Schlaftrunk), das aus Brot, Käse und Wein bestehen konnte, zwischen 18 und 19 Uhr abends. (...) Diese Essenszeiten galten im großen und ganzen bis ans Ende des 18. Jahrhunderts; lediglich der Imbiß war im 17. Jahrhundert allmählich auf 11.30 Uhr im Sommer und 12 Uhr im Winter gerückt und so zum eigentlichen Mittagessen geworden.» (Hauser 1962, S. 68)

Walter Kiaulehn entdeckt bei den Bewohnern der Metropole und Tempostadt Berlin «eine Art von Urhunger», dem mit eigenen Notlösungen begegnet werden muß. «Er ist dem Berliner unbewußt, äußert sich in stehenden Redensarten, wie ‹Ich muß erst 'n Happen essen›, ‹Ich fall jleich vor Hunger dot um›, und ist wahrscheinlich die tätige Erinnerung an die Vorfahren, die einst aus allen deutschen Gauen hungernd bis an den Strand der Spree gezogen sind.

In Kriegs- und Notzeiten wird das große ‹Bulettengespräch› überall auf der Welt geführt. Der Berliner indes fühlt sich zu jeder Tages- und Nachtzeit von dem Schreckgespenst des Hungers gequält. Gewiß, auch in anderen Ländern geht man nachts noch etwas essen. Die Böhmen beispielsweise sind eine Nation von Wurstessern, und Prag ist eine Stadt, die ihren Mitternachtsappetit an den fliegenden Wurstständen befriedigt, die Wiener haben ihre Gulaschhütten, und in Paris gibt es bei den Markthallen die ganze Nacht hindurch Zwiebelsuppe. Der Berliner jedoch kann noch um drei Uhr morgens Erbsensuppe mit Speck essen, ohne von Magendrücken geplagt zu werden.

Ständig ist ein großer Teil der Berliner auf dem Sprung, den noch größeren Teil vor plötzlich auftretendem Hunger zu schützen. Als erste Hilfe sind die Wurstmaxen unterwegs, selbst auf den Stadtbahnhöfen gibt es Imbißstände, und für den allerdringendsten Fall hat der Berliner immer eine Stulle bei sich. Die Stulle ist ein belegtes Klappbrot.

(...) Der erwachsene Berliner ißt seine Stullen nicht immer auf, trägt sie aber immer bei sich. Lebenslang hat sich mir eingeprägt, wie 1911 ein Mann an der Schloßbrücke zu Boden fiel und wie sich sofort ein Auflauf um den Unglücklichen bildete. Man bemühte sich um ihn, er sprach leise in einem fremden Idiom. Einer der Helfer richtete sich auf und sagte: ‹Ick globe, er hat Hunger, hat vielleicht eener 'ne Schtulle bei sich?› Sofort griff alles in die Manteltasche, und es türmten sich fünfzehn Stullenpakete neben dem Fremdling auf.» (1981, S. 215f.)

Der *Schnellimbiß* ist die beschleunigte Version dieser Zwischenspeise; sie kann in kürzester Zeit verzehrt werden – außerhalb einer Mahlzeit und ohne verbindliche zeitliche und räumliche Ordnung. Auch die Herstellung und der Zugriff sollten möglichst schnell vor sich gehen. «Das Kiehnle-Kochbuch für die einfache bürgerliche Familie» von 1953 etwa gibt folgende «Schnellgerichte» an: «Nudelsuppe; Schnitzel – gedämpfte Erbsen aus der Büchse» oder «Lauch-

suppe; Schinkenomelette – Salat» (S. 285) oder als Speisen «für die Thermosflasche» und zum Aufwärmen «bei durchgehender Arbeitszeit»: «Tomatensuppe – Johannisbeerauflauf» oder «Schinkennudeln – Kartoffelsalat» (Kiehnle-Kochbuch 1953, S. 287).

Wenn heute von *Schnellimbiß* die Rede ist, an dem in der Bundesrepublik täglich 4 bis 7 Prozent der Gesamtbevölkerung essen (das sind ca. 1,5 bis 2 Millionen Menschen nach Tolksdorf 1983, S. 8), so meint man kaum mehr irgend eine dieser schnell zubereiteten und schnell gegessenen Mini-Mahlzeiten, sondern eine fertig erworbene Speise, die in Form und Geschmack standardisiert ist und an ganz bestimmten Orten, deren Gestalt und Design sich ähneln wie das der Tankstellen oder der Postämter, erworben und verzehrt wird. Dem Schnellesser geht es schließlich auch um ein ganz bestimmtes Ambiente.

Als die Zeitschrift *Epoca* 1964 (Nr. 1) von der amerikanischen Ramstein Air Base, «einer Stadt hinter mannshohem Maschendraht» in der Nähe von Kaiserslautern berichtete, stellte sie die «Snack-bar», die man im dortigen Kaufhaus fand, noch etwas unvertraut als «jene unverwechselbar amerikanische Mischung aus Restaurant mit Selbstbedienung und gleißendheller Plauderecke» vor. Zehn Jahre später sollte der Schnellimbiß zum gewohnten Straßenbild jeder deutschen Stadt gehören. Im größten Gedränge wie in der entlegen-

Schnellimbiß «Dicker Heinrich», 1956

sten Öde stellt sich eine Bude gegen die Landschaft und das sie umgebende Geschehen. Entfernt nimmt sie eine der ersten Funktionen des Restaurants wieder auf: dem Vorbeikommenden Stärkung zu gewähren, ihn zu «restaurieren».

Brillat-Savarin sah gegen Ende des 18. Jahrhunderts einen der Hauptvorteile der Restaurants, die sich zu jener Zeit in ganz Europa verbreiteten, darin, den Reisenden schneller vorankommen zu lassen: «Auch für die Reisenden, die Fremden, für die, deren Familie sich zeitweilig auf dem Lande befindet, für alle, die keine Küche im Hause haben oder sie infolge besonderer Umstände entbehren müssen, ist diese Einrichtung außerordentlich bequem und angenehm.

Vor dem Zeitabschnitt, von dem wir soeben gesprochen haben (1770), erfreuten sich fast ausschließlich die reichen und mächtigen Leute zweier großer Vorteile: sie reisten mit Schnelligkeit und führten ständig eine gute Tafel. Die Einrichtung der neuen Schnellposten, die fünfzig Meilen in 24 Stunden zurücklegen, hat das erstgenannte Vorrecht aufgehoben, und die Restaurants haben das zweite Privileg zerstört, denn durch sie ist gutes Essen ein Gemeingut geworden.

Jeder, der über fünfzehn bis zwanzig Franken zu verfügen in der Lage ist, kann sich an den Tisch eines erstklassigen Restaurants setzen und wird dort ebensogut und sogar besser verpflegt werden als an der Tafel eines Fürsten. Denn das Mahl, das ihm der Restaurateur bereitet, ist ebenso glänzend; außerdem kann er sich nach seinem Belieben die Speisen aussuchen und ist überdies durch keine persönliche Rücksichtnahme irgendwie behindert.» (Brillat-Savarin 1913, Bd. 2, S. 145 f.)

Die Imbißbude hat noch etwas Selbstgemachtes an sich; sie gleicht einer Art öffentlicher Kochnische. In scheinbar nachbarlicher Weise, in einem scheinbar informellen «Mensch zu Mensch» wird hier schnell etwas gebrutzelt. Dem Restaurant gegenüber nimmt sich die Imbißbude wie eine Puppenküche aus, sie erinnert an Kleingarten und Camping: eine Miniwelt von Schneewittchen und den sieben Zwergen, eine Art Jahrmarkt inmitten der Großstädte und Betonschluchten. Der Imbißwirt erscheint nicht als Koch, eher als (amateurhafter, ehrenamtlicher) Schausteller, der – in leicht erhöhter Position auf seinem Podest oder Lattenrost stehend – im Tages- oder Scheinwerferlicht hantiert. Diese Hervorhebung verleiht seinen selten mehr als einfachen Handlungen einen gewissen Kultwert.

Der Kunde gleicht eher einem Zuschauer oder Zaungast, der am Ritual teilhaben darf und beiläufig auch etwas abbekommt von dieser öffentlichen Essenszubereitung.

Der Imbiß hat seinen Ort im Unterwegs, denn überall da, wo man nicht zu Hause ist, muß man sich das Essen nachschicken oder zutragen lassen, oder man muß auf das Essen anderer zurückgreifen, indem man es kauft oder raubt («Mundraub»). «Spätestens seit die Industrieanlagen vor die Städte zogen und die Lebensbereiche von Wohnen und Arbeit zu Gegenpolen wurden, pendelt der Großstadt-Nomade auf öffentlichen oder individualisierten Verkehrsrouten durch das Dickicht der Städte. Essenzeiten hängen vom Takt der Maschinen und vom Verkehrslagebericht ab.

Erste Brücken zwischen Fabrik und Küche werden von der Stulle geschlagen, doch der hart Arbeitende braucht etwas Warmes. Das Problem der Warmmahlzeiten lösen technische Erfindungen. Die Thermoskanne und der Henkelmann machen die Mahlzeiten von der Küche mit ihren Töpfen und Pfannen unabhängig. Kochen und Verzehren treten räumlich auseinander. Die Imbiß-Stände, -Stuben, -Buden, Trinkhallen entlang der Verkehrswege erleben ihren Boom. Nahrungs- und Verkehrsrouten gehen eine Symbiose ein.» (Bien 1983)

H. Reif berichtet, daß in den Jahren 1912 bis 1916 die Gute Hoffnungshütte Oberhausen für einige Abteilungen, die noch keine festen Speiseräume hatten (die ersten gab es dort ab 1871), den Transport von Henkelmännern übernahm. In fünf, später sieben Fuhrwerken wurden «1912 im Schnitt über 900, 1913 dann 1100 und 1914 sogar ca. 1230 Henkelmänner pro Tag befördert. Die in das System einbezogenen Abteilungen hatten um 1912 eine Belegschaft von ca. 6400 Arbeitern und Angestellten.» (Reif 1982) Damit wurde das Überbringen des Essens durch Angehörige verhindert, das in den Augen der Firmenleitung den Betriebsfrieden störte und die (seit ca. 1870 auf eine halbe Stunde verkürzte) Pause oft überschreiten ließ. Denn zuvor brachten Kinder und Frauen «den Männern nicht nur das Mittagessen, sondern zur Vesperpause (16 Uhr bis 16.15 Uhr) auch Alkohol, andere Getränke, Kuchen etc. Kleinhändler boten zum Mißfallen der Firma jenseits des Zaunes in erheblicher Zahl teure Getränke, Tabak, Rollmöpse etc. an und wurden eifrig frequentiert, auch dann noch, als die GHH [Gute Hoffnungshütte; d. Verf.] dazu übergegangen war, während der Arbeitszeit zu niedrigen Preisen Bier (in begrenzter Menge, 1909 eingestellt), Milch (1909 ff.) und Tee (1909 ff.) auszugeben, letzteren sogar kostenlos. Ein anderes Ärgernis waren die ‹Sonderpausen›, welche die Arbeiter in den vielen Kneipen unmittelbar jenseits des Holzzaunes einlegten, und auch der Alkohol, der von hier ins Werk geschmuggelt wurde. Die GHH hat in einem langwährenden zähen Kampf den Grund, auf dem diese Wirtshäuser standen, aufgekauft und diese dann geschlossen.» (Reif 1982)

Die schnelle Mahlzeit, der Imbiß, eroberte nicht nur den Arbeitsplatz in Fabrik, Büro, Universität oder auf dem Felde; der Krieg war zweiter großer Schauplatz, denn Erbswürste, die Gulaschkanone, das Kommißbrot, also haltbare, leicht transportierbare und nährwertreiche Nahrung, waren in den Weltkriegen dort von großer Wichtigkeit, wo man ein besetztes Land nicht einfach ausplündern, sich an den gedeckten Tisch setzen konnte.

Mit dem Aufkommen der modernen Verkehrsmittel begann sich die «Verpflegung» zu beschleunigen: Bedeutete für die frühen Eisenbahnreisenden Essen noch die Einkehr im Restaurant eines Bahnhofs, in dem der Zug zur Essenzeit anhielt, so wurde später die Verpflegung in den Zug verlegt. Der für die Eisenbahndirektion zuständige preußische Minister forderte um 1880, daß für die Verpflegung der Gäste zu sorgen sei. «Bei durchgehenden Schnellzügen sollte auf eine nicht unter 20 Minuten zu bemessende Mittagspause Bedacht genommen werden. Eine andere Art der Verpflegung war das Hineinreichen von Speisen in die Züge seitens der Bahnhofswirte. So berichtete die Direktion Köln, daß Dortmund als Station gewählt sei zur Abgabe einer transportablen, auf der Strecke Dortmund – Hamm zu verzehrenden Mittagsmahlzeit an Reisende der Köln–Berliner Expreßzüge.» (Baumgarten o. J., S. 40f.)

Der erste Speisewagen, «President», war im wesentlichen ein Schlafwagen mit eingebauter Küche. Er wurde 1867 von George

Pullman auf der damaligen Großen Westbahn, der späteren kanadischen Grand Trunk-Bahn, in Betrieb genommen. Der erste wirkliche Speisewagen verkehrte 1868 auf der Chicago und Alton-Eisenbahn. Im Jahre 1880 wurden in Deutschland drei Wagen dritter Klasse zu Speisewagen umgebaut. «In ihnen wurde in dem Berlin – Frankfurter Schnellzug zwischen Weimar und Eisenach ein vorher fertiggestelltes Mittagessen verabreicht.» (Baumgarten o. J., S. 36) Es wurde dabei «ein ‹Diner› von 5 Gängen zum Preise von 2,50 RM gereicht. Der Zugang zu dem Wagen war nur Reisenden der 1. und 2. Klasse gestattet, wenn sie ein Dinerbillett (2,50 RM) oder ein anzurechnendes ‹Bonbillett› von 50 Pfennig gelöst hatten.» (Baumgarten o. J., S. 40) Eigene Speisewagen mit vollständiger Kücheneinrichtung wurden gebaut, sie liefen zuerst 1883 auf den Strecken Paris–Le Havre und Nizza–Marseille, vom 5. Juni 1883 ab auch im Orient-Expreß zwischen Paris und Wien.

«Im Jahr 1929 fuhr die Internationale Schlafwagen-Gesellschaft u. a. mit 690 Speisewagen und 33 Salonwagen, in denen man an seinem Platze speisen konnte. Für die Mitropa liefen täglich etwa 240 Speisewagen.» (Baumgarten o. J., S. 46)

Bis zum Jahre 1890 behielt man jedoch «trotz des Speisewagens bei dem Berlin – Frankfurter Zug einen längeren Unterwegsaufenthalt bei, um den minderbemittelten Reisenden die Möglichkeit zum Einnehmen von Mahlzeiten zu geben» (Baumgarten o. J., S. 41).

Die Problematik des Speisens im fahrenden Zug zu jener Zeit verdeutlicht folgender Auszug aus einem Artikel «Maßnahmen und Einrichtungen bei der Erhöhung der Fahrgeschwindigkeit» in der *Zeitung des Vereins Deutscher Eisenbahnverwaltungen* (Nr. 5, 1893): «Seit Einführung der vierachsigen Durchgangswagen ist eine kleine Küche in der Nähe des Packwagens vorgesehen, aus der jedem Reisenden auf einem Tischchen vor seinem Sitzplatz warme Speisen verabreicht werden können. Die Einrichtung hat aber auch wenig Beifall gefunden, weil nichtspeisende Mitreisende gestört werden und weil der Küchengeruch durch den ganzen Zug hinzieht und während der Fahrt bleibt; es ist auch sehr unbequem, zumal bei der Bewegung des Wagens, dem beengten Raum und der Rücksicht auf Mitreisende, von einer auf den Schoß gesetzten Platte oder einem Tischchen zu essen, so daß man gern darauf verzichtet. Den Wünschen der meisten Reisenden ist aber Genüge geleistet, wenn die einfachste Form gewählt wird, einen halbstündigen Aufenthalt der Züge mittags auf einer Station vorzusehen. Es muß auch für jeden Reisenden, der es mit seiner Gesundheit ernst meint, eine wahre Wohltat sein, wenn ihm nach fünf- bis sechsstündiger Fahrt Gelegenheit geboten wird, sich in gut gelüftetem Speisezimmer bequem an eine Tafel zu setzen und mit Ruhe (!) die Speisen zu genießen. Daneben kann in den Schnellzügen für Abgabe von kleineren Erfrischungen gesorgt werden. Für den vorerwähnten Aufenthalt sollen 30 Minuten vorgesehen werden.» (Zitiert nach: Baumgarten o. J., S. 41)

Im Jahre 1895 wurde dann die «Abgabe warmer Speisen» in *allen* D-Zügen freigegeben; deren Restaurateure waren meist Bahnhofswirte. Wurden nach dem Ersten Weltkrieg in Zügen ohne Speisewagen die Reisenden von einem angehängten Küchenwagen aus versorgt, wurden ab 1959 in «unbewirtschafteten D- und E-Zügen» Käsebrote, Apfelsaft u. a. von einem «Servierwagen» verkauft. (*Schöne Welt,* März 1979) In den späten sechziger Jahren begann die Ära der «mini-bars», jener Proviantwägelchen, die im fahrenden Zug von Abteil zu Abteil geschoben werden. Auch bei den Eisenbahnen läßt sich beobachten, wie der Imbiß vordringt: Die «Quick-Pick-Wagen» der Bundesbahn sind Selbstbedienungsrestaurants auf Rädern. «In der Quick-Pick-Küche wird ausschließlich mit Convenience-Produkten gearbeitet, seien es nun Dosenkartoffeln, Gemüsekonserven, Eintöpfe und Fleisch-Soße-Gerichte aus der Dose oder tiefgefrorene Portionskomponenten. Ein solches TK-Produkt ist z. B. der Sauerbraten, Preis 10,50 DM.

‹Die Handhabung ist ganz einfach. Wir reißen die Alufolie auf, geben den Inhalt in ein Schälchen, ein Tröpfen Wasser, ein Stich Butter drauf, drei Minuten in den Mikrowellenherd, dann ist das fertig.› – Auch hier im Quick-Pick warten die Beilagen, Klöße, Bohnen, Rotkohl schon im Wasserbad. Ebenso Würstchen, die portionsweise in Kunststoffolie verpackt sind, und Dosensuppen.» (*catering spiegel* 3/1979, S. 15) Durch deren Einrichtung konnte man (zum Beispiel 1979) auf fast die doppelte Einnahme pro Dienstleistungsstunde kommen; die «Vollspeisewagen» hingegen sind – mit Küche, Koch und Bedienungspersonal – wesentlich schwerer kalkulierbar und unrentabler.

Ähnlich entwickelt sich das Verhältnis von Gasthaus und Straßenverkehr: Steuerte der hungrige Autofahrer früher die nächstgelegene Stadt oder das nächste Dorf an, um zum Essen zu kommen, so kam das Essen im Lauf der Jahrzehnte zu ihm an die Straße. In der Raststätte am Rand der Autobahn verliert der Fahrer nur noch ein Minimum seiner Zeit, wenn er Tanken und Essen gleichzeitig erledigt.

Der Zusammenhang von immer dichter und schneller werdendem Verkehr und schnellem Essen liegt auf der Hand: «Die Geburtsstunde des Zeit-Raffers Schnell-Imbiß fällt mit der explosiven Ausdehnung des Verkehrs zusammen. Wie sich die Waren- und Handelsströme unerbittlich ihre Schneisen in beschauliche Landschaften schneiden,

Imbißbude, um 1925

sucht auch die Gastronomie an ihren Rändern nach neuen Wegen. Die Pioniere der flotten Verpflegung ließen sich dort nieder, zusammen mit der Zwillingsschwester, der Imbiß-Bude, der Tankstelle mit ihren Zapfsäulen. Braucht der Motor Öl, um wie geschmiert zu laufen, und Benzin, hat erst recht der Fahrer Brennstoff für seinen Magen nötig. Im Verbrennungsprozeß zeigen Magen und Motor ihre Verwandtschaft. Der Motor wird zum Magen und umgekehrt: die Redewendung vom Benzin-‹fressenden› Automobil weist darauf hin.» (Bien 1983, S. 3) Relativ früh schon – zum Beispiel entlang der im Dritten Reich entstandenen Autobahnen – war das Automatenrestaurant entstanden. Im Gegensatz zum amerikanischen «Drive-In», wo man am Auto selbst bedient wurde, setzte im Automatenrestaurant der Fahrer sein Hantieren fort.

Im Flugverkehr, so scheint es, machte sich von Anfang an eine Tendenz zum Snack bemerkbar; das «richtige» Essen bleibt der Luxusklasse vorbehalten. Als am 29. April 1928 die Deutsche Luft Hansa den Sonntagsflugverkehr zwischen Berlin und Paris eröffnete – der Flug dauerte ohne Zwischenlandung fünfeinhalb Stunden, eine Zugfahrt dauerte 17 Stunden –, wurde gleichzeitig eine andere «sehr beachtliche Neuerung» geschaffen: «dem Luftreisenden» konnten «während des Fluges vollständige Mahlzeiten verabfolgt werden (...).

Ein Kellner, der zugleich das Amt des Kochs versieht, befindet sich an Bord des Flugzeuges und bereitet von der warmen Schildkrötensuppe angefangen bis zur Eisspeise das Mahl.» (*Deutsche Luft Hansa Wochenblätter*, 30.4.1928) Auf der Karte stand folgende Speisenfolge: «Garnierter Lachs mit Remouladentunke, Kalbskeule, Schinken, Kaltes Geflügel, Gemüsesalat, Butter und Brot, Fruchttörtchen, Versch. Käse – Radieschen.» Dieses Flugzeug, eine Junkers G 31 mit dem Namen «Hermann Köhl», das in der Folge auch auf anderen Strecken eingesetzt wurde, hieß bald «Der fliegende Speisewagen». Die Bewirtschaftung wurde von der Schlaf- und Speisewagengesellschaft Mitropa und deren Personal besorgt. Der frühere Schiffssteward Arthur Hove war lange Zeit der einzige deutsche Luftsteward. Auf anderen Flügen hingegen wurde das Essen bei der Zwischenlandung eingenommen. (So enthielt zum Beispiel der Flugpreis für die Strecke Berlin – London auch ein Mittagessen in Köln.) Andere «Großflugzeuge» (für je etwa 15 Passagiere) mit Kücheneinrichtung folgten. Für die Passagiere der kleineren, einmotorigen Verkehrsflugzeuge wurde ein anderer Service entwickelt; so heißt es im August 1928: «Man wird nicht nur auf dem Flughafen vor dem Start auf Anforderung einen nach Wahl mit belegten Brötchen, Kaffee, Tee, Schokolade (in Thermosflaschen), Wein und Obst gefüllten Korb zur Mitnahme ins Flugzeug erhalten, auch der Luftreisende, der im Durchflug nur kurzen Aufenthalt hat, wird auf dem Flugsteig an einem fahrbaren Buffet eine reichhaltige Auswahl an Erfrischungen finden. Die im Flugzeug mitgeführten Frühstückskörbe können natürlich auf rechtzeitig geäußerten Wunsch ganz individuell zusammengestellt werden.» (*Deutsche Luft Hansa Wochenblätter*, 13.8.1928)

Von 1959 an befand sich an Bord mancher Lufthansaflüge der Luxusklasse über den Atlantik ein eigenes Bordrestaurant, in dem à la carte ausgewählte Menüs zubereitet wurden. (Ein solcher Luxusflug kostete damals soviel wie ein Volkswagen.)

Das Aufkommen der Düsenflugzeuge und die damit wesentlich kürzeren Flugzeiten veränderten den Service auch in der Luxusklasse: «Das herkömmliche Eindecken dauert zu lange und wurde zum Problem. Da man jedoch nicht auf den dem ‹Senator›-Service gemäßen Rahmen verzichten wollte, wurde der ‹gedeckte Tisch› eingeführt: ein mit Stoffdeckchen, Porzellan, Besteck, Servietten und Glas vorbereitetes Tablett. Die Speisenfolge selbst wird aber nach wie vor vom Servierwagen aus angeboten.» (*Lufthansa Artikeldienst*, 4.11.1983) Aber auch bei den Speisen selbst kam es zu einer – anderen – Art der Beschleunigung: «Wegen des zunehmenden Kalorien-Bewußtseins der Fluggäste gilt seit Anfang der 80er Jahre bei Lufthansa die neue Devise: Weg von klassisch schweren, zum Teil belastenden und letztlich müde machenden Menues. Die Einführung der leichteren kulinarischen Kreationen à la ‹Nouvelle Cuisine› begann 1981.» (*Lufthansa Artikeldienst*, 4.11.1983)

Ganz anders sieht es jedoch beim Massentransport in Charterflugzeugen aus: Ellbogen an Ellbogen versucht jeder – mit wechselndem Erfolg – aus den Papp- oder Plastikschachteln seine «Bordverpflegung» herauszupuhlen, ans eingetütete Plastikbesteck zu kommen, den Salat mit Salatsauce und die Wurst mit Senf zu bespritzen, zwischen den verschiedenen Plastikschüsselchen noch einen Platz für den Trinkbecher zu finden, die Reste wieder in die Schachtel zu pakken und zu warten, bis die Flugbegleiter mit einem fahrbaren Mülleimer vorbeikommen, um ihn von seinen Imbißresten zu befreien.

Stand den früheren Reisenden, die auf der Fahrt bloß mit einem Imbiß sich begnügen mußten, sofort nach der Ankunft der Sinn nach einem «richtigen» Mahl, so ist den heutigen der Snack vom Erfrischungswagen («Kaffee, Bier, Cola, heiße Würstchen, Salamibrote...») ganz selbstverständlicher Teil ihres Ernährungspensums.

Der Imbiß als eine Einrichtung für den Bürger auf Reisen wird aber auch Einkehr für den Städter, der seine eigene Stadt durchreist – schließlich verbringt man in unserer Zivilisation die meiste Zeit unterwegs, in der Bewegung zwischen einem Ort und dem anderen.

Dem Gast geht es bei der beiläufigen Befriedigung seines Bedürfnisses nicht um die Art der *Einkehr*, die ihm das bürgerliche Restaurant verspricht, der Esser macht an der Imbißbude nicht Station, um zu sich selbst zu kommen, vielmehr hält er lediglich einen Moment lang inne. Im Unterwegs nimmt er seine Überbrückungsspeise ein, denn er ist sowohl stets auf dem Weg *nach* irgendwohin als auch stets unterwegs *zwischen* den Mahlzeiten. Dem schnellen Menschen, der auf seinem Trip einen Moment einhält, ist der Imbiß Zwischenlandung zum Auftanken. Das «Bodenpersonal» in der Bude (Baracke) steht deshalb schon bereit, um ihn – nach kurzer Verständigung über Art und Quantum des Brennstoffs – möglichst schnell zu versorgen, bevor er, der «Luftmensch» (Marinetti), wieder abhebt.

Der Imbiß ist Notbrücke zum nächsten rettenden Mahl und zugleich auch dessen vorbereitende Grundlage; er dämpft, wie schon Rumohr beschrieb, den anfallartig auftretenden Heißhunger. Denn dieser drängt auf sofortige Befriedigung. Er läßt sich nicht auf das Begrüßungs- und Warte-Ritual einer Gaststätte ein, er duldet kein umständliches Studieren, Abwägen und Wählen eines Angebotes, sondern er zwingt den Esser direkt an die Futterkrippe, wo er sich in kommandohaften Kürzeln Gehör verschafft. Der Zuruf «Zweimal Curry

rot weiß» kann dort gar nicht falsch verstanden werden, denn das Angebot ist äußerst beschränkt. Der Kunde verhält sich so, als habe er hier seinen Arbeitsplatz, dem Kellner ähnlich, der die Bestellungskürzel in den Durchlaß zur Küche brüllt. Die Kürzel, die er benutzt, sind sonst nur zwischen Arbeitskollegen, beim Skat oder in der Trinkkneipe («Drei Helle, zwei Doppelte und einen Kurzen») üblich. Hier ist der Gast nicht nur sein eigener Kellner, wenn er Teller und Flasche zum Stehtisch balanciert, sondern auch intimer Kenner; auch wenn man ihm im Restaurant oft so manches andrehen könnte, hier kann man ihm nichts vormachen.

Gerade auch der Anblick der Schürze des Grillenden in Großbetrieben, die nicht «die makellose Sauberkeit des Frackes eines Oberkellners» besitzt, und das Erleben der Arbeitsvorgänge, so zum Beispiel, «daß die Bratwürste aus unanschaulichen Plastiksäcken auf den Rost gekippt werden» (Tolksdorf 1981, S. 147), gibt ihm die Gewißheit, das Ganze gesehen zu haben und nicht sich fragen zu müssen, wie es «da hinten in der Küche eigentlich zugehen mag».

Der Buden-Esser hat sehr wohl seine Präferenz, denn seine kleinen Vorlieben für Geschmack und Atmosphäre sieht er nur bei einer beschränkten Anzahl von Lieblingsbuden befriedigt. So schafft er sich innerhalb der städtischen Topographie, zwischen U-Bahn-Stationen, Straßenbahnhaltestellen und Buslinien, zwischen Arbeitsstelle, Wohnung, Sportverein und Spazierwegen eine Reihe von Fixpunkten, an die sich sein «Magenfahrplan» halten kann.

Doch sind diese Orte nicht nur Haltestelle auf dem Weg der Eilenden, der Taxifahrer, Vertreter, Streifenpolizisten oder der Verkäuferinnen und Angestellten, die in der Mittagspause zur Bude flitzen – sie sind auch öffentliche Stützpunkte und Beobachtungsposten derer, die ihre Zeit zu verlieren haben, die auf nichts warten und die oft von niemandem erwartet werden: Rentner, Arbeitslose, Krankgeschriebene oder Eckensteher.

Da wird knapp gegrüßt und still nickend wiedererkannt; es wird jovial auf die Schulter geschlagen und lauthals geredet. Gegen den Drang des Heißhungers ist jedoch jeder Versuch eines wohltemperierten Gesprächs fruchtlos. Was seiner Spannung allein entspricht, ist der *Spruch*.

Nicht nur räumlich, zeitlich und gastronomisch gesehen bewegt sich der Imbißesser in den Nischen oder am Rande offizieller Eßkultur – auch in bezug auf die Tischsitten ist er deren latente Negation: «Da der Schnellimbiß normalerweise keine Sitzplätze vorsieht und der Tisch durch die Theke oder den Tresen ersetzt wird, entspricht dies genau der Funktionalität des schnellen Warenaustauschs und Konsums. Das Fehlen eines geschlossenen Konsumraumes, wie er etwa in einer Gaststätte mit einzelnen Tischgruppen gegeben ist, fördert eine unkonventionelle Mobilität, die offensichtlich für Imbißbesucher – und zumal für Jugendliche – eine gewisse Attraktivität besitzt, da auf das sonst genormte und durch soziale Kontakte leicht überprüfbare Eßverhalten bei Tisch keine Rücksicht mehr genommen zu werden braucht.» (Tolksdorf 1983, S. 87f.)

«Am Imbißstand wird auf Besteck weitgehend verzichtet, man ißt mit den Händen, und es gibt keine Möglichkeit, sie sich vorher zu waschen, auch wenn sie gerade ölverschmiert sind. Der Geruch von häufig gebrauchtem Fritieröl und überspritzendem Fett ist nicht zu eliminieren. (...) Die kleckernden Spuren des Vorgängers am Tresen werden häufig nicht sofort durch wieselndes Personal beseitigt. Der Biß in die spritzende Bratwurst und das Abstreifen der Schaschlikstücke vom Spieß gelingt technisch nicht immer perfekt. Der Wurf mit dem Pappteller und den Senfresten verfehlt schon mal die Abfalltonne als Ziel. Einen ‹doppelten Hamburger› ohne Kleckern zu vertilgen halte ich trotz ausgedehnter Übung immer noch für technisch unmöglich.» (Tolksdorf 1981, S. 147)

Eine Reihe von Kritikern sieht im Imbißstand einen Hort der Entfremdung und der Unkultur: «Die Kommunikationsverweigerung am Schnellimbiß erweist sich als so total, daß sie nicht nur das Verhältnis der Kunden untereinander bestimmt, sondern auch deren Beziehung zum Verkaufspersonal erfaßt. Der im Restaurantbetrieb übliche Vorgang der Auswahl und Bestellung aus einem in der Speisekarte differenzierten Angebot wird reduziert auf die Order der Ware, für deren Auswahl der Entscheidungsvorgang bereits vorausgegangen ist, und bei der sich der Kunde höchstens durch einen raschen Blick auf die Preistafel von der Erwartungsgemäßheit des zu Zahlenden überzeugt. Dieser Bestellvorgang erstrebt das Minimum an Kommunikationsleistung dadurch, daß er mittlerweile über ein Repertoire an stereotypen Kurzformeln vonstatten geht, aus dem alle Redundanzen entfernt sind:

– Einmal Pommes mit Mayo! –

– Einsfünfzig! –

Allenfalls ausgedehnt auf:

– Mitnehmen oder Hieressen? –

– Mitnehmen! –

Stammgäste beweisen den Grad ihrer Perfektioniertheit dadurch, daß sie sich eines Insider-Codes bedienen, der ebenfalls den Anforderungen einer minimierten Kommunikation entspricht:

– Pommes rot/weiß! –

(...) Das Sofortige des Warenaustauschvorganges läßt keine Wartezeiten mehr zu, die einen Smalltalk erfordern würden. Die vollständige Eliminierung des Kommunikationsaspektes als konsequente Auswirkung der optimierten Rationalisierung aller Funktionsbereiche des Imbißstandes wird nicht als Manko empfunden, sondern als Aspekt der Freiheit. Es wird so offensichtlich eine Eigenschaft des Mangels unversehens zum positiven Qualitätsmerkmal des Schnellimbisses. Der situationsbedingte Mangel an Kommunikationsmöglichkeiten gerät zur Freiheit vom Kommunikationszwang: die Entscheidung für den Schnellimbiß ist auch demonstrativer Kommunikationsverzicht.» (Baumann u. a. 1980, S. 55)

Während hier der Imbiß zum gesellschaftlichen Horror, zum Alptraum von Abfütterung und Anonymität wird, sehen andere in dieser unberedten Situation eine ganz eigene Art der Verbindung zwischen den Essern: zum einen die des Andersseins gegenüber der offiziellen Essens-Norm: «Wer einmal am Imbiß im Münchner Hauptbahnhof eine Weißwurst gegessen und ein Bier getrunken hat, kommt an den dicken Bierfässern nie mehr vorbei. Ich weiß nicht, ob Bier und Weißwurst hier wirklich besser schmecken als anderswo, aber der Platz hat seine eigene Poesie, Urbanität und Behagen. Wie die anderen vorbeihasten und Blicke herüberwerfen aus Verachtung und Begehrlichkeit, aus hygienischem Entsetzen und vulgärem Appetit, da rückt man am Imbiß trotzig zusammen wie eine verschworene Gemeinde.» (*Frankfurter Allgemeine Zeitung,* 30.8.1979); zum anderen geschwisterliche Gleichheit: «An den Bierfässern verzehrt jeder still und ernst, was er bestellt hat, der eine zuzzelt seine Weißwurst, der andere ißt Fleischkäse mit Messer und Gabel, auf überflüssiges Reden kann man dabei gut verzichten. Eine besinnliche Schweigsamkeit, nicht zu verwechseln mit einer verbissenen, zeichnet überhaupt jeden guten Imbißstand aus. Geistreiche Gespräche und Stammtisch-Gebrabbel sind unangebracht. Das gefällt mir zum Beispiel. Man versteht sich untereinander. Den Höhepunkt der Imbißbekanntschaft habe ich an einem dieser Münchner Bierfässer erlebt. Wir standen da, Fremde, und sprachen kein Wort miteinander. Nachdem er sein Bier ausgetrunken und den Mund mit dem Handrücken abgewischt hatte, wandte er sich zum Gehen, drehte sich aber noch einmal um und sagte: ‹Mach's gut›.» (*Frankfurter Allgemeine Zeitung,* 30.8.1979)

Da man hier gewissermaßen zur gleichen Familie gehört, besteht keine Notwendigkeit, sich erst als Individuum vorzustellen. Anders beim Restaurant-Esser, der als wählerische «Persönlichkeit» mit einem eigenen Begehren auftritt: «Ich denke, heute werde ich wohl ... nehmen.» (Man könnte darüber spekulieren, ob nicht das Verzehren des Gleichen an sich schon jene Fiktion der Gemeinschaft herstellt – ähnlich der Hostie beim Abendmahl –, die man anderswo auf dem Wege des Gesprächs herzustellen trachtet.)

Während Restaurant und Kneipe sich im Interieur, im Innern von Gebäuden angesiedelt haben und dort – je nach Klasse – den Charakter eines Salons, eines öffentlichen Wohnzimmers oder der guten Stube entfalten, ist der Imbiß zumeist ungeschützt der Zugluft und dem Licht der Öffentlichkeit ausgesetzt. Während dort im Dämmerlicht pseudohöfische oder bürgerlich-familiäre Rituale das Essen und den Esser einbinden («Was wünschen die Herrschaften?» «Ist Ihr Steinbutt frisch?» «Heute empfehlen wir Rinderroulade.» «Herr Ober, die Rechnung bitte!»), kommt man hier formelhaft zur Sache – und auch die Sache selbst ist formelhaft. Keine komplizierte Grammatik, keine aufwendige Rhetorik wie die der Grande Cuisine; nicht Entrée, Hauptspeise, Käse, Dessert, sondern allein Entremets, endlose Vorspeisen – eben *Imbisse.* Eher kurze Sätze, immer das gleiche, aber treffend – wie bei *Bild.* «Die Vielfalt an den Wurstbuden, in Hamburger-Bratereien, bei Hendl-Grillern und Pizzabäckereien wird durch Kombination der immer gleichen Elemente erreicht. Für den Kunden handelt es sich um Variationen auf die Themen Wurst, Teig, Huhn und Hackfleisch. Wer an die Eßtheke einer Eßstation geht, hat sich schon für das Thema entschieden und ist nur noch unschlüssig über die Variante. Die Zeitersparnis wird aber nicht nur durch die Taylorisierung der Nahrung vorangetrieben. Denn nichts muß erst – im klassischen Sinn des Wortes – gekocht werden. Das ‹Kochen› schrumpft auf das Aufwärmen von Halbfertig-Produkten zusammen, die fremde Hände zubereitet haben. Die Ware wird nur noch in einen verkaufsfähigen Aggregat-Zustand transformiert. Die Proportionen sind vorgegeben. Erst das macht die schnelle Bedienung und Versorgung großer Mengen von Kunden bei geringem Personaleinsatz möglich. (...)

Die Stätten des Endverbrauchs (...) sind im wesentlichen damit beschäftigt, die zerkleinerte Nahrung aufzutauen und entzogene Feuchtigkeit wieder zuzusetzen. Der kleine, aber emsige Budenbesitzer begnügt sich noch mit Friteusen, Bratplatten, Kühltruhen und Absaughaube, sein letzter Schrei ist der Mikrowellenherd.» (Bien 1983)

Der Aufwand an Küchentechnik bleibt jedoch bescheiden: «Der volle Einfluß der Lebensmittelindustrie bei gleichzeitiger Automatisierung der Küchentechnik erreicht das freie Imbißgewerbe in Deutschland wohl erst nach der Mitte dieses Jahrhunderts. Dies ist – abgesehen von den einschneidenden Kriegszeiten – hauptsächlich damit zu erklären, daß die Imbißbetreiber meist ‹kleine Leute› waren, während etwa in den USA die Standardisierung von ‹roadside food› in den großen Imbißketten schon seit dem Beginn der zwanziger Jahre zum Durchbruch kam.

Auch im Warenangebot selbst zeigt sich diese Verzögerung. Bis in die fünfziger Jahre überwiegen neben Frikadellen und Bratwürsten hauptsächlich noch die Angebote mit dem Merkmal ‹kochen›, also zum Beispiel Erbsensuppe, Kartoffelsuppe, Bockwurst usw. Mit Verzögerung unterwandert dann die ‹Kleine-Leute-Küche› der Imbißstände auch immer mehr die bürgerlichen Standards mit ihrer Präferenz für internationale und fremdländische Küche: Es gibt ab dann Hot dogs, Hamburger, Giros, Schaschlik, Chinesische Frühlingsrollen, Bami-Scheiben usw.» (Tolksdorf 1983, S. 85)

Die Miniportionen und ihre Kombinierbarkeit (1 Wurst + Ketchup + Mayonnaise + Pommes Frites + Brötchen + Zwiebelringe + Getränk usw.) erwecken den Eindruck der Regelbarkeit des Sich-Ernährens. Diäteten jedoch sehen in der Imbiß-Kost, mehr noch als im herkömmlichen Kantinenfraß, eine «Kalorienbombe». Doch es bilden sich auch Gegenimbisse: Salatbars und Obst- bzw. Fruchtsaftstände. Selbst der «Feinschmecker-Snack» hat sich schon etabliert: Hier werden Rehrücken und Kartoffelcroquetten über die Theke gereicht – zum Preis von etwa 8 Currywürsten. Allen gemeinsam sind Geschwindigkeit, Sparsamkeit, Auflösung der Speisenordnung (statt dessen Einzelelemente) und Auflösung der klassischen Tischgemeinschaft (statt dessen steht man oder man sitzt auf Barhockern an der Theke).

In den frühen sechziger Jahren hielt (auch) in den sich mehr und mehr füllenden deutschen Kaufhäusern der Würstchenstand seinen Einzug. Erst war er in der Nähe eines Ausgangs postiert, doch schon bald führte der Weg zum – inzwischen aufgerüsteten – Snack-Restaurant verkaufsstrategisch günstig an einem Großteil des Warenangebots vorbei ins oberste Stockwerk oder in die Tiefetage. Dem Kaufhaus verleiht die Eßgelegenheit eine heimelige Note, einen Anklang von häuslicher Atmosphäre, denn Kaufhaus mit Küche kombiniert verdichten, ballen verschiedene Arten von Sinnesreizen – anders als es ein Kaufhaus allein oder eine Kantine allein zu leisten vermögen. Waren- und Speisenangebot wirken als sich gegenseitig verstärkende Appetitmacher, besonders für jene Klientel (zum Beispiel in der Nähe arbeitende Angestellte), die ihre knapp bemessene Mittagspause auch für Einkäufe nutzt. Außerdem wirkt das kulinarische Angebot im Kaufhaus auch als sinnlich-faßbare Entschädigung für die Abstraktheit der zur Schau ausliegenden Ware, von der man sich doch nur einen winzigen Teil aneignen kann.

Auch im Freien ist ein ähnlicher Ballungs-Effekt bemerkbar: Wenn Restaurant und Kneipe einem (Varieté-)Theater vergleichbar sind, dann stellt sich die Bude als eine Art Aktualitäten-Panoptikum des Essens dar. An ihr überblickt man alles: Während im Restaurant die Gerichte, auf die man sich durch die – programmartige – Speisekarte einrichtet, hinter den Kulissen zubereitet und dann auf die offene Szene getragen werden, geschehen am Stand Vor- und Zubereitung wie auch der Verzehr auf einer einzigen Szene, die je nach Jahreszeit, Witterung, Tageszeit und je nach An- oder Abwesenheit von Eßpublikum und den umgebenden Geräuschen ihren Charakter ändert. In diesen «Räumen von klinischer Kälte» (Bien 1983) – «der Boden ist mit Eßabfällen und Verpackungsresten übersät. Resopalplatten, Aluminium-Roste und blasse Kacheln sichern die Abwaschbarkeit» (Bien 1983) – ist man «draußen», zugleich aber «mittendrin»: «Man kann essen und gleichzeitig am Geschehen drumherum teilnehmen, etwa am Zubereitungsvorgang, am Bestellritual anderer oder am öffentlichen Leben der Umgebung, sei dies nun auf dem Bahnhof, beim

Fußballspiel oder in der Hektik der Einkaufsstraßen der städtischen Kommerzzonen.» (Tolksdorf 1983, S. 87)

Der Schaueffekt des Imbiß auf dem Jahrmarkt ist hier ins Stadtleben eingerückt. Nicht allein «Geschmack und Aroma», sondern vor allem die *Erlebnisdichte* des Essens, die «Action mit Anfassen», sind dem heutigen Schnellimbiß wesentlich.

Die harmlosere Variante dieses Erlebnisses kann man sich im Hamburger-Lokal erkaufen. Hier, im brav verglasten Reservat, einem Zwischenreich aus Restaurant und Straße, aus Cafeteria und Bude, kann man in geschützter Atmosphäre für kurze Zeit essend einen Sitzplatz zwischen drinnen und draußen einnehmen. Musikberieselung, Werbedesign, Verpackung der Speisen und das Bewußtsein, es mit einem unter Computerkontrolle hergestellten Produkt zu tun zu haben, vervollkommnen diesen «Fernseheffekt», ein «Setting», das an manche «Zeit-ist-Geld»-Quizsendungen erinnert.

Um 1930 entwirft der «futuristische Luftmaler» Fillia folgendes «Simultanessen», bei dem der Imbiß schon fast in der beruflichen Beschäftigung verschwindet, aufgeht: «Für Kaufleute, die vom Sturm der Geschäfte daran gehindert werden, sich im Restaurant aufzuhalten oder nach Hause zurückzukehren, wird ein Simultanessen zubereitet, das ihnen erlaubt, die verschiedenen Aktivitäten (schreiben, gehen, reden) fortzusetzen und gleichzeitig Nahrung zu sich zu nehmen.

In einer großen rotlackierten Metallpfeife kocht auf kleinen Elektroherden eine Suppe.

Kleine Thermosflaschen in Form von Füllfederhaltern sind mit warmer Schokolade gefüllt.

Taschenflaschen enthalten Fischextrakt.

Aus Papierschachteln kann man Briefe und Rechnungen entnehmen, die in verschiedenen Stärkegraden parfümiert sind, um den Appetit zu beruhigen, zu befriedigen oder anzuregen.» (Marinetti 1983, S. 162)

Diese Esser tragen ihre Notration am Leib; ansonsten finden sie in ihrer Arbeit Befriedigung, wenn sie sich nur tief genug hineinfressen. So geht einerseits das Essen in der Arbeit auf; doch andererseits scheint es auch, als häuften sich heute bei uns die Gelegenheiten, eine «Kleinigkeit» zu essen, so sehr, daß man sich geradezu durch sie hindurcharbeiten muß.

Die «Zwischenmahlzeit» breitet sich in unseren Städten sicht- und riechbar aus – besonders im Dickicht der Bürohochhäuser und Ladenstraßen der Innenstädte oder in den auf «Tradition» renovierten oder dekorierten Altstadtkernen (wie zum Beispiel dem Heidelbergs).

Diese vermitteln oft den Eindruck, als müsse man sich durch ihr Weichbild hindurchfressen: Neben den zahlreichen Restaurants wimmelt es hier von Fast-food-Lokalen, Brezelständen, Kaffeestuben, Pizzerien mit Straßenverkauf und Metzgerei-Imbissen. Mindestens Nase und Auge müssen sich hindurcharbeiten, um mit dem Fritten-Geruch und der Freß-Werbung fertig zu werden.

Die Orte des «Zwischendurch» sind, früher noch als an ihren Werbeaushängen, von weitem schon an ihrer Duftmarkierung zu erkennen, einer fettigen Geruchswolke, die über der Umgebung liegt und am Passanten haften bleibt. So wie das Gehör in manchen Großstädten nicht nur vom Verkehrsgeräusch, sondern auch von Musik-Rieselfeldern belegt wird, so erreichen den Geruchssinn Riechwolken, Aureolen um (möglicherweise) Eßbares. Deren Gestank steigt nicht wie ehedem von Verfaultem, Verwesendem und Dahingammelndem auf, sondern von Grills, Bratereien und altem Fett. Die Düfte bilden Demarkationslinien zwischen einer Imbißmöglichkeit und der anderen. Materiellen Gedächtnisspuren gleich bleiben sie an den Kleidern, Haaren und auf der Haut haften – man kann sich ihnen nicht entziehen.

In allen Ecken wird gefressen. Die Entfernung zwischen Laden und Verzehr, zwischen Markt und Schlund, also zwischen Rohmaterial und seiner endgültigen Gestalt als Gericht verkürzt sich dadurch beträchtlich.

Wenn heute an der Bude «Currywurst nach Art des Hauses» angeboten wird, so erscheint das – im Zeitalter der Massenfabrikation, in der die Würste nicht nur am laufenden Meter, sondern am laufenden Kilometer produziert werden – wie eine ironische Anspielung auf längst vergangene Gasthaus-Zeiten: etwa jener Berliner Frühstücksstuben, die, «oft in Etagen und auf Hinterhöfen gelegen (...), nur den Eingeweihten bekannt» waren (Kiaulehn 1981, S. 219), wo man jene kleine Reihe von Gerichten fand, «ohne die der Berliner nicht leben kann und will und die er grundsätzlich in Kneipen zu sich nimmt: Bouletten, Soleier, Bratheringe und Hackepeter. Nimmt man noch den ‹Rollmops› und das kalte Schweinskotelett dazu, dann hat man den kulinarischen Reiz einer Berliner ‹Budike› beisammen. Die ‹Budike› kommt natürlich von ‹Boutique›, wie ja auch die Boulette französischer Herkunft ist.

Die Krone dieser kleinen Delikatessen ist ‹Saure Gurke›, die gut ‹durch› sein muß.» (Kiaulehn 1981, S. 217)

Nur in wenigen Kneipen hat diese Art Imbiß überlebt; in den meisten ist er vom vakuumverpackten Industrie-Snack verdrängt worden: Erdnüsse, Salzmandeln aus dem Automaten, Schokoladenkekse, schnell aufwärmbare Pizza, Hamburger oder Exotik-Suppen, die irgendwo hinter der Theke gestapelt werden, dienen dem heutigen Biertrinker als «trockene Unterlage» oder als «Bierwellenbrecher».

Um die paar glücklichen Gewinner dieses Kampfes ums Überleben – wie die Bockwurst oder die Currywurst – setzt dann auch eine entsprechende Legendenbildung ein. Es wird nun gerätselt, ob die «Bockwurst» eine Schöpfung des Buffetiers Richard Scholtz sei, der um 1890 gegenüber vom alten Görlitzer Bahnhof (in Berlin-Kreuzberg) eine Kneipe aufgemacht hatte – die Schankeinrichtung «mit eben jenen Löwenköpfen und Frauenbrüsten.

Er schenkte aus, was schanküblich war: Bierchen, Schnäpschen – und, was nicht üblich war: Wurscht. Und zwar Wurscht mit Soße, Salat und Sauerkohl, oder ‹eene Kahle›, was hieß: Wurscht ohne Soße, Kohl und Salat. (...)

Und da sollen sich eines Abends Studenten angesagt und auf Besonderem bestanden haben. Nun kannte der alte Scholtz, der damals freilich noch recht jung war, den Fleischermeister Löwenthal in der Friedrich- Ecke Krausenstraße und orderte dessen erstklassige Würste, gestopft mit frischem Schweinefleisch, gepökeltem Rind, angereichert mit Knoblauch und viel Paprika. Und diese prallen Dinger servierte er den Studenten zum Bockbier.

Und an einem 1. September vor nun 90 Jahren soll die akademische Runde hier bei Scholtzen an der Ecke der Wurscht den nachhaltigen Namen Bock gegeben haben. Es streiten zwei Versionen miteinander: Erstens die beschriebene mit zweitens jene, wonach ein Herr Fleischermeister Bock Namenspatron gewesen sei. Sei's drum: Richard Scholtz, in guter Ecklage nahe dem Bahnhof, hat die Bockwurscht populär gemacht, so populär, daß er bald seine Kneipe ‹Bockwurst-Scholtz› hatte nennen können, um derentwillen Leichenzüge innehielten, um sich zu stärken, Fuhrwerke anhielten, Ankommende erste Fühlung über die Bockwurscht mit Berlin nahmen.» (*Der Tagesspiegel*, 2.9.1979)

Der Sohn des verstorbenen Pioniers bezeugte: «‹... det warn so richtige lange Würschte! Mein Vater jab se mit Salat oder mit Sauerkohl un'ne scheene Bratensoße drüber. Det jibs ja heute nich mehr!› (...) Scholtz stellte in die Kneipe mittenmang den Herd, auf dem er die berühmten Würste, den Kohl und die Soße warmhielt. Der Weg der Wurst zum Kunden war auf die kürzeste Entfernung gebracht.» (*Der Tagesspiegel*, 2.9.1979)

Einer anderen Version zufolge «hatte sie vor cirka 90 Jahren [der oben schon erwähnte; d. Verf.] Fleischermeister Löwenthal in der Krausenstraße/Ecke Friedrichstraße» erfunden. «Während eines lebhaften *Bockbierfestes* servierte er seine Alternative zur Boulette einem Kreis sturzbesoffener Studenten; von einem Tag zum anderen war die schlichte Brühwurst nicht mehr ohne Namen.» (*Zitty* 13/1983). Anderswo wiederum heißt es, die Bockwurst sei im 19. Jahrhundert in München entstanden, wo sie zum Bockbier an Fronleichnam genossen wurde.

Der *Wurstmaxe* brachte sie dem Kunden nahe, der nicht mehr einkehrte, sondern im Vorübergehen aß. «Urwurstmaxe war Max Uecke. Er tauchte 1898 erstmals auf, wobei er folgendes Bild abgab: ‹Über der fast vornehmen Kleidung mit Chapeau claque und weißem Schlips trug er vor der Brust seinen doppelseitigen Wurstkessel und darunter eine tadellose weiße Schürze. Im rechten Auge saß ihm kühn das Monokel mit dem breiten, gigerlmäßigen, schwarzen Band, und über der ganzen aus zwei heterogenen Gestalten gemischten Figur spannte sich ein buntfarbiger japanischer Sonnenschirm.› Der Stammplatz des Urwurstmaxen Uecke befand sich unweit der Weidendammer Brücke. Dort zog er jeden Abend um 22 Uhr auf und blieb bis zum Morgengrauen.» (SFB-Sendung «Droschkenkutscher und Wurstmaxen», 16.5.1983) «Die erste Imbißbude Berlins (...) rollte schon im vorigen Jahrhundert durch Steglitz – in Form einer Wurschtlokomotive, von einem stämmigen Pony gezogen.» (*Zitty* 13/1983)

Jünger ist die Geschichte der Curry-Wurst, deren Legende unlängst der Mitarbeiter der *Illustrierten Stadtzeitung Zitty*, Ulrich Kubisch, beschrieb, als er deren Erfinderin aufgespürt hatte. Die Geschichte dieser *Brat*wurst, die mit Curry zubereitet wird, beginnt am 4. September 1949: «Es regnete in Strömen, als Herta Heuwer in ihrer bescheidenen Wurstbude an der Charlottenburger Ecke Kant-/Kaiser-Friedrich-Straße, die ihr Mann nach der Währungsreform provisorisch zusammengezimmert hatte, auf Kundschaft wartete.

Doch vergeblich, keine hungrigen Mäuler ließen sich am ‹Stutti› blicken. Herta fror und beschloß, sich erst einmal selbst kräftig zu stärken.

Emsig mixte und probierte sie ein Dutzend Gewürzmischungen aus, patschte Ketchup drauf und übergoß eine fein geschnippelte Bratwurst – das war die Geburtsstunde der Currywü(r)ste.

Und da Herta nicht nur Feinschmecker, sondern auch geschäftstüchtig war, ließ sie sich ihre Zaubersauce sogleich unter der Nummer 721319 als Warenzeichen in München eintragen. (...)

Von weither pilgerten auf den Geschmacksnerv getroffene Imbißfans zu ‹Wurstmaxen-Heuwers›, die in Spitzenzeiten 10000 Würstchen pro Woche über den Grill jagten.

Herta Heuwer erinnert sich beim *Zitty*-Gespräch: ‹Selbst die

Schnellimbiß bei Aschinger, Berlin, 1968

Amis waren verrückt nach der exotisch-scharfen Sauce und schleppten sie in Literflaschen über den großen Teich.›

Und bevor die Mauer die Stadt entzweiteilte, kam sogar das komplette Friedrichstadtpalast-Ballett mit der S-Bahn nach Charlottenburg, um auf die Schnelle eine Currywurst zu futtern.

‹Ungelogen, wir waren zeitweise bekannter als der Regierende Bürgermeister›, gerät Herta Heuwer noch heute ins Schwärmen.» (*Zitty* 13/1983)

Berühmteste Orte des schnellen Imbisses waren bis in die sechziger Jahre Aschingers Gaststätten in Berlin. Deren Atmosphäre und die Rolle von Zeit und sozialer Dichte beobachtet Robert Walser kurz nach 1900: «Ein Helles bitte! Der Biereingießer kennt mich schon seit geraumer Zeit. Ich schaue das gefüllte Glas einen Moment an, nehme es mit zwei Fingern an seinem Henkel und trage es nachlässig zu einem der runden Tische, die mit Gabeln, Messern, Brötchen, Essig und Öl versehen sind. Ich stelle das nässende Glas ordnungsgemäß auf den Filzuntersatz und überlege, ob ich mir etwas zu essen holen soll oder nicht. Der Eßgedanke treibt mich zu dem blau-weiß gestreiften Schnittwaren-Fräulein. Von dieser Dame lasse ich mir eine Auswahl Belegtes auf einem Teller verabreichen, derart bereichert trabe ich ordentlich träge an meinen Platz zurück. Ich gebrauche weder Gabel noch Messer, nur das Senflöffelchen, mit dem ich meine Schnitten braun anstreiche, worauf ich dieselben gemütvoll in den Mund hineinschiebe, daß es die Seelenruhe selber ist, die mir jetzt unter Umständen zuschauen darf. Bitte, noch ein Helles. Bei Aschinger gewöhnt man sich rasch einen Eß- und Trink-Vertraulichkeitston an, man spricht dort nach einiger Zeit fast nur noch wie Waßmann im Deutschen Theater. Mit dem zweiten oder dritten Glas Hellen in der Faust treibt's einen dann gewöhnlich an, allerlei Beobachtungen zu machen. Man will gern recht exakt notiert haben, wie die Berliner essen. Sie stehen dabei, aber sie nehmen sich ganz nett Zeit dazu. Es ist ein Märchen, zu glauben, in Berlin haste, zische oder trabe man nur. Man versteht hier geradezu drollig, Zeit dahinfließen zu lassen, man ist eben auch Mensch. (...) Immer wimmelt es ein und aus von eßlustigen und satten Menschen. Die Unbefriedigten finden rasch an der Bierquelle und am warmen Wursttum Befriedigung, und die Satten springen wieder an die Geschäftsluft hinaus, gewöhnlich eine Mappe unter dem Arm, einen Brief in der Tasche, einen Auftrag im Gehirn, einen festen Plan im Schädel, eine Uhr in der offenen Hand, die sagt, daß es jetzt Zeit ist (...)

Draußen auf dem Platz ist ein Lärm, den man eigentlich gar nicht hört, ein Durcheinander von Wagen, Menschen, Autos, Zeitungsverkäufern, Elektrischen, Handwagen und Fahrrädern, das man eigentlich auch gar nicht mal sieht. (...)

Menschen, die essen, betrachten andere, die ebenfalls mit den Zähnen arbeiten. Wenn einer den Mund gerade voll hat, so sehen zu gleicher Zeit seine Augen einen, der mit Hereinschieben betätigt ist, an. (...) Und das schönste ist: man kann stundenlang am Fleck stehen, das verletzt niemanden, das findet kein einziger von all denen, die kommen und gehen, auffällig. Wer hier an der Bescheidenheit Geschmack findet, der kann auskommen, er kann leben, es hindert ihn niemand. Wer keine gar so besondere Herzlichkeit beansprucht, der darf ein Herz haben, man erlaubt ihm das.» (Robert Walser: Aschinger, zit. nach Kiwus 1978, S. 65 ff.)

Dagegen lobt «Triton», ein Pseudonymus, in seinem Aufsatz «Der Hamburger ‹Junge Mann›» um 1910 die Institution des Privatmittagstisches, «wie sie weder in Berlin noch in irgendeiner anderen deutschen Stadt zu finden sein dürfte» (Triton o. J., S. 13). «In Berlin speist der kaufmännische Angestellte vorwiegend in den Massenabfütterungs-Restaurants, in denen die Portionen der Fläche nach umfangreich gezogen aussehn, dafür aber an Tiefe und Dicke alle Wünsche offen lassen. Es wird ja in der Hauptsache auf Bierkonsum spekuliert, dem beim Essen durch reichliches Würzen mit Erfolg nachgeholfen wird.

Solche Spekulation würde sich in Hamburg nicht bezahlt machen. Dies ist auch der Grund, weshalb hier Aschingersche Quellen nicht aufgemacht werden können. Der Hamburger ‹Junge Mann›, an dessen Arbeitskraft das Geschäft und der Sport die erheblichsten Anforderungen stellt, will und muß gediegen essen – und mit Rücksicht auf das Training wenig trinken. Er kann sich also nicht einem Trinkzwang unterwerfen. Die Privatmittagstische kommen diesen Wünschen des ‹Jungen Mannes› in außerordentlicher Weise entgegen.

In der Nähe der Börse haben sie sich zum Großbetrieb aufgemacht. Den bedeutendsten und frequentiertesten Privatmittagstisch findet man am Plan, zwischen Pforte, Siechen und Lünsmann.» (Triton o. J., S. 13f.) Es ist dort «die Zwischenstufe zwischen Restaurant und Privattisch (...) vortrefflich gewahrt» (Triton o. J., S. 14). Doch der Ablauf des Speisens richtet sich auch dort ganz am Arbeitsrhythmus aus: «Schnell, wie es hier geht, ist ihnen der Serviettenring hingelegt. Je nachdem die Börsenzeit vorgerückt ist, wird rascher oder langsamer gespeist. Die Auswahl ist zwar nicht sehr groß, aber dafür sind die Speisen vortrefflich zubereitet und reichlich. Vor allem aber herrscht die peinlichste Sauberkeit. (...)

Ist's Zeit geworden, zur Börse zu gehen – so schrillt eine Glocke los. Die Speisenden lassen dann eben alles stehn und liegen – denn die Pflicht ruft sie –, und da muß sogar das Essen den Vorrang lassen.» (Triton o. J., S. 14f.)

Das Vordringen der Zwischenmahlzeit entthront die Hauptmahlzeit, bis tendenziell alles zur Zwischenmahlzeit wird und so die Bedeutung der Mahlzeit überhaupt schwindet; sie wird zur ästhetisch wichtigen Nebensache. Die Momente des Essens werden über die Tageszeit hin beliebig verschiebbar. Die Tendenz zum über den ganzen Tag gleichmäßig verteilten Essen ist ein weiterer Schritt zum permanenten Imbiß oder vielmehr zur Auseinanderziehung des «Mahls» über verschiedene Orte, Zeiten, Situationen des ganzen Tages.

Mit der Verflüssigung der Eß-Zeitpunkte und -Orte gerät die Geselligkeit des Essens, die traditionelle Eßgemeinschaft, in die Krise. Man ißt nicht mehr ständig mit den immer gleichen oder mit den bewußt als Tischpartner ausgewählten Personen. Denn jene «Tischgemeinschaft», die Georg Simmel um die Jahrhundertwende noch intakt sah, hat immer eine zeitliche Synchronität der Esser zur Voraussetzung, die sie – gleichermaßen hungrig – zum Mittagsmahl oder Abendessen zusammenkommen läßt. Gerade die ständige Bewegung zwischen Schlafstadt, Arbeitsort, Supermarkt, Freizeitzentrum und «Bürgertreff» bringt aber eine Vielheit der Tafelrunden und eine gewisse Zufälligkeit in die Zusammensetzung der Tischgenossen (sofern man sich zum Essen überhaupt noch an einen Tisch setzt). Man ißt vielleicht vom gleichen, jedoch ohne die ehedem bedeutsame Geste des *Teilens*, denn jeder hat «seine Portion». Der Slogan «Fünfmal täglich statt dreimal» wurde von der Imbiß-Werbung sofort aufgenommen: Die Regel Nr. 3 aus den «10 Regeln für eine vernünftige Ernährung» der Deutschen Gesellschaft für Ernährung lautet: «Lieber regelmäßig essen. Überlisten Sie den großen Hunger, indem Sie Ihre täglichen Mahlzeiten auf fünf kleinere an Stelle der traditionellen drei größeren verteilen; die Ausnutzung der Nahrung verläuft dann günstiger, die Gefahr, übergewichtig zu werden, sinkt. Achten Sie dabei aber sehr darauf, daß es nicht fünf ‹größere› Mahlzeiten werden. Die Zwischenmahlzeiten am Vormittag und Nachmittag sollten wirklich nur ‹Häppchen› und nicht ‹Zusatzhäppchen› sein.» Und die Werbung folgt sofort: «‹Fünfmal Essen am Tage hält schlank!› Das sind die Worte unserer Bundesgesundheitsministerin Antje Huber! Deshalb: Laß mal das Mittagessen weg und gönn Dir einen udo-snack!» (November 1977)

Das heutige Schnellessen ist bestimmt nichts Neues; neu erscheint vielmehr der industrielle Charakter und die Stilisierung der Produkte und der Orte des Imbisses zu ästhetischen Ereignissen. «Der Hamburger ist ein visuelles Phänomen. Zwischen die Sesam-‹Buns› geklemmt wird beim Whopper das Tomaten-Rot, das mit dem komplementären Grün des Salatblattes kontrastiert. Dazwischen die Synthese: der braune Hackfleisch-Klops. Das Auswickeln (aus der gestylten Verpackung; d. Verf.) regt die Phantasie an, die sphärischen Klänge der funktionalen Musik komplettieren als akustische Nahrung das Menü.» (Bien 1983)

Entscheidend neu ist ganz sicher der Massencharakter des Imbisses, der alle sozialen Schichten umfaßt (also auch die bürgerlichen einbezieht und das «Mahl» eher zur Ausnahme werden läßt).

Der verwahrlost, haltlos wirkende «Zwischendrin»-Charakter des Imbiß paßt in keine Mahlzeitordnung mehr (wie noch zu Rumohrs Zeiten[1]), er sitzt zwischen allen Stühlen und bleibt deshalb meist lie-

[1] Rumohrs Kritik an der «häuslich-einsamen» und der «häuslich-geselligen» Schleckerei wendet sich schon zu Beginn des 19. Jahrhunderts gegen die Auflösung der zeitlichen, räumlichen und sozialen Festordnung: «Der häuslich-einsame Schlecker unterhält fortwährende Verbindung mit Küche, Keller und Vorratskammer; er meldet sich auf den ersten Blick durch verdorbene Zähne, geschwollene Augen, träumerisches Aussehen. Die häuslich-gesellige Schleckerei dreht sich aber um jene neubeliebten Vesperbrote, welche eine armutselige Vornehmigkeit unter den Namen von thé dansant, thé dégoutant usw. in Umlauf gebracht hat.» (Rumohr 1978, S. 38)

ber gleich stehen, er stellt keine Tafelrunde oder Tischgemeinschaft her, schmilzt dafür aber öffentliche Ereignisse und andere Wahrnehmungsqualitäten ins «kulinarische» Erlebnis ein. Er scheint allerdings kein Randphänomen zu sein, sondern eher Anzeichen einer umfassenden Entwicklung. Denn was heute (zumindest in Deutschland) im *Durchschnitt* an Kochkunst erhalten geblieben ist, entspricht just etwa dem, was im 19. Jahrhundert innerhalb des gesamten Mahls den *Imbiß* darstellte; es ist also denkbar, daß auf der Ebene der Alltagskost selbst schon eine – fast unbemerkte – Reduktion des Mahls auf den Imbiß stattgefunden hat (vgl. die Rezepte für Schnellgerichte von 1953 in «Das Kiehnle-Kochbuch für die einfache bürgerliche Familie»). Ähnliches läßt sich für das Niveaugefälle in der Geschichte der gutbürgerlichen Gaststätte bezeugen. Tatsächlich hat heute viel von dem, was im Restaurant auf den Teller kommt, den Charakter des Aufgewärmten, des schon Vorgefertigten, des Einfallslosen und Standardisierten, selbst wenn es frisch hergestellt worden ist.

Nicht zufällig registrierte 1978 deshalb der Deutsche Hotel- und Gaststättenverband folgende Tendenz: «Die Entwicklung der letzten Jahre zeigt, daß in der Gastronomie eine stärkere Profilierung stattfindet; während mancherorts *günstigere Preise und schnelle Bedienung* unterstrichen werden, setzt man andernorts auf *große Auswahl und ‹gepflegte Gastlichkeit›*. Es scheint nicht ausgeschlossen, daß dies zu einer Polarisierung führt, die gerade die sogenannten bürgerlichen Speisegaststätten zu spüren bekommen.» (*Allgemeine Hotel- und Gaststätten-Zeitung* Nr. 35, 28.8.1978, S. 36)

Die erste Tendenz deutet aufs Streben nach Energieerhaltung, Stärkung und auf Stillung des Heißhungers. Die zweite deutet auf Qualitätsbewußtsein, Stilisierung und Spektakularisierung (vgl. Kapitel «Essens-Spaß»).

Dieser Trend zur Stilisierung schlösse aber das extrem gestylte «fast food» (sei's an der Bude oder im Lokal) gerade nicht aus. Auch das scheinbare Gegenteil des «junk food», die Nouvelle Cuisine, fällt durch ihr betontes Design auf. Doch auch eine weitere Übereinstimmung drängt sich auf: nämlich die Inszenierung des «Leichten», der «Kleinigkeit» sowohl im «fast food» als auch in der modernen feinen Küche mit ihren Mousses, Pürees etc. J. P. Corbeau sieht in beiden modernen Tendenzen, dem «fast food» und der Nouvelle Cuisine gleichermaßen technokratische Kräfte am Werk. Er sieht sowohl beim Snack als auch bei den hochstilisierten Portionen der Nouvelle Cuisine die *Geschwindigkeit* als zentralen Maßstab, ganz so, als müsse im Zeitalter der Informatik nicht nur die Information auf dem Bildschirm, sondern auch auf dem Teller und im Mund sofort präsent, «instant», «frisch» (abrufbar) sein.

Zwar gilt hinsichtlich der Zubereitung und der Zusammenstellung «fast food» als schrecklich und proletarisch, hingegen die Nouvelle Cuisine als elitär. Während der Imbiß-Esser Endglied einer industriellen Herstellungskette ist (von der Wurst- und Pommes-Fabrik über die Friteuse in die Hand des Essers), proklamiert die Nouvelle Cuisine «Marktfrische». Um diese zu gewährleisten, müssen die Produkte mit äußerster Geschwindigkeit, oft sogar mit dem Flugzeug, herbeigeschafft werden. «Kurzum, die ‹Grande Cuisine› beruhte auf der Herstellungszeit, aber auch auf der Veränderung der ursprünglichen Geschmäcke. Die ‹Neuen Chefs› hingegen (...) schlagen rosa Fisch ‹à l'arête›, knackige grüne Bohnen, Pasta al dente, blutiges ‹magret› usw. vor ... anders gesagt: unter dem Vorwand, das so sorgfältig ausgewählte Produkt nicht verraten zu wollen, verringert man die Kochzeit aufs äußerste, stellt man die Gerichte schneller her.» (Corbeau 1983)

Der Snack, diese «kontinuierliche Aufnahme kleiner Nahrungsfragmente, erinnert uns an eine Art von Information, die nach und nach in den Medien und in der Geschäftswelt entstand. Es ist der ‹flash›, das Telex, das gerade hereinkommt, die permanente Sendung, die man als einzelner aufnimmt, pointillistische und emotionale Wahrnehmung, aus der die großen Synthesen, die Vereinigungen, die Tischgemeinschaft ausgeschlossen scheinen.» (Corbeau 1983) Die Standardisierung jedoch und die Transparenz der Bestandteile sieht Corbeau nicht nur im «fast food», sondern auch in den «frischen» und «leichten» Gerichten: Von der Fachzeitschrift bis zum Küchenzettel werden die Kompositionen der «Meister» in Bild und Text bis in die kleinste Einzelheit erklärt.

Bei den Arrangements auf dem Teller waltet nach Corbeau ein Hygiene-Bewußtsein, das dem des Imbiß-Essers ähnelt: jedes Einzelteil muß klar erkennbar sein, nichts darf vermischt oder zermanscht werden (die Pürees und Mousses haben ja wieder ihre eigene klare Form), nichts wird durch Sauce verdeckt. Man glaubt so, ganz die Kontrolle über das Einzuverleibende zu haben, das man nun im Namen der «Leichtigkeit», des «unbeschwerten» Genusses und der «Gesundheit» genießt.

Wonach unsere Sinne im anbrechenden Computer- und Elektronikzeitalter, dem Zeitalter der verringerten räumlichen Bewegung, gelüsten wird und welche Rolle Essen und Ernährung für uns haben werden – Pillenfraß und/oder Eß-Spektakel als kontemplatives Gesamtkunstwerk –, ist noch kaum absehbar.

Die Zivilisierung des Essers

Lang ist der Weg vom Gestillt- und Gefüttert-Werden hin zu dem, was man als «Essen» bezeichnet; jedes Kind muß ihn im Laufe seiner Ontogenese – der individuellen Entwicklung eines Menschen und seiner Integration in die gesellschaftliche und kulturelle Ordnung – zurücklegen. Ist in historischen Phasen mit relativ starren Verhaltensregeln leicht ablesbar, was zum «ordentlichen» Eßverhalten gehört, so fällt dies schwerer, wenn sich die Vorschriften lockern.

Auch heute noch besteht der Eßakt und sein räumliches, zeitliches und soziales «setting» aus einer Reihe von Einzelmomenten, die, selbst wenn sie nicht mehr rigide überwacht und sanktioniert werden, in der Erziehung eines Kindes zum «vollwertigen Mitglied» unserer Eßkultur beachtet werden.

Essen ist also immer noch ein mühsam von jedem Kind zu erlernender Akt, bei dem ähnliche Dressuren angewandt werden wie beim Sprechenlernen. Wir finden eine Reihe von Vorschriften, die sich jeweils rationalisierend auf wissenschaftliche (Hygiene etc.), gastrosophische, sozial-ästhetische oder religiöse Begründungen berufen. Sie bestimmen darüber:

- wann man zu essen hat und wann nicht (bzw. wann man zu fasten hat),
- wo man zu essen hat und wo nicht,
- mit wem man zu essen hat,
- zu welcher Gelegenheit man zu essen oder nicht zu essen hat,
- was man zu essen hat und was auf alle Fälle zu vermeiden sei (Tabus)
- wie das zu Essende am besten zubereitet sein soll,
- wie oft man zu essen hat,
- wie schnell/langsam man zu essen hat,
- und den großen Bereich, wie man zu essen hat.

Versuchen wir einige Beispiele anzuführen, die zeigen sollen, worauf es bei der Choreographie des «zivilisierten» europäischen Essers ankommt:

Haltung des Rückens (aufrecht)

Abstand zum Tisch

Angewinkelte Haltung der Unterarme (Ellbogen weder auf dem Tisch noch flügelartig zur Seite gespreizt)

Hände auf dem Tisch (die amerikanische Art, den linken Unterarm auf den Oberschenkel zu legen, gilt als unerzogen)
Neigungswinkel des Kopfes
Beginn des Essens erst auf ein Zeichen hin (wenn alle versammelt sind; nach dem Tischgebet)
Man langt nicht über den Tisch und greift nicht in die Schüsseln
Haltung der Eßinstrumente (Messer rechts, Gabel links, beide nicht mit der Faust umschließend)
Das Aufspießen und Zerteilen bzw. Zerschneiden der Nahrung (nicht in zustechender oder zerrender Bewegung)
Das zugeschnittene Stück muß eine bestimmte Größe haben
Die Gabel darf nicht überladen werden
Die Suppe darf nicht vom Löffel tropfen oder spritzen
Das Tischtuch muß sauber bleiben
Tempi (keine hastigen oder ruckartigen Bewegungen)
Das Zum-Munde-Führen des Bissens (keine weitausholenden Bewegungen, kein Sich-Vorbeugen)
Bewegung der Lippen (weder vorgestülpt noch breit geöffnet, die Zähne übermäßig freigebend)
Das Zubeißen (nicht schnappend)
Das Einsaugen (nicht schlürfend)
Kaubewegung ohne Schmatzen und ohne klappernde Geräusche mit den Zähnen
Teilnahme an der Konversation (Tischgespräch) oder Schweigegebot
Während der Nahrungsaufnahme und der Kautätigkeit keine Sprachäußerungen erlaubt (nicht reden bei vollem Munde)
Das Trinken geht in gemäßigten Schlückchen vor sich, kein Ex-Trinken
Der Teller muß (oder: darf auf keinen Fall) völlig leergegessen werden
Reste dürfen nicht auf den Boden geworfen werden
Das Besteck wird horizontal (vertikal) auf den Teller gelegt als Zeichen des Schlusses
Kein Rülpsen
Aufstehen vom Tisch erst nach Erlaubnis/Konsens
Kein Lärmen

Wenn man sich daranmacht, die Gebote zu beschreiben, nach denen wir «automatisch» unser Verhalten bei Tisch ausrichten, so wird die Lückenhaftigkeit einer solchen Aufzählung schnell deutlich. Immer weitere Konventionen kommen uns in den Sinn: Dem Gast bietet man zuerst an, Fisch zerteilt man anders als Fleisch usw. Selbst eine Person, die sich noch so «unbürgerlich» oder «unkonventionell» gebärde, wird unwillentlich immer einige dieser Regeln befolgen.

Man beginnt an der Seitenlinie ...

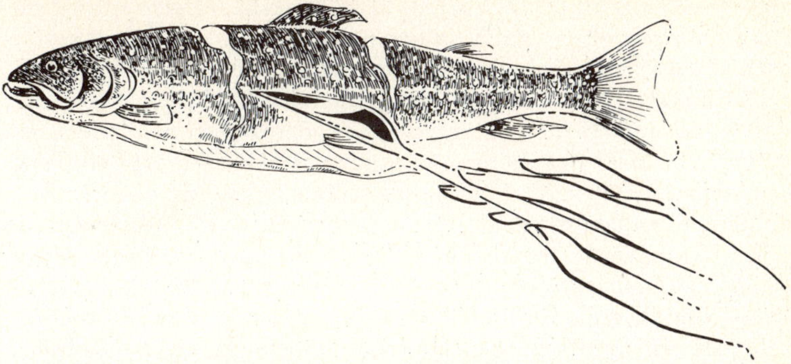

Wie konnte es nun zu den Auflösungserscheinungen kommen, mit denen wir uns in verschiedenen Kapiteln beschäftigt haben? Welche Entwicklung führt von einem «Anfang» der Zivilisation, an dem eine intakte Tafelrunde existiert zu haben *scheint*, zum Esser am Imbißstand, der in der Zugluft stehend kleingeschnittene Wurststückchen mit einem Plastikpiekser aufspießt?

Versuchen wir im folgenden in einem schnellen Durchgang durch unsere Zivilisationsgeschichte Imbißbude und mittelalterlichen Tisch als zwei Pole gleichsam kurzzuschließen. Dies soll an Hand der Überlegungen von Norbert Elias und Cas Wouters geschehen.

Die Herausbildung der oben aufgezählten Verhaltensregeln ist eines der Hauptthemen der Studie «Über den Prozeß der Zivilisation» von Norbert Elias. Die einzelnen Elemente unseres heutigen Benehmens und der heutigen Gefühle erscheinen dort als Resultate einer jahrhundertelangen Entwicklungsgeschichte seit dem Ende des Mittelalters.

Für Elias sind «die Verhaltensformen beim Essen (...) nichts Isolierbares. Sie sind ein Ausschnitt – ein sehr charakteristischer Ausschnitt – aus dem Ganzen der gesellschaftlich gezüchteten Verhaltensformen. Ihr Standard entspricht einer ganz bestimmten Gesellschaftsstruktur.» (1976, Bd. 1, S. 87)

Die Art und Weise, wie wir mit einer Speise umgehen, die Form unserer Eßhandlungen sind Zeugnis eines «bestimmten Aufbaus der menschlichen Beziehungen, der Gesellschaft und für eine bestimmte Art des menschlichen Verhaltens» (Elias, 1976, Bd. 1, S. 75). Elias führt die folgende Entwicklungskurve der «Zivilisation» des Essens vor: «(...) erst die mittelalterliche Phase, mit einem gewissen Höhepunkt in der ritterlich-höfischen Blütezeit, markiert durch das Essen mit den Händen. Dann eine Phase relativ rascher Bewegung und Veränderung, etwa das 16., 17. und 18. Jahrhundert umfassend, in der die Zwänge zur Durchformung des Verhaltens beim Essen dauernd in einer Richtung vorangetrieben werden, einem neuen Standard der Umgangsformen, der Eßgebote und -verbote entgegen.» (1976, Bd. 1, S. 142)

Der Inbegriff des Standards des «guten Benehmens» im Mittelalter «hieß in Deutschland (...) ‹hövescheit› oder ‹hübescheit› oder auch ‹zuht›. Alle diese Begriffe weisen ganz unmittelbar (...) auf einen bestimmten, sozialen Ort hin. Sie sagen: Das ist die Art, wie man sich an den Höfen benimmt. Durch sie bezeichnen zunächst bestimmte Spitzengruppen der weltlichen Oberschicht, nicht etwa die Ritterschaft als Ganzes, sondern in erster Linie die ritterlich-höfischen Kreise um die großen Feudalherrn, das, was sie für ihr Gefühl unterscheidet, die spezifischen Gebote und Verbote, die sich zunächst an den großen Feudalhöfen herausgebildet haben, und die dann in etwas breitere Schichten übergehen.» (Elias 1976, Bd. 1, S. 79)

Der Gegenpol zum edlen, «hovelichen» Benehmen sind das Verhalten der Bauern, die «geburischen Siten».

Gegen Ende des Mittelalters trifft man in weiten Teilen Europas «im großen und ganzen» (Elias 1976, Bd. 1, S. 83) die gleichen Tischzuchten, deren Gebote Elias so zusammenfaßt: «Da ist zunächst die Vorschrift, das Tischgebet zu sprechen, die sich auch bei Tannhäuser findet. Immer wieder kehrt die Vorschrift, sich auf den angewiesenen Platz zu setzen, oder nicht Nase und Ohren bei Tisch anzufassen. Lege nicht die Ellbogen auf den Tisch, heißt es häufig. Zeige eine heitere Miene. Rede nicht zu viel. Sehr oft wird daran erinnert, sich nicht zu kratzen und nicht sofort gierig über das Essen herzufallen. Man soll auch das Stück, das man schon im Munde gehabt hat, nicht wieder auf die allgemeine Schüssel legen; das wird oft wiederholt. Nicht weniger häufig kommt die Mahnung vor, sich die Hände vor dem Essen zu waschen, oder auch die andere, nicht die Kost ins Salzfaß zu tauchen. Dann wird immer wieder gesagt: Reinige dir die Zähne nicht mit dem Messer. Spucke nicht auf oder über die Tafel. Verlange nicht noch einmal von der Platte, die man schon fortgetragen hat. Laß dich nicht bei Tisch gehen, heißt es oft. Wisch dir die Lippen ab, bevor du trinkst. Sage nichts Schlechtes über die Gerichte und auch nichts, was andere reizen kann. Wenn du Brot in den Wein getunkt hast, trinke ihn aus oder gieße den Rest fort. Mach deine Zähne nicht mit dem Tischtuch sauber. Biete nicht anderen den Rest deiner Suppe an oder das Brot, von dem du schon abgebissen, schneuz dich nicht zu laut. Schlaf nicht bei Tisch ein. Und Ähnliches.» (Elias 1976, Bd. 1, S. 83)

Diese Verhaltensvorschriften sind allerdings keine Beschreibungen sozialer Realität, doch als *Vorschriften* bezeugen sie ein jeweiliges

Idealbild des Verhaltens; deshalb müssen sie sich auch mit dem auseinandersetzen, was in der jeweiligen Epoche als «störend», «unzivilisiert» oder «unhöflich» empfunden wird. Sie «sind Zeugnisse für einen bestimmten Standard der Beziehungen von Mensch zu Mensch, (...) für den Aufbau der mittelalterlichen Gesellschaft und der mittelalterlichen ‹Seelen›.» (Elias 1976, Bd. 1, S. 83f.)[1]

«Was in dieser courtoisen Welt fehlte oder sich jedenfalls nicht in der gleichen Stärke ausgebildet hatte, war jene unsichtbare Mauer von Affekten, die sich gegenwärtig zwischen Körper und Körper der Menschen, zurückdrängend und trennend, zu erheben scheint, der Wall der heute oft bereits bei der bloßen Annäherung an etwas spürbar ist, das mit Mund oder Händen eines anderen in Berührung gekommen ist (...).» (Elias 1976, Bd. 1, S. 89)

Einen der Übergänge vom Ende des Mittelalters zur Neuzeit markierte das Werk des Erasmus von Rotterdam: «De civilitate morum de puerum». Es erschien im Jahre 1530, bis ins 18. Jahrhundert hinein wurde es immer wieder aufgelegt. «Oft bietet man andern sein Glas zum Trinken an, oder es trinken alle aus einem gemeinsamen Krug. Erasmus ermahnt: ‹Wisch dir den Mund vorher ab.› Aber man bietet jemandem, den man gut leiden kann, auch von dem Fleisch an, das man gerade ißt. ‹Laß das lieber›, sagt Erasmus, ‹es ist nicht sehr anständig, Halbverzehrtes einem andern zu offerieren.›» (Elias 1976, Bd. 1, S. 66)

Anders als in den mittelalterlichen Tischzuchten werden bei Erasmus nicht mehr schlechterdings Anweisungen verkündet, sondern von ihm «werden Gebote und Verbote unmittelbarer in die Erfahrung, in die Beobachtung der Menschen eingebettet» (Elias 1976, Bd. 1, S. 100). «Um wirklich im Sinne der ‹civilité› ‹höflich› sein zu können, muß man in gewissem Maße beobachten, um sich sehen, auf die Men-

[1] Bildliche Darstellungen belegen: «... verglichen mit der späteren Zeit, zeigen uns auch die Bilder von Tafelnden bis ins 15. Jahrhundert hinein durchgehend wenig Tafelgeschirr, wenn auch im einzelnen gewiß mancherlei Änderungen zu verzeichnen sind. In den Häusern der Reicheren werden die Platten gewöhnlich vom Kredenztisch aufgetragen, sehr oft ohne bestimmte Reihenfolge. Jeder nimmt sich – oder läßt sich kommen –, wonach er gerade Verlangen hat. Man bedient sich aus den gemeinsamen Schüsseln. Man nimmt feste Stoffe, vor allem Fleisch, mit der Hand, flüssige mit Kellen oder Löffeln. Aber sehr oft werden Suppen und Soßen noch getrunken. Man hebt Teller und Schüsseln zum Mund. Lange Zeit hindurch gibt es auch nicht gesonderte Geräte für verschiedene Speisen. Man bedient sich der gleichen Messer, der gleichen Löffel. Man trinkt aus den gleichen Gläsern. Häufig essen zwei der Tafelnden von der gleichen Unterlage.» (Elias 1976, Bd. 1, S. 86)

schen und ihre Motive achten. Auch darin kündigt sich eine neue Beziehung von Mensch zu Mensch, eine neue Integrationsform an.» (Elias 1976, Bd. 1, S. 101)

Die sich langsam beschleunigende Entwicklung, konstatiert Elias, kann sich allein vermitteln über die Verstärkung des Zwangs auf das einzelne «Individuum». Im Mittelalter «wurde gesagt: Tue das und tue jenes nicht; aber im großen und ganzen ließ man vieles gehen. Jahrhundertelang wiederholte man annähernd die gleichen, von uns aus gesehen, elementaren Vorschriften und Verbote, offensichtlich ohne daß sie zur Ausbildung ganz fester Gewohnheiten führten. Das wird jetzt anders.» (Elias 1976, Bd. 1, S. 102) «Langsam im Laufe des 16. Jahrhunderts beginnt sich dann wieder, hier früher, dort später, (...) eine festere Gesellschaftshierarchie herzustellen und, aus Elementen verschiedener sozialer Herkunft, eine neue Oberschicht, eine neue Aristokratie. Eben damit wird auch die Frage des einheitlichen, guten Benehmens in verstärktem Maß zum Problem. (...) Nicht sprunghaft, aber doch ganz allmählich wird der Code des Verhaltens strenger und größer das Maß der Rücksichtnahme, das einer vom andern erwartet. Das Gefühl dafür, was zu tun und zu lassen ist, um andere nicht zu verletzen, zu schockieren, wird differenzierter.» (Elias 1976, Bd. 1, S. 103)

Von dieser historischen Phase an kommt das System des Verhaltens, also auch der Tischsitten, in Bewegung: «Es gibt mannigfache Belege dafür, daß in dieser Zeit ununterbrochen Gebräuche, Verhaltensweisen und Moden vom Hof in die oberen Mittelschichten eindringen, dort nachgeahmt und entsprechend der anderen sozialen Lagen mehr oder weniger leicht verändert werden. Eben damit verlieren sie bis zu einem gewissen Grade ihren Charakter als Unterscheidungsmittel der Oberschicht. Sie werden etwas entwertet. Das drängt oben zu einer weiteren Verfeinerung und Fortbildung des Verhaltens.» (Elias 1976, Bd. 1, S. 134 f.) «Am Ende des 18. Jahrhunderts, kurz vor der Revolution, ist in der französischen Oberschicht annähernd jener Standard der Eßgebräuche, und gewiß nicht nur der Eßgebräuche, erreicht, der allmählich dann in der ganzen ‹zivilisierten› Gesellschaft als selbstverständlich gilt.» (Elias 1976, Bd. 1, S. 139)[2]

In jener Zeit wird unsere heutige Eßkultur im wesentlichen besiegelt – zumindest vorläufig: «Würde man die Bilderreihe bis zur Gegenwart fortsetzen, so würde sich zeigen, daß sich von nun an zwar Einzelheiten noch ändern; neue Gebote kommen hinzu, alte lockern sich; es tritt eine Fülle von nationalen und sozialen Variationen der

[2] Auf die Normierung von Geschmacksempfindungen bei Hof haben wir im Kapitel «Schmecken und Geschmack» kurz hingewiesen.

Tafelsitten hervor; die Durchdringung der Volksmassen, der Mittelschichten, der Arbeiterschaft, der Bauern mit dem uniformen Ritual der Zivilisation und der Triebregelung, die seine Handhabung verlangt, ist verschieden stark. Aber der Grundstock dessen, was in der zivilisierten Gesellschaft im Verkehr der Menschen gefordert wird, und was als verboten gilt, der Standard der Eßtechnik, die Art, wie Messer, Gabel, Löffel, Teller, Serviette und die übrigen Eßgeräte zu gebrauchen sind, das alles bleibt in den wesentlichen Punkten unverändert.[3] Selbst die Entwicklung der Technik auf allen Gebieten – auch die der Kochtechnik – durch Einführung neuer Kraftquellen hat das Wesentliche der Eßtechnik und der anderen Umfangsformen ziemlich unverändert gelassen. (...) Was sich jetzt noch verändert, ist vor allem die Technik der Produktion. Die Technik der Konsumption ist besonders von gesellschaftlichen Formationen entwickelt und in Bewegung gehalten worden, die in einem nie wieder erreichten Maße Konsumptionsschichten waren.» (Elias 1976, Bd. 1, S. 140)

Auf diesem Höhepunkt der gesellschaftlichen Rolle von Tischsitten beginnt eine entgegengesetzte Entwicklung die Eßkultur zu bestimmen. Schon im französischen *Bürgertum* verliert die Etikette nach und nach an entscheidender Wichtigkeit. Zwar verliert «die Durchformung des alltäglichen Verhaltens (...) auch in ihr nie ganz ihre Bedeutung als Instrument der sozialen Auszeichnung. Aber sie spielt von nun an nie mehr die gleiche Rolle wie in der vorangehenden Phase. Zur Grundlage der sozialen Unterschiede wird ausschließlicher als zuvor der Geldbesitz. Und die Verdinglichungen der Menschen, ihre Leistungen und Produkte werden wichtiger als ihr Gebaren.» (Elias 1976, Bd. 1, S. 141f.)

Bevor wir uns der modernen Entwicklung der «Informalisierung», der Lockerung der Verhaltensvorschriften, zuwenden, werfen wir einen Blick auf die Geschichte des Schneidens: denn beim Gebrauch des Messers handelt es sich um einen der wenigen Bereiche, «die über den erreichten Standard hinausführen» (Elias 1976, Bd. 1, S. 141).

Elias beobachtet, daß die Art, wie das Fleisch aufgetragen und zerteilt wird, sich vom Mittelalter zur Neuzeit hin beträchtlich ändert. «In der Oberschicht der mittelalterlichen Gesellschaft kommt sehr

[3] Während Elias sein Hauptaugenmerk auf die Formgeschichte des äußeren Eßakts richtet, sei hier nur darauf hingewiesen, daß der Esser u. a. auch noch in einer Reihe von Mäßigkeitsgeboten bzw. Üppigkeitsverboten gezähmt wurde, die sich auf Menge, Ausmaß und Dauer von *Fest*schmäusen richten (zum Beispiel Hochzeitsfeierlichkeiten), die aber auch auf das *Verhalten* eines jeden einzelnen zielen: keine zu großen Portionen, sich nicht vollfressen u. a. (s. Kapitel «Luxus und Notwendigkeiten») (Fußnote des Verf.)

oft das tote Tier oder größere Teile des Tieres als Ganzes auf den Tisch. Nicht nur ganze Fische, ganze Vögel, z. T. mit ihren Federn, sondern auch ganze Hasen, ganze Lämmer und Kalbsviertel erscheinen auf der Tafel, zu schweigen von dem größeren Wildbret oder den am Spieß gebratenen Schweinen und Ochsen.

Das Tier wird auf der Tafel zerlegt. Immer wieder kehren daher in den Manierenbüchern bis ins 17. Jahrhundert und gelegentlich auch noch ins 18. Jahrhundert hinein Hinweise darauf wieder, wie wichtig es für einen wohlerzogenen Menschen sei, die Tiere gut zerlegen zu können» (1976, Bd. 1, S. 159) – neben der Beherrschung des Jagens, Fechtens und des Tanzens. «Das Zerlegen und das Austeilen bei Tisch ist eine besondere Ehre, die meist dem Herrn des Hauses oder angesehenen Gästen zusteht, die er darum bittet. Aber im Laufe des 17. Jahrhunderts hört in der französischen Oberschicht das Zerlegen des Tieres bei der Tafel ganz allmählich auf. (...) Einer der wichtigsten (Gründe dafür; d. Verf.) mag die allmähliche Verkleinerung des Haushalts im Zuge der Bewegung von größeren zu kleineren Familieneinheiten sein, dann die Aussonderung von Erzeugungs- und Verarbeitungsaufgaben, wie Weben, Spinnen, Schlachten aus dem Haushalt und deren allgemeiner Übergang an Spezialisten, an Handwerker, Kaufleute, Fabrikanten, die sie von Berufs wegen übernehmen, während der Haushalt im wesentlichen eine Verbrauchseinheit wird.» (Elias 1976, Bd. 1, S. 161)

Diese Veränderung schlägt sich auch in Wahrnehmung und Wertung nieder: «Von jenem Standard des Empfindens, bei dem der Anblick der erschlagenen Tiere auf der Tafel und sein Zerlegen unmittelbar als lustvoll, jedenfalls ganz und gar nicht als unangenehm empfunden wird, führt die Entwicklung zu einem anderen Standard, bei dem man die Erinnerung daran, daß das Fleischgericht etwas mit einem getöteten Tier zu tun hat, möglichst vermeidet.» (Elias 1976, Bd. 1, S. 162)[4] «Das peinlich Gewordene wird hinter die Kulisse des gesellschaftlichen Lebens verlegt. Spezialisten besorgen es im Laden oder in der Küche.» (Elias 1976, Bd. 1, S. 163) «Bei einem guten Teil unserer Fleischgerichte ist die tierische Form durch die Kunst der Zubereitung und der Zerlegung so verdeckt und verändert, daß man beim Essen kaum noch an diese Herkunft erinnert wird.» (Elias 1976, Bd. 1, S. 162)

Es verändert sich nicht nur die Szenerie bei Tisch, sondern auch der Umgang mit dem Gerät, das mit Gewalt assoziiert ist: dem Messer.

[4] Ähnliches gilt – in einem späteren Stadium – für das Verschwinden des Schlachtens aus der städtischen Öffentlichkeit; heute sind sogar die Schlachthäuser aus den Städten ausgelagert.

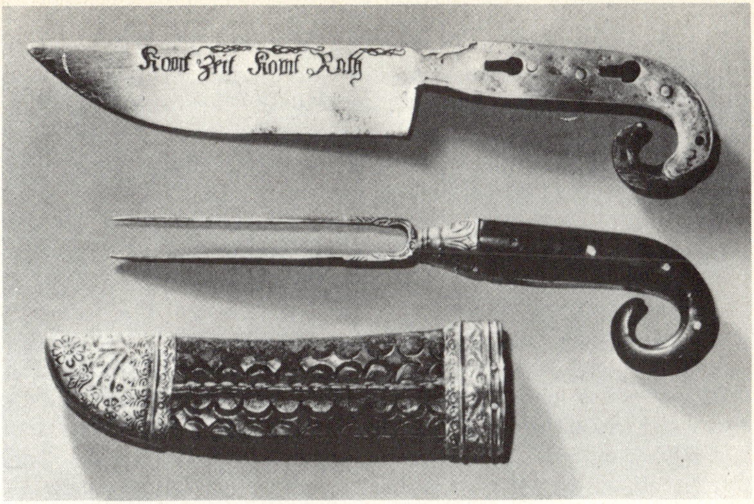

Besteck aus dem 17. Jahrhundert

Nicht nur das Tranchieren, sondern auch das *potentielle*, gefährliche oder überflüssige Schneiden oder Stechen wird in den Geboten zu dessen Handhabung eingeschränkt. Durch Vorschriften wie «Wenn du jemandem ein Messer überreichst, nimm die Spitze des Messers in die Hand und präsentiere ihm den Griff: denn es wäre nicht anständig, es anders zu machen» (Elias 1976, Bd. 1, S. 166), soll vermieden werden, daß «das Messer, wie bei einem Angriff mit der Spitze gegen jemanden anderen hin» bewegt wird. «Der bloße Symbolwert dieser Handlung, die Erinnerung an die kriegerische Bedrohung ist unangenehm. Aber hier wieder enthält das Messerritual eine rationale Portion: Es könnte ja jemand das Überreichen des Messers dazu benutzen, um am Ende plötzlich zuzustechen.» (Elias 1976, Bd. 1, S. 166)

Noch an der Wende vom 19. zum 20. Jahrhundert werden für uns heute erstaunliche Empfehlungen ausgesprochen, die auch einiges über die nationalen Unterschiede der oben skizzierten Prozesse aussagen. So heißt es in «Das goldende Anstandsbuch. Ein Wegweiser für die gute Lebensart zu Hause, in Gesellschaft und im öffentlichen Leben» von J. von Eltz (1. Auflage 1902, 5. Auflage 1908), unter «Das Benehmen bei Tisch»): «Franzosen und Engländer haben beim Essen viel strengere und feinere Manieren als die Deutschen. (...) Bei uns kann man oft genug sehen, daß jemand das Messer zum Munde führt.

Der Engländer würde beim Anblick eines solchen Tischnachbarn ‹Shocking!› ausrufen und Messer und Gabel vor Schrecken aus der Hand legen. Ein derartiger Verstoß gegen die Regeln des Essens ist zwar kein Verbrechen, aber es ist immerhin eine Ungehörigkeit, und wer als wohlerzogener Mensch gelten will, der merke sich die hierüber bestehenden Regeln, falls er sie nicht schon kennt.» Einige Seiten später wird der Umgang mit dem Messer geradezu vorbuchstabiert: «Das Messer führt man in der rechten Hand, während man die Speisen zerschneidet, und die Gabel in der linken. Man nehme auch nicht das eine Instrument bald in diese, bald in jene Hand, da man schon dadurch zeigt, daß man die Regeln bei Tisch nicht kennt. Sind die Speisen weich genug, so bediene man sich des Messers überhaupt nicht. Man kann zuweilen Leute sehen, die, sobald sie einen neuen Gang vor sich haben, mit dem Messer kreuz und quer hindurchfahren, auch wenn sie das Messer überhaupt nicht einmal brauchten. Schön ist das sicher nicht und für feinfühlige Tischnachbarn geradezu widerwärtig. Es ist auch unpassend, das Fleisch beim ersten Angriff in lauter kleine Stückchen zu zerschneiden.» (v. Eltz 1908, S. 150) (Vermutlich hat infolge der Industrialisierung das rasche Vordringen nachrückender Aufsteiger ins deutsche Bürgertum diese Sonderentwicklung mitverursacht.)

Elias hält es für «nicht undenkbar, daß die Vorbereitung der Speisen in der Küche in einer Richtung weiter entwickelt wird, durch die der Gebrauch des Messers an der Gesellschaftstafel noch stärker eingeschränkt ... wird» (1976, Bd. 1, S. 168f.).

Wenn wir einen kühnen Zeitsprung machen, so können wir in der Tat sagen, daß in der Vorliebe der Nouvelle Cuisine für Püriertes und Lockeres, aber auch im Imbiß (Hamburger aus Hackfleisch, aufgeschnittene Currywurst u. a.) und bei der (meist wenig konsistenten) Dosennahrung eine Tendenz zum Abgehen vom Messer besteht. Andererseits ist aber auch eine Vorliebe zum Herzhaften, Deftigen, Rustikalen festzustellen, die entgegengesetzt läuft.[5]

Doch dieses scheinbare «Zurück» muß man wohl eher als Teil einer inszenierten «Natürlichkeit» oder «Ursprünglichkeit» verstehen, mit der wir uns im nächsten Kapitel auseinandersetzen werden.

Die Frage der Eindämmung körperlicher und symbolischer Gewalt, die Elias an Hand der Regelung des Messer-Gebrauchs exemplarisch dargestellt hat, wird für ihn zum Angelpunkt einer gegenläufigen Entwicklung: Sobald der abendländische Mensch einigermaßen pazifi-

[5] In den sechziger und siebziger Jahren des 20. Jahrhunderts wurden nun sogenannte «direkte sinnliche Erfahrungen» als *Kunstwerke* dem Zuschauer nahegebracht. Bei Nitsch und Mühl wurden auf der Bühne Tiere geschlachtet oder Schauspieler mit Blut bespritzt. Die Presse reagierte empört.

ziert ist, sobald unvorhersehbare Angriffsgelüste und -gefahren historisch bis zu einem bestimmten Punkt bewältigt sind, kann sich in anderen Bereichen des Verhaltens der äußere Zwang der Verhaltensvorschriften verringern, es kommt zur Bewegung der «*Informalisierung*». Dies wird gewährleistet durch die Herausbildung eines (staatlichen u. a.) Gewaltmonopols, das den Verkehr zwischen den Menschen von der Allgegenwart aggressiver Handlungen und der Notwendigkeit stetiger Bereitschaft zu körperlicher Selbstverteidigung entlastet. Damit verändern sich aber auch die Menschen, genauer gesagt, die Art ihrer Triebkontrolle: «Der einzelne ist jetzt vor dem plötzlichen Überfall, vor dem schockartigen Einbruch der körperlichen Gewalt in sein Leben weitgehend geschützt; aber er ist zugleich selbst gezwungen, den eigenen Leidenschaftsausbruch, die Wallung, die ihn zum körperlichen Angriff eines anderen treibt, zurückzudrängen.» (Elias 1976, Bd. 2, S. 321)

Je mehr es nun gilt, die Affekte zu dämpfen, «desto stärker wird jeder einzelne auch von klein auf dazu gedrängt, die Wirkung seiner Handlungen oder die Wirkung der Handlungen von anderen über eine ganze Reihe von Kettengliedern hinweg zu bedenken» (Elias 1976, Bd. 2, S. 322). Das Denken abstrahiert zunehmend von der einzelnen Situation. Relativ ungehemmte «Gefühle und Leidenschaften, die Möglichkeit zu wilden Freuden» (Elias 1976, Bd. 2, S. 323), wie etwa in einer «einfachen, natural wirtschaftenden Krieger-Gesellschaft» (Elias 1976, Bd. 2, S. 318), die eine hohe Abhängigkeit von schnell wechselnder Lust/Unlust bedeutete und die damit verbundene Gefahr des «radikalen Ausgeliefertseins der Unterworfenen» (Elias 1976, Bd. 2, S. 323f.), sind damit überwunden. An ihre Stelle treten subtilere Gefühle und Leidenschaften und auch subtilere Ängste. Die Gefährdungen werden entpersonalisiert, aber zugleich auch verallgemeinert. Es bildet sich ein psychischer Apparat heraus, der gewährleistet, daß dem Subjekt ein «Teil der zurückgehaltenen Triebregungen und Neigungen (...) überhaupt nicht mehr unmittelbar zum Bewußtsein kommt» (Elias 1976, Bd. 2, S. 329); es wird «vernünftig», das heißt, es orientiert sich an Regeln der «Vernunft». «Das Leben wird in gewissem Sinne gefahrloser, aber auch affekt- oder lustloser, mindestens, was die unmittelbare Äußerung des Lustverlangens angeht; und man schafft sich für das, was im Alltag fehlt, im Traum, in Büchern und Bildern einen Ersatz: so beginnt der Adel auf dem Wege der Verhöflichung Ritterromane zu lesen, so sieht der Bürger Gewalttat und Liebesleidenschaft im Film.» (Elias 1976, Bd. 2, S. 330)

Für Elias entsteht deshalb die Hauptgefahr, die in einer solchermaßen pazifierten Gesellschaft der Mensch für den Menschen bedeutet, dadurch, daß irgend jemand seine Selbstkontrolle verliert.

Diese Durchmodellierung der einzelnen Subjekte hat sowohl zur Konsequenz, daß sich die Kontraste zwischen ihnen verringern, aber zugleich auch, daß im befriedeten Raum des menschlichen Verkehrens Platz entsteht für eine «Vergrößerung der Spielarten» (Elias 1976, Bd. 2, S. 342), für «Schöpferische Intelligenz» (Elias 1976, Bd. 2, S. 381) und Toleranz gegenüber dem anderen.

Derartige Prozesse der «Informalisierung», zunehmender Permissivität also, sind im 20. Jahrhundert, besonders im Anschluß an die zwei Weltkriege, zu beobachten: «Dinge, die einst verboten waren, sind nun erlaubt.» (Wouters 1979, S. 279) Als Beispiele dafür lassen sich anführen Veränderungen in der Anrede (Sie – Du), der Gebrauch von Anrede- und Schlußformeln in Briefen und die Erweiterung der «Skala sexueller Erfahrungen, die innerhalb der für diese Erfahrungen geltenden Normen toleriert werden» (Wouters 1979, S. 281). Die Enthüllung des Körpers, der Reden über sexuelle Erlebnisse und vorehelicher Geschlechtsverkehr gelten weithin als «normal».

Diese Beispiele «zeigen, daß der Standard des Sozialverhaltens, besonders der Mittelschichten, sich gelockert hat. Das schließt ein, daß viele Verhaltensweisen, die verboten waren, nun erlaubt sind und daß in Verhaltensbereichen wie geschriebene und gesprochene Sprache, Kleidung, Musik, Tanz und Haartracht sowohl das Verhalten als auch Empfindungen sehr viel weniger streng reglementiert sind als früher. Der Betrachter, der das Bild des gesellschaftlichen Lebens der früheren Generationen mit dem heutigen vergleicht, wird bemerken, daß in mancher Hinsicht das letztere sehr viel farbiger im wörtlichen wie im übertragenen Sinne ist. (...) Man findet häufig, daß sie [die heutigen jungen Generationen; d. Verf.] nicht einfach die gesellschaftlichen Verhaltenscodes ihrer Eltern ablehnen, sondern daß sie der Meinung sind, sie folgten überhaupt keinem gesellschaftlichen Code und weiterhin, daß man sie überhaupt nicht irgendeinem von der Gesellschaft auferlegten Code unterwerfen sollte.

Man sollte sich der eigenen Individualität gemäß verhalten und in Übereinstimmung mit den so verstandenen Bedürfnissen der anderen Individuen. Es geht um Dich selbst! – ist ihr Motto.» (Wouters 1979, S. 282f.)

Diese Anschauungen «zeigen die Stärke des Protests gegen die Zwänge und die Abhängigkeit, denen sich manche in der augenblicklichen Gesellschaft ausgesetzt fühlen, und der Verweigerung der persönlichen Erfüllung, die damit verbunden ist» (Wouters 1979, S. 283).

Das Abschütteln von Zwängen und der offenere Ausdruck von Gefühlen ist für Wouters ein Kennzeichen eines Übergangsstadiums, das durch «Aufwärtsbewegungen der Arbeiterklassen und Abwärtsbewegungen von Mittelschichten» (1979, S. 296) bestimmt wird. In dieser Zeit ist es «nicht möglich (...), vom Entstehen eines neuen festeren Verhaltenscodes zu sprechen. Gerade weil ein solcher Code nicht existiert, leben wir in einer Zeit der Unsicherheit und des Experimentierens.» (1979, S. 296)

Elias schließt einige Jahre später an diese Überlegung von Wouters an. «Aber wenn man von diesen Informalisierungswellen so spricht, dann kann man leicht übersehen, daß sie in höchst komplexen Gesellschaften vor sich gehen, die über weite Bezirke hin ein sehr genau geregeltes Verhalten der Menschen im Verkehr miteinander verlangen. Was im Verschwinden ist, sind viele Autoritätssymbole und formelle Respektsbezeugungen, die in früheren Zeiten als Sinnbilder der Herrschaftsgewalt, also auch als Mittel zur Sicherung der elterlichen Herrschaftsgewalt dienten. Der langsame Verfall der ostentativen Respekthaltungen und -symbole im Verkehr der Kinder mit ihren Eltern ist gewiß symptomatisch für eine Verringerung der elterlichen Herrschaftsgewalt, für eine Verminderung der Ungleichheit im Verkehr von Eltern und Kindern.» (Elias 1980, S. 24f.) Daß es hierbei nicht um eine schlichte Rückkehr in frühere Zeiten geht, beweist der «zunehmende Verzicht der Eltern auf physische Gewaltanwendung als Zuchtmittel der Kinder. Dieser Verzicht ist teils durch staatliche Gesetzgebung erzwungen, teils selbst auferlegt auf Grund der wachsenden Sensibilität gegenüber dem Gebrauch physischer Gewalt im Verkehr von Menschen. Aber gerade damit zeigt sich, wie komplex der zivilisatorische Wandel in unseren Tagen ist. Eine Lockerung der Respektschranken im Verkehr von Eltern und Kindern, also eine Informalisierung, geht Hand in Hand mit einer Straffung des Verbots gegen den Gebrauch physischer Gewalt im Familienverkehr.» (Elias 1980, S. 25) Darin sieht Elias eine paradoxe Figur: die *Lockerung* der Normen, die Abnahme der Verhaltensvorschriften ist möglich um den Preis des radikalen *Verbots* der Gewaltanwendung.

Die «relative Lockerung viktorianischer Rituale und Tabus» ist also nicht insgesamt «als Lockerung der individuellen Selbstzucht» (Elias 1980, S. 25) zu verstehen, sondern vielmehr als deren punktuelle Verstärkung. Die sozialen Bande können schwächer, die Individuen autonomer werden. «Mehr als je zuvor neigen alle Familienangehörigen dazu, individuell ein Leben für sich allein zu leben, also Aufgaben zu übernehmen und menschliche Beziehungen anzuknüpfen, unabhängig von anderen Mitgliedern der Familie. Auch die heranwachsenden Kinder versuchen, sobald sie es können, ihre eigenen

Wege zu gehen. Und zumindest in den großen Städten finden sie verhältnismäßig leicht Gelegenheit dazu. Man neigt sogar dazu, Kinder ein wenig zu stigmatisieren, die sich nicht frühzeitig verselbständigen.» (Elias 1980, S. 27)

Weder die *Etikette* (als soziales Medium der Aristokratie) noch nachweisbare *Leistung* (als Medium des Bürgertums) gewährleisten mehr den sozialen Zusammenhalt der heutigen Beziehungsformen, vielmehr sind es die «Kommunikation», die Idee der «Verständigung», der «Offenheit» und des «Konsens». Auch «die die Familie bildenden Menschen sind (...) in geringerem Maße als früher an vorgegebene Formen gebunden, sie sind in höherem Maße als früher darauf angewiesen, durch ihre eigene Anstrengung, also absichtsvoller als früher, einen Modus vivendi miteinander auszuarbeiten.» (Elias 1980, S. 28)

Diese von Wouters und Elias Hinweise helfen zwei heute zu beobachtende Tendenzen der mitteleuropäischen Eßkultur in Umrissen zu erklären:

1. Die Durchmischung von Standards der Arbeiter- und der Mittelklassen in den hochentwickelten Industrieländern (Rückgang des Anteils manueller Arbeit zugunsten administrativer und – im weitesten Sinne – intellektueller Arbeit) führt einerseits zur «Verbürgerlichung» proletarischer Eßsitten, andererseits aber auch zu einer Durchlässigkeit mittelständischer Anstandsvorstellungen für ehemals proletarische Verhaltensmuster (Trinken aus der Flasche; Essen aus einem Teller, der vorher von einem anderen benutzt wurde; schmatzen etc.).
2. Der Zerfall von «Autoritätssymbolen» und die gesteigerte Selbstkontrolle der Individuen läßt sie freier über kulturelle Objektivationen verfügen; Gegenstände, Gesten, Handlungen, die in früheren Zeiten einen autoritären, folgsamkeits- oder bewunderungsheischenden Symbolcharakter besaßen, sind nun – ihres Signalcharakters entledigt – gleichsam beliebig verwendbar und «stillos» kombinierbar.

Doch wenn man heute glaubt, wir würden in unseren Vorlieben und Abneigungen, in unserem Handeln und in unseren Geschmacksurteilen «immer natürlicher», dann sollte man sich Elias' Beobachtung bewußt machen, daß «von den meisten Aufwachsenden relativ frühzeitig vergessen oder verdrängt (wird), daß ihre Scham und Peinlichkeitsgefühle, ihre Lust- und Unlustempfindungen durch Druck und Zwang von außen modelliert und auf einen bestimmten Standard gebracht wurden. Alles das erscheint ihnen als ihr Persönlichstes, als etwas ‹Inneres›, ihnen gleichsam von Natur mit auf den Weg Gegebenes» (Elias 1976, Bd. 1, S. 173).

Regionale und transnationale Kost

Merkwürdiges Paradox: kaum etwas scheint typischeres Kennzeichen eines Landes als die Kost seiner Einwohner: «Spaghetti», «Makkaroni», «Knoblauchfresser», «Krauts» oder «Patate» dienen als handfeste Bezeichnung von Nationen, deren Mentalitäten oder gar eines «tieferen Wesens» deren Angehöriger. Die meisten dieser «ureigenen» Landesspeisen jedoch erweisen sich als relativ junge Errungenschaften, die oft – wie etwa Tomate und Kartoffel im 17. Jahrhundert – von Übersee eingeführt wurden. (Friedrich der Große ordnete 1764 den Anbau der Kartoffel für Preußen amtlich an.) So wird immer noch darüber spekuliert, ob Spaghetti tatsächlich schon zur Römerzeit existierten oder ob sie von Marco Polo in China «entdeckt» und dann in Italien imitiert wurden.

Doch nicht nur einzelne «typische» Lebensmittel, sondern auch Arten der Zubereitung sind Resultat internationalen Verkehrs, von kriegerischen Eroberungen, Handelsreisen, Flüchtlingsströmen oder Vermählungen zwischen Herrscherhäusern. Das «urschwäbischste» aller Gerichte, die Maultasche, sieht Alfred Marquart, Verfasser des Kochbuchs «Ein Pudding für den Zaren» als Import eines russischen Rezeptes. Damit bestreitet er die Vermutung, Maultaschen seien eine Spielart der italienischen Ravioli oder eine Erfindung der Tiroler Herzogin Margarete Maultasch. «Zu Zeiten des württembergischen Königtums gab es viele persönliche Beziehungen zum Zarenhof, man heiratete fleißig hin und her. Dabei könnte die Maultasche ins ‹Ländle› gekommen sein.»

Fester Bestandteil der Kulturgeschichte ist die Herkunft der «feinen» französischen Küche – die 1655 von Pierre François de la Varenne kodifiziert wurde – aus der florentinischen: «Als Katharina von Medici 1533 aus Florenz nach Frankreich reiste, um den französischen Thronfolger zu ehelichen, nahm sie einige italienische Köche und Pastetenbäcker mit. Sie und das Gefolge Marias von Medici, die Ende des Jahrhunderts als Braut Heinrichs IV. nach Frankreich kam, führten dort nicht nur den neuen italienischen Kochstil ein, sondern auch neue Gemüse wie Artischocken, Brokkoli und Wirsingkohl.» (Tannahill 1979, S. 248)

Die gern apostrophierten nationalen oder regionalen «Urküchen» scheint es also kaum zu geben; vielmehr ist all das, was als lokale Tradition gilt und von der Legende zum Inbegriff lokalen Geistes und

Deutsche essen Sauerkraut, Karikatur von James Gillray, 1803

lokaler Lebensart verklärt wird, irgendwann in jener Gegend zur Lokaltradition *geworden*, auf Grund fremder Einflüsse und deren Verbindung mit örtlichen Gegebenheiten. Energisch geht denn auch der Kampf um die Erhaltung dieses Gutes.

In seinem Buch «Der Geist der Kochkunst» (1822) zeigt sich Karl Friedrich von Rumohr entsetzt über die Verdrängung der Nationalspeisen in Deutschland und über das Abhandenkommen einer dem deutschen Temperament gemäßen Kost: Die deutschen Kochbücher, so schreibt er, «oder besser diese planlosen Anhäufungen von allerlei häufig höchst widersinnigen Vorschriften, haben sämtlich die Tendenz, die National- und Provinzialgerichte zu verdrängen, welche doch stets in der Volks- und Landesart begründet und fast ohne Ausnahme schmackhaft und nahrsam sind» (1978, S. 33). Verärgert zitiert er aus der Vorrede zu einem bayerischen Kochbuch folgenden abschätzigen Hinweis: «Wer (...) den alten Modum, zu kochen, nach dem heutigen brauchen wollte, würde ehender zu einer Bauernhochzeit, als herrschaftlichen Tafel seinen Fleiß angewendet haben.» (1978, S. 219) und klagt: «Die neueren deutschen Kochbücher sind leider meist bloße Nachäffungen der französischen, wie dies schon ihre barbarische, unnötigerweise durchaus französische Nomenklatur beweist.» (1978, S.33) Ein besonderes Greuel ist ihm die französische Kochkunst der – nachrevolutionären – Restaurationszeit: «Die Richtung dieser Werke geht auf Überfeinerung; ich rate angehenden Kochkünstlern, sie nur mit Mißtrauen zu benutzen.

Die französische Küche ist von alters her und gegenwärtig von neuem auf dem Abwege der Übermischung.

Vergleicht man aber die französischen Kochbücher mit der Mehrzahl der deutschen, so wird man die letzten noch viel überladener finden als ihre Vorbilder.» (1978, S.36)

Fremdes fand Rumohr im «Wienerischen Kochbuche», so zum Beispiel «Champignons, Schalotten, Zitronenschalen und Basilikum, mit mehr anderen, weniger hervorsprechenden Würzen in dasselbe Gehäcksel gemengt. Wer seine Geschmacksnerven nicht durch häufiges Tabakrauchen abgestumpft hat oder überhaupt ganz phantasielos ist, dem wird schaudern vor dieser Verbindung des Lieblichen und Widrigen mit dem Bitteren und Zusammenziehenden.» (1978, S.36) Daraus folgert er Schlimmes für die deutschen Tischsitten: «Wo es nun jenen sinnlosen Anhäufungen der wunderlichsten Vorschriften gelungen ist, alle Nationalspeisen zu verdrängen, oder wenigstens sie zu verschlechtern; wo mithin von den meisten bürgerlichen Tafeln alle Genüglichkeit zu verschwinden beginnt: da tritt die Schleckerei, wie leider bereits in mehr als einer Gegend Deutschlands geschehen ist, gleichsam durch beide Torflügel ein. Die Schleckerei ist eine unregelmäßige Begierde a conto an einen Magen, dem die landesüblichen Termine nicht mehr in vollen und hinreichenden Summen eingehalten werden. Solange genügende, ernährende und ergötzliche, der Landesart völlig angemessene Mahlzeiten einen frohen Familienkreis vereinigen, wird die Schleckerei vergebens an das Tor des mittelmäßigen begüterten oder gewerbsamen Bürgers anklopfen. Eines guten und regelmäßigen Mahles gewiß, fällt es dem Hausvater nicht im Traum ein, seine Eßlust durch eine gehaltlose Leckerei zu verderben. Erst nachdem es ihm zur Gewohnheit geworden ist, daheim eine unschmackhafte, schlecht gewählte und schlechter geordnete Mahlzeit zu erwarten, verläßt er die Arbeit in den besten Morgenstunden, um aus dem Schmutz eines Italienkellers versalzene und übersäuerte Bissen hervorzuholen, deren Unverdaulichkeit den Mangel an gesunder Nahrung nur insofern ersetzt, als sie alle gesunde Eßlust zerstört.» (1978, S.37) Schließlich ruft er zur Umkehr: «Ich fordere die Unglücklichen auf, welche dem Laster der Schleckerei häufige Opfer zu bringen pflegen, die ganze Verkettung zu überdenken, in welche sie allgemach bis zur Unheilbarkeit verdorben worden sind. Die ehr- und tugendsame Gattin richtet und ordnet ihre Mahlzeiten unverständig an, weil ihr keine nationale, auf eine vernünftige Verwendung und Zurichtung der Landesprodukte gerichtete Kochkunst überliefert worden ist; weil sie entweder einen ästhetischen Abscheu vor dem Kochen hat (was nicht immer mit einer Abneigung gegen das Essen verbunden ist), oder weil sie in Ermanglung einer lebendigen Kunst den geisttötenden Kochbüchern mit ihren lächerlichen Rezepten sich hingeben muß.» (1978, S. 38)

Am Ursprung dieser verderblichen Entwicklung sieht er die spätrömische Kochart, wie sie im Kochbuche des Coelius Apicus aus der Zeit Kaiser Tiberius' (42. v.–37. n. Chr.) überliefert ist, die «die natürliche Bestimmung der eßbaren Dinge» verkannte und der nach und nach «jegliche Spur von Würdigung der arthaften, jedem Naturstoff eigentümlichen Güte» verschwand; «da scheint es der Gipfel der Kunst zu sein, den Charakter jeglicher Speise durch Mischung und Verarbeitung zu vernichten» (1978, S. 30).

«Wahrnehmungen dieser Art, und der Wunsch, jenen großen Übeln unserer Zeit so viel als noch möglich sein mag abzuhelfen, leitet mich auf den Gedanken und erhielten in mir den Mut aufrecht, die Kochkunst in ihrem Geist aufzufassen und auf ihre echten Grundsätze zurückzuführen.» (1978, S. 39)

Rumohrs Versuch der kulinarischen Ästhetik einer deutschen bürgerlichen Küche – die durchaus nicht allem Fremden abhold war, wie seine Bewunderung für bestimmte Verfahren der italienischen Küche und des bürgerlich-französischen «Pot au Feu» beweist – tauchen bis heute in teils schrill nationalistischen (s. Kapitel «Die nationalsozialistische Tischgemeinschaft»), teils standespolitisch oder marktbedingten Färbungen immer wieder auf. So etwa, als 1841 ein «Verein der deutschen Köche zu Berlin» gegründet wurde, wie es heißt als «Gegengewicht» zum «Verein der französischen Köche in Berlin», die seit der Hugenottenverfolgung bis zum Ersten Weltkrieg nach Berlin geströmt waren und die Berliner Ernährungsweise – bis hin zu Boulette und Weißbier – entscheidend geprägt hatten. Heute gibt es immer wieder Diskussionen um die internationale Anerkennung heischenden Restaurant-Führer wie «Guide Michelin» oder «Gault & Millaut», die bei der Vergabe ihrer Noten an deutsche Lokale allein nach französischen Maßstäben urteilen.

Schon 1824 hatte Brillat-Savarin darauf hingewiesen, in welch großem Maße das Aufkommen der Institution «Restaurant» die nationalen und regionalen Küchen der – gleichmacherischen, aber auch weitertreibenden – Dynamik des *Marktes* unterwarf. (Vgl. Kapitel «Gastrosophen»)

Den Abschied vom kulinarischen Gestern besingt um die Jahrhundertwende (1905), als an der Stelle des Palais Redern das berühmte Hotel und Restaurant Adlon entstand, ein Operetten-Couplet. Darin taucht der Geist des Graf Redern auf, der «klagt, das Stammhaus seiner Familie, das Palais Redern Unter den Linden, werde durch die Spitzhacke eingerissen. Der Geist steht traurig auf der Bühne und kündigt an, er wolle ‹Meinem lieben alten Berlin ein letztes Tränchen nachweinen›.» (Adlon 1955, S. 15)

> «Es tut jetzt allen Urberlinern leid
> Um die Lokale aus der alten Zeit,
> Wo man im Dunst und Rauch behaglich aß,
> Oft sechs Mann hoch bei einem Weißbierglas.
> Kein alter Siechen grüßt uns mehr mit Humor,
> Kein Dressel setzt uns mehr den Rotspon vor,
> 's Bierstübchen, das zum Altberliner paßt,
> Hat längst gewandelt sich zum Bierpalast;
> Französisch die Karte, nach der man serviert,
> Aus England die Möbel, ganz frisch importiert,
> Das Orchester aus Ungarn, die Kellner aus Wien –
> So schwindest du hin, du mein altes Berlin!»
> (Adlon 1955, S. 16)

Walter Kiaulehn berichtet über die Atmosphäre im Berliner Zeitungsviertel nach 1923: «Bürgerkrieg und Hunger waren vergessen. (...) Das Viertel wurde wieder international. Der Klub der Auslandspresse veranstaltete glanzvolle Feste, und die Adlonbar im Regierungsviertel war die vorgeschobene Position der englischen, amerikanischen und französischen Reporter. In den italienischen Restaurants des Viertels erklangen alle Sprachen der Welt.» (1981, S. 501 f.)

Spätestens in den zwanziger Jahren konnte man in den europäischen Großstädten – neben einer Vielzahl von Nationalitätenrestaurants – jene internationalisierte «gehobene» Küche finden, die in den sechziger und siebziger Jahren (meist zu unserem Leidwesen) die kulinarische Szene Deutschlands beherrschte: Schildkröten- oder Ochsenschwanzsuppe, Kalbssteak mit Champignons, Rumpsteak mit Kräuterbutter, Rindsroulade, Forelle Müllerin Art, Lachssteak; zum Nachtisch Eis, Kompott oder Obstsalat (meist aus der Dose).

Damit entstand jene Art Auswechselbarkeit, die zwar garantierte, daß man in verschiedenen Ländern unter dem gleichen Namen stets das gleiche auf dem Teller finden konnte, die aber auch dazu führte, daß bald ein Gericht, wie immer es auch heißen mochte, dem anderen glich: Mal wechselte die Soße und das Fleisch blieb das gleiche, mal wechselte das Fleisch und die Soße blieb dem Esser treu. Die Kartoffel- oder Salatbeilage wartete eh schon dösend am Tellerrand.

Der Wiener Peter Kubelka persifliert das beliebige Austauschen von Zutaten am Beispiel des Hawaiischnitzels, das oberflächlich einen imaginären Ort mit dem realen des Essers verbindet. «Das ist ein Stück Kalb- oder Schweinefleisch, das man so wie immer zubereitet, und dann legt man eine Scheibe Ananas darauf. Die Ananas repräsentiert Hawaii. Wenn ich jetzt Hawaii von Wien trennen will, dann brauche ich bloß diese Ananasscheibe herunterzunehmen, und schon habe ich ein Wiener Schnitzel. Das Hawaiischnitzel drückt (...) eine Beziehung zu Hawaii aus, die so locker und oberflächlich ist wie der heutige Vulgärtourismus. Bei einer Hawaiireise im heute üblichen Stil ist ja nur eine winzige Berührung mit der dortigen Situation möglich. Und genau diese Berührung wird im Hawaiischnitzel oder im Mexikanischen Schnitzel deutlich. Durch etwas, das man bloß drauflegt, wird die lose Verbindung zu einer anderen Kultur geographisch ausgedrückt und definiert.» (1981, S. 24f.) Und er folgert daraus für unsere Zivilisation: «Wenn man solche Gerichte verhindern wollte wie etwa das Hawaiischnitzel, dann müßte man erst einmal eine ganz andere Art des Tourismus erfinden.

Eine Zeit, die dekadent ist, muß auch dekadent essen. Es gibt tatsächlich gar keine Ernährung, die man allgemein der Menschheit empfehlen könnte, denn die Menschheit kann immer nur das essen, was sie zu erobern imstande ist, d.h., wenn wir heute nur noch imstande sind, industriegefütterte Hühner zu erobern, dann müssen wir diese eben essen.» (1981, S. 25)

Neue Akzente setzten zu Beginn der sechziger Jahre die in größerem Umfang erscheinenden ausländischen Lokale. Sie waren keine absolute Novität, sondern schon in den Zwanzigern fand man in Berlin und anderen Städten beliebte Italiener, Ungarn, Russen und Chinesen, die es auch in den fünfziger Jahren noch oder wieder gab. Doch erstmals mit dem großen Zustrom ausländischer Arbeitsemigranten konnte sich die Szene des öffentlichen Essers so verwandeln, daß heute zum Beispiel über 50 Prozent der Berliner Gaststätten ausländische Küche offerieren.

Manchmal wurde solch ein Lokal zum Zentrum des sozialen Lebens einer Emigranten-Gemeinde, häufiger jedoch standen die Landsleute, Verwandte und Freunde, als Arbeitskräfte in Küche und Saal. Denn für die meisten «Gastarbeiter» bedeutet der Besuch eines Restaurants einen finanziellen Luxus, und deshalb versorgt man sich selbst innerhalb der eigenen Familie oder in gegenseitiger Hilfe.

Hauptklientel der ausländischen Lokale ist deutsches Publikum, das über den Geschmack der «exotischen» Speisen und die Lokalatmosphäre Sehnsüchte nach Freiheit und «Anders-Sein» (und sei es in Gestalt von Ferienphantasien) belebt. Besonders in der Zeit der Studentenbewegung um 1968 erfreuten sich ausländische Lokale, da sie keine «bürgerlichen Kneipen» waren, besonderer Beliebtheit, und das nicht nur wegen der anfangs günstigen Preise. Viele italienische, spanische und griechische Lokale galten, da die politische Situation ihrer Heimatländer potentiell revolutionär erschien, in manchen Universitätsstädten – in Anlehnung an Che Guevaras Strategie – als ein Stück «befreiten Gebietes», und der Kellner wurde entsprechend zum «Compagno».

Doch ganz so «anders» sind die Kochkünste bei Chinesen, Jugoslawen, Griechen usw. nicht mehr. Ein entscheidender Schritt zum Erfolg war nämlich auch die Anpassung an den deutschen Geschmack – eine Entwicklung, bei der vom «Fremden» oftmals nur noch ein *Aroma* übrigblieb: Hat ein italienischer Wirt vielleicht die Pasta Asciutta jeweils frisch «al dente» zubereitet, so wurde ihm bald geklagt, man müsse zu lange warten und obendrein seien die Nudeln ja «hart». Bald war da der erste Schritt zu Häresie getan: Arbeits- und geldsparend wurde nun morgens die Pasta für den ganzen Tag gekocht, mit Öl übergossen und dann tagsüber portionsweise bei Bedarf in einem Sieb in kochendem Wasser aufgewärmt. – Klagen über den «komischen» Geschmack des Olivenöls rechtfertigten oft die Verwendung des – viel billigeren – Pflanzenöls. Schließlich führten Beschaffungsschwierigkeiten zu weiteren Abweichungen: an Stelle der Mozzarella findet man auf der Pizza und in der Pasta al forno das jeweilige Sonderangebot an Schmelzkäse. Manchmal bleiben an Italienischem nur noch die Musik und die Namen auf den Speisekarten. Ein Restaurant-Inhaber mit redlicher versilischer Küche (aus der Gegend um Lucca und Viareggio) erlebte eines Tages folgende Überraschung: Zwei Gäste hatten «Saltimbocca alla romana» bestellt – ein dünnes Kalbsschnitzel, das, mit Salbei und Parmaschinken belegt, in Weißwein gekocht wird. Als ihnen das Gericht aufgetragen wurde, fragten sie ärgerlich, wo denn der Käse sei und ob man hier glaube, an unwissenden Deutschen sparen zu können. Nach langem Hin und Her stellte sich heraus, daß einige Berliner «Italiener», weil es den deutschen Gästen so gut mundete, jene «Saltimbocca» mit Käse überbacken (ähnlich der Scaloppina valdostana oder bolognese).

Umgekehrt begannen sich auch deutsche Restaurants, Kantinen und Mensen an verschiedenen nationalen Speisezetteln zu orientieren. Statt der monoton auf ein Fleischgericht (meist Kotelett, Sauer-

Gaststätten G 497

Bären-Schänke, 61, Gneisenaustr. 5. 6 93 89 36
Bärenbaude, 42, General-Pape-Str. 1. 7 85 46 47
Bäreneck, 62, Fritz-Reuter-Str. 13. 7 84 57 92
Bärenpils, 52, Ollenhauerstr. 14. 4 96 35 62
Bärenpils-Bauernstüb'l, 41, Buhrowstr. 1. 7 96 17 19
Bärenstübl, 51, Residenzstr. 93. 4 91 57 21
Bärenstübl, 62, Leberstr. 32. 7 84 93 48
Baertz, Edith, 20, Roonstr. 13. 3 33 69 71
Bagatelle, 22, Imchenallee 48. 3 65 43 81
Bahnhofs-Gaststätte, 27, Ruppiner Chaussee 405. 4 31 11 68
Bahnhofsklause, 51, Alt-Reinickendorf 29 b. 4 95 21 68
Bahr, Hermann, 47, Buckower Damm 78. 6 04 82 78
Balkan Bauernstuben, 27, Medebacher Weg 16. 4 34 28 64

Balkan-Bürgerstuben
Spezialitätenrestaurant
Räume f. geschlossene Gesellschaften
Milo-Expreßgrill — Außerhausverkauf
Moritz-, Ecke Kinkelstraße 3 33 68 94
Berlin 20 3 33 77 77

Balkan-Eck, 20, Pichelsdorfer Str. 107. 3 31 35 19
„BALKAN-GRILL" Inh. Berko Vladovic
20 **(Spandau), Klosterstr. 27.** **3 32 28 07**
Balkan Grill, 30, Marburger Str. 15. 2 11 46 96
Balkan Grill, 46, Kaiser-Wilhelm-Str. 53. 7 72 58 95
Balkan-Paprika, 51, Scharnweberstr. 54. 4 13 68 36
Balkan-Pick, 44, Sonnenallee 7. 6 93 58 27
Balkan-Spezialitäten, 30, Nürnberger Str. 19. 24 65 55
Balkansteak, 30, Bayreuther Str. 44. 2 13 36 22
Balkanstube, 33, Ahrweilerstr. 31. 8 21 23 75
Balkanstube am Südstern, 61, Südstern 4. 6 91 63 21
Ball Paradox KG, Cafe Keese, 12, Bismarckstr. 108. 3 12 91 11
Ballenthin, Helga, 44, Wissmannstr. 24. 6 24 86 24
Ballhaus Lustige Witwe, 21, Alt Moabit 55. 3 91 52 82
Balzer, Charlotte, 65, Kiautschoustr. 3. 4 65 95 15
Balzereit, Else, 44, Donaustr. 111. 6 23 66 76
Bambi, 45, Gardeschützenweg 88. 8 33 13 37
Banana, 12, Kantstr. 134. 3 12 35 13
Banse, Frieda, 19, Danckelmannstr. 11. 3 22 22 84
Bar Restaurant, 12, Droysenstr. 17. 3 23 39 15
Barbarossa-Eck, **2 13 66 13**
Gisela und Klaus Badoucek,
Berlin 30, Barbarossastraße 37.

BARBECUE
ARGENTINISCHE STEAKS
vom Holzkohlegrill
15, Kurfürstendamm 176 · 8 83 36 51
30, Rankestraße 35 · 2 13 35 26
26, Eichborndamm 297 · 4 11 46 11
44, Hermannplatz 2-3 · 6 23 40 97
21, Turmstraße 76 · 3 92 40 99

Steakhaus D

„Bacchus-Keller" GEMÜTLICHE WEINSTUBEN
GUTE KÜCHE
Räume für Feiern und Konferenzen jeder Art
1000 Berlin 61, Großbeerenstraße 17a/ Ecke Obentrautstraße
100 Jahre Geöffnet täglich ab 16.30 — Samstag und Sonntag ab 18.00
Telefon 7 85 91 44 — Mittwoch geschlossen
Bacchus

Belz, Margarete, 65, Brüsseler Str. 5. 4 61 92 41
Bennardi, Sergio, 46, Kaiser-Wilhelm-Str. 8. 7 72 68 52
Ber, Rudolf, 45, Oberhofer Pl. 9. 7 72 39 33
Berendt, Manfred, 44, Okerstr. 35. 6 21 67 21

Berg Baude 693 83 30
1000 Berlin 61
Mehringdamm 77

Bergeck, 19, Sophie-Charlotten-Str. 19 a. 3 21 74 49
Berger, P. u. E., 15, Brandenburgische Str. 28. 8 81 62 80
Berger, Rolf, 61, Mehringdamm 51. 6 93 15 32
Bergklause, 33, Schildhorn 5 a. 3 04 75 60
Bergklause, 41, Menckenstr. 30 7 91 77 96
Bergterrasse Marienhöhe, 42, Marienhöher W. 30. 7 53 28 39
Berlin Palast, 15, Kurfürstendamm 26. 8 82 29 22
Berlin, Karin, 33, Heiligendammer Str. 18. 8 23 42 00
Berliner Destille, 31, Fechnerstr. 30. 8 61 75 60

Berliner Gasthaus
Schlüterstr. 52 - 1 Bln. 12 Tel. 8 81 76 07

Berliner Jugendclub GmbH, 19, Olympiastadion. 3 05 80 35
Berliner Kindl, 12, Bismarckstr. 66. 3 41 72 53
Berliner Kindl, 21, Beusselstr. 71. 3 92 75 87
Berliner Kindl, 37, Fischerhüttenstr. 89. 8 13 20 58
Berliner Kindl, 44, Donaustr. 15. 6 23 88 68
Berliner Kindl, 62, Gustav-Müller-Str. 19. 7 82 26 19
Berl. Kindl a.d. Bahnschranke, 48, Großbeerenstr. 198. 7 41 21 20
Berliner Kindl Hochsitz, 10, Lohmeyerstr. 9. 3 41 48 19
Berliner Kindl, a. Rollfeld, 42, Tempelhofer D. 44. 7 86 20 58
Berliner Kindl Stuben, 19, Steubenplatz 3. 3 04 46 03
Berliner Kindl-Stüb'l, 28, Waidmannsluster D. 179. 4 11 47 88
Berliner Kindl im Zentrum, 46, Wedellstr. 31. 7 75 10 14
Berliner Kindlquelle, 65, Badstr. 47. 4 61 57 94
Berliner Kreuzritter, 30, Goltzstr. 30. 2 16 74 04
Berliner Molle, 30, Kyffhäuserstr. 14. 2 15 43 82
Berliner Schultheiss-Klause, 12, Goethestr. 78. 3 12 56 25
Berl. Zoo-Bahnhofs-Gaststätten, 12, Hardenbergpl. 9. 3 13 70 04
Berlino, 62, Martin-Luther-Str. 120. 7 81 59 42
Berner Stuben, 28, Welfenal. 7. 4 01 18 53
...na-Imbiß. 7 86 66 21
..., Egon, ... Kant...

Bierpunkt, 61, Hermannplatz 9. 6 23 60 09
Bierstübchen, 38, Hohenzollernpl. 7. 8 03 78 22
Bierstübchen, 44, Warthestr. 3. 6 25 22 38
Bierwirtschaft, 15, Schlüterstr. 45. 8 83 41 71
Bierwirtsch. Müller & Schulz, 12, Stuttg. Pl. 20. 3 24 13 60
Big Ball Bier-Bar, 44, Wissmannstr. 14. 6 24 49 14
Big Bus, 12, Dahlmannstr. 33. 3 23 48 96
Big Eden, 15, Kurfürstendamm 202. 3 23 20 16
Big Spender — Snack-Bar —
Rolf Sachse, B 51, Antonienstr. 9. 4 13 14 33
billard international, Inh. M. Manasse, **8 83 39 12**
15, Knesebeckstr. 38-48, am Kurf.Damm. 8 83 39 21
Bilous, Wassyl, 65, Badstr. 1. 4 93 55 59
Binary, 15, Meinekestr. 4. 8 82 28 65
Bindernagel, Wolfgang, 10, Fritschestr. 25. 3 42 29 78
Binias, Hedwig, 31, Westfälische Str. 46. 8 92 78 72
Binsler, Bernd, 20, Neumeisterstr. 11. 3 35 77 09
Birkenhof, 41, Birkbuschstr. 27. 7 71 77 88
Birkenstübchen, 47, Fritz-Erler-Allee 173. 66 70 77
Birth, 61, Bergmannstr. 88. 6 91 78 29
Bismarckklause, 20, Bismarckstr. 59 a. 3 33 29 12

BISTRO BONAPARTE
Inh. H.-J. Richter Restaurant – Café
FRANZ. SPEZIALITÄTEN
Breite Str. 20 · 1000 Berlin 20 3 33 17 09

Bistro du Marché, 12, Weimarer Str. 16. 3 12 88 36
Bistro Montmartre, 15, Lietzenburger Str. 77. 8 83 55 30
Bistro-Ramdam, 31, Hohenzollerndamm 17. 8 61 56 44

Wiener Caffeestube
BISTRO Restaurant Manfred Otte
tägl. 7.30 bis 1 Uhr nachts · Sonntags ab 9.30 Uhr
NEU-WESTEND · 19, Reichsstr. 3 3 02 56 39

Bistro Staaken, **3 66 53 93**
Berlin 20, Spandauer Straße 25.
Bistroquet, 15, Pariser Str. 48. 8 83 85 37
15, Uhlandstr. 49. 8 82 18 08
Bistru, 36, Admiralstr. 1. 6 14 82 89
Bitburger Pils-Stuben G. Pabst, **3 13 72 69**
Berlin 12, Pestalozzistraße 37.
Blank, Günter, 65, Antonstr. 9. 4 61 54 56
Blatzheim Berlin AG., 30, Europa-Center. 2 61 17 98
Blau — Rot, **3 61 90 21**
Berlin 20, Scharfe Lanke 103/107.
Blau-Weiß-Casino, 42, Rathausstr. 10. 7 06 45 10
„Blaue Adria", ... 4 34 45 06
... 42 09

braten oder Bratwurst) angelegten Gedecke gibt es nun manchmal Ratatouille, Canneloni oder Zatziki.

«Wenn Brillat-Savarin heute lebte, würde er sich zweimal besinnen, bevor er seinen berühmten Ausspruch wiederholte: ‹Sage mir, was du ißt, und ich sage dir, wer du bist.› Gewiß würde er sich vorsichtiger ausdrücken, denn heute könnte man von keinem Analytiker der gastronomischen Geschichte erwarten, daß er von Joghurt und ungeschältem Reis auf einen Popsänger aus Liverpool schließt und von Felderbsen und Kutteln auf einen Millionär aus Manhattan. Oder daß er bei schottischem Whisky an einen Franzosen denkt und bei Pariserbrot an einen Japaner. Diese offenbar völlig willkürlichen Abweichungen von der Logik der Tafel – die mehr mit den gegenwärtigen gesellschaftlichen Verhältnissen zu tun haben als mit dem Essen an sich – spiegeln eine neue aufgeschlossenere Einstellung wider, die man in den reichen Ländern und in den wohlhabenden Schichten der Entwicklungsländer findet. Im Jahre 1972 ergab, zum Beispiel, eine Umfrage in Großbritannien, daß 62 Prozent der befragten Hausfrauen gelegentlich Speisen wie Spaghetti oder Frankfurter (bzw. ‹Wiener›) versuchen, während 28 Prozent regelmäßig Knoblauch, Olivenöl, Currypulver, Wurstwaren vom Kontinent und Pizza kaufen.

Diese Fähigkeit und Bereitschaft, sich umzustellen, geht teils zurück auf die psychologische Auswirkung einer immer größeren Auswahl an fremden und ‹exotischen› Nahrungsmitteln, die in Büchsen, tiefgekühlt oder, dank dem Lufttransport, in frischem Zustand angeboten werden, und teils auch auf die geradezu hektische Betriebsamkeit von Fernsehköchen und anderen Experten, die in den Massenmedien zu Wort kommen. Schließlich mag auch noch eine Rolle spielen, daß im Augenblick das Durchschnittsalter der Bevölkerung sinkt, das heißt, daß der Anteil der jungen Menschen zunimmt, die von Natur aus zum Experimentieren neigen.» (Tannahill 1972, S. 348)

Diese Übernahmen sind wohl kaum in bloßer Kopierlust oder im Streben nach Prestige begründet, als vielmehr auch in der Suche nach «zeitgemäßen» kalorienarmen «geschmacksintensiven» Speisen – Speisen, deren deutsche Äquivalente durch die mannigfachen Einbrüche in die Überlieferung unserer Eßkultur – im Zeitalter der Industrialisierung (Frauen- und Kinderarbeit), Hunger- und Kriegszeiten – verschollen sind. Dies brachte Angelika Jahr, Herausgeberin der Zeitschrift *essen und trinken* zu folgendem Rettungsversuch. Unter dem Titel «Gesucht: Die neue deutsche Küche» schrieb sie im Mai 1979: «Ganz sicher stecken in der alten landsmannschaftlichen deutschen Küche genügend Ansätze für die Entwicklung einer neuen deutschen Küche nach modernen ernährungsphysiologischen Erkenntnissen, herzhafter als die der Franzosen, vielseitiger als die der Italiener.

Ist nicht die Vielfalt unserer Kartoffelgerichte unendlich viel größer als die Variationsfähigkeit der so beliebten Spaghettiküche (ganz abgesehen davon, daß Kartoffeln erheblich gesünder sind)?»

Ähnliches liest man bei Wolfram Siebeck (*Zeit-Magazin*, 17.4.1981), wenn er eine Reihe von Gerichten, die heute zunächst ausländisch erscheinen mögen, als ‹auch› deutsche reklamiert, denn: «So eindeutig deutsch ist ja unsere Küche nicht.» Und auf die Frage: «Aber die Erbsensuppe? Das Eisbein? Die Bratkartoffeln?» antwortet er: «Gewiß. Doch zu deutschen Küchen gehören ebenfalls die Hechtklößchen, der Rehrücken, die Ravioli, die hier Maultaschen heißen, das Suppenfleisch, woanders pot-au-feu genannt, oder manzo bollito, die Pilzgerichte ...»

Parallel zur Verbreitung des Fern-*Sehens* entwickelte sich das Fern-*Essen*: Es vergrößerte sich nicht nur die Distanz zwischen Küche und Tafel, zwischen Koch und Esser wie beim Kantinenessen, der Tiefkühlkost, den Fernküchen, dem Essen auf vier Rädern, sondern zunehmend orientierte man sich auch an kulinarischen Modellen der Fremde und der Ferne. Zeitliche und geographische Verfremdungen verbanden sich. Manche Städte erscheinen heute wie ein gigantischer Eß-Basar. Dort ist neben dem Exotik- nun auch das Traditions- oder Heimat-Programm zu finden.

Gastronomie und Nahrungsindustrie begannen sich Anfang der siebziger Jahre auf die Regionalwelle umzustellen. Der «Alt-Berliner Biersalon», die «Gaststätte Alt-Reutlingen» und die nun in allen deutschen Großstädten zu findende «Schwäbische Besenwirtschaft» mitsamt dem «Nürnberger Bratwurststübchen» lösten das Resopal-Dekor und den Hawaii-Look der fünfziger Jahre radikal ab. In Schleswig-Holstein zum Beispiel konnte man nun «bisweilen den Dithmarscher Mehlbeutel bekommen, auch Rote Grütze mit Sahne. Die Kaufhäuser bieten Oberschichtlich-Agrarisches, Leberwurst und Blutwurst nach Gutsherrenart, an, aber auch die bäuerliche Variante desselben Produkts fehlt nicht, mit rotem und blauem Karostoff abgedeckt. Schwarzsauer wird im Glase angeboten, Schnauze, Pfoten, Bauchfleisch und andere Kleinteile, die, mit Blut angedickt, zum Gelieren gebracht worden sind. Im Prinzip unterscheiden sich diese Gegenstände nicht von anderen exotischen Artikeln der großen Warenhäuser, die Saharareisen im Zelt anbieten: ‹Ihr Abenteuer ist gesichert›.» (Köstlin, 1975, S. 159f.)

Konrad Köstlin meint, daß im Zeitalter der «nivellierten Speisekultur Westeuropas» (1975, S. 160) die Bedürfnisse der Touristen einer Modernisierung der Gasthäuser in Urlaubsgebieten gerade zuwiderliefen. «Wenn sie also in Urlaubslandschaften fuhren, so suchten sie eine Gegenwelt zu der, aus der sie kamen, eine Gegenwelt, eine Gegenkultur zur Großstadt. Sie suchten Einfachheit, Urwüchsigkeit, Natürlichkeit, Unvermitteltheit, sie suchten eine Welt ohne Entfremdung, eine Welt, die sich grundsätzlich von der Alltagswelt unterschied. Ganz entscheidend gehört zu solcher Ursprünglichkeit die regional-typische Kost. In sie sind alle Merkmale des Einfachen, Unvermittelten eingegangen. Ihre scheinbar natürliche Beziehung zu den sie umgebenden Faktoren, wie Bodenbeschaffenheit und Klima, verstärkt diese Suggestion, ermöglicht relativ schnell Kommunikation, sie ermöglicht, da sie leichter zugänglich erscheint als andere Merkmale einer Region, etwa die Sprache, relativ leicht die Identifikation. So gesehen ist die Bedeutung regionaler Kost, die kleineren und kleinsten Regionen zugeschrieben wird, für die moderne Gesellschaft bisher kaum erkannt.» (1975, S. 160)

Diese Welle scheint also nicht allein vom Identifikationsversuch mit einer jeweils *bestimmten* Region (eines immer wieder einverleib-

baren Stückes Wahl-Heimat) herzurühren, als vielmehr von der Suche nach *Regionalem überhaupt*. Sie ist gewissermaßen ein Gegenstück zur Internationalisierung der Küche, allerdings nicht ihr Gegenteil, sondern ihre Spezifizierung: Statt «deutsche Küche», jetzt eben «schwäbische», «fränkische», «hessische», «pfälzische» usw., statt «französische Küche» «elsässische», «normannische», «okzitanische» usw., statt bloß «italienische Küche» nun «toskanische», «römische», «neapolitanische». Die Landkarte des Essers füllt sich nun langsam mit kleinsten Gebieten, die ihm Eßbares bedeuten; unserer Kenntnis von Städte- und Gebietsnamen vergleichbar, die aus Zeitungs- und Fernsehnachrichten rührt, fügen sich die Kenntnisse des Essers zu keiner systematischen Nahrungsgeographie, sondern es entsteht allenfalls eine mosaikhafte Imagination des eßbaren Weltgeschehens. Sicherlich hat diese Vorliebe fürs Kleine und Konkrete auch mit der Vorstellung zu tun, damit auch Teil einer Ganzheit, einer intakten Eßgemeinschaft zu werden. (Vgl. Kapitel «Das Mahl und seine Auflösung»)

Nachempfundene Ritterschmäuse und altpreußische Festessen «wie zu Kaiser Wilhelms Zeiten» lassen sich deshalb als «Eß-Ereignisse» verkaufen. Wie diese Tendenzen sich im Handel spiegeln, kann man folgendem Bericht entnehmen: «Die Anbieter auf der Kölner ANUGA, ‹Weltmarkt für Ernährung› und eines der größten Branchenereignisse weltweit, haben sich auf die neue Welle eingestellt: Schwäbische Spätzle, handgeschabt und tiefgekühlt, Maultaschen aus der Alu-Folie oder Kartoffelpüree aus dem Tiefkühlfach sollen auch koch-unkundigen ‹Singles› und gehetzten Berufstätigen Gaumenfreuden ‹wie in alten Zeiten› bescheren. (...)

Aber auch Exotisches und Gehobenes wird immer mehr in Dosen oder Tüten geliefert: Ein japanischer ‹Multi›, bislang in Deutschland eher als Autolieferant bekannt, präsentiert fernöstliche Suppen-Spezialitäten in Tüten, und ein US-Unternehmen wartet mit Instant-Suppen ‹auch für die Haute Cuisine› auf – alles kann in ‹Minutenschnelle› auf den Tisch gezaubert werden. (...)

Kaum übersehbar das Angebot aus den kulinarischen ‹Hochburgen› Frankreich und Italien. Hier mischen sich die Düfte der französischen Gänseleber- oder Lachspastete mit den Gerüchen toscanischer Knoblauchwurst oder Mailänder Salami. (...)

Und aus Schleswig-Holstein kommt erstmals ein ‹Sylter Rahmkäse› – die jodhaltige Luft und die besonderen ‹Grassorten› der Insel haben für ein ‹eigenständiges Aroma› gesorgt, meint der Hersteller.

Das wachsende ‹Gesundheitsbewußtsein› hinterläßt seine Spuren gerade bei Milch- und Joghurtspeisen: Kaum ein Aussteller, der nicht auf ‹kalorienreduzierte› oder ‹vitaminisierte› bei seinen Produkten hinweist. Und damit niemand denkt, so gesund schmecke es nicht mehr recht, taucht das Prädikat ‹geschmacksintensiv› immer häufiger auf.» (*Volksblatt* Berlin, 16.10.1983)

So kann sich der Esser in die Vergangenheit, in die Ferne, aber auch in die Heimat transportieren lassen. Wesentlichen Anteil an diesen Stilisierungen hatte die Eß- und Trink-Presse. Sie reicht von der einfachen Kochanleitung für die Hausfrau (*Meine Familie und ich*) über die Pflege und Ästhetisierung der Eßkultur (*Essen und Trinken*), Auflage November 1982: 240000 Exemplare) bis zum Snob-Appeal von *Bessers Gourmet Journal*, das dem «Kenner» die «Kunst, richtig zu genießen» vermitteln will. Besonders in Kreisen mit etwas höherem Einkommen wird Kochen und Essen zum Hobby, zur Freizeitbeschäftigung, zum Zeitvertreib.

So gehen die Versuche, das deutsche Publikum an das Niveau und den Stil der *internationalen* Gastronomie heranzuführen, zusammen mit der Wiederbelebung des *regionalen* und *lokalen* Eß-Brauchtums. Was im Laufe der letzten zwei Jahrhunderte nach und nach vom deutschen Speisezettel gestrichen worden war, taucht nun in Gestalt der neumodischen «deftigen» Gerichte wieder auf.

In einem Buchhandelsmagazin war 1980 zu lesen: «Grundkochbücher werden nicht neu geschrieben, die vorhandenen werden neu aufgelegt und verkaufen sich konstant.» (LIT Magazin für Kunden des Buchhandels, Nr. 4, 1980) Daneben aber hat sich ein Marktbereich, der große «Nostalgie-Bereich» aufgetan, der nach «Regional- und Großmutterküche» unterteilt wird. «Bei Hallwag zum Beispiel spielt sich auf 640 Seiten ‹Die Deutsche Küche› (Autor Horst Scharfenberg) ab. In diesem Buch stehen Rezepte aus Ostpreußen, Schlesien oder Mecklenburg ebenso wie aus Ostfriesland, Schwaben oder dem Rheinland.

Nicht ganz so neu, aber von ähnlicher Thematik ist Arne Krügers ‹Deutsche Spezialitäten nach Großmutters Art› (Gräfe und Unzer). Und der emsige Bastei-Lübbe Verlag bringt gleich ganze Taschenbuchreihen heraus, jedes einer Region gewidmet, zum Beispiel ‹Köstliche Küche in Westfalen ... in Franken ... in Norddeutschland› usw. Ähnliches tut auch Mosaik: ‹Kochen wie die Schwaben, die Badener, die Bayern›.

Bei Mary Hahns Kochbuchverlag kann man mit der nimmermüden Roman-Autorin Marie Louise Fischer und Ehemann Gustl Kernmayr ‹Alpenländische Küche› entdecken, und wer – küß' die Hand – Seliges aus der k.u.k.-Küche nachkochen möchte, findet Entsprechendes in den Molden-Büchern ‹Die k.u.k. böhmische und ungarische Küche› und ‹Die k.u.k. Wiener Küche›. Österreichische Schmankerl gibt's im gleichnamigen Buch (Südwest und Heyne Verlag) und ‹Bayrische Kuchl› bei BLV.

Was die Hanseaten in Hamburg kochen, steht im ‹Buch der Hamburger Küche› (Heiman), und bei Hölker im westfälischen Münster, der als einer der ersten die regionale Küche wiederentdeckte, erschien ‹Schmadder, Schmand und Knoblauch›. Auch der Ceres Verlag steht nicht abseits: ‹Dr. Oetker Altdeutsche Kochrezepte› heißt das Buch. Sehr kulinarisch und mehr zum Lesen gedacht geht's im Buch ‹Allemannisch angerichtet› (Seewald) zu. Feinschmecker Walter Scheel schrieb dafür das Vorwort.»

In einem werbenden Artikel heißt es da auch: «Heimatliche Küche – das bedeutet für viele von uns auch Erinnerung an das, was Mutter oder Großmutter kochte, vielleicht in Königsberg oder Danzig, in Breslau oder Leipzig.»

Ein sehr interessantes und konkretes Beispiel für den Fiktions- und Stückwerk-(Konstruktions-)Charakter der «traditionellen Speisen» hat der Volkskundler Ulrich Tolksdorf mit seiner Untersuchung «Essen und Trinken in alter und neuer Heimat» (1978) gegeben. Bei den Speisegewohnheiten vieler Ost- und Westpreußen, die heute in der Bundesrepublik leben, fand er, daß einige der als «typisch» bezeichneten Speisen schon zu Jahrhundertbeginn kaum mehr existierten – wie zum Beispiel «Graue Erbsen mit Speck» –, andere hingegen – wie zum Beispiel «Königsberger Klopse» – waren «schon lange vor dem Zweiten Weltkrieg verbreitet und (haben) manche Veränderung erfahren» (1978, S. 347). Tolksdorf führt drei «Heimatspeisen» der Ostpreußen an, die auch weiterhin für sie eine Rolle spielen: Königsberger Fleck (ein Kaldaunen-Gericht aus Rinderpansen und Dickdarm), Neunaugen (ein Fisch) und Pilze; sie bedeuten auf doppelte Weise eine Identifikation mit der alten Heimat/Region: Zum einen werden die Ostpreußen in der neuen Umgebung wegen dieser Gerichte diskriminiert: die Neunaugen wurden von den Einheimischen meist nur mißtrauisch als «diese seltsamen Aale» beäugt; weiter galten (zumindest in Norddeutschland) nach 1945 lange Zeit die Worte «Flüchtling» und «Pilzesammler» als gleichbedeutend und abschätzig; und was das Kaldaunen-Gericht betrifft, führt Tolksdorf folgende Episode an: «Herr Sch. verlangte daher bei seinem Metzger ein Stück Pansen und etwas Dickdarm. Sofort erkundigte sich der Metzger, ob Herr Sch. einen Hund habe. Sollte dies der Fall sein, dann könnte er ihm in Zukunft an den Schlachttagen einige Abfälle reservieren. Als Herr Sch. jedoch erklärte, seine Frau wollte aus den ‹Abfällen› ein schmackhaftes Mittagessen bereiten, stieß er bei dem Metzger auf völliges Unverständnis. Schließlich erklärte ihm der Metzger, er könne die gewünschten Kaldaunen nicht verkaufen, da er sie für die Hundebesitzer benötige. Die Familie Sch. hat bisher Königsberger Fleck nicht zubereitet. Dieses Beispiel ist typisch.» (1978, S. 349)

An diesen Gerichten fällt dem Volkskundler aber auch auf, daß sie alle drei schon in der alten Heimat den besonderen Charakter der «Öffentlichkeit» hatten, denn meist wurden sie nicht zu Hause hergestellt, sondern in speziellen Lokalen (zum Beispiel den «Flecklokalen») oder in Bier- und Ausflugslokalen angeboten; was die Pilze betrifft, so bestand zumindest eine Art öffentlichen Gruppenbewußtseins der Ostpreußen «als leidenschaftliche Pilzsammler» (1978, S. 352). Tolksdorf schließt daraus, daß wahrscheinlich nicht jede beliebige Speise diesen ausdrücklichen Heimatcharakter trägt, sondern besonders solche, die «auch schon in der alten Heimat einen gewissen Symbolwert besaßen und durch das ‹öffentliche Angebot› ihren privaten Küchen-Charakter verloren hatten» (1978, S. 352f.). Über derartige Speisen «wird auch in der neuen Heimat eine schnelle kulturelle Identifikation mit der eigenen Bezugsgruppe (...) erleichtert. Dies zeigt sich auch etwa darin, daß bei vielen landsmannschaftlichen Treffen ‹Königsberger Fleck› gereicht wird.» (1978, S. 353)

Ähnliches gilt für das «Brauchgebäck» wie zum Beispiel «Gründonnerstagskringel», die auch früher selten im eigenen Haushalt hergestellt worden waren, sondern meist «Bäckerware oder Produkte großer Versandbäckereien» (1978, S. 354) waren.

Schließlich stellt Tolksdorf fest, daß im Alltag «nur in fünfzehn Prozent der Haushalte Mahlzeiten auf den Tisch kamen, die in allen Elementen der traditionellen Mahlzeit entsprachen. Das Traditionelle liegt eben nur darin, daß einige wenige Elemente – zum Beispiel bestimmte Gewürze – beibehalten werden, während zum Beispiel die gesamte Nahrungsmittel-Kombination eine Innovation darstellt.» (1978, S. 357) «Für Ostpreußen ist es (...) vor allem Majoran, Liebstökkel, saure Sahne (Schmant) und überhaupt ein süßsaurer bis saurer Gewürzkomplex, der jedes beliebige Gericht in ein ‹typisch ostpreußisches› verwandeln kann.» (1978, S. 360) Um dieses «oft wenige Bleibende» bildet sich in relativ elastischer Weise die jeweils «neue Küche», vorausgesetzt, die Gerichte der neuen Umgebung bestehen aus nicht allzu fremden Elementen. «So unterscheidet sich zum Beispiel der gesamte norddeutsche Raum – von Ostpreußen bis Schleswig-Holstein – durch seine traditionelle Präferenz von Gemüse-Fleisch-Kartoffel-Eintöpfen vom süddeutschen, mitteldeutschen und südostdeutschen Raum durch dessen Präferenz für Mehlteigwaren in jeder Form. So ist es zum Beispiel leichter möglich gewesen, daß Bayern Speiseelemente von den Schlesiern übernahmen und umgekehrt. Die Ost- und Westpreußen kannten zum Beispiel nicht den Grünkohl, da aber bei ihnen Fleisch-Gemüse-Eintöpfe häufig waren, haben sie in Schleswig-Holstein und Niedersachsen sehr schnell die heimischen Grünkohlgerichte übernommen, allerdings unter Veränderung des Gewürzkomplexes, indem sie den Grünkohl nicht mit süßen Kartoffeln, sondern mit Salzkartoffeln essen.

Auch haben die Flüchtlinge häufig als Katalysatoren gewirkt.» (1978, S. 359)

Die gegenwärtige Situation in den Großstädten beklagt der Bericht «Die Gemütlichkeit wird heimatlos» (*Süddeutsche Zeitung*, 27.5.1982) über den Münchener Stadtteil Schwabing: «Daß es in dem ziemlich kleinen Geviert insgesamt rund 90 gastgewerbliche Lokalitäten geben soll, mag der Pensionär Johann K. kaum glauben, fällt ihm doch auf Anhieb nicht ein halbes Dutzend Wirtshäuser ein, in die er gehen könnte oder wollte. In der Tat sind von etwa 90 Betrieben allein zehn Bars und Diskotheken, elf extrem teure Restaurants (davon sechs von so absurder Exotik, daß die weiteren acht europäisch-ausländischen Lokale als richtig einheimisch abstechen). Fünf Tagescafés und sechs Abendcafés mit Eisdiele konkurrieren mit vier schnieken Bistros ganz nach der neuesten Mode. Elf Pils- und Bierkneipen liegen noch in diesem Karree und schließlich die wild wuchernden

Ketten- und Fast-food-Restaurants. Bleiben der eine oder andere Stehausschank, zwei kuriose und beliebte Eß-Buden und Ausnahmeorte wie Theater- und Musiklokale.

Schlüsselt man diese Statistik weiter auf, dann entpuppen sich 18 Lokale als Ketten- und Konzernfilialen sowie etwa 40 als Dependenzen kleiner Multipächter. Nicht einmal mehr ein Viertel aller Gasthäuser hier hat seinen eigenen alleinigen Wirt, der dem Haus und dessen Tradition wirklich verbunden ist.»

In den heimischen Küchen der Bundesrepublik sind dennoch regionale Unterschiede festzustellen. Werfen wir einen kurzen Blick auf die Verbrauchsstatistiken, die zwar wenig darüber aussagen, wie und was mit den Nahrungsmitteln angestellt wird, die aber dennoch einige charakteristische Unterschiede der Regionalküchen wiedergeben können: «In den nord- und westdeutschen Bundesländern enthielt die Nahrung der Arbeiter 1962/63 im Durchschnitt eine um etwa 50 bzw. 40 Prozent größere Kartoffelmenge als in Baden-Württemberg und Bayern. Welche extremen Unterschiede bei einer kleinräumlichen Analyse erkennbar werden, zeigt eine Verbrauchsbefragung, die in 360 klein- und mittelbäuerlichen Haushalten in der Bundesrepublik durchgeführt wurde. So konnte zum Beispiel in den untersuchten Haushalten im Landkreis Bad Aibling ein jährlicher Kartoffelverbrauch von 33 kg pro Kopf ermittelt werden gegenüber einem Pro-Kopf-Verbrauch von 297 kg im Landkreis Schleiden.

Während die Höhe des Brotverbrauchs der Arbeiterhaushalte in den Bundesländern, abgesehen vom Saarland, wo sowohl Brot als auch Kartoffeln von den Arbeitern am meisten gegessen werden, regional wenig differenziert ist, ergibt sich bei Mehl und Teigwaren ein dem Kartoffelverbrauch entgegengesetztes Verbrauchsgefälle. In bayerischen Arbeiterhaushalten enthält die Nahrung etwa dreimal soviel Weizenmehl wie in vergleichbaren Hamburger Haushalten, in Baden-Württemberg erscheinen Teigwaren in dreimal so großen Mengen im Speiseplan wie in Schleswig-Holstein. Der baden-württembergische Teigwarenverbrauch erhöht sich noch um fast ein Drittel durch die im Haushalt aus Mehl, Grieß und Eiern selbst hergestellten Teigwaren. (...)

Die Kost der norddeutschen Arbeiterhaushalte ist fettreicher als die ihrer südlichen Nachbarn. In Schleswig-Holstein und Hamburg wird sowohl Margarine als auch Butter mehr als in Baden-Württemberg und Bayern verbraucht. Auch bei den Fetten hat das Saarland eine Sonderstellung. Die saarländischen Arbeiterhaushalte liegen im Butterverbrauch an der Spitze, im Margarineverbrauch dagegen an letzter Stelle unter ihren Berufskollegen in der Bundesrepublik. Ergänzt wird die süddeutsche Fettversorgung durch tierische Fette wie Schmalz, nicht jedoch Speck, im Saarland und in Baden-Württemberg auch durch Speiseöle. Vielleicht trägt dazu der wesentlich höhere Salatverbrauch bei. Im Saarland und in Baden-Württemberg wird sechs- bis siebenmal soviel Salat bereitet wie in Hamburg, wo demgegenüber Kochgemüse, zum Beispiel Karotten und Grünkohl, häufiger auf den Tisch kommen.

Stark landschaftsgebunden ist erwartungsgemäß der Fischverbrauch. Er nimmt mit zunehmender Entfernung von der Küste ab. Eine zusätzliche Differenzierung ergibt sich durch die unterschiedliche Dichte des Angebots in Stadt und Land. In Schleswig-Holstein und Hamburg essen Arbeiterhaushalte etwa dreimal soviel Fisch wie in Baden-Württemberg und Bayern. Der Fleischverbrauch, der zu Beginn des 19. Jahrhunderts deutliche Unterschiede zwischen Nord und Süd aufwies, ist heute, nach einem beachtlichen Anstieg in den traditionell Mehlkost bevorzugenden Gebieten Süddeutschlands, verhältnismäßig ausgeglichen. Das Saarland führt im Verbrauch an Fleisch insgesamt, vor allem wegen seines hohen Wurstwarenverzehrs.» (Gaebe 1969, S. 25ff.)

Nicht auf eine etwaige «Überfremdung» oder unlauteren Wettbewerb von seiten ausländischer Wirte geht die oft beklagte Misere des «ganz normalen» deutschen Eßlokals zurück, vielmehr darauf, daß – wie selbst die Berliner Hotel- und Gaststätteninnung bemerkt – der sogenannte «gutbürgerliche Familienbetrieb» traditionellen Typs jedem Gast etwas bieten will oder einen internationalen «Speisemischmasch» kocht. Das gastronomische Weichbild deutscher Großstädte wird ohnehin schon von ausländischen Lokalen geprägt. «Mit 650 Restaurants, einschließlich Pizzerias, ist die italienische Küche in West-Berlin am stärksten vertreten. Dazu bieten 170 jugoslawische Restaurants, 90 asiatische Gaststätten sowie 130 weitere Nationalitäten-Lokale Spezialitäten an.» (Bericht «Die deutsche Küche verschwindet aus Berlin» in: *Süddeutsche Zeitung*, 27.7.1983. In der *Allgemeinen Hotel- und Gaststättenzeitung* ist abweichend davon von 720 italienischen, 170 jugoslawischen, 40 asiatischen und 90 sonstigen ausländischen Gastwirtschaften die Rede.)

«Bereits 71 Prozent der 1465 umsatzsteuerlich erfaßten Speisewirtschaften setzen ihren Gästen ausländische Küche vor.» Unter diesen Vorzeichen ist die Häme zu verstehen, mit der die Zeitung *Der Abend* vor Jahren (8.12.1979) unter dem Titel «Salute Berlino» von einer Entdeckung auf dem Ost-Berliner Weihnachtsmarkt berichtete: «Liebhaber internationaler Küche kommen auf dem Ost-Berliner Weihnachtsmarkt auf ihre Kosten: Vom kaukasischen Wurstspieß bis zum rumänischen Nougatgebäck, von polnischer Krautsuppe bis zu Sahneröllchen aus Prag offerieren die sozialistischen Bruderländer der DDR alles, was ihre Küche auszeichnet. Da darf Berlin nicht fehlen. Was hat es anzubieten?

Am Stand ‹Berliner Spezialitäten› entdeckt der Besucher in riesigen roten Lettern auf weißem Grund: ‹Pizza›. Nein, keine Bouletten, kein Pfannkuchen. Pizza! Dicht an dicht drängen sich die Besucher und leeren die Bleche. Pizza gibt es viereckig, handtellergroß, Salami-bestückt, mit Käse überbacken, einsfünfzig das Stück.

Darauf muß sich der Besucher erst mal einen genehmigen. Was kostet die Berliner Weiße? Nicht zu haben. Korn? Nicht zu haben. Die Berliner Spezialität ist Wodka. Wodka in zwei Ausführungen: sowjetischer zu einsachtzig und Berliner zu einssechs das Gläschen.

Na dann: Prost Berlin!»

Dennoch scheint das geographische und historische Hin und Her nicht ganz beliebig. Dies verdeutlicht uns ein Blick auf das Schicksal der jüdischen Gastronomie im heutigen und im Berlin der zwanziger Jahre. «Die stille Nuance der Ehrbarkeit brachten die koscheren Lokale in die landsmännische Gastronomie. Ganze Welten allerdings klafften zwischen den nüchtern-gemütlichen, alten jüdischen Restaurants in der Berliner Innenstadt und den melancholisch-jiddischen Lokalen im Scheunenviertel hinter dem Alexanderplatz, wo das orthodoxe Einwanderertum aus dem Osten seine ersten Stützpunkte fand, wo es schwermütig nach Schalet und Armut roch, und wo die Kaftanmänner mit ihren schwarzen Hüten, die verschnürten Bündel neben sich, verschüchtert auf den Stuhlrändern hockten.

Das beliebteste jüdische Restaurant Berlins war Berg in der Markgrafenstraße, dessen gute Küche (gefüllter Gänsehals, Gänseweißsauer) die Feinschmecker aller Konfessionen, einschließlich der Atheisten anzog. Von der allgemeinen Gunst ermutigt, wagte Berg als einer der ersten Wirte aus der Innenstadt den Sprung nach dem Westen.» Liest man diese Beschreibung in Walter Kiaulehns Buch «Berlin – Schicksal einer Weltstadt» (1981, S. 229), so mutet es sehr merkwürdig an, wenn wir heute einige der wenigen in dieser Stadt noch existierenden jüdischen Lokale – darunter das Restaurant im Jüdischen Gemeindehaus – in einem Berlin-Handbuch unter der Rubrik «Nordafrikanische Küche und Küche des Vorderen Orients» finden. Diese exotische Erscheinung wird denn auch knapp und ziemlich unverständlich kommentiert: «Der Islam hat im Kochtopf dieser Gegend seine Spuren hinterlassen – es fehlen die Gerichte mit Schweinefleisch. Ganz anders die jüdische Küche, die zwar auch auf Schweinefleisch verzichtet, aber noch weitaus strengere Regeln (koschere Küche!) kennt.» (Loose u. a. 1980, S. 215)

In dem oben erwähnten Artikel «Die deutsche Küche verschwindet aus Berlin» (*Süddeutsche Zeitung*, 27.7.1983) heißt es weiter: «Parallel zu dieser Entwicklung vollzieht sich ein weiterer Umstrukturierungsprozeß in der Berliner Gastronomie: Der Weg geht weg von der sortimentsorientierten Gaststätte hin zum produktorientierten Betrieb. Beispiele dieser neuen Speisestätten sind die Steakhäuser, Fischlokale, Pizzerias und Hamburger-Restaurants. Durch ihre Spezialisierung auf eine überschaubare Anzahl relativ gleichartiger Gerichte werden sie einem zunehmenden Bedürfnis nach schnellem und preiswertem Essen gerecht, meint der Innungsgeschäftsführer.» Zugleich jedoch wird vorausgesagt, daß die «deutsche» Küche «in naher Zukunft zur Spezialitätenküche avancieren» werde.

Unübersehbar breiten sich dennoch die Produkte eines weltweit einheitlichen Geschmacks- und Biß-Design aus (von denen im Kapitel «Imbisse» die Rede ist): Hamburger, Cheeseburger, Fishburger, Chickenburger, die eine scheinbar universelle und zeitlose Erlebnisgleichheit garantieren. Schon aber sehen diese sich einem ernsthaften Widerstand gegenüber: oft genug assoziiert der moderne Konsument das amerikanische Styling mit der Vermutung, die Bestandteile dieser von ihm zu verzehrenden Brötchen seien auf dem langen Weg von Amerika herbeigeschafft worden; neben dem Zweifel an der «Frische» befällt ihn nun auch der gegenüber der «Fremdheit» der Ingredienzen.

Einer der multinationalen Fast-food-Produzenten sah sich deshalb veranlaßt, dem Käufer im regionalen Gewand zu begegnen: «Aus besten Lagen: McDonald's Big Mäc. Heute möchten wir bei Ihnen mit einem liebgewonnenen Vorurteil aufräumen, unseren Big Mäc betreffend. So wie sie dieses liebste Kind von McDonald's hier in der ersten Phase seiner Entstehung vor sich sehen, ist es nämlich ein fast rein deutsches Erzeugnis.

Der knackige Eisbergsalat zum Beispiel wird je nach Jahreszeit frisch aus Oberschwaben an die McDonald's Restaurants geliefert. Einen Hauch Bayern fügt die köstlich schmelzende, goldgelbe Scheibe Chesterkäse hinzu. Und süddeutsch sind auch die zwei Lagen reines Rindfleisch, die dem Big Mäc seinen genußvoll herzhaften Biß geben. Sie stammen von saftigen, mageren Vordervierteln, und diese wiederum von ausgesuchten Rindern aus dem Voralpenland. Auch die Spezialsauce lebt von überwiegend deutschen Produkten: frischen Landeiern, Pflanzenöl, Gurken, Zwiebeln und allerlei feinen Gewürzen.

So besteht der fertige Big Mäc dann schließlich aus ebenso ausgewählten, wie schmackhaften, wie einheimischen Zutaten – das dreistöckige Sesambrötchen natürlich eingeschlossen.

Ein appetitanregendes Meisterwerk – finden Sie nicht auch? Und das beste ist: es schmeckt einfach in jeder Lage!» (Werbeanzeige in: *Stern*, 3/1983, 13.1.1983)

Neben allen regionalen Differenzen und Vermischungsprozessen gibt es in Deutschland aber auch kulinarische Inseln oder Gettos. Das belegt ein Bericht der Ethnologin Ulla Johansen über Schwierigkeiten im Konsumbereich und das Alltagsleben südanatolischer Handwerkerfamilien, die jetzt in Heidelberg leben: Zwar haben nun bei ihnen «fertig gegrillte Hähnchen, Makkaroni und Kartoffeln (...) einen viel größeren Anteil an der Ernährung als in der Türkei. Deutsche Konserven oder Wurst (jedoch) werden nicht gekauft, weil darin Schweinefleisch oder -fett enthalten sein könnte. Das deutsche Essen schmeckt den Gastarbeitern aber auch deshalb nicht, weil es ihnen viel zu schwach gewürzt ist.

Ein besonderes Problem ist die Beschaffung von Trinkwasser. Das Leitungswasser ist nach Meinung der Türken zu kalkhaltig und gilt deshalb als schädlich für Leber und Niere. Ein weiteres Problem für die Türken ist die geringe Frische der Lebensmittel im Verhältnis zur Türkei, in deren warmem Klima es nicht üblich ist, Fleisch abgehangen zu essen oder Brot, das schon mehrere Tage alt ist.» (Johansen 1973, S. 63)

«Auf unsere Frage, ob sie sich auch deutsches Essen zubereiteten, wurde übereinstimmend erklärt, daß ja keine Gelegenheit bestünde, dies zu lernen. Wir hatten aber nach unseren Gegeneinladungen den Eindruck, daß auch kein Wunsch danach vorhanden war, da kaum Fragen nach der Zusammensetzung des genossenen deutschen Essens kamen, und die Frauen sich ganz offensichtlich nicht bemühten, unsere Erklärungen zu behalten. In allen Fällen wurde allerdings die Kontrollfrage gestellt, ob auch wirklich kein Schweinefleisch im Essen sei.» (Johansen 1973, S. 61)

Wenn auch Läden und Supermärkte bestimmter Stadtviertel ihr Fleischangebot hauptsächlich auf Hammel umgestellt haben und das türkische Weißbrot ganz selbstverständlich ausliegt, wenn auch in jenen Vierteln Auberginen, Zucchini und Tomaten frischer und billiger zu erhalten sind als anderswo und man dort orientalische Süßigkeiten erstehen kann, gibt es doch vorerst noch keine Integrationsmomente von türkischer und deutscher Kochkunst – trotz der oft auch von Deutschen besuchten türkischen Lokale und trotz Kebab, das nun als «Snack» überall Currywurst, Pizza und Hamburger Konkurrenz macht.

Konserven / Fragmente

Jeder Prozeß menschlicher Ernährung enthält ein Moment des Aufschubs, eine verzögernde Zeitspanne zwischen der *Essensvorstellung* und ihrer *Realisierung*.

Zwischen beide treten Jagd, Anbau und Ernte, Vorratshaltung oder Erwerb von Grundstoffen und deren Überführung in den gewünschten, eßbaren Kulturzustand (durch Lagern, Räuchern, Kochen, Braten usw.)

Die Konserve fixiert einen Zwischenzustand des Nahrungsmittels: roh, halbgar, gekocht, separiert, isoliert, kombiniert, raffiniert usw. Dieser Zustand entsteht durch Trocknen, Erhitzen und Kochen, Kondensierung, Kühlung, Einfrieren, Isolierung durch Luftentzug oder Räucherung, Einkalken (Eier), Zugabe reaktionshemmender Chemikalien, Zuckerung (Konfitüren) oder Einsalzen, Einlegen in Öl oder Essig (Marinade, sott'aceto, sott'olio).

Die Konserve als Zeitmaschine

Konservieren bedeutet, etwas zur Seite zu tun, zu lagern, um seinen guten Zustand für kürzere oder längere Zeit zu erhalten (oder zu verändern oder zu verbessern). Auch: Fixierung eines Zwischenzustandes und Verfügbarkeit, unabhängig von Zeit und Vorbereitung, Beschleunigen des Kochens, zum Teil auch des Essens. Die Verzögerung oder gar Aufhebung des natürlichen Zerfallsprozesses von Nahrungsmitteln bringt eine Raffung, Intensivierung, eine Kürzung des Anteils der alimentären Akte am Tages-, Wochen- und Jahresablauf mit sich.

So liest man in einem Kochbuch der fünfziger Jahre im Kapitel «Die Konserve – Retter in allen Lebenslagen»: «Konserve bedeutet – Schnell-Küche für die berufstätige Frau, die ach so oft nur wenig Zeit hat. Deckel auf, die offene Dose in ein Wasserbad gestellt – nach 10 Minuten anrichten nach persönlichem Geschmack – und schon ist ein Essen gezaubert, dessen Vorbereitung sonst Stunden erfordern würde. Für die berufstätige Frau ist gesparte Zeit gespartes Geld. An einer Dose Bohnen in Tomatensauce mit Speck wird das besonders deutlich. Übrigens schmeckt es herrlich.» (Amadeus 1958, S. 159)

Dafür aber muß sich das Nahrungsmittel in einer Form erhalten, die (noch) nicht unseren Ekel erregt oder uns eine Schädigung unseres Körpers befürchten läßt.

Meist wird das zu Konservierende in ein Gefäß gefüllt und verschlossen, in Weck-Glas, Flasche, Blechdose, Tube, Schraubglas, Plastikbehälter, Schachtel und Kiste.

Die Konserve entsteht durch das Trennen: Etwas muß dazwischentreten; Entfremdung und Time-lag.

Jede Spur der früheren Reize verschwindet damit hinter der Hülle; einzig die Farbe bleibt bei durchsichtigen Behältern wahrnehmbar, nicht jedoch Geruch, Oberflächenstruktur, tastbare Festigkeit, andere lust- und ekelerregende Reize.

Jede Konserve ist abgepackt am ... und haltbar bis ... Ein italienischer Rekrut entdeckte Mitte der sechziger Jahre auf der Fleischdose seiner Notverpflegung aus amerikanischen Heeresbeständen, daß diese schon vor seiner Geburt abgepackt worden war – während er heranwuchs, blieb dieses Fleisch da fast unverändert. Es scheint so, als ließe sich die Zeit beliebig anhalten, Fotografien aus früheren Momenten unseres Lebens vergleichbar, die uns irgendwann einholen.

So entsteht ein völlig anderes Verhältnis zum Nahrungsmittel: Die Konserve mit ihrem geheimen Innenleben behält ihre Qualitäten für sich. Geruch, Farbe, Konsistenz, Geschmack erfahren wir erst, wenn wir die Hülle entfernen. Nur manchmal gibt die Konserve ein Zeichen, wenn das Tiefgefrorene weich wird oder Schnee ansetzt, wenn eine Dose unter dem Druck der Gärung sich aufbläht, gar explodiert.

Es gibt keinen völligen und alle Konserven gleichmachenden Stillstand, denn die Kost lebt in sich weiter in einer Art stillem oder kaltem Kochen (es gärt der Wein, es wuchern die Sporenpilze usw.); zugleich tritt sie mit dem Gefäß in einen Reaktionsprozeß: Der Inhalt verrät sein Treiben dann später durch Korkengeschmack, Blechgeschmack, Gummigeschmack und Verfärbungen. Aber auch das Gefäß korrodiert: Es rostet, weicht auf, wird mürbe usw.

Im Moment des Öffnens kehrt die arretierte Natur in den Lauf der Zeit zurück. Mit ihm beginnt der rapide Verfall, auf den das Etikett unter Umständen hinweist: «Nach der Öffnung zum baldigen Verzehr bestimmt.» (Konservierung schafft auch neue Nahrungsmittel und Geschmack; geräucherter Fisch, Schinken, eingelegte Gurken etc.)

Bis vor einigen Jahren war *die* Konserve im deutschen Sprachgebrauch die Dose/das Eingedoste. Etwas Geschichte: Die Entwicklung der Technik des Erhitzens unter Luftabschluß «beginnt, soweit man erkennen kann, mit der Erfindung des Dampfkochtopfes durch Denis Papin in London 1681. Dieser Topf bestand aus Kupferblech und war mit einem Deckel fest verschlossen. Er hatte ein Sicherheitsventil, ein Druckmeßgerät und ein Thermometer, wurde mit Wasser gefüllt und dann erhitzt. Papin entdeckte dabei das physikalische Gesetz, daß bestimmten Drücken auch bestimmte Temperaturen entsprechen. Der ‹Papinsche Topf›, in dem auch schon Speisen konserviert worden sein sollen, war damit nicht nur die Grundlage späterer Dampfkessel und Dampfmaschinen, sondern auch der modernen Konserve.

Dem Leibkoch des Herzogs Christian IV. von Pfalz-Zweibrücken mit Namen Nicolas-François Appert (1750–1841) soll die erste praktische Anwendung dieser Erfindung gelungen sein, weshalb man das Erhitzen von Nahrungsmitteln unter Luftabschluß zuerst auch ‹Appertisieren› nannte.» (Teuteberg/Wiegelmann 1972, S. 79) Appert erhielt für die Entwicklung dieser Technik 1801 von Napoleon einen Preis, der mit 12000 Goldfranken dotiert war. Jack Goody meint in seinem Buch «Cooking, Cuisine and Class», daß die moderne Konservierungstechnik direkt mit Erfordernissen der Kriegführung verwoben war. «Während der napoleonischen Kriege war Frankreich von seinen überseeischen Versorgungsquellen abgeschnitten, und diese Trennung stimulierte die Suche nach Ersatz. Gleichzeitig stellte die Rekrutierung einer Massenarmee aus Bürgern in sehr radikaler Weise das Problem der Nahrungsversorgung für einen großen, mobilen und nichtproduktiven Teil der Gesellschaft; 1811 fiel Napoleon mit über einer Million Männern in Rußland ein. So war das Ziel des Aufrufs [des Direktoriums, 1795, zu Lösungen der durch den Krieg in Frankreich geschaffenen Probleme beizutragen; d. Verf.] teilweise militärischer Art, obwohl die Lobrede auf Appert bei der Preisverleihung sich auf die Vorteile der neuen Erfindung für Seereisen, Krankenhäuser und die Hauswirtschaft bezog.» (1982, S. 157)

«Den entscheidenden zweiten Schritt vom zerbrechlichen Glasgefäß zur unzerbrechlichen Blechdose tat Bryan Donkin in England. Er war an einer Eisenhütte beteiligt und erkannte rasch, daß die Zukunft seines Unternehmens gesichert war, wenn sich Apperts Verfahren auch auf Behälter aus Eisenblech anwenden ließ. Im Jahre 1812 baute er eine Konservenfabrik, die sechs Jahre später Büchsen mit Corned beef, gekochtem Rindfleisch, Karotten, Gemüse mit Hammelfleisch, Kalbfleisch und Suppe lieferte.» (Tannahill 1979, S. 306) Zur heutigen Konserventechnik fehlte jedoch noch ein entscheidender Schritt: «Die Konservenhersteller glaubten damals, die Nahrungsmittel würden durch das Austreiben der Luft vor dem Verschließen der Büchsen haltbar gemacht, während in Wirklichkeit das Erhitzen, durch das die Luft ausgetrieben wurde, viel wichtiger war, weil es schädliche Bakterien abtötete. Die Hitze, mit der man den Inhalt einer 6-Pfund-Büchse keimfrei machen konnte, reichte aber für eine 14-Pfund-Büchse nicht immer aus, und daher blieb oft in der Mitte ein Bakteriennest übrig, und das Fleisch begann in der verschlossenen Büchse zu faulen.» (Tannahill 1979, S. 307)

Es war Pasteurs Entdeckung, daß die Mikroorganismen, die bei der Fäulnis von Lebensmitteln eine Rolle spielen, durch Sterilisation durch Hitze (Pasteurisierung) vernichtet werden konnten.

Selten findet man Dosenkost, die man noch schneiden oder anderswie gewaltsam bearbeiten muß. Es gibt da nichts mehr zu zerschneiden oder zu enthüllen. Wenn der Inhalt überhaupt Kraftanwendung nötig macht, dann eher die des Zerdrückens (Thunfisch, Dosenfleisch).

Auch in diesem Sinn ist Dosenkost «fast food» – sie ist schnell, mit wenigen Handgriffen einzuverleiben.

In abgewandelter Form wird die Gewalt – die in der Breiförmigkeit oder Körnigkeit des Inhalts aufgehoben scheint, denn das Pulver der Rinderbrühe läßt nicht mehr an das Schlachten denken – im Akt des Öffnens wieder virulent: das Aufschrauben als Kraftakt, das Aufreißen, Aufbeißen mit Zange und Öffner, das Aufschocken des Tiefgefrorenen, das Herausziehen des Einmachgummis. Je größer die Kraft, so scheint es, die den Zerfallsprozeß aufhält, desto größer die Gewalt, die aufgebracht werden muß, um das Konservierte wieder in die Normalzeit zurückzubringen.

Doseninhalte sind die Basis für eher weiche als harte Speisen, für eher flüssige als trockene Mahlzeiten (wiewohl sie vor der Zubereitung in der Dose hart oder trocken sein können, zum Beispiel Suppen-Pulver). Fast alles, was nicht Pulver- oder Saftform hat, wird in der Dose schlüpfrig und schmierig – genau das Gegenteil der «Knackigkeit» und «Frische», die heute von Nahrungsmitteln gefordert werden.

Der Inhalt einer Konserve fügt sich geräuschlos in den neuen Zusammenhang ein. Sein Widerstand ist allein bei der Enthüllung, seiner Wiedereinbringung in die Zeitlichkeit spürbar. Das Öffnen der Dose ist eine Art brutaler Striptease; was er da zum Vorschein bringt, ist absolute Nacktheit, die zur Praxis drängt.

Konservenkost ist jedoch nicht bloß aufgerissene Packung und zu verzehrender Inhalt. Vielmehr ist sie das entscheidende Element eines kombinatorischen Kochens: Die Dose kann Zusatz sein, Element einer Addition mehrerer Konserven oder der Vereinigung mit einem anderen Grundstoff. So führt etwa die italienische Konservenfirma Simmenthal für ihre Fleischdosen folgende «Rezepte für besonders schmackhafte Gerichte» an: «Simmenthal-Fleisch ‹Bellavista› (4 Personen); Zutaten: Simmenthal-Fleisch (2 Dosen zu je 220 g), gekochtes Gemüse (Kartoffeln, Karotten, Blumenkohl, grüne Bohnen, Spinat usw.)» oder «Salat ‹Capricciosa› mit Simmenthal-Fleisch», oder «Gemüsesuppe ‹Ricca›», eine Kombination aus einer Fleischdose, tiefgefrorener oder getrockneter Gemüsesuppe, «Eierpfannkuchen mit Simmenthal-Fleisch» oder schließlich «Kartoffelfladen mit Simmenthal-Fleisch».

Es zieht sich ein Band durch die Zeiten: durch die Einpuppung in Konservenform kann sich das kulinarische Faktum aus einer Zeit A mit dem kulinarischen Faktum aus der Zeit B zu einem kulinarischen Ereignis einer Zeit C verbinden.

Der Instant des Instant food: Als Konserve wird das Nahrungsmittel eine Sache für später. Eine funktionale Sache für dann, wenn der Augenblick gekommen sein wird, in dem sie aus ihrem künstlichen Schlaf geholt und Teil einer Situation wird, in der man eine Konserve braucht. (Als fehlendes Element eines Menüs, zur Stillung des Heißhungers, zur Bewirtung überraschenden Besuchs ...) Fast nie sieht man die Konserve für sich, vielmehr stellt man sie sich meist als Bestandteil eines Mahls vor. Eine Kombinatorik des Nackten wie bei de Sade. Die Konserve wird geschwind enthüllt und so ins Ganze, in ein Bild (ein kulinarisches Bild) eingefügt, wie sie sich zum Gebrauch anbietet. Sie wird aufgerissen und – nach entsprechender Anleitung – vernascht. Sie hat keine verführerische Kraft, keinen Charme und keine Tugend, die es zu schützen oder zu zerstören gilt, und nichts, was Entbehrung lohnend machen könnte. (Bei allen Spekulationen um anregende und Wunderwirkungen von Speisen nimmt die Dosenkost bestimmt den letzten Platz ein.) Oftmals ist ihr die Gebrauchsanweisung, die Spielregel gleichsam, aufgedruckt.

Der Kenner, der den Hasen aus dem Romey-Tal von dem aus den Ebenen von Paris stammenden unterscheidet (Brillat-Savarin 1979, S. 40), ist Gegner der Konserve. Anders jedoch in deren Frühzeit: So lobte der französische Küchenpapst Grimod de la Reynière 1810 in seinem «Almanach des Gourmands»: «Die Annäherung der Saison der Früchte an die des Eises fügt der bewundernswerten Entdeckung des Herrn Appert einen neuen Preis hinzu; indem sie uns den Mai in den Februar befördert, bewirkt sie mit diesen merkwürdigen Metamorphosen die sanfteste aller Revolutionen in unseren Gaumen/Palästen («nos palais» d. Verf.) und auf unseren Tischen. Dieser fähige Künstler, dieser wahre Gourmand-Chemiker ist weit entfernt davon, sich auf seinen Lorbeeren auszuruhen (...) Seine Erbsen, grünen

Bohnen, fèves de marais, weißen Bohnen, Kirschen, Pfirsiche, Johannisbeeren, Aprikosen, Pflaumen usw. in Flaschen sind in diesem Winter noch saftiger, noch köstlicher als im vorigen Jahre. Mit dem Gemüse bereitet man für geringes Geld ein vorzügliches Zwischengericht, das in den Augen vieler Tischgenossen ohne weiteres als Frühgemüse durchgehen könnte. Mit den Früchten erhält man – fügt man etwas Puderzucker hinzu – augenblicklich ein Kompott, das noch besser ist als jene auf dem Feuer gekochten. (...) In den Flaschen des Herrn Appert findet man aber auch fertig hergestellte Zwischengänge: Braten bis hin zur Rinder-Pièce; selbst die Suppe hat er nicht vergessen, die sich mit seiner Fleischbrühe und seinen Gemüsesuppen in Flaschen in vorzüglicher Qualität herstellen lassen.» (Zit. nach Aron 1973, S. 132f.)

Appert erweist sich selbst als Vorläufer der Nestlés: «Auch beim Frühstück begegnet man Herrn Appert; seine Flaschenmilch ist genauso gut, nach sechs Monaten genauso frisch und sogar noch süßer, als wenn sie aus dem Kuheuter rinnt.» (Zit. nach Aron 1973, S. 133)

Für die Konserve des industriellen Marktes der Gegenwart hingegen existiert nur das *Genre*: Huhn, Tomate, Pflaumen, Corned beef; nicht das einzelne Gut, die Früchte eines partikulären Gartens oder das Fleisch eines besonderen Tieres.

So berichtet Tannahill von den Gründen für den schlechten Ruf, den das Büchsenfleisch, etwa jene zwischen 1850 und 1870 aus Australien nach England eingeführten Hammelfleischkonserven, genoß: «Das Fleisch war grobfaserig und sehnig, und jede Büchse enthielt einen Klumpen zu lang gekochten Fleisches und dazu einen unappetitlichen Batzen Fett und sehr viel Soße. Die erfahrene Köchin warf das Fett weg, machte aus der Soße eine Suppe und schnitt das Fleisch in Stücke, die, in Ei und Bröseln gewälzt und im Rohr oder in der Pfanne gebacken, ein annehmbares Gericht ergaben, wenn man noch eine Zwiebelsoße zu Hilfe nahm. Die ärmere Hausfrau in der Stadt servierte das Fleisch direkt aus der Büchse und gab dazu Brot oder Kartoffeln. Einen großen Vorteil hatte das australische Büchsenfleisch: Es kostete nicht einmal halb so viel wie frisches Fleisch in England, vor allem nach der katastrophalen Seuche, die zwischen 1863 und 1867 die Viehbestände dezimierte und die Fleischpreise steil in die Höhe trieb.» (1979, S. 307f.)

Die Konserve löscht alles Individuelle und Zufällige eines Naturproduktes aus. Sie schmückt sich mit dem Durchschnitts-, dem Idealbild eines früheren oder des möglichen künftigen Zustands des Inhalts (Kühe auf der Wiese oder Schildkrötensuppe im Teller).

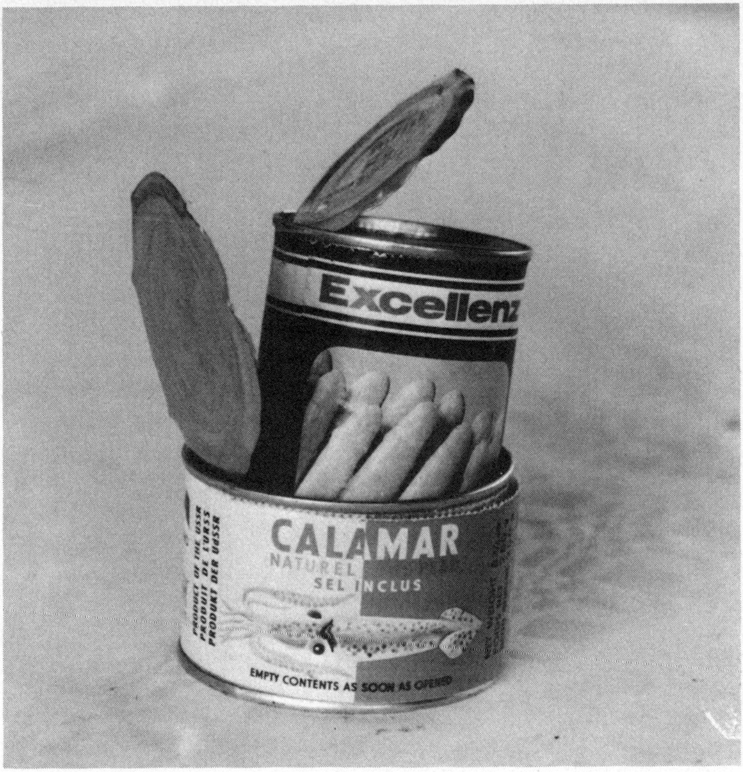

Gerade mit dem Wegtun, dem Verzögern, dem Verhüllen, dem Abweisen der normalen Sinneseindrücke beginnt – scheinbar paradox – die Ära der Inhaltsangabe und der Transparenz. Die hohe Nachfrage nach Konserven als Ersatz für Fleisch und Fett im Ersten Weltkrieg «führte zu einer Qualitätsverschlechterung, dem die Regierung durch eine Verordnung am 26.5.1916 entgegentrat. Seitdem müssen alle Hersteller von Konserven diese mit ihrem Firmenzeichen versehen, Mindestfüllgewichte einhalten und sich den gesetzlichen Qualitätsnormen (Überwachung durch die Gesundheitsbehörden) unterwerfen.» (Teuteberg/Wiegelmann 1972, S. 84)

Ihre eigene Unsinnlichkeit bringt die Konserve zum Sprechen: Sie preist die Qualität des Inhalts in Wort und Bild an (*Schöne* Tomaten, *echter* Kaviar), sie stellt durch Design und Aufschriften Assoziationen zum Tafel- und Lebensglück her, sie ist sich gleichsam als Mini-Litfaßsäule das eigene Aushängeschild.

Die Konserve umhüllt sich mit einem Sprachkörper: Gewicht, Zutaten, Herstellungsland und -firma, Herstellungs- und Verfalldatum stehen neben einer Reihe mysteriöser Zeichen, Ziffern und Buchstaben. Die Beschreibung des Inhalts auf dem Etikett geht von der bloßen Genrebezeichnung (etwa bei den sogenannten «weißen Produkten») oder dem bloßen Markennamen bis zur völligen Beschriftung der Oberfläche. Zusätzliche Texte stehen oft auf der Innenseite des Etiketts, werden aufgeklebt oder angehängt. Sie entwerfen meist eine Phantasiewelt der Verwertbarkeit. Der Simulation sind da kaum Grenzen gesetzt.

Etikett, Form und Format der Hülle werden Maske eines Genres «geschälte Tomate». Sie tut so, als sei es diese wunderschöne, diese ganz besondere, einzigartige Tomate (die aber doch nie sinnlich faßbar sein wird, denn sie ist schon gekocht und geschält), die millionenfach reproduziert wurde – also ist etwas davon auch hier in meiner Dose. Allerdings hat sie nicht den Glanz dieser einen rotgrünen, festen Tomate, die ich in der Kiste vor mir sehe und heimlich betaste; sie weist aber auch keine kleinen Schönheitsfehler auf. Vielmehr ist sie ein *Typus*.

Das Auge dominiert die Wahrnehmung des Essens in Konservenform. Es schweift jedoch nicht über die Oberfläche der Ware, um deren Beschaffenheit zu erraten, sondern es prüft mit einer Art Digitalblick die Daten des Konservenumschlags. Die Verpackung ist so zum wichtigen Bestandteil der Vorstellung vom Essen geworden.

Die Konservensprache kodifiziert knapp: Art des Inhalts, Zusätze – keine Lebensbeschreibung, sondern Daten wie auf einem Grabstein. Auf Marilyn Monroes Grabstein stehen ihre Daten: Brustumfang, Taille, Hüftumfang. Der Umgang mit dem Doseninhalt findet seine Parallele in der Projektion, im Anschauen von Marilyns Filmen: Nicht die Schauspielerin MM wird in ihnen wieder zum Leben erweckt, sondern es erwacht so etwas wie deren Inbegriff in uns, es aktualisiert sich unser mythisches Bild Marilyn Monroe.

Das Etikett inszeniert seinen Inhalt nicht als Fragment, das es ja ist, sondern als ein Ganzes. Es stellt durch Wort und Bild eine fiktive Ganzheit dieses zerstückelten oder zerkochten Inhalts her. So wird das leblose Einzelteilchen in den Stromkreis eines künftigen Zusammenhangs eingeschlossen. Das Etikett suggeriert aber auch ein fiktives Ganzes, für den, der den Inhalt gegessen haben wird. Der Aufdruck «Nach Gutsherren-Art» etwa signalisiert die Teilnahme am Tisch der Kenner und der Reichen. Die Dose ist «Tischlein-deckdich» für die improvisierte Einladung oder den überraschenden Besuch. Sie ist aber auch «Knüppel aus dem Sack» für den Freßsüchtigen, der sich anfallhaft an der Reserve vergreift. Ist die eine Portion vertilgt, braucht kein Nachschlag erbettelt und kein Koch an den Herd gescheucht werden; vielmehr braucht es bloß einen Dosenöffner.

Irene Brin, die Sitten und Moden der zwanziger und dreißiger Jahre beobachtet hat, beschrieb die amerikanische Dosen-Gastlichkeit jener Jahre: «Man adoptierte das Wort ‹Gourmet›, doch leider nicht im Wortsinn: ‹Gourmet's Guide› war in den Illustrierten eine gängige Rubrik, aber sehr oft wurde dort die neue ‹Cream of Mushrooms› – aus der Dose – gefeiert oder ‹Crêpes Suzette›, die ebenfalls schon im Blechmantel vorlagen.» (1981, S. 211) Dazu gab es folgende Anleitung: «‹Crêpes Suzette›: Sie werden die Crêpes Suzette-Dosen in vielen Spezialitätenläden finden oder sie bei der Herstellungsfirma ‹Crêpes Suzette Inc., at 151 Fiftieth Street› bestellen. Sie werden fertig mit ihrer ‹*sauce*› verkauft, jede Dose reicht für 4 Personen aus. Natürlich werden sie auf den Eßzimmertisch die Crêpes ohne Dose zubereiten, neben dem kleinen Herd, den Tellern und den Flaschen. Sie können jeglichen Pfannentyp benutzen; geben Sie ein Stückchen Butter hinein und auf die zerlaufene Butter die zusammengerollten crepes mit der ‹sauce›, der sie zweieinhalb Löffel ‹brandy› hinzufügen. Sobald sie angebräunt sind, flambieren sie sie eine Minute lang, nicht länger, wobei Sie die Pfannc stets leicht schütteln. Sofort servieren.» (Brin 1981, S. 213)

Die Konserve dient aber auch als eiserne Reserve für Notzeiten, in denen ihre Anzahl das Maß unserer Überlebenszeit abgibt. Wenn an Schweizer Haushalte eine Warenliste für den Notvorrat ausgegeben wird (etwas Ähnliches gab es in der Bundesrepublik als «Aktion Eichhörnchen»), so mag hier angesichts der heute drohenden Gefahren ein merkwürdiges Gleichgewicht des Schreckens erscheinen: einerseits die Atomraketen, die oft in dosenähnlichen Silos in Getreidefeldern versteckt werden, und andererseits die eingedoste Überlebensration im Schweizer Privatbunker.

Die vom Käufer imaginierte Zeit der Konserve ist nicht die des angegebenen Verfalldatums, sondern die Ewigkeit minus eins: Der Notfall, das erwartete oder unvorhergesehene Ereignis, das «Man kann nie wissen». Nicht zufällig hat jeder Haushalt einige völlig vergessene und verstaubte Konserven aufzuweisen.

In seinem Haus am Meer erlebt der französische Graphiker Alain Denis eine Invasion unangemeldeter Freunde. Ausgerechnet am Sonntagabend kommen sie, müde, sonnenverbrannt und salzverkrustet zu ihm und erwarten ein gutes Essen. «Glücklicherweise habe ich einen mit Konserven gefüllten Schrank und kann so immer etwas

Gianfranco Baruchello: La navigazione in Solitario
(Segelfahrt im Alleingang, 1966)

wie ein Abendessen zaubern. Mit frischen Produkten würde es natürlich besser, doch kann man mit vielen verschiedenen Gewürzen ein recht annehmbares Essen bereiten. Es gibt tausend Möglichkeiten, Konserven miteinander und mit verschiedensten Gewürzen, Aromen und Kräutern zu mischen.» (Denis 1980, S. 74f.)

Zunächst setzt er seine Freunde unter Alkohol. «Ich lache. Ich habe sie absichtlich betrunken gemacht und bin trotz meines Rufes der einzig Nüchterne. Mit lauter Stimme den Lärm übertönend gebe ich ihnen die Wahl zwischen einem chinesischen oder persischen, einem türkischen, skandinavischen oder russischen Gericht. Während ich rede, wird es nach und nach still. Verwundert schauen sie mich an, unsicher, ob ich nicht scherze. Sie beraten und entscheiden sich nach einigen Streitereien für das Russische, nur so, denn sie wissen absolut nicht, was sie erwartet. Gelobt sei ihr Vertrauen!

Ich öffne den Schrank und ziehe einige Dosen Suppe heraus. Das Etikett schaue ich gar nicht an: Kohlsuppe, Selleriesuppe, Pilzsuppe, Brühe kann man aus allem machen. Ich schütte den Inhalt in einen Topf mit Wasser und lasse kochen. Im Eisschrank finden sich ein Rest Sahne, eine Zitrone und eingemachte Rote Beete. Letztere wird passiert, ich gebe Sahne und Zitrone dazu, schütte alles in die Suppe und tische auf. Sehr russisch!

Hätten meine Freunde ein Gericht aus einem anderen Land gewünscht, ich hätte die gleichen Dosen verwenden können. Türkisch zum Beispiel wäre die Suppe geworden mit etwas Safran, Pfefferschote und Mazisblüte …

Hier eine internationale Variationsauswahl für Dosensuppen:
arabisch: Zwiebel, Knoblauch, Kümmel, Rosmarin, Zimt, Kardamon,
chinesisch: Sojasoße, Essig, Zucker, Glutamat, Porree, Ingwer, Sherry,
griechisch: Origano, geriebene Zitronenschale, Zitronensaft, oder Zimt und Tomate,
indisch: Curry, Safran, Kokosmilch,
persisch: Yoghurt und Zitronensaft,
polnisch: saure Sahne, Zwiebel, Kapern,
ungarisch: Paprika, Kümmel, Sahne.» (Denis 1980, S. 74 f.)

Konserven-Geschmack

Sie schmecken meist alt, aber nicht verfault (wie ein Apfel oder ein Stück Fleisch), kaum vermodert oder verschimmelt (wie Kuchen oder Käse) und auch nicht hart und eingetrocknet (wie altes Brot) …, *sondern*: Sie schmecken oft nach ihrer eigenen Hülle (Blech, Gummi, Plastik …) und irgendwie entseelt, schlaff, abgestorben, tot … und manchmal weisen sie ein geradezu pornographisch überakzentuiertes Flavour auf. Dies ist gemeint, wenn wir sagen, etwas schmecke «nach Konserve», eine Suppe, eine Sauce schmeckten «nach Maggi», also nicht: salzig, fleischig, sämig, vollmundig, mehlig, dünn …

Reproduzierbarkeit: Geschmacks- und Erlebnisidentität

Andy Warhols «Campbell's Tomatoe Soup»-Serigraphie weist auf die technische Reproduzierbarkeit sowohl des graphischen als auch des Koch-Kunstwerks hin.

Es geht hier nicht mehr um das Süppchen der Großmutter, sondern um Millionen von Liter, die das Traumbild «Nach Großmutter-Art» als Markenattribut erhalten.

Die Ästhetik der Schachtel wird Erlebnisgarantie. Sie setzt sich an die Stelle sinnlicher Prüfung des Nahrungsmittels. In Gestalt des Markenartikels erhält die Dose, die Ummantelung, der Schutz, den Vorrang vor dem Inhalt.

Wenn Brillat-Savarin die Herkunft eines Huhns aus dem Périgord als Gütezeichen anführt, so ist es seit Anfang des 20. Jahrhunderts das Markenzeichen, das für Qualität bürgt. Nun gilt der Tomatensaft der einen Marke als besser als der der anderen Marke.

Der innere Stillstand ermöglicht die Bewegung der Nahrung: Dank Konserve reist das Essen, kommen exotische, bisher unbekannte oder extrem teure (oder empfindliche) Waren aus fernen Ländern zu uns. Viele erinnern sich noch an das Prestige der Libby's Ananas-Dosen in den frühen fünfziger Jahren.

Dose und andere Konservierungsmethoden erlauben nicht nur eine Beschleunigung der Kriegführung (Unabhängigkeit vom Umfeld, vom Nachschub; schnelle Zubereitung), sondern vor allem auch die großen Feldzüge der Lebensmittelindustrie, die ohne Konservierung unmöglich gewesen wären (Raum, Zeit, Konjunkturen).

Konserve und «authentische» Nahrung überkreuzen sich nicht nur in unserem Alltag, sondern auch auf dem internationalen Markt: Im Supermarkt eines Dorfes bei Agrigento in Sizilien finde ich Pflaumen im Glas aus Paderborn. Der Supermarkt liegt mitten in einem Obstanbaugebiet, in dem u. a. Pflaumen geerntet werden.

Die Dose garantiert die anonyme Eßgemeinschaft: Jeder ißt das Gleiche. Keiner bekommt ein größeres oder ein besseres Stück. Auch in zeitlicher und geographischer Hinsicht garantiert die Konserve das Immergleiche: Ähnlich dem Versprechen der Firma McDonald's, ihre Hamburger seien in Zusammensetzung und Geschmack immer und überall völlig gleich, tritt die Konservendose als Garant der Geschmacksidentität auf.

Die Hüllen sind nicht beliebig konvertierbar: einige Konservenformen (meist Flaschen; denken wir an Coca-Cola) sind geschützte Warenzeichen (dazu gehören auch Firmenzeichen, bestimmte Wörter, Schriftzüge usw.). Die Empörung über die Absicht, Lambrusco in Dosen auf den amerikanischen Markt zu bringen, zeigt, daß es Hüllen von größerer und geringerer Würde gibt.

Fest umschlossen verweist die Konserve auf ein Inneres, wie es die Natur nie tut. Das Etikett weist nicht einfach Artischocken, sondern deren herauspräparierte *Herzen* aus. Sie sind uns im Dosenkörper zugleich näher und ferner als in der Frucht, die vor uns liegt. Am extremsten wird diese nahe Ferne erfahrbar, wenn wir hungrig vor einer Dose sitzen und keinen Öffner zur Hand haben (oder wenn wir eine Dose nur halb aufkriegen, da der Aufreißer abbricht, das Blech sich verbiegt etc.)

Die Dose wird zum Korsett im Prozeß der Zivilisation: ähnlich der Selbstzucht in Gestalt der «guten Manieren» garantiert die Konserve durchschnittliche Ruhe und Sicherheit gegenüber äußeren Gegebenheiten – verglichen mit den Gefahren früherer Zeiten, den Vergiftungen und Fälschungen. Zugleich aber bedeutet sie die gewaltsame Auferlegung eines Selbstzwanges, die immer auch mißlingen und zur Katastrophe führen kann. Die Dose hat deshalb stets auch etwas Unheimliches. Indem sie gegen Bakterien und andere Lebewesen abschottet, garantiert die Dose zwar, daß niemand das Essen anrührt, seine Finger ins Essen steckt – deshalb greift man im Fall von Seuchen und Krankheitsepidemien auf Dosenkost zurück –, doch das sattsam Bekannte der Konserve ist zugleich auch das Rätselhafte: eben jenes Eingesperrte oder mit unbekannten Stoffen versetzte (die angeblich geheimen Essenzen der Coca-Cola, die Bestandteile des Ketchup oder allgemein die Geschmacks- und Konservierungsstoffe). Das Bekannte *plus* etwas: Alchimie.

Die Dose: ein toter Anachronismus

Die Dose entspricht dem Maschinenzeitalter; das Fertigmenü für den Mikrowellenherd hingegen dem elektronischen. Die Dose hat sich also selbst überlebt, auch wenn ihr Inhalt seine tote «Frische» bis ins Jahr 2000 erhalten wird.

Die Blechbehälter, die Tuben oder Konservengläser erinnern tatsächlich an die Welt der Reagenzgläser und Stahltöpfe des chemischen Labors. In Konservenform lernen wir Speisen kennen, die wir bei der Begegnung mit dem Original nicht wiedererkennen. Zwar kann man das Eingedoste auf grundlegende Geschmackselemente hin analysieren (bitter, süß, salzig, scharf usw.); doch scheint der Konservengeschmack auch seine autonome Ordnung zu besitzen: Ähnlich wie die Fotografie gegenüber der Malerei ihre eigene Logik besitzt, also nicht völlig auf die ältere Form reduzierbar und auch nicht völlig aus jener ableitbar ist, hat die Konserve ihr eigenes System.

Fast scheinen die Dosen eine Erweiterung der kulinarischen Elemententafel, denn die reine Dosenküche hat als Ausgangs- und Bezugspunkt nicht die alten Elemente Wasser, Salz, Mehl, Öl ... vielmehr arbeitet sie mit neuen Elementen, die meist nach ihren Entdekkern benannt sind: Libby's und Campbell's, Star und Maggi. Die Dosenküche besteht in deren Kreuzung oder Hybridbildung, zu der man durch den kleinen Eingriff des «Abschmeckens» gelangt.

Im Satelliten zum Mars brachten die Amerikaner nicht nur Schrift- und Bild-, sondern auch kulinarische Zeugnisse unseres Planeten unter: Nicht Salz, Mehl, Wasser, Brot und Wein, sondern Coca-Cola und Campbell's Soup in Dosenform sollen dem Versuch intergalaktischer Verständigung dienen.

Nach dem Restaurant, den Mensen und Kantinen ist die Konserve ein weiterer Schritt der Demokratisierung und der Angleichung der Küche und der Geschmäcker. Die Konserve macht Geschmack vergleichbar und kommunizierbar («Schmeckt stark nach Maggi» usw.), enthebt den Geschmack nun auch der Einmaligkeit des guten Kochs, der guten Gelegenheit oder der konkreten Essensgemeinschaft, die aus dem gleichen Topf sich labt.

Ein Beispiel für den Wunsch nach Geschmacksidentität findet man in der Geschichte der Weltraumfahrt: Während bei den ersten längeren Raumflügen (zum Beispiel bei den Gemini-Flügen) der Astronaut sein Essen in einem Plastikbeutel kneten und dann durch eine Art Ventil heraussagen mußte, wurde für den Skylab-Flug 1973 (der insgesamt 171 Tage dauerte) ein neues System entwickelt: In Aluminium-Dosen gab es «persönliche Menüs, die sich jeder einzelne Astronaut während der Simulationsflüge ausgewählt hatte: insgesamt etwa einhundert verschiedene Produkte, die deshydriert, gefroren oder hitzekonserviert waren» (Attias 1981, S. 154). Das Frühstück des Astronauten Conrad bestand aus Rührei, Würstchen, Erdbeeren, Brot, Marmelade, Orangensaft, Kaffee; Kerwin aß zum zweiten Frühstück u. a. Fisch und Spargel, und Weitz nahm beim Mittagessen Filet Mignon, Kartoffelsalat und Eis zu sich.

Die Dosen mußten aufgerissen werden, blieben aber von einer dünnen Membran bedeckt, die verhinderte, daß die Nahrung durch die Gegend flog. «Der Koch vom Dienst mußte nur noch die Heizvorrichtung und den Timer anstellen; für die deshydrierten Speisen fügte er aus dem entsprechenden Wasserhahn warmes oder kaltes Wasser hinzu.» (Attias 1981, S. 154) Und zum erstenmal aßen Astronauten mit richtigem Besteck. Natürlich machte die Schwerelosigkeit Probleme: war eine Dose zufällig defekt, löste sie sich vom magnetischen Tablett und man mußte sie wieder einfangen; oft landete die Speise an der Ecke oder am Fenster des «Speisezimmers» der Raumstation. Deshalb mußte das Bullauge ab und zu von Fleisch- oder Creme-Spuren befreit werden, bevor man einen Blick auf die Erde werfen konnte.

Doch ist die Hoffnung, mit Konserven des gleichen Typs ein Geschmackserleben zu wiederholen, vergebens, denn dieses hängt nicht allein von der Art der Speise ab, sondern wesentlich von der *Bedeutung*, den Vorstellungen, die der Esser im jeweiligen Moment mit der Kost und der Essenssituation verbindet. (Vgl. Kapitel «Schmecken und Geschmack»)

Streng genommen ist das Öffnen jeder Dose ein Einzelereignis, denn man weiß nie genau, wie's drin aussieht. Wie bei der Identifizierung eines Toten im Leichenschauhaus klappt man den Deckel auf, um sich der Identität des Inhalts zu vergewissern. Könnte sich nicht auch – Etikettenschwindel – etwas ganz anderes darunter befinden, oder könnte man es nicht gar mit etwas Monströsem zu tun bekommen, das nur auf diesen Moment der Befreiung wartete? (Ähnlich jenem Frühstücksei, in dem man ein totes Küken findet.) Manchmal überrascht die Dose auch durch ungewöhnliche Beilagen: angerostete Schrauben, Schweinezähne u. a. sind dem Konservenfreund das, was dem Muschelesser der Perlenfund ist.

Verkehr der Hüllen

Das Konservieren ist das Gegenstück zum Ausstopfen. Hier wird ein Äußeres präpariert, dort ein Inneres. Ist die Arbeit des Konservators fürs Auge bestimmt, dem Tierhüllen und Präparate von Innereien, Föten usw. vorgeführt werden, so ist es die Konserve für den Mund, für den Magen.

Hat man also den Frucht- oder Fleischkörper verzehrt, so bleibt dessen Korsett oder Uniform als Totenkleid zurück. Massen leerer Dosen und Schachteln liegen auf den Müllhalden oder verstreut in der Landschaft. Trostlos die vom Wind umhergetriebene, geisterhaft streunende Konservendose, ein Hund bellt sie an, und schließlich scheppert sie gegen einen Rinnstein.

Doch auch das Äußere der Konserve findet seine Verwendung: Es entstehen Auslagen künstlerischen Formats, Bauten und Landschaften aus Dosen, Flaschen und Schachteln, die die Nachfolge barocker

Gebilde aus Früchten und Gemüsen antreten (siehe die Bilder von Arcimboldo). So kann man aus Suppen Pyramiden bauen.

Aber sie werden auch zum Werkstück des Hobbybastlers der sechziger Jahre, der sie nicht nur als Farbtopf und Ölbehälter nutzte, sondern aus ihnen Lampenschirme und Bleistifthalter herstellte. Auch in der Schießbude und der Wurfbude des Rummelplatzes tauchen die Dosen wieder auf. Ihre würdigste Rolle spielen sie jedoch als Anhängsel des «Just married»-Autos, dessen Insassen sie durch ihren Lärm vor bösen Geistern schützen sollen.

In Zeiten der Not wird die leere Dose selbst zum begehrten Objekt – als Behälter, Kochtopf oder einfach als Metallstück. Gegen Ende des Zweiten Weltkriegs mußten viele Leute «ihre Haushaltsgegenstände selber machen: Ein Mehlsieb aus einer Konservendose mit Gardinentüll bespannt, aus Konservendosen eine Kartoffelreibe, aus Konservendosen Tassen, Suppenkellen und Durchschläge. Heute werden Konservendosen weggeworfen.» (Horbelt/Spindler 1982, S. 177)

Wer hat aber nicht schon Bilder von indonesischen Baracken gesehen, die mit Coca-Cola-Blech verkleidet sind?

Doch auch den westlichen Menschen trifft die Dose nicht nur als Metapher: Mittels verschiedener innerlich und äußerlich zu applizierender Konservierungsmittel muß er sich jung, frisch und in Form halten. Schönheitscremes schützen die Haut vor Austrocknung und Substanzverlust. Blut- und Samenkonserven sichern Überleben und Nachkommenschaft. Schließlich begann man, Tote in der Hoffnung auf einen Fortschritt der Heilkunst so zu präparieren und einzufrieren, daß sie eines schönen Tages wieder ins Leben zu treten vermögen – frisch aus der Konserve. (Im Gegensatz zur Balsamierung geht es hier ja nicht um ein Zurschaustellen der sog. sterblichen Hüllen, wie in Mausoleen oder in den Kapuzinergrüften, auch nicht um die Herrichtung der Leiche für ihre Reise ins Jenseits, sondern um krudes Frischhalten.) Schon zu Lebzeiten beginnt der Mensch sich einzudosen: Gemahnten die europäischen Behausungen den fiktiven Südseehäuptling Papalagi noch an eine Schachtel, so entsprechen Auto, Eisenbahn, Flugzeug, Metall-Schutzanzüge und Weltraumkapseln eher der Konservendose. Im NASA-Projekt einer Weltraumkolonie für über 10000 Personen, die aus immensen rotierenden Zylindern bestehen soll (um Schwerkraft zu erzeugen), sollen auch Nahrungsmittel hergestellt werden. So entsteht in der freischwebenden Dose ein selbstgenügsames System mit intensiver Agrikultur, Viehzucht und Getreideanbau. (Attias 1981, S. 158) Hier vollzieht sich die Wende ins Makroskopische: Der Mensch konserviert sich als Bewohner der Dosen-Innenwelt, er wird zur freischwebenden Menschenkonserve.

Zur Lage der essenden Nation – «Ernährungsfehlverhalten»

Seit 1969 gibt die Deutsche Gesellschaft für Ernährung im Auftrag des Bundesministers für Jugend, Familie und Gesundheit und des Bundesministers für Ernährung, Landwirtschaft und Forsten einen «Ernährungsbericht» heraus, der seit 1972 alle vier Jahre erscheint. Ernährungswissenschaftler, Mikrobiologen, Sozialmediziner, Veterinäre, Chemiker, Toxikologen, Ärzte, Historiker und Soziologen untersuchen die Veränderungen im Lebensmittelangebot, den Einfluß der Ernährung auf die Gesundheitssituation in der Bundesrepublik, lebensmittelhygienische Probleme und die Lage der Gemeinschaftsverpflegung (zum Beispiel Kantinen- und Mensaessen). Weiter beschäftigen sie sich auch mit Verbraucherverhalten (zum Beispiel Reaktionen auf Lebensmittelwerbung und Ernährungsberatung) und mit den «psychosozialen Ursachen des Fehlverhaltens in der Ernährung».

Hatte es noch im Ernährungsbericht 1972 zusammenfassend geheißen (1972, S. 272): «Bei der Verpflegung im eigenen Haushalt finden sich z. T. erstaunliche Beständigkeiten der Verhaltensmuster, doch ist die Tendenz zu einer am Ablauf der Körperfunktionen ausgerichteten Ernährungsweise unverkennbar», so wurde wenige Jahre später die Krise der Ernährung ausgerufen, denn Berechnungen des Bundesgesundheitsministeriums hatten ergeben: «... auf 17 Milliarden Mark oder zwei Prozent des Bruttosozialprodukts stellt sich der Schaden, der in der Bundesrepublik jährlich durch Krankheiten verursacht wird, die die Folgen einer falschen Ernährung sind.» (*Frankfurter Allgemeine Zeitung,* 16.9.1976)

Mitte der sechziger Jahre hatten sich umwälzende Maßnahmen der Rationalisierung und Automation im Produktionsbereich durchgesetzt. Dadurch nahm der Anteil der Handarbeit und anderer körperlicher Arbeit drastisch ab zugunsten von Überwachungs- und Kontrollfunktionen im Betrieb und planend-verwaltender Tätigkeiten, die einen wesentlich geringeren körperlichen Krafteinsatz erforderten.

Auf die Diagnose einer erhöhten Zahl von «Zivilisationskrankheiten» reagierten zunächst die Krankenversicherungen mit Aufrufen zur Bewegungstherapie («Trimm Dich»), wonach das «Bewegungsdefizit» in Turn-, Sport- und Gymnastik-Übungen ausgeglichen werden sollte.

Seit etwa 1975 wurde diese Kampagne ergänzt durch andere gegen Rauchen, übermäßigen Alkoholkonsum und falsche Ernährung. Die Veränderung der Arbeitsleistung, so hieß es, stelle auch Anforderungen an einen anderen Ernährungsstil; dieser jedoch sei bei den Bundesbürgern im wesentlichen der gleiche geblieben, wie in den Zeiten großen körperlichen Aufwands. In relativ mechanischer Denkweise wurden nun die «verzehrten Kalorien» einem «wirklichen Energieverbrauch» des Körpers gegenübergestellt, und so kam man 1976 zum Ergebnis: «Immer mehr bricht sich die Erkenntnis Bahn, daß zwischen der gesicherten Erkenntnis der naturwissenschaftlichen Ernährungswissenschaft und dem tatsächlichen Ernährungsverhalten in allen Industriestaaten eine immer bedrohlicher werdende Inkongruenz besteht: Wir sind zwar in der Lage, mit hinreichender Sicherheit zu sagen, wie die Angehörigen einzelner Berufs- und Altersgruppen sich richtig ernähren sollen, wissen aber zuwenig darüber, warum sie es in der Realität nicht tun und welche angeborenen bzw. später anerzogenen Hemmungen die Befolgung solcher Ernährungsnormen verhindern.» (Ernährungsbericht 1976, S. 396)

Bald wurde aus dem zunächst in biochemisch-medizinischer Hinsicht konstatierten Phänomen falscher Ernährung eine bedeutende soziokulturelle «Frage», denn es hieß nun, jeder zweite Erwachsene in der Bundesrepublik habe Übergewicht (47 % der Männer und 55 % der Frauen seien um mindestens 15 % übergewichtig) und ein Fünftel der Kinder sei überernährt. Kreislaufleiden, Zuckerkrankheit, Gicht und Karies hätten infolge falscher Ernährung zugenommen. Die Aufnahme von Kalorien und gesättigten Fettsäuren (zum Beispiel in Wurst, Fleisch, Butter) liege bis zum Doppelten über dem physiologischen «Bedarf».

Die soziokulturellen Dimensionen der Ernährung in der Bundesrepublik beleuchtete zum erstenmal der «Ernährungsbericht 1976», unter der Leitung des Soziologen O. Neuloh und des Historikers H. J. Teuteberg. Einige der dort veröffentlichten Überlegungen und Ergebnisse sollen im folgenden zunächst referiert werden.

Die beiden Wissenschaftler beklagten die bisherige fast ausschließlich naturwissenschaftliche Orientierung der Ernährungswissenschaft. (Tatsächlich beschäftigte sich bis dahin der überwiegende Teil der deutschen Nahrungsforschung und der entsprechenden Publikationen mit Tierfütterung.) Gefordert wurde als Ziel «erste Schritte in Richtung einer autonomen Ernährungssoziologie und Ernährungspsychologie oder noch besser einer multidisziplinären Ernährungsverhaltenswissenschaft» (Ernährungsbericht 1976, S. 396). «Aufgabe einer Ernährungsverhaltenswissenschaft wäre es nun, die Zusammenhänge zwischen allgemeinen gesellschaftlichen Wandlungserscheinungen und tieferen, emotional gesteuerten Schichten des Ernährungsverhaltens zu analysieren und eine entsprechende Verhaltenslehre und Verhaltenstherapie zu entwickeln.» (Ernährungsbericht 1976, S. 399)

Damit waren Zielrichtung und Erkenntnisinteresse formuliert, nämlich eine die gesamte Gesellschaft umfassende und auch auf das Individuum durchgreifende *Regelung* der Ernährungsprozesse. *Praktisch* konzentrierte sich die 1974/75 von Neuloh und Teuteberg im Saarland durchgeführte Testbefragung darauf, herauszufinden, «woran sich Fehlverhalten in der Ernährung unter psychosozialen Aspekten überhaupt erkennen läßt und welche Ursachen und Motivationen für solche Abweichungen von den Ernährungsnormen der Naturwissenschaften sichtbar werden. Untersucht werden im einzelnen die zeitliche und räumliche Struktur der Mahlzeiten, die individuelle Bewertung des Inhalts der Nahrung und Funktion der Mahlzeiten innerhalb der Familie. Ein zweiter großer Komplex sucht die sozio-ökonomischen und psychosozialen Einflüsse bei der Beschaffung und Zubereitung der Lebensmittel zu analysieren, insbesondere bei den Einkaufs- und Kochgewohnheiten.

Der letzte Abschnitt gilt den allgemeinen Erwartungshaltungen an die tägliche Kost sowie dem tatsächlich vorhandenen Ernährungswissen und der Rolle der Ernährungsberatung. An diesen ausgewählten Problemfeldern sollen bestehende Hypothesen überprüft und Ansätze für die weitere Forschung gewonnen werden.» (Ernährungsbericht 1976, S. 405)[1]

Die empirische Untersuchung brachte einige überraschende Ergebnisse: Mehr als die Hälfte der Haushalte esse nicht (mehr) zu bestimmt festgelegten *Zeiten*. Folge davon sei u. a. das Aufwärmen von Speisen in vielen Haushalten (in den einzelnen Bundesländern allerdings verschieden). «Selbst ein zweimaliges Aufwärmen von Speisen innerhalb einer Woche ist noch bei durchschnittlich 17 Prozent der

[1] «Bei der vorliegenden Untersuchung handelt es sich methodisch um eine durch einen speziellen Forschungsauftrag des Bundesministeriums für Jugend, Familie und Gesundheit geförderte ‹Pilot Study› (Teststudie) des Instituts für empirische Soziologie, Saarbrücken, bei der im Saarland 401 Hausfrauen, 144 ihrer Ehemänner und 48 Kontrollgruppenangehörige (Frauen, die bereits an einer Ernährungsberatung teilgenommen hatten) in Form des halbstandardisierten Interviews befragt wurden.» (Ernährungsbericht 1976, S. 405; dort auch weitere Angaben)

Haushalte zu beobachten. Besonders am Abend werden aufgewärmte Speisereste serviert. Bezeichnenderweise konnte man selten eine genaue Begründung für die Unregelmäßigkeit frisch gekochter Speisen geben. Gewohnheit, Zeitmangel und Berufseinflüsse wurden bei den übrigen als Gründe angegeben.» (Ernährungsbericht 1976, S. 408)

Weiter wurde ein Zerfall der *Tischgemeinschaft* festgestellt: vier Fünftel der Familien frühstückten nicht gemeinsam, zum Mittagessen seien nur ein Viertel beisammen, zum Abendessen zwei Drittel. «Die jahrtausendealte Tischgemeinschaft ist wochentags nur noch eine partielle Realität. Man ist offensichtlich auch nicht bereit, die Mahlregelmäßigkeit für mehr Mahlgemeinsamkeit einzutauschen. Ganz anders am Wochenende: Rund 75 Prozent nehmen hier wie in alten Zeiten alle drei Mahlzeiten wieder gemeinsam ein. (...) So haben die häuslichen Mahlzeiten einen Teil ihrer sozialkommunikativen Funktion im Familienleben eingebüßt, die Zahl der sozialen Interaktionen ist zurückgegangen, das Familienleben beim Essen kontaktärmer geworden.» (Ernährungsbericht 1976, S. 415f.)

Hier ein ausführliches Beispiel: «Der vierte Fall führt uns in die Familie eines kleinen Angestellten, dessen Frau eine Lehrzeit als Näherin durchgemacht hat. Diese Tätigkeit übt sie täglich noch etwa fünf Stunden zu Hause aus. Ihr Vater war Schreiner, der Vater des Ehemannes war Schmied. Beide Mütter waren nicht berufstätig. Das Nettofamilieneinkommen beträgt 1000 DM: Davon wird nur ein Drittel für Nahrungs- und Genußmittel ausgegeben. Die beiden Söhne sind 12 und 8 Jahre alt und gehen zur Schule. Die Versorgung der Familie kann nach bestimmten Uhrzeiten genau eingehalten werden, weil die Kinder und der Mann zu ganz bestimmten Zeiten nach Hause kommen. Allerdings muß der Ehemann sein Frühstück schon um 6.15 Uhr bekommen, während die Kinder um 7.30 Uhr Kaffee zu sich nehmen, weil sie morgens nichts essen können. Die Hausfrau frühstückt dann erst um 9 Uhr. Die Kinder bekommen aber ein Schulfrühstück mit (zwei belegte Brote mit Wurst), das sie um 9.30 Uhr in der Pause verzehren. Das Mittagessen wird von der Frau und den Kindern gemeinsam um 13 Uhr eingenommen, der Ehemann kommt erst um 16 Uhr. Das Abendbrot ist dann für die ganze Familie um 19 Uhr gemeinsam. Diese Mahlzeit dauert aber eine Viertelstunde, weil es kein warmes Essen gibt. Die Mutter hat zwar den Wunsch, daß man sich mehr Zeit für die gemeinsamen Mahlzeiten nehmen sollte, aber sie kann sich damit nicht durchsetzen.» (Neuloh/Teuteberg 1979, S. 24)

Die Gesamtheit der Befragten nehme sich im Durchschnitt wenig Zeit zum Essen: Für ein Frühstück weniger als 20 Minuten, für ein Mittag- und Abendessen kaum mehr als 30–45 Minuten. Der Leistungsdruck und das Arbeitstempo übertragen sich auch auf das Wochenende und die Feiertage: «Wer werktags schneller ißt, tut dies auch am Sonntage.» (Ernährungsbericht 1976, S. 409) Nur das Frühstück stelle eine Ausnahme von dieser Regel dar.

Trotz Veränderungen im *sozialen Eßverhalten* hätten sich die *Gerichte* kaum verändert; es sei ein betonter Geschmackskonservatismus festgestellt worden: «Die Vorstellung, man stelle die Mahlzeit möglichst abwechslungsreich zusammen, ist mehr Wunschdenken als Realität. Empirische Nachprüfungen bei anderen Untersuchungen ergaben eine erschreckende Monotonie in den wöchentlichen Speisefolgen: Schweinebraten, Würstchen (Bratwurst), Gulasch und Hähnchen sowie Kartoffeln, Reis und Nudeln als Beilagen kamen immer wieder.» (Ernährungsbericht 1976, S. 428)

Die erwähnte Angestelltenfamilie, deren kulinarischer Standard etwas über dem Durchschnitt der insgesamt befragten Familien liegt, ißt mittags «jeden Tag Fleisch, nicht immer Kartoffeln, sondern auch mal Nudeln und Eierspeisen. Am Sonntag gibt es dann manchmal

Hasenbraten, Klöße und Salate. Zwischen den Mahlzeiten bekommen die Kinder mal Gebäck, aber Kuchen nur am Sonntag. Besonders wichtig ist für das richtige Ernähren der Kinder, daß sie viel Milch trinken, Gemüse und Obst essen und keine Süßigkeiten bekommen. Die Hausfrau richtet sich auch, wenn es eben geht, nach den Wünschen der Kinder und hält es für einen Fehler, ihnen Essen aufzuzwingen. Sie mögen z. B. weder Grießbrei noch Innereien, davor ekeln sie sich, aber die Hausfrau selbst auch. Für jede Woche macht sie einen Speiseplan, kocht nach alten bewährten Rezepten, benutzt aber niemals Fertiggerichte und nur selten vorgefertigte Lebensmittel, dann vor allem Pilze aus der Konservendose. Gemüse und Obst gewinnt sie aus dem eigenen Garten.» (Neuloh/Teuteberg 1979, S. 24)

Die Leitprodukte für die Entscheidungen über Speisezettel und Einkauf blieben für die meisten Befragten Fleisch und Gemüse. Es scheine sich dabei aber nicht um einen dumpfen Konservatismus zu handeln, vielmehr, so der Ernährungsbericht, seien Bedürfnisse und Neugierde gegenüber andersartigem Essen da, nur fänden sie keinen Eingang in die eigene Küche. «Entgegen allgemeiner Ansicht stellte sich heraus, daß nur 12 Prozent der befragten Hausfrauen sich von ausländischen Urlaubsgerichten später in der täglichen Mahlzeitengestaltung beeinflussen ließen.

Trotz eines zwanzigjährigen deutschen Massentourismus haben lediglich Pizza, Spaghetti, Artischocken, Auberginen, Melonen und südliche Rotweine einen Einfluß auf die tägliche deutsche Speisekarte nehmen können, der statistisch freilich klein bleibt. Auch die vielen Gaststätten mit ausländischen pikanten Gerichten haben keine signifikanten Änderungen der häuslichen Ernährungsweise bewirken können.» (Ernährungsbericht 1976, S. 429)[2]

Hausfrauen und Ehemänner orientierten sich vorwiegend an den Ernährungsgepflogenheiten und -idealen ihrer Mütter und Großmütter. 80 Prozent der Hausfrauen entschieden allein über Speiseplan, Einkäufe und Mahlzeiten – und die Männer gäben sich damit zufrieden. «Nur bei 4 Prozent der Befragten kommt es wegen des Preises oder wegen des Geschmacks gelegentlich einmal zu Meinungsverschiedenheiten. (...) Viele Ehemänner halten es noch traditionell un-

[2] 1976/77 gingen – einem Branchenorgan zufolge – immerhin «rund 30 Prozent der Bundesbürger (...) monatlich mindestens einmal auswärts essen. Von diesen hauptsächlichen Restaurantbesuchen bevorzugen etwa 60 Prozent Gaststätten deutschen Stils (mit vorwiegend deutschem Speiseangebot), aber immerhin 40 Prozent ausländische Spezialitätenlokale (italienische, jugoslawische, griechische, chinesische usw.).» (Dehoga-Jahresbericht 1977/78, S. 284)

ter ihrer Würde, sich mit ‹niederen Küchendingen› zu beschäftigen. (...) 70 Prozent der Hausfrauen haben das Kochen von Mutter, Großmutter oder sonstigen Verwandten im Haushalt erlernt, eine fast ebenso große Rolle spielte die Praxis im eigenen Haushalt bzw. im Betrieb. Das autodidaktische Studium zufällig erlangter Kochbücher und Rezepte ist demgegenüber von geringer Bedeutung.» (Ernährungsbericht 1976, S. 427)

Die oben erwähnte Hausfrau hat «ihre Kochkenntnisse (...) nicht nur von der Mutter, sondern auch durch Besuch von Kochunterricht im Laufe ihrer schulischen Ausbildung und durch das Absolvieren einer Hauswirtschaftsschule erworben. Deshalb macht ihr das auch Freude. Daß sie sehr nahrhaft kocht, erkennt man am Gewicht des Ehemannes, der 110 kg, also 220 Pfund, wiegt bei einer Größe von 175 cm. Sie selbst wiegt immerhin 80 kg bei 165 cm, der 12jährige Sohn hat 40 kg und der 8jährige Sohn 34 kg. Dabei hat sie von einer falschen Ernährung eine ziemlich präzise Vorstellung, nämlich viel Süßigkeiten und zu fett essen, zu wenig Gemüse, Fleisch, Eier und Obst essen, das ist für sie gesundheitlich nicht gut. Aber sie braucht dafür keine Information, das muß man selber wissen, sagt sie. Bei der Ernährungsberatung könnte man höchstens erfahren, wie man die Vitamine am besten erhalten kann. Wenn sie sagt, daß der erwachsene Mensch ungefähr 2000 Kalorien am Tag benötigt und sie selbst eigentlich 1500 Kalorien, so steht das im Widerspruch zu ihrer guten Küche und zu den Gewichten der Familienmitglieder. Dabei behauptet sie, daß sie beim Zubereiten der Mahlzeiten auf den Kaloriengehalt der Nahrungsmittel achtet, weil sie selber zu dick ist und Atembeschwerden hat und sich nicht so gut bewegen kann, genauso wie ihr Mann. Sie ist auch der Meinung, daß fünf kleine Mahlzeiten besser sind, man soll sich nie richtig satt essen. Also eine Vielzahl von persönlichen und sozialen Konflikten zwischen Wissen und Gewissen der Ernährung.» (Neuloh/Teuteberg 1979, S. 23f.)

Von der Gesamtheit der Befragten hat «Nicht einmal die Hälfte (...) irgendeine systematische Schulung oder Ausbildung erhalten» (Neuloh/Teuteberg 1979, S. 427). Dementsprechend niedrig sei die Warenkenntnis der Hausfrau. Etwa ein Drittel tätige Impulskäufe, das heißt solche Kaufentscheidungen, die beim Betreten des Geschäftes überhaupt noch nicht beabsichtigt waren.

Weiter wurde eine gewisse Autonomie des finanziellen Aufwandes gegenüber Einkommensunterschieden festgestellt, denn: «Die Ausgaben für Nahrungs- und Genußmittel im Rahmen der Gesamthaushaltsausgaben, die schätzungsweise von 73 Prozent im Jahre 1800 auf rund 46 Prozent im Jahre 1907 und dann auf 28 Prozent im Jahre 1974 zurückgingen, haben ihre ursprünglich dominierende Funktion im täglichen Mahlzeitensystem eingebüßt. 1974/75 wurden bei den befragten Haushalten meistens zwischen 600 DM bis 800 DM monatlich für Lebensmittel und 50 DM bis 200 DM für Genußmittel ausgegeben. Von einer bestimmten Grenze an (1973: 1250 DM) sind Ernährungsausgaben anscheinend einkommensunabhängig geworden.» (Ernährungsbericht 1976, S. 441)

Die Aufnahme des «Ernährungsberichts 1976» durch die Massenmedien läutete die Zeit des «gefährdeten Essers» ein; einer ihrer Slogans lautete «Selbstmord mit Messer und Gabel», ein anderer sprach von der Überernährung als «Volksseuche Nr. 1».

Als aufsehenerregende Punkte galten den Massenmedien:
- daß 2 Prozent des Bruttosozialprodukts bzw. 17 Mrd. DM pro Jahr an Kosten durch «ernährungsabhängige Krankheiten» verschlungen würden,
- daß jeder zweite Bundesbürger zu dick sei,
- daß in der Folge der Überernährung ein ganzes Bündel – oft schon verschwunden geglaubter – Krankheiten auftauche, wie die Zukkerkrankheit und die Gicht, daneben Herzmuskelerkrankungen,
- daß ein scheinbar verhängnisvolles Sicherheitsbewußtsein des Normalverbrauchers herrsche, der «glaubt, daß mit seiner Ernährung im Grunde genommen alles in Ordnung ist» und der «ein nahezu blindes Vertrauen in den (setzt), der die Nahrung auswählt und zubereitet» – zumeist die Hausfrau.

Seit 1976 tauchen Zeitungsmeldungen mit diesem Tenor ziemlich regelmäßig auf, zum Beispiel «Hälfte der Sterbefälle durch falsche Ernährung» (*Süddeutsche Zeitung,* 1.12.82)[3] oder: «Jeder zweite zu dick» (*Süddeutsche Zeitung,* 25.5.83, also noch nach sieben Jahren).

Breit angelegte Informationskampagnen der Deutschen Gesellschaft für Ernährung (im Auftrag der Bundesregierung) und der Krankenkassen wurden angekurbelt, um den Bundesbürgern die Bestimmung der für sie richtigen Nahrung und des richtigen Quantums nahezubringen. Die AOK verteilte verschiedene Aufkleber, auf denen es unter dem Titel «AOK – wir möchten, daß sie gesund bleiben»

[3] Danach sind inzwischen «die Folgekosten für ernährungsbedingte Krankheiten» nach Angaben des Bundesernährungsministeriums von 17 auf 20 Mrd. DM pro Jahr gestiegen.

Es sei darauf hingewiesen, daß die pauschale Rede von «ernährungsabhängigen» Krankheiten oder Sterbefälle von einigen Nahrungsphysiologen heftig kritisiert wird, da im Grunde jeglicher Lebensvorgang irgendwie «ernährungsabhängig» sei.

heißt: «Die Kalorien einer Portion Sahne sind nach acht Tänzen weggetanzt. Gehen wir tanzen?» «Sei kein Frosch! Spring 3 Minuten mit dem Seil, und die Kalorien einer Praline machen keine Probleme.» «Hoch das Bein! Das Eisbein hat keine Kalorien mehr, wenn man 1½ Stunden Gymnastik macht.» «Geh in den Wald! 20 Minuten Spazierengehen bringen die Kalorien von einem Bier wieder weg.» «Auf die Plätze, fertig, los! Für jedes Stück Torte muß man 25 Minuten laufen. Dann sind die Tortenkalorien wieder weg.» «Radfahrer! Wer 35 Minuten Rad fährt, fährt die Kalorien eines Whiskys fort.»

Es ist in diesem Band weder möglich, die im Ernährungsbericht 1976 behaupteten soziologischen und biochemisch-medizinischen Sachverhalte zu untersuchen, noch beabsichtigt, methodenkritisch auf die Probleme einer Soziologie der Ernährung (oder gar des Essens), der Erhebungstechniken und ihrer Schlußfolgerungen einzugehen. Die vorliegenden Aussagen sollen vielmehr als «alimentärer» Diskurs, als eine bestimmte Art der Äußerung zu Ernährungsfragen, betrachtet werden. Halten wir einige Tendenzen fest, die sich im Ernährungsbericht 1976 abzeichnen:

– Essen erscheint als Gefahr, und zwar nicht als eine von schädlichen

Objekten ausgehende (zum Beispiel verdorbene und verseuchte Lebensmittel), sondern als eine, die durch Menge und Unausgeglichenheit (bzw. Einseitigkeit) ihres Konsums verursacht wird. Während also der Staat durch Lebensmittelkontrollen, Veterinäreinrichtungen etc. das Objekt Lebensmittel in den Griff gekriegt zu haben scheint[4], unterlassen es anscheinend die «Weiterverarbeiter» der Nahrungsmittel (Köche, Hausfrauen, Hausmänner) und vor allem die Esser selbst, den verordneten Spielregeln zu folgen.

Welches «Verhalten» kommt nun bei der Ernährungsverhaltensforschung in Betracht? Wie der Name sagt, geht es um die *ernährungs*relevante Seite des Essens. Verkürzend könnte man sagen, es gehe ihr um ein Input-Output-Verhältnis zwischen Nahrungszufuhr und Leistung. Die Fragestellung der traditionellen Ernährungsphysiologie (zum Beispiel: *Wieviel* braucht ein Arbeiter zum Überleben? aber auch noch heute: Sportler-, Astronauten- etc. Diät)[5] kehrt sich beim Problem der Überernährung tendenziell um: Welche Nahrungsmittel und *wie wenig* braucht ein Mensch, der einer spezifischen Tätigkeit nachgeht?

Das angebliche *Mißverhältnis* zwischen dem Ist-Zustand und dem ernährungsphysiologischen Soll-Zustand hat schließlich zur Frage nach den *Motiven* der Nahrungswahl und Konsumquantität geführt.

Die äußerlich beobachtbaren oder erfragbaren «Kauf-, Verzehr- und Trinkgewohnheiten» (Bodenstedt 1978, S. 104) werden zu «biologisch-natürlichen Aspekte(n) oder Körperfunktionen» (Bodenstedt 1978, S. 104) in Beziehung gesetzt, und man kommt so zu einem Ergebnis, das uns auch aus dem Ernährungsbericht 1976 bekannt ist:

[4] Es wird dementsprechend von staatlicher Seite immer wieder darauf hingewiesen, daß «zwischen alternativ und konventionell erzeugten Nahrungsmitteln» «weder im Nähr- noch im Gesundheitswert Unterschiede beständen» (*Süddeutsche Zeitung*, 1. 12. 1982).

[5] Zur Nahrungsphysiologie gegen Ende des 19. Jahrhunderts schreibt Aronson: «Die Löhne der Arbeiter mußten hoch genug sein, damit sie genug Nahrung kaufen konnten, um körperlich arbeitsfähig zu bleiben. Forscher führten Stoffwechseluntersuchungen durch, um zu zeigen, wie der menschliche Körper Nahrung in Arbeitsenergie umwandelte, und sie berechneten den Betrag an Nahrungsenergie (Kalorien), der für verschiedene Aufgaben, wie Nähen, Maschinenschreiben, Gewichtheben und Erdarbeiten nötig war. Auf der Basis solcher Studien konnten Geschäftsleute verärgerten Angestellten gegenüber behaupten, daß sie doch gut genug bezahlt würden, um sich adäquat zu ernähren; und wenn sie nur genug Sorgfalt beim Nahrungsverbrauch walten ließen, könnten sie sich bessere Wohnungen und vielleicht sogar etwas Luxus leisten.» (1981, S. 54f.)

«Ernährungsmuster, Eß- und Trinkstil sind viel stabiler (...), als es der schwankende physiologische Bedarf verlangt» (Bodenstedt 1978, S. 105). Da nun die Menschen angeblich nicht das Maß und die Art von Speisen zu sich nehmen, die nach physiologischen Berechnungen für sie optimal wären, wird der Begriff «Ernährungsfehlverhalten» eingeführt; und dieses muß nun entsprechende «Korrekturen» erfahren.

Zur Erklärung dieser «Abweichung» wird nicht etwa auf Lust, Genuß oder Bedürfnisse rekurriert, sondern es wird ein konstitutionelles Manko gefunden: «Wir haben keine stabile, institutionalisierte und habitualisierte Einstellung zur Bedarfs-Variabilität.» (Bodenstedt 1978, S. 105) Damit, so scheint es, eröffnet sich ein weites Feld für Kontroll- und Regulierungsbemühungen gegenüber dem «hilfsbedürftigen» Esser:

- Als besonders alarmierend wird dargestellt, daß sich Koch und Esser nicht auf Grund *mangelnder* Information, sondern *trotz* Aufklärung unmündig verhielten.
- Dies gilt – angesichts der aus dem Übergewicht (an dem scheinbar jeder zweite von uns leidet) resultierenden Kosten für Krankheit, Versorgung und Arbeitszeitverlust – gleichsam als «asozial».

Bei den beiden Autoren des soziokulturellen Teils im «Ernährungsbericht» heißt es dann 1979: «Offenbar darf die tägliche Ernährung nicht mehr wie früher nur der hergebrachten Tradition und den weitgehend darauf basierenden Entscheidungen des einzelnen überlassen bleiben. Wer dagegen die kurzsichtig-egoistische Devise ‹Mein (Schmer-)Bauch gehört mir› ins Feld führt und seine persönlichen Freiheitsrechte gar durch eine staatliche Ernährungsschnüffelei gefährdet glaubt, übersieht geflissentlich, daß durch das kollektive Fehlverhalten großer Bevölkerungsteile die Freiheit und der Geldbeutel anderer längst tangiert sind, die für die enormen Gesundheitsschäden mitbezahlen müssen. Niemand wählt zudem in Wahrheit seine Nahrung frei, sondern streng nach angeborenen Reflexen, noch mehr aber nach von der Gesellschaft vorgegebenen Verhaltensmustern.» (Neuloh/Teuteberg 1979, S. 11 f.)

Im Nachsatz zum Bericht über die oben erwähnte Familie heißt es konkret: «Bei diesem Fall eines Angestellten mit einem relativ geringen Einkommen fragt man sich, wie die Hausfrau ein solch vielfältiges Fehlverhalten in der Ernährung verantworten kann, aber auch wie sie das mit einem so niedrigen Betrag von 300 DM möglich macht.» (Neuloh/Teuteberg 1979, S. 24 f.)[6]

[6] Der Ton dieser Stellungnahme (stellvertretend für eine Reihe von Schriften) erinnert an das, was zu Beginn des 19. Jahrhunderts im Namen des Ge-

Der Satz «Die Überfütterung in der Wohlstandsgesellschaft beruht u. a. darauf, daß die ‹natürliche Uhr› zur Deckung des Kalorienbedarfs *nicht mehr* richtig funktioniert und Hunger und Appetit verwechselt werden» (Ernährungsbericht 1976, S. 399), wirft die Frage auf, ob und wann historisch ein solcher Idealfall herrschte, und ob es sich beim menschlichen Hunger überhaupt um etwas Objektives, vom Appetit völlig Abgrenzbares handelt.

Dazu meint der Ernährungsphysiologe Glatzel, der die hier referierten Einschätzungen des Ernährungsberichtes heftig kritisiert: «Trotz aller ‹gesundheitsfördernder Vorstellungen der Ernährungswissenschaft› fühlen sich also die Menschen bei ihrer gewohnten Essensweise offensichtlich gesund und leistungsfähig und fröhlich. Die

meinwesens gegen die Verwöhnung des Körpers vorgebracht wurde. In J. Heusingers «Ein philosophischer Dialog mit Kindern über die Enthaltsamkeit» heißt es:

«*Will.* Habt ihr wohl je von *schwelgerischen* Menschen gehört?

Einige. O ja.

Will. Was erzählte man denn von ihnen?

Einige. Es wohnte ein Schwelger nicht weit von unserem Haus. Er war ein sehr reicher Mann. Wöchentlich war etliche Mal große Schmauserei, Musik, auch Tanz bei ihm. Und traktierte er nicht in seinem Haus, so war er von andern eingeladen, wo es ebenso festlich herging.

(...)

Will. Ihr könnt dieser Lebensart euren Beifall *nicht* geben, aber ihr wißt nur nicht eigentlich, *weswegen* ihr sie tadeln sollt!

Alle. Ja, ja! So ist es.

Will. Gut. Ich will euch nun helfen. Dieser Mann, so schuldlos auch sein Leben zu sein scheint, handelt dennoch *gegen das Gesetz.* Und *dies ist der Grund,* warum seine Lebensart uns mißfällt. *Er verwöhnt seinen Körper.* – Versteht ihr wohl diesen Ausdruck?

Einige. O ja; wenn man sich *verzärtelt.*

Will. Verzärtelung ist nur ein anderes Wort für *Verwöhnung.* Beides besteht nämlich darin, *wenn man dem Leib sooft etwas zu Gefallen tut, daß es einem schwer wird, ihm auf der Stelle ohne weitere Umstände etwas abzuschlagen.*

(...)

Will. (...) Denn eigentlich übte ich die Herrschaft über den Körper doch nur *dadurch* aus, daß ich dem Körper *durchaus versage,* was er gerne haben möchte. – Ein anderes Mal würde ich, wenn mir einfiele, einen Apfel zu braten, so denken: Es wäre zwar an und für sich ganz einerlei, ob du dir jetzt einen Apfel brätst oder nicht. Du willst dir aber heute einmal vornehmen, dir *keinen* zu braten, *bloß deswegen, damit du lernst, Herr über deinen Appetit zu werden, weil das Gesetz* dieses vorschreibt.» (2. Aufl. 1801; nach: Rutschky 1975, S. 358 ff.)

heute 70jährigen sehen aus wie ihre Großväter mit 50, und die körperliche und geistige Leistungsfähigkeit der ‹Menschen im Wohlstand› übertrifft bei weitem die Leistungsfähigkeit der knapp Ernährten. An Infektionskrankheiten stirbt in der Bundesrepublik Deutschland kaum noch jemand, und die aus pädagogischer Lust erfundenen ‹ernährungsabhängigen Krankheiten› – als ob nicht das ganze Leben ernährungsabhängig wäre – machen nur den allzeit Ängstlichen einigen Eindruck.» (Glatzel 1982, S. 186)

Nach Glatzels Ansicht ist die heutige Ernährung den modernen Lebenserfordernissen völlig adäquat, ja, er behauptet sogar: «Der Trend des heutigen Nahrungsmittelverzehrs entspricht den heutigen Lebensbedingungen, der Trend aber, den die Ernährungsberatung zu realisieren versucht, widerspricht diesen Bedingungen.» (1982, S. 187) Er gibt zu bedenken, ob sich in manchen Formulierungen der Ernährungsberatung nicht eine «verborgene Herrschaftsgier der Betreuer» (Schelsky) oder ein «Versuch der Entmündigung durch Experten» (Illich) bemerkbar mache. (1982, S. 187)

Was die Verfasser besonders zu irritieren scheint, ist nicht allein, daß «der Normalverbraucher» gleichsam nach Art eines «Kohlenklau» oft über das Doppelte des «physiologischen Bedarfs» verbrauche, ist aber auch nicht allein die scheinbare Trägheit gesellschaftlich-kultureller Geschmacksmuster (bzw. Zubereitungs- und Konsum-Weisen), sondern vor allem der Umstand, daß sich die Befragten zur Beharrlichkeit ihrer individuellen oder familienspezifischen Gelüste nicht erklärend und rechtfertigend äußern mögen (zum Beispiel: «Bezeichnenderweise konnte man selten eine genaue Begründung für die Unregelmäßigkeit frisch gekochter Speisen geben.») (Ernährungsbericht 1976, S. 408)

Es ist – vielleicht erstaunlicherweise – nicht so sehr der *Wahrheitsanspruch* der Wissenschaft, der sich am unmündigen Handeln der Untersuchungsobjekte stößt; wenn es heißt: «Wir sind zwar in der Lage, mit hinreichender Sicherheit zu sagen, wie die Angehörigen einzelner Berufs- und Altersgruppen sich richtig ernähren sollen, wissen aber zuwenig darüber, warum sie es in der Realität nicht tun und welche angeborenen bzw. später anerzogenen Hemmungen die Befolgung solcher Ernährungsformen verhindert» (Ernährungsbericht 1976, S. 396), dann meldet sich eher ein *Kontrollanspruch* der Wissenschaft zu Wort, die nun doch gewissermaßen die (Wissens-)Fundamente zum Reich des gesunden und glücklichen Essens gelegt habe. Seine Heraufkunft bedürfe dann nur noch der «Befolgung» durch den «mündigen Esser». Doch der Esser will sich den für ihn vorgedachten Genuß nicht zu eigen machen.[7]

Die zum Teil offen aggressiven Äußerungen gegenüber den Horden scheinbar stumpf und dumpf vor sich hin mampfender Esser, die sich nicht mitteilen und sich offensichtlich auch nicht bessern wollen, lassen eine Lücke deutlich werden, die derartige Forschung nicht wahrnehmen kann: Sie besteht 1. in der Differenz von *Ernährung* und *Essen*, wie wir sie oben an manchen Punkten herausgearbeitet haben, 2. in der Unterscheidung zwischen *biochemischer Funktion, sozialem Sinn* und *subjektiver Bedeutung* des Essens und der Ernährung, und 3. im Verhältnis zwischen *kultureller Geschmacksnorm* und *persönlichem Genuß*.

Neben der Frage der theoretischen und praktischen *Erfaßbarkeit* und *Kontrollierbarkeit* der Ernährungsbelange stellt sich auch die Frage der *Wünschbarkeit* der von diesen Positionen aus angestrebten Kontrolle. Die oben skizzierten Tendenzen im modernen alimentären Diskurs kleidete die französische Zeitschrift *L'Express* (21.6.1980) in die fragende Überschrift «Vers la tyrannie diététique?»

Der heutige wissenschaftlich-alimentäre Diskurs scheint durch die Verbindung «Fehlernährung – Krankheit» in ein Dilemma geraten zu sein, das der Sozialmedizin schon lange bekannt ist. Die Medizinerin Johanna Bleker führte dazu aus: «Die soziale Medizin von 1848 hatte eine enorm hohe Auffassung von der Bedeutung der Ärzte für den humanitären Fortschritt. Der Glaube, daß der naturwissenschaftliche Ansatz allen Problemen gerecht werden könnte, führte dazu, daß die Gesundheitswissenschaft nicht mehr die sozialen Bedingungen als Hauptursache der Krankheiten ansah, sondern sich auf die Entfernung von Schadstoffen, auf die Sanierung von Wohnungen und Stadtvierteln und die Verbesserung von sanitären und medizinischen Einrichtungen konzentrierte. (...) Die nun einsetzende Aufklärung über

[7] Als «Aufgaben der Ernährungswissenschaften» wird charakterisiert (Ernährungsbericht 1976, S. 404):
«I. Aufstellen von Ernährungsnormen für gesunde Menschen.
II. Beobachtung und Steuerung der Ernährung des gesunden Menschen gemäß den Ernährungsnormen.
III. Korrektur der Fehlernährung.
IV. Aufstellen von Ernährungsnormen für kranke Menschen und ihre diätetische Führung.

(...) Fehlernährung bedeutet in diesem Sinne ein von der heutigen oder vergangenen sozialen Umwelt aufgezwungenes bzw. individuell angelegtes, sowohl bewußtes wie unbewußtes Abweichen von den wissenschaftlich rationell formulierten und ubiquitär anerkannten Ernährungsnormen. Richtige Ernährung kann dann umgekehrt als Fehlen solcher Abweichungen bestimmt werden.»

Körper- und Säuglingspflege, gesunde Lebensweise etc. hatte fast ausschließlich das Ziel, die Bevölkerung dazu *anzuleiten*, die medizinischen Forderungen sinnvoll und korrekt zu befolgen.

Das Resultat scheint eine deutliche Verschiebung der Verantwortlichkeit für den Körper. Nach der ursprünglichen Absicht sollte allen Individuen die Möglichkeit gegeben werden, für die Gesunderhaltung ihres Körpers zu sorgen. Die Entwicklung ging eher dahin, daß Staat und Gesundheitswesen über die Notwendigkeiten und Mittel entschieden. Da die Gesellschaft die Mittel zur Gesundheitsverbesserung bereitstellte, nicht zuletzt auch die segensreiche Einrichtung der Krankenversicherung, forderte sie auch ihre zweckentsprechende Anwendung. So ergab sich, wie es scheint, im Laufe der Entwicklung aus dem geforderten Recht auf Gesundheit die moralische Pflicht des Individuums, nach den Anweisungen der Gesundheitswissenschaft für seinen Körper zu sorgen.» (Skript zur Ringvorlesung «Der Mensch und sein Körper», Freie Universität Berlin, 1981/82)

Angesichts der Aussagen und des Stils des «Bundesernährungsberichts 1976» verlagerte Wolfram Siebeck – sonst eher Vorkämpfer der Rechte unmittelbarer Gaumenfreuden und Kritiker des kulinarischen Banausentums – die Stoßrichtung: «In einer Zeit, da es schon für den Bauern ein unzumutbares Risiko darzustellen scheint, daß eine Kuh auf natürliche Weise krank werden und sterben könnte, wundert man sich nicht, wenn die Erzeugnisse der Massentierhaltungen dermaßen mit Pharmazeutika vollgepumpt werden, daß sie eigentlich rezeptpflichtig sein müßten. (...) Hier und nicht bei der schlechten Köchin liegt der falsche Hase im Pfefferersatz. Nicht den Wurstesser gilt es von seinen schlechten Gewohnheiten abzubringen, sondern den Wurstfabrikanten von seinen dubiosen Praktiken.» (*Die Zeit*, 9.7.1976)

Nachdem nun einige Jahre vergangen sind, hat es den Anschein, als sei der diätetische Diskurs auch offiziell nicht mehr der tragende. Vielmehr scheinen die Gesetze des Essers ganz andere Formen angenommen zu haben, die uns im Kapitel «Essens-Spaß» beschäftigen werden.

Luxus und Notwendigkeiten

Neben Informationen für Weltreisende bietet *Fernweh. Das andere Reisemagazin* (Nr. 2, 1983) in der Rubrik «Survival» «Überlebenstraining in der Eifel», «Als Trapper in Nordkanada» und «Als Robinson leben» (ein «Südseetraum»).

Darin wundert sich eine Journalistin, «daß es in meiner näheren Umgebung eine ganze Reihe von Männern gibt, die auf eine Art und Weise Ferien machen, von der ich nicht das Geringste weiß. Sie pakken ihren Rucksack, rollen den Schlafsack zusammen und machen sich auf in die Wälder. Weder die Gegend und schon gar nicht die Jahreszeit scheint ihnen von Wichtigkeit zu sein. Was zählt, ist die Abwesenheit jener Welt, die von Bedienungsknöpfen, Warmwasserarmaturen, Ampeln und Reklameschildern bestimmt ist.» (S. 32) Wenn sie sich nun durch die wilde Eifel schlagen, begnügen sie sich, «wenn zwischendurch der Hunger kommt» (S. 32) mit einem Griff in den Beutel Weizenschrot, den sie mit sich führen; das Wasser für den Tee und zum Brotbacken kommt aus einer «großen klaren Pfütze» (S. 3), und schließlich werden «mehrere Wurzelns eines Farns, der nicht giftig ist (...), als Wegzehrung ausgegraben» (S. 35). Wagemutigere hingegen bauen eine Blockhütte in den Wäldern Nordkanadas und «überleben» dann «monatelang im Busch» (S. 36). Wenn dann einmal ein gefräßiger Bär «15 Kilo Zucker und 20 Kilo Fett» vom Proviant verschlungen hat, so bleiben einem nur noch «zerbissene Konservendosen», «die ganz gewaltige Löcher abbekommen haben» (S. 37). Wenn nun jene Abenteurer an den Strapazen, denen sie sich selbst ausgesetzt haben, «irgendwann dumpf und gleichgültig gegenüber der Schinderei» werden, dann fühlen sie auch das aussetzen, «was man gewöhnlich mit ‹Ich› bezeichnet», denn es «war in einen unbedeutenden Winkel verbannt worden» (S. 39).

Auch «um auf einer einsamen Insel klarzukommen, braucht man Nerven und Know-how» (S. 42), selbst wenn sie in der «romantischen» Südsee liegt: «Ernähren von dem, was die Natur so bietet, bedeutet zunächst mal, an das Angebot ranzukommen – draußen am Meer oder in den Wipfeln der Palmen beispielsweise.» (S. 42) «Im überspülten Sand verbergen sich Klappmuscheln. Im Schlamm der Mangrovensümpfe lebt es unter der Oberfläche: Auf exponierten Felsen kleben mäßig ergiebige, doch eßbare Seepocken; auf Treibholz siedeln sich massenweise Entenmuscheln an; unter Steinen und Korallentrümmern im flachen Wasser hausen weitere Arten. Selbst die wurmförmige Bohrmuschel läßt sich essen.» (S. 43) Dutzende von Vergiftungsgefahren drohen bei der Suche nach Eßbarem: von den blaugrünen oder verseuchten Seealgen bis zu den mehreren hundert Arten von Tropenfischen, deren Giftigkeit nicht nur von Art zu Art, sondern auch von Jahreszeit zu Jahreszeit schwankt. Bestanden hat die Probe, wer aus jenem exklusiven auf Du und Du mit der Natur als Sieger, das heißt als deren Bezwinger, hervorgeht – er hat sich damit eine neue Identität, die des «Survivers», des Überlebens-Technikers, verdient.

Gehen wir von diesen aufwendigen Unternehmungen zur Begegnung mit der blanken Not aus, um den Wandel im Verhältnis von Notwendigkeit und Luxus zu untersuchen. «Luxus ist jeder Aufwand, der über das Notwendige hinausgeht. Der Begriff ist offenbar ein Relationsbegriff, der erst einen greifbaren Inhalt bekommt, wenn man weiß, was ‹das Notwendige› sei. Um dieses festzustellen, gibt es zwei Möglichkeiten: man kann es subjektiv in einem Werturteil (ethischer, ästhetischer oder welcher Art immer) verankern. Oder man kann einen irgendwelchen objektiven Maßstab ausfindig zu machen suchen, an dem man es ausmessen kann. Als solcher bietet sich entweder die physiologische Notdurft des Menschen oder dessen dar, was man die Kulturnotdurft nennen kann. Jene ist nur je nach den Klimaten, diese je nach der historischen Epoche verschieden.» (Sombart 1983, S. 85)

Es gibt also weder Taten noch Dinge, die verbindlich als Luxus definierbar sind. Bestimmbar allein ist die *Grenze*, die jede Zeit und Kultur zieht, um zwischen (Über-)Lebensnotwendigem und Luxus zu entscheiden. «Beim Essen ist es ein Leichtes, auf den ersten Blick Luxus und Armut, Überfluß und Not zu unterscheiden», sagt mit dem Blick auf das Europa des 15. bis 18. Jahrhunderts der Historiker Fernand Braudel (Braudel 1971, S. 191). «So gilt Zucker bis zum 16. Jahrhundert, Pfeffer sogar bis zum Ende des 17. Jahrhunderts als ein ausgesprochener Luxusartikel, der Alkohol und die ersten ‹Apéritifs› noch zur Zeit Katharinas de Medici, ebenso die Federbetten oder die Silberbecher der russischen Bojaren in der Zeit vor Peter dem Großen. Als Luxusgegenstände wurden im 16. Jahrhundert auch die ersten flachen, wahrscheinlich aus Silber gefertigten Teller, die Franz I. 1538 bei einem Goldschmied in Antwerpen in Auftrag gab, betrachtet, ebenso die ersten tiefen Teller, auch italienische Teller genannt, die 1653 im Inventarverzeichnis des Kardinals Mazarin aufgeführt sind. Seltenheitswert besaßen auch die Gabel (!) und gewöhnliches Fensterglas – beide venezianischer Herkunft. (...) Noch im England der

Stuarts hatten Orangen Seltenheitswert. Sie wurden in der Weihnachtszeit angeboten und bis zum April oder Mai sorgfältig aufbewahrt.» (Braudel 1971, S. 185f.) Doch Luxus macht nicht nur die Seltenheit und Unerschwinglichkeit eines Gegenstandes aus, denn – so Werner Sombart – «Luxus hat einen doppelten Sinn: er kann quantitativ oder qualitativ ausgerichtet sein. Luxus in quantitativem Sinne ist gleichbedeutend mit ‹Vergeudung› von Gütern: wenn man hundert Dienstboten hält, wo einer ‹genügt›, oder wenn man drei Schwefelhölzer auf einmal ansteckt, um sich die Zigarre anzuzünden. Luxus in qualitativem Sinne heißt Verwendung besserer Güter. Luxus in quantitativem und Luxus in qualitativem Sinne können sich vereinigen (und sind in Wirklichkeit meist vereinigt).» (Sombart 1983, S. 85)

Wahrer Tafelluxus – und nicht bloße Prasserei –, nämlich verfeinerte Kochkunst und Tischkultur, entwickelten sich, «zumindest in Italien, im 15. Jahrhundert zu etwas wie einer – übrigens äußerst kostspieligen – Wissenschaft mit genau festgelegten Regeln und Vorschriften» (Braudel 1971, S. 191). «Vorher hatte es nur Freßluxus gegeben»; nachdem aber in verschiedenen Teilen des heutigen Italien «eine ‹Kochkunst› neben den anderen Künsten entstand», «verfeinerte man auch diesen Genuß und setzte auch hier die Qualität an Stelle der Quantität» (Sombart 1983, S. 121).

Die Entwicklung neuer Koch-Techniken weckte auch neue Bedürfnisse, denn Kenntnisse und Unterscheidungsvermögen nahmen zu, sie erweiterten und erhöhten ihrerseits auch die Ansprüche, die dann als Stachel für die Suche nach Neuem wirkten. Wesentlichen Anteil an der Entfaltung des Luxus haben für Sombart gewisse Frauen – von ihm «Weibchen» genannt: «Daß der französische Hof im 18. Jahrhundert ganz von den Maitressen beherrscht und das Hofleben von ihnen bestimmt wird, ist bekannt. Mme. de Pompadour wird mit ihrem Geschmack zur Beherrschenden der gesamten Lebensgestaltung.» (Sombart 1983, S. 98) Von den «Karossen à la Pompadour» bis zu den «Ragouts à la Pompadour» greift sie «persönlich in den Gang des Wirtschaftslebens ein, um dieses in ihrem Sinne zu gestalten. Gerade bei Ludwig XIV. können wir, ich möchte sagen, aktenmäßig den Einfluß seiner Geliebten auf die Gestaltung seines äußerlichen Lebens verfolgen (...).» (Sombart 1983, S. 97)

Seiner Hypothese folgend stellt Sombart eine scheinbar natürliche Verknüpfung der Vorherrschaft des «Weibchens» in der frühkapitalistischen Epoche mit dem Zuckerkonsum her; durch sie «wurde der Zucker so rasch ein beliebtes Genußmittel, und nur weil der Zucker da war, fanden die Reizmittel Kakao, Kaffee und Tee in Europa so rasch und allgemein Anklang. Der Handel in diesen vier Artikeln aber und die Produktion von Kakao, Kaffee und Zucker in den europäischen Kolonien sowie die Verarbeitung des Kakaos und die Raffinierung des Rohzuckers in Europa nehmen in der Entwicklung des Kapitalismus einen sehr breiten Raum ein.» (Sombart 1983, S. 122)

Letztlich aber besitzt das «Weibchen» – so Silvia Bovenschen kritisch – für Sombart «allenfalls eine indirekte Macht, eine Art Katalysatorenfunktion bei der Ausarbeitung eines Luxus-Alltags» (Bovenschen 1983, S. 13), der den Kapitalismus zeugt. Ganz ähnliche, wenn auch wirtschaftlich weniger bedeutende Verhältnisse herrschten «an den deutschen Fürstenhöfen, unter denen Sachsen, Hannover, Württemberg die luxuriösesten waren» (Sombart 1983, S. 103).

Die reichen Bewohner der Metropolen und Residenzstädte ließen sich die Welt in eßbarer Form zuführen. 1788 zählte ein Pariser Feinschmecker «die kulinarischen Spezialitäten Frankreichs auf: Puten mit Trüffelfüllung aus dem Perigord, Leberpasteten aus Toulouse, Rebhuhnsuppe aus Nérac, frische Thunfischpasteten aus Toulon, Lerchen aus Pézenas, gekochte Preßsülze aus Troyes, Schnepfen aus Dombe, Kapaune aus der Gegend von Caux, Schinken aus Bayonne, gekochte Zunge aus Vierzon und Sauerkraut aus Straßburg.» (Braudel 1971, S. 193)

Mit der weitgehenden Verfügbarkeit von Waren und der Kanonisierung der Kochkunst hielten die Mode und das Diktat des guten Geschmacks ihren Einzug: «Suppe», so heißt es im «Dictionaire sententieux» (1768), «‹aß früher jeder, und heute schüttet man sie weg, wie ein zu bürgerliches und altmodisches Gericht, unter dem Vorwand, daß die heiße Brühe die Magennerven schwäche›. Aus der Küche verbannt werden auch Suppenkräuter und Gemüse, die dieses feinschmeckerische Jahrhundert als plebeisch abtut.» (Nach: Braudel 1971, S. 193)

Auch um kulinarischen Luxus und «guten Geschmack» fand zwischen den herrschenden Klassen und den ihr folgenden eine Art Wettrennen statt: Waren diese endlich auf dem neuesten Stand angekommen, so war er für jene schon wieder «démodé» oder «unfein» geworden.

Dieses ständige Sich-Absetzen, um ja nicht von den «Niederen» eingeholt zu werden, hat kaum etwas mit Ernährungsnotwendigkeiten, viel hingegen mit «Geschmack» zu tun, wie uns das Beispiel der Gewürze zeigt: Gewürze waren im Europa des 15. Jahrhunderts nur zu gepfefferten Preisen erhältlich, doch zugleich herrschte eine «wahre Gewürzsucht» (Braudel 1971, S. 229). Selbst auf den Tischen der ärmeren Schichten standen Thymian, Majoran, Lorbeer, Bohnenkraut, Anis und Koriander. Weil sie allgemein verfügbar wurden, nicht mehr zu den Luxusartikeln zählten, wandte sich der Geschmack der Eliten Neuem zu: «Im 17. Jahrhundert kommt man in Frankreich völlig von Gewürzen ab und begeistert sich statt dessen für die ‹Düfte›: Sie erobern die Ragouts, das Feingebäck, die Liköre und Saucen. Nichts bleibt von den ‹Düften› verschont, von Ambra, Iris, Rosenwasser und Orangenblüten, Majoran oder Muskat. Sogar Eier werden jetzt parfümiert!» (Braudel 1971, S. 235) Essen und Trinken wird also «nicht mehr nur als notwendiges Übel oder als gesellschaftlicher Luxus angesehen, sondern als Gesellschaftsspiel, das der Verbesserung der Beziehungen zwischen dem Individuum und der Gemeinschaft dienen soll, als Spiel zwischen dem Menschen und der materiellen Welt, zwischen dem Menschen und dem Übernatürlichen.» (Braudel 1971, S. 194)

Aber nicht nur die Geschmacksmoden verschieben die Grenze zwischen Luxus und Lebensnotwendigem, vor allem die wirtschaftliche Situation einer Gesellschaft prägt den Charakter der Unterscheidung selbst. So herrschte zwischen 1350 und 1550 in Europa eine Periode des relativen individuellen Wohlstands und der Zufriedenheit breiter Volksschichten.

«In Deutschland war es nach dem Erlaß der sächsischen Herzöge 1482 selbstverständlich für einen jeden, daß die Handwerker zu den Mittags- und Abendmahlzeiten vier Gerichte bekommen. An Fleischtagen gab es Suppe, zwei Fleischsorten, ein Gemüse; an Freitagen oder sonstigen fleischlosen Tagen Suppe, frischen oder gepökelten Fisch und zwei Gemüsesorten. Vor einer längeren Fastenzeit gibt es fünf Platten: Suppe, zwei Sorten Fisch, zwei Portionen Gemüse. Dazu kommt morgens und abends Brot. Ferner gibt es *kofent*, ein leichtes Bier. Man kann diese Handwerker- kaum von Bürgermahlzeiten unterscheiden.» (Braudel 1971, S. 197)

Der Fleischkonsum nimmt dann in Europa bis zur Mitte des 19. Jahrhunderts ab, Frischfleisch wird – im Gegensatz zu gepökeltem – vielerorts zum Luxusgut. Erst die Entwicklung wissenschaftlich betriebener Viehzucht und der Import von Fleisch aus Amerika ließen den Verbrauch wieder steigen.

In seinem Werk «Liebe, Luxus und Kapitalismus. Über die Entstehung der modernen Welt aus dem Geist der Verschwendung» sieht Werner Sombart für die fünf bis sechs Jahrhunderte von der frühkapitalistischen Epoche bis 1800 folgende Wandlungen des Luxus:

A) «Tendenz zur Verhäuslichung»:

«Ehedem (noch zur Zeit der Renaissance) Turniere, Schaugepränge, Aufzüge, öffentliche Gasterien: nun Luxus im Hause. Damit verliert der Luxus seinen periodischen Charakter, den er früher hatte, und wird ständig. Unnütz zu sagen, wie sehr mit dieser Wandlung eine Steigerung des Luxusbedarfs verbunden ist.» (1983, S. 118)

B) «Tendenz zur Versachlichung»:

«Jetzt ist die zahlreiche Dienerschaft nur noch eine Begleiterscheinung der immer mehr wachsenden Verwendung von Sachgütern zu Luxuszwecken.» (1983, S. 118f.)

C) «Tendenz zu Versinnlichung und Verfeinerung»:

«Als Tendenz zur Versinnlichung sehe ich jene Entwicklung an, die dahin führt, daß der Luxus immer weniger irgendwelchen idealen Lebenswerten (wie namentlich der Kunst) und immer mehr den niedrigen Instinkten der Animalität dient. (...) Mit der Tendenz zur Versinnlichung des Luxus im engsten Zusammenhange steht die Tendenz zu seiner Verfeinerung. Verfeinerung heißt Vermehrung des Aufwandes an lebendiger Arbeit bei der Herstellung eines Sachgutes, heißt Durchdringung, Vollsaugung des Stoffes mit mehr Arbeit (soweit nicht die Verfeinerung in der Verwendung nur seltener Stoffe besteht). Damit wird aber auch der Spielraum namentlich für die kapitalistische Industrie, aber auch für den kapitalistischen Handel (Beschaffung ortsferner Stoffe!) wesentlich ausgeweitet.» (1983, S. 119f.)

D) «Tendenz der Zusammendrängung – in der Zeit nämlich»:

«Sei es, daß viel Luxus innerhalb einer gegebenen Zeit entfaltet wird: viele Gegenstände genutzt werden, viele Gegenstände durchgekostet werden; sei es, daß früher periodische Luxusveranstaltungen nun zu ständigen Einrichtungen werden: aus Jahresfesten werden regelmäßig wiederkehrende Feste, aus Aufzügen an Jubeltagen werden tägliche Maskeraden, aus Schmausereien an Weihetagen und Quartalssaufereien werden Diners und Soupers des Alltags; sei es (worauf ich besonderen Nachdruck legen möchte), daß in kürzerer Zeit die ‹Luxusgüter› hergestellt werden, um rascher ihrem Besitzer dienen zu können. (...)

Seitdem das Individuum sich herausgerissen hatte aus der es überdauernden Gemeinschaft, wird seine Lebensdauer zum Maßstab seines Genießens. Der Einzelmensch will als er selbst möglichst viel von dem Wandel der Dinge erleben.» (1983, S. 120)

Der Luxus der Höfe färbte auf die reichen bürgerlichen Schichten ab; der Hof war nicht nur das Zentrum der Macht, an der sie teilhaben wollten, sondern auch der Ort, an dem sich ein vorbildhafter, glanzvoll-prächtiger Lebensstil entfaltete. «Ehrgeiz und Sinnfreude» – so Sombart (1983, S. 105) – sind als mächtige Triebkräfte am Werk und helfen bei der Geburt jenes Neureichen-Luxus, den schon Molière in seinen Komödien verspottete. Auch die Kritiker des ständig sich verfeinernden, ganz auf Selbstdarstellung angelegten Lebensstils des

Adels melden sich zu Wort: So beklagt der französische Adlige Sully 1752 «unseren leidenschaftlichen Charakter, der bewirkt, daß wir zunächst uns begeistert allen Dingen zuwenden, die man uns zu unserem Vergnügen anbietet», was dazu führe, «den Begriff der Rechtschaffenheit, Einfachheit und der Uneigennützigkeit unter uns zu verderben oder diese Tugenden ins Lächerliche zu verwandeln» (Nach: Sombart 1983, S. 109).

Und Sully ist keineswegs der einzige, der den Verlust hausväterlicher Tugenden feststellt. Der an den Höfen lebende Adel hatte sich vor allem in Frankreich schon im 17. Jahrhundert immer mehr vom Geld und seinem Erwerb verachtungsvoll abgewandt. Wirtschaft führen, Ausgaben und Einnahmen in ein richtiges Verhältnis bringen, galt als bürgerlich und wurde angestellten Haushofmeistern übertragen. Aber auch die Geldaristokratie der reichen Finanziers und Handelsherren stand dem kleinlichen Rechnen und sparsamen Wirtschaften fern: «Alle diese spezifisch kleinbürgerlichen Anschauungen, die sich dann auch in der Bourgeoisie verbreiten, sind den reichen Schichten der frühkapitalistischen Epoche noch fremd. Wenigstens jenen Schichten, die wir für den Luxuskonsum dieser Tage verantwortlich machen können.» (Sombart 1983, S. 112)

Jener Verachtung des Geldes, die oft zu Verschuldung und Ruin führte, war der Geist des *Kapitalismus* ganz entgegengesetzt. Macht gibt sich im Kapitalismus nicht mehr in der glänzenden Erscheinung einzelner machtvoller Personen zu erkennen. Zwar akkumulierte der Kapitalismus ungeheuren Reichtum, andererseits verbot er aber jegliche Zurschaustellung von Luxus; er gab und gibt sich noch streng und nüchtern. Nicht mehr Art und Menge der verfügbaren Objekte galten als Luxus. Luxus definierte er als nutzlos, als bloße Zurschaustellung, die von jeglichem anderen Nutzen frei war. «Die Bourgeoisie akkumuliert – aber keine Schätze mehr, wie früher die Geizhälse, auch nicht mehr, um es sich umzuhängen wie die Aristokratie des Ancien Régime. Die Bourgeoisie akkumuliert den einzigen Reichtum, der das ‹Geheimnis› hat, sich von selbst zu vermehren: die Produktionsmittel; sie ‹konsumiert›, aber nicht zum eigenen Genuß, sondern ‹produktiv› im Hinblick auf eine noch größere Akkumulation. (...) Der Gewinn wird diskreter – in zweierlei Hinsicht. Einerseits versteckt er sich hinter den Wänden des häuslichen Lebens. Er ‹privatisiert› sich in jeder Hinsicht. Der diskrete Charme der Bourgeoisie ist das genaue Gegenteil der Nobilität, die sich im Schauspiel darstellt. (...) Andererseits hat der Genuß des Gewinnes sich nach dem Maß der Notwendigkeit zu richten, muß auf Nützlichkeit, Bequemlichkeit und vor allem auf Wohlstand zielen. Die funktionale Nützlichkeit, die Dauerhaftigkeit und endlich das Gefühl, beim Erwerb eines seltenen Objekts eine Investition zu tätigen, sind die spezifischen Formen des bürgerlichen ‹Luxus›. Eine eminent nützliche Sache.» (Pouillon 1979, S. 588)

Die Grenzen des «legitimen» Genusses wurden jedoch im Exzeß überschritten; nicht nur das Festessen stach gegen das Alltagsessen ab. Sonntags gab und gibt es bessere und aufwendigere Speisen als werktags; Feste (Hochzeiten, Taufen, Abschlußfeiern usw.) werden immer noch mit außergewöhnlichen kulinarischen Ereignissen verbunden. Jedes Kind weiß, daß am Geburtstag eine Torte mit Kerzen vor ihm steht und für Weihnachten ganz besondere Süßigkeiten vorbereitet oder gekauft werden.

Wie jede moralische Grenze wurde auch die zwischen gebührendem Konsum und Üppigkeit durch Mahnungen und Drohungen aufrechterhalten. «Luxus bedeutet nicht nur Seltenheit und Eitelkeit, er steht auch stellvertretend für sozialen Erfolg und Anziehungskraft und symbolisiert damit den Traum, den die Armen eines Tages in die Tat umsetzen und dabei dem Luxus den ihm anhaftenden Zauber nehmen wollen.» (Braudel 1971, S. 186)

Aus einem Aufsatz von Konrad Köstlin erfährt man von den «Üppigkeitsverboten», die «als Bestandteil von Polizeiordnungen (...) aus allen deutschen Territorien (...) den Aufwand bei Festlichkeiten, wie Hochzeit, Taufe etc., zu limitieren suchen» (1975, S. 75). Den überwachenden «Visitator der Hochzeiten» nannte man in Hamburg und Lübeck «Köstenkieker». «Er hat von jeder Hochzeit seine Einnahme und zeigt es an, wenn und wo die Luxusgesetze übertreten werden.» (Joh. Fr. Schütze, zitiert nach: Köstlin 1975, S. 76) Diese Verordnungen zeugen von der «Halsstarrigkeit des Volkes, das an der Üppigkeit festhielt» (Köstlin 1975, S. 82) – ganz im Gegensatz zur so beliebten Legende vom bescheidenen deutschen Landmann. So wird in einem Regierungsbericht über Schafstedt im Kirchspiel Albersdorf (Holstein) im Jahr 1769 von dreitägigen Hochzeitsfesten mit etwa 300 Personen gesprochen. Dabei geht es ausgelassen zu: Am zweiten Tag gehen die Gäste von Haus zu Haus und werden mit Bier und Branntwein bewirtet «wobey öfters viele unordnungen vorfallen, und besonders von dem dienst volke vielen unfug verübet wird. Der dritte hochzeittag ist für die bauerschaft, welcher alsdann noch ein gastmahl und lustbarkeit gegeben wird.» (Nach: Köstlin 1975, S. 77) Köstlin führt die Flensburger Polizeiordnung von 1600 an, in der es heißt «die Bürgerschaft durch die große, unnöthige Unkosten, so auf Kösten angewendet werden, indem die Armen den Reichen fast gleich sein wollen, in ihrer Nahrung zum höchsten geschwächet ...» (1975, S. 83) Es wurden dort die «Vermögendsten», die «Mittelmäßigen» und die «Geringsten» durch die Kösten, die ihnen gestattet sind, definiert, und das sieht dann so aus: Unter der Überschrift «Von den Kösten der Vermögensten» heißt es, daß die Leute, «so in gutem Vermögen seyn, auf ihre Kösten nicht mehr als 40 Häuser laden» (Köstlin 1975, S.83) und das Feiern auf zwei Tage beschränken sollen. «Die Bestimmungen zu den Kösten der mittelmäßigen Bürger und Handwerksleute», die «Amt und Gilde besitzen», «erlauben 25 Paare zu Gast zu laden» (Köstlin 1975, S.84). Die Feier wurde auf einen Tag beschränkt und das Getränk auf «gut Flensburger Bier». «Den Geringsten, als Handwerkern, so kein Amt und Gilde besitzen, Boßmännern, Arbeitsleuten, Dienstmägden, soll nicht mehr als zwölf Häuser zu bitten zugelassen seyn.» (Köstlin 1975, S.84) Auch hinsichtlich der Musik gibt es Beschränkungen: so wird die Trompete untersagt, da sie «wider bürgerlichen Standes Gebühr» sei. (Köstlin 1975, S.84)

Ganz entscheidend ging es bei diesen Verordnungen der sich ständisch verstehenden Gesellschaft um «die darstellende Funktion des Festmahls» (Köstlin 1975, S.87). Die Zahl der Gäste und die Wahl der Gerichte wurde unter dem Gesichtspunkt ständischer Abgrenzung festgelegt. «Was die Luxusverbote so aufschlußreich macht, ist ihre Eigenart, daß sie einen Aufwand betreffen, der im Gegensatz zu ‹wirklichen› ökonomischen Merkmalen (also etwa des Vermögens, des Einkommens als Besteuerungsgrundlage) steht, daß sie also einen Aufwand betreffen, der, wenn auch unter Anstrengungen und unvernünftigerweise, auch wider Standes Gebühr geleistet werden kann. Hier kann sich der Arme ein Merkmal aneignen, das seinem Stande nicht entspricht. Das macht die Attraktivität dieses Aufwandsbereichs verständlich, das erklärt die Übertretung.» (Köstlin 1975, S.87)

Im Zeitalter der Aufklärung versuchten die bürgerlichen Schichten auch dem ruinösen Wettbewerb der Luxurierenden Einhalt zu gebieten. An Stelle eines «standesgemäßen» oder «nicht standesgemäßen» Konsums berief man sich auf einen für alle Menschen gleichermaßen gültigen, an der Leistung orientierten «natürlichen Bedarf», dessen Grenzen nur von «unvernünftigen», «künstlichen Bedürfnissen» überschritten werden. So liest man in d'Alemberts «Encyclopédie» von 1765: «Les gens riches, d'une vie sedentaire, qui emploient tout l'art imaginable pour s'exciter à manger au dela de l'appetit, du besoin naturel, ont ordinairement une vieillesse précoce (...)» (D'Alembert: Encyclopédie ou dictionnaire raisanné des sciences ...; 1765, Bd.11, S.222) Ähnlich heißt es bei Zedler (1734): «Dieser natürliche Trieb [des Essens; d. Verf.] wird nun von dem Menschen so wohl auf seinen rechten Endzweck gelenckt, als unvernünfftig angewendet, welches bey allen Trieben der Natur zu geschehen pflegt. Der Endzweck von dem Essen gehet auf die Erhaltung des Leibes, und desselben ordentlicher Unterhaltung. Es pfleget dieses die Diaet genennet zu werden, und muß dabey ein jeder die genauere Erkenntniß seiner eigenen Natur haben.» (Spalte 1924)

Bei Krünitz (1777) liest man Komplementäres, wenn eine gegen die Unterdrückung «natürlicher Triebe» gerichtete «Lebensart» gefordert wird. «Es ist noch niemand verhungert, wenn er wegen Mangel des Appetits gehungert hat; es ist noch niemand vom Fasten aus Mangel des Appetits das geringste Übel begegnet, da hingegen von dem Essen ohne Appetit viel Unheil entstanden ist.» (1777, Artikel «Essen», S. 588) So wird bei «vornehmen Leuten» des späten 18. Jahrhunderts – im Gegensatz zum «arbeitsamen Bauer» – ein eigenständiger Luxushunger ausgemacht: «Die vornehmen Leute, sagt der sinnreiche Prof. Krüber, bringen ordinär einen dreyfachen Appetit mit zu Tische. Der erste ist der natürliche Hunger, und dieser macht, daß sie sich an dem ersten oder andern Gericht völlig satt essen. Der andere Appetit wird durch die Verschiedenheit der Speisen erregt. Man isset von den folgenden Gerichten, weil die delicat, oder weil sie rar sind. Der dritte entsteht aus der Gewohnheit, von dem langen Verweilen und Stillsitzen an der Tafel; denn, weil noch immer etwas dabey geredet wird, so wird unvermerkt noch ein leckerer Bissen nach dem andern genommen. Es ist also gewiß, daß vornehme Leute bey ihrem Müßiggange nicht mehr, doch allemahl so viel, als der arbeitsame Bauer, essen.» (Krünitz 1777, S. 595)

Im 19. Jahrhundert wurde begonnen, das *Notwendige* festzulegen. Kostmaße für Menschen aller Altersklassen, Menschen mit verschieden schwerer Arbeit wurden zunächst für jene erstellt, «die ihre Nahrung nicht frei wählen konnten: Anstaltsinsassen, Seeleute, und Kinder» (Heischel-Artelt 1976, S. 9f.). Von nun an gehörte «gute» Ernährung zur Sozialpolitik, denn Hunger lähmt nicht nur die Arbeitskraft, sondern führt möglicherweise auch politische Umwälzungen herbei. Ein wichtiger Schritt zur Ernährung der Armen war – neben der Einführung der Kartoffel, die sich aber noch 1774 die hungernden Bürger Kolbergs anzurühren weigerten (Tannahill 1979, S. 226) – eine Erfindung des amerikanischen Physikers Benjamin Thompson. Er, der «während des Unabhängigkeitskrieges nach England floh, dort zum Count Rumford ernannt wurde und schließlich in bayerische Dienste trat», kam «im Laufe seiner wissenschaftlichen Experimente, die das Ziel verfolgten, die Armen mit möglichst wenig möglichst gut zu ernähren, zu dem Schluß, daß die ideale Lösung eine Graupensuppe sei, die mit Kartoffeln und Erbsen eingedickt, mit Essig gewürzt und mit

Stücken altbackenen Brotes aufgetragen wird. Letzteres sollte zum Kauen anregen, das ‹die Verdauung sehr kräftig zu fördern scheint›. Doch wenn auch der Graf von Rumford gern Kartoffeln in der Suppe aß, so hielten die Armen Münchens gar nichts davon, und es dauerte eine gute Weile, bis sie dazu überredet werden konnten, es wenigstens einmal zu versuchen.» (Tannahill 1979, S. 288)

Suppenanstalten «breiteten sich schnell vor allem in den Gewerbebezirken und durch Übersetzungen von Beschreibungen über ganz Europa aus: Schon um 1800 gab es solche in Paris, Turin, Riga, Oslo, Kopenhagen, Hamburg und Kiel.» (Teuteberg 1972, S. 46)

Wie wir schon am Beispiel der Verteidiger von Kolberg gesehen haben, gibt es Nahrungsmittel, die den Hunger nicht stillen können, da sie nicht als Nahrungsmittel anerkannt werden. Umgekehrt gibt es in fast jeder Kultur Speisen, die einfach da sein müssen, Speisen, auf die nicht nur der *Appetit*, sondern ganz unmittelbar der *Hunger* aus ist: Das Fehlen von Brot, von Kartoffeln, von Mais oder Teigwaren ist in verschiedenen Ländern Europas ein sicheres Zeichen für Not und Elend. «Er hat nicht einmal das liebe Brot zu essen» bezeichnet einen Hungerleider, der vielleicht von jemand das «Gnadenbrot» erhält (das heißt, daß er aus Mitleid umsonst unterhalten wird); und in der Devise «Wes Brot ich esse, des Lied ich sing» ist die Abhängigkeit des eigenen Überlebens von der Person, die einem den Lebensunterhalt gibt, nicht zu verkennen.

Jede Nation und auch fast jede Region hat ihren «Warenkorb», jenes Ensemble von Lebensmitteln – nicht notwendigerweise gehört Brot dazu –, die als überlebenswichtig angesehen werden, also das Notwendige bezeichnen. Nicht nur ökonomische und klimatische, sondern auch kulturgeschichtliche Gründe bestimmen dessen Zusammensetzung.

Zu einem menschenwürdigen Leben gehört für den Esser aber auch eine bestimmte Qualität oder Art der Zubereitung. So klagte ein Manager der Autofirma Alfasud – in der Nähe von Neapel –: «Die haben mitunter schon gestreikt, weil in der Kantine die Spaghetti zu weich geraten waren.» (*Spiegel*, 20/1983) Ebenso wird feuchtes oder trockenes Brot höchstens jenen zugemutet, die ihre Ehrenrechte verloren haben – den Gefangenen.

Zwischen Überlebensration und «persönlichen Bedürfnissen des täglichen Lebens» unterscheidet in der Bundesrepublik der staatlich berechnete Regelsatz, der sogenannte «Warenkorb» für die knapp zweieinhalb Millionen Sozialhilfeempfänger – vor allem Rentner, alleinstehende Frauen mit Kindern, Arbeitslose, Behinderte und Pflegebedürftige. Der Warenkorb enthält alle Güter und Dienstleistungen, die ein Erwachsener braucht, um ein Leben auf dem Existenzminimum fristen zu können. «Zahlreiche, für den Normalverbraucher selbstverständliche Bedürfnisse wie Autofahren, Weintrinken oder ein Gaststättenbesuch wurden aus dieser ‹Überlebensration› bereits aussortiert. (...)

‹Aufgabe der Sozialhilfe ist es›, so in Paragraph 1 des Bundessozialhilfegesetzes, ‹dem Empfänger ... die Führung eines Lebens zu ermöglichen, das der Würde des Menschen entspricht.› Das Einkaufsschema, vom Deutschen Verein für öffentliche und private Fürsorge in Frankfurt im Auftrag der Bundesländer ermittelt, stammt aus dem Jahre 1970. Einem alleinstehenden Erwachsenen unter 65 Jahren stehen demnach pro Monat unter anderem sechs Kilogramm Kartoffeln zu, jeweils 2385 Gramm Schwarz- und Mischbrot, 160 Gramm grüne Bohnen, eineinhalb Tafeln Schokolade, 90 Gramm Salami oder 200 Gramm ‹Rindfleisch zum Kochen›. [1983 erhöhte sich der Regelsatz gerade um ein Prozent; d. Verf.] Für Kinder und Jugendliche wird, je nach Alter, entsprechend weniger angesetzt.

Konsumwünsche nach Kaffee, Bier oder Zigaretten zählen nach Ansicht der Sozialbürokraten schon zu den ‹persönlichen Bedürfnissen des täglichen Lebens›, also nicht mehr unmittelbar zur Ernährung. Ein Erwachsener darf nach dem gültigen Warenkorb 300 Gramm Kaffee, 50 Gramm Tabak und sechs Halbliter-Flaschen Bier pro Monat verbrauchen, alkoholfreie Getränke werden überhaupt nicht berücksichtigt.» (*Spiegel Nr.* 16/1983, S.99)

In vorkapitalistischen Gesellschaften und in manchen Nischen der kapitalistischen spielte und spielt noch verschwenderisches Geben eine entscheidende Rolle: sei's zur Demonstration der eigenen Macht in Form des «Potlatsch», bei dem der überreich Beschenkte in die Rolle des Abhängigen gedrängt wird, sei's bei Einladungen, bei denen einem Essen und Trinken geradezu aufgezwungen werden, um die Leistungsfähigkeit einer Familie zu belegen.

Daß auch magische Vorstellungen für den scheinbar «großzügigen» oder «unerzogenen» Umgang mit Speisen ausschlaggebend sein können, belegt folgender Hinweis im «Handwörterbuch des deutschen Aberglaubens» über den Umgang mit Essensresten (1929/30, Bd.II., Spalte 1037): «Während bei den Römern die Vorschrift galt, immer beim Essen etwas übrig zu lassen, weil der Tisch als etwas Heiliges nie leer sein darf (hier wiegt der Opfergedanke vor), gilt in Deutschland der auch in außereuropäischen Ländern belegte Satz allgemein (...): ‹Wenn man alles fein rein aus- und aufisset, so wird es morgen ein guter Tag oder gutes Wetter geben›. (...) In Schwaben beschränkt man den Satz auf das Leer-Essen der Suppenschüssel.»

Doch auch unterschiedliche Auffassungen dessen, worauf es beim Essen ankomme, spielen eine Rolle: Während es den einen als Luxus gilt, etwas auf dem Teller übrigzulassen, selbst dann, wenn's nicht schmeckt – nach dem Motto «Es wird gegessen, was auf den Tisch kommt» –, ist es den anderen eine Sünde, wenn Lebensmittel im Prozeß des Kochens verhunzt und damit als Gaben der Natur verschwendet werden. Während den einen etwas, das nach *Essen* aussieht, den Zwang zum Aufessen bedeutet, kommt es den anderen auf die *Eßbarkeit* der Speise an. (Die Frage, ob ein Gericht «eßbar» sei oder nicht, ist berüchtigter Kernpunkt vieler Familienkräche.) Mitte des 20. Jahrhunderts, mit dem Aufkommen der Wohlstandsgesellschaft, hat es den Anschein, als gehörten frühere Luxusgüter zum normalen Alltag; Luxus wird gewissermaßen Notwendigkeit, gehört zum Überleben. Einerseits begannen sich die Unterschiede von Fest und Alltag einzuebnen, andererseits wurden die Grenzen von Notwendigkeit und Luxus zusehends unabhängiger von Leistung und Entsagung, mit der man sich das «Außergewöhnliche» verdiente. Gesellschaftskritiker sahen die Massen dank ihrer wohlgefüllten Wohlstandsbäuche übersatt und lethargisch dahinvegetieren, modernen Luxus als verführerisches Ruhekissen der Gebeugten und Erniedrigten.

Aber auch die Erscheinungsweise von Luxus hat sich verändert: «Die traditionelle Kochkunst, wie sie etwa im 19. Jahrhundert mit dem König der Köche, Antonin Carème, ihre Glanzzeit erlebte, präsentierte sich auf Grund ihrer unglaublich komplizierten Zubereitungsweise und den verwegenen Aufbauten bei Tisch als ungeheurer Luxus. Die reine Verschwendung, würde man heute sagen. Aber ein ähnlicher Vorwurf träfe auch uns, wenn man die vielen Formen der Verschwendung aufzählen würde, die wir in unseren Küchen tagtäglich betreiben, ohne daß uns dies irgendwie luxuriös erschiene.» (Giersch 1983, S. 17)

Das Luxurieren unserer Wegwerfgesellschaft, die ihren Wohlstand auch im gutgemeinten «Brot für die Welt» demonstriert, sieht der Gastronomiekritiker Siebeck – den öfter schon der Vorwurf eines überfeinerten Gaumens und der Liebe zum Luxus getroffen hatte – gerade in der Unkenntnis und Gleichgültigkeit gegenüber den Gaben der Natur: «Gehen Sie einmal in einen Supermarkt, und beobachten Sie, wie da kritiklos der überflüssigste Schund eingekauft wird, und zwar gerade von jenen Zeitgenossen, die für die bessere Küche angeblich kein Geld haben! Wenn ich all das Knabber-, Schlabber- und Knusperzeugs kaufen würde, die sterilisierten, pasteurisierten und parfümierten Leckereien, dann hätte ich auch kein Geld mehr für Tauben und Spargel.» (*Zeit-Magazin*, Nr. 17, 17. 4. 1981) Er sieht «die Folgen des Puritanismus: das schlechte Gewissen beim Genuß, die latente Opferbereitschaft, die Lust an der Askese, das chronische Defizit an Lebensfreude sowie – zumindest seit dem Ersten Weltkrieg – ein Spar- und Hungertrauma» als verantwortlich dafür, daß «unsere kartoffelessenden Eltern denn auch den Begriff ‹Qualität› nie auf die Feinschmeckerei ausgedehnt» haben. Auch heute noch werde «Qualität» eher noch auf andere Konsumgüter bezogen: «Denken Sie an die Autos, an Elektronik, Optik usw., da wollen alle nur das Beste haben, da will keiner ein Konsumtrottel sein.» Gerade diese Anspruchslosigkeit hält Siebeck für verschwenderische Dummheit, «weil der Konsument dadurch ja nichts spart, sondern im Gegenteil sein Geld zum Fenster hinauswirft. Genügsamkeit hat bei den heutigen Marktgesetzen nur zur Folge, daß wir mit Ramsch und Tinnef überschüttet werden. Wir sind Trottel, wenn wir uns die Chance entgehen lassen, durch höhere Ansprüche bessere Qualitäten zu erzwingen.»

Längst ist – in einer Epoche des rapiden Rückgangs körperlicher Arbeit und galoppierender wirtschaftlicher Veränderungen – die Vorstellung eines durch Entbehrung «wohlverdienten» Luxus geschwächt. Für zukünftige Konsummöglichkeiten nimmt man kaum noch Einschränkungen und Entbehrungen in Kauf. Der moralische Druck, der auf dem Konsumieren von Luxusgütern (wie Sekt und Champagner) lag, ist vor allem für die junge Generation gewichen, aber der Konsum wird auch nicht mehr vom Gefühl des «Außergewöhnlichen» begleitet. Vielmehr ist es ein unvorhersehbarer Moment im Alltag (jemand hatte gerade Laune, Sekt zu kaufen), der von ironischen Zitaten, von Begeisterung und Übermut (wie in der Reklamewelt der fünfziger Jahre), von Spektakel begleitet wird. Zu wissen, daß der Alltag «inszeniert» ist, wird ihm jetzt nicht mehr als Ort der Falschheit und des Scheins moralisch angekreidet; vielmehr wird Alltag zur bewußten Inszenierung. Dieses Spektakuläre bezieht einen Gutteil seiner Dynamik aus Verzweiflung und Endzeitstimmung: Arbeitslosigkeit und Gefahren der Nuklearenergie bestimmen das Lebensgefühl einer Generation, deren Geburt etwa mit dem Abwurf der ersten Atombombe zusammenfiel. So kontrastiert oft in ein und derselben Person die funktionalistische Haltung zum Essen («Kantinenfraß», «Eating just to fill up») mit einer Neigung zum Exquisiten (Das «intime Diner» bei Kerzenlicht). Es koexistieren das Fasten und das Sich-verführen-Lassen, ebenso wie das sparsame Haushalten und die Liebe zur Grande Cuisine. Kaum eine Speise oder ein Getränk symbolisieren heute noch in skandalöser Weise Prestige, Laster oder Überfluß; aber auch Werte wie «Anstand», «Normalität» oder «Mittelmaß» lassen sich kaum mehr (wie einst mit der «Hausmannskost») kulinarisch darstellen, wenn Kartoffelsuppe als «deftige» und «schicke» Partyspeise angepriesen werden kann – wie zum Beispiel im Leitblatt des gehobenen Konsums *Essen und Trinken*.

Heute nun, da für normale Gebrauchsgüter im Ton der «Exklusivität» und des «Edlen» geworben wird, löst sich das Prädikat «de Luxe» von Geldbesitz und Macht. Für ein tiefgekühltes «Schlemmerfilet à la Bordelaise» wird zum Beleg dafür so geworben: «Wenn Sie zu Hause französisch essen wollen, muß das kein Vermögen kosten» und weiter – kleingedruckt: «Verwöhnen Sie Ihre Familie mal mit saftigem Seelachs-Filet, knusprig überbacken mit der unnachahmlichen Kräuterkruste. – Raffiniert französisch» (in: *Stern* 4/1983, 20.1.1983). Gleichfalls als «Französische Raffinesse» – doch «aus guter deutscher Milch» – wird ein «fettarmer Joghurt» mit Früchten angepriesen, der «in 12 verschiedenen Sorten» erhältlich ist (in: *Stern* 6/1983, 3.2.1983). Und eine Schokoladenfirma wirbt für «deutsche Schokoladen-Qualität mit den besten Zutaten aus aller Welt». («Wir kaufen jährlich etwa 1,3 Millionen Kilogramm erstklassigen Kakao allein aus Ghana.») Die Annonce schließt mit folgenden – orangerot gedruckten – Attributen: «Edel. Knackig. Würzig. Quadratisch. Praktisch. Gut.» (in: *Stern* 6/1983, 3.2.1983)

Selbst wenn gewisse «Feinschmecker» sich so gebärden, als hätten nur sie dank ihrer hochentwickelten Sinnesfähigkeiten Zugang zu höheren kulinarischen Erschütterungen, sind doch auf Grund des Waren- und Gastronomie-Angebots und deren Publizität die Differenzen in Anspruchsniveau und Kennerschaft heute im Vergleich zur Zeit Ludwig XIV. verschwindend gering. In welchem Ausmaße Delikatessen zugänglich sind, die früher als exklusiv galten, zeigt das Angebot im Berliner «Kaufhaus des Westens» (KaDeWe). Dort beginnt morgens um vier «der tägliche Countdown um den Kunden», «wenn in der siebenten Etage, einen Stock über der inzwischen weltberühmten, mehr als 5000 Quadratmeter großen Lebensmittel- und Feinkostabteilung, die Bäcker damit beginnen, für den langen Samstag 10000 Baguettes, Hunderte von Broten zehn verschiedener Sorten, 20000 Brötchen, 2000 Croissants, 300 Torten und 2000 Petit Fours, Konfekt und Eis nach den geheimen Rezepten Gaston Lenôtres, dem französischen ‹König der Feinbäcker› zu backen. Verwendet werden nur edelste Zutaten. ‹Die Rosinen›, so der aus Wien stammende Chefbäcker Alfred K. Wiesinger, ‹kommen aus Australien, weil's die besten sind: süß, hell, nicht geschwefelt, groß und ohne Kerne. Die Marmelade kommt aus Frankreich, und gebacken wird nur mit reiner Butter. Margarine käme einer Kündigung gleich.› Nebenan fangen um sechs die Köche an, bereiten die Gerichte für die 20 ausgefallenen Lebensmittel-Verzehrstände, für die Stadtküche und den KaDeWe-Party-Service vor, der auch schon mal Botschaften in Ost-Berlin neben Messen, Firmenjubiläen, Parties und Festen wie dem Kanzler-Fest in der Oper für mehrere tausend Gäste und zu Preisen von 300 bis über 100000 Mark im In- und Ausland beliefert – einmal flogen sie sogar ein Büfett für eine Party nach Seoul in Südkorea. Unterdessen ist Küchenmeister Ralf Wilde unterwegs im Labyrinth der Kühlräume und Lebensmittellager im siebten Stock, inspiziert die Bestände, ordert den Nachschub für die 130 Köche, Bäcker und Konditoren: pro Woche an die 130000 Eier, zehn Tonnen Mehl, bis zu 700 lebende Hummer von den Küsten Kanadas und Brasiliens, täglich eine Tonne Gemüse, eine Tonne Fleisch.» (*Süddeutsche Zeitung,* 18.12.1982)

Angesichts dieses Angebots verfeinerter Zubereitung nimmt sich nicht mehr das *Aufwendige,* sondern das *«Einfache»,* das (scheinbar) Natürliche als Luxus aus. Der Soziologe Edgar Morin vom französischen «Centre National de Recherche Scientifique» glaubt «sogar, daß beides voneinander abhängig ist. Weil heute jedermann vor einem riesigen Angebot stehe, verlange er wie in der Mode die Besonderheit. Mit Eß-, Koch- und Restaurantführern in der Hand suche man sich eine neue Individualität, den Wein des kleinen Winzers, die besondere Einkaufsquelle, das wenig bekannte Gasthaus. Parallel zur Umweltschutzbewegung sei auch beim Essen die Rückkehr zum Echten, zur Natur, zum Markt zu spüren, selbst in der kostspieligen ‹Neuen Küche› mit ihrem Bemühen um das reine Ursprungsprodukt.» (*Süddeutsche Zeitung,* 6.6.1983)

Der Abstand zwischen Luxus und Notwendigkeit im traditionellen Sinn verringert sich in unserer Gesellschaft immer mehr; immer schwieriger wird es damit, eine luxurierende Haltung einzunehmen.

Doch langsam bringt das ökologische Denken zwei neue Tabus ins Spiel: die Fettleibigkeit und den Frevel an den natürlichen Ressourcen. Beide Grenzen haben kaum mehr etwas mit der Darstellung von Geldreichtum oder sozialer Macht zu tun. Vielmehr erscheint heute in den europäischen Industrie- und post-industriellen Ländern Luxus eher als die sichtbare Anhäufung von Nahrung, die Schatzbildung von Nähr- (und Schad-)Stoffen im Körper, das ostentative Zurschaustellen eines majestätischen Bauches. «Hast du auch gesehen, wie dick der geworden ist?» deutet auf einen, der in skandalöser Weise sich das Ungehörige leistet: Dicksein gilt nicht nur als Degeneration des eigenen, sondern auch als zersetzender Angriff auf den Sozialkörper. So heißt es in dem Buch «Ernährungsfehlverhalten im Wohlstand»: «Offenbar darf die tägliche Ernährung nicht mehr wie früher nur der hergebrachten Tradition und den weitgehend darauf basierenden Entscheidungen des einzelnen überlassen bleiben. Wer dagegen die kurzsichtig-egoistische Devise ‹Mein (Schmer-)Bauch gehört mir› ins Feld führt und seine persönlichen Freiheitsrechte gar durch eine staatliche Ernährungsschnüffelei gefährdet glaubt, übersieht geflissentlich, daß durch das kollektive Fehlverhalten großer Bevölkerungsteile die Freiheit und der Geldbeutel anderer tangiert sind, die für die enormen Gesundheitsschäden mitbezahlen müssen. Niemand wählt zudem in Wahrheit seine Nahrung frei, sondern streng nach angeborenen Reflexen, noch mehr aber nach von der Gesellschaft vorgegebenen Verhaltensmustern.» (Neuloh/Teuteberg 1979, S. 11f.)

Neben dieser kruden Kosten-Nutzen-Rechnung taucht eine neue psychische Ökonomie auf: die Speise-Verwertung im Genuß. «Bewußtes Genießen» wird nun nicht mehr als luxuriös, als «überflüssig» oder «afunktional» gegen das «Normale» und «Notwendige» oder «Natürliche» ausgespielt («Hauptsache es macht satt»). In der Tat ist immer wieder kritisch zu hören, die *Dicken* äßen mit zu geringem oder verkehrtem Lust-Gewinn; sie zeigten sich nicht genügend «glücksfähig». Darin treffen sich Werbeslogans der Nahrungsindustrie mit «alternativen» Sprüchen, daß Essen «Spaß» bringen müsse. Vielmehr geht es um den Dienst am optimalen Funktionieren der «Mensch-Umwelt-Beziehung». Das Maximum ist die Simulation der Not – in den eingangs zitierten «Surviving»-Beispielen –, das Gefaßtsein aufs Äußerste, und die Gewißheit, es mit der Natur im Notfall aufnehmen zu können, sich ihr täuschend ähnlich zu verhalten.

Weder *intensiver* noch *extensiver* Konsum, weder Raffinesse noch Seltenheit der Speisen sind heute noch als Luxus zu betrachten. Vielmehr geht es um individuelle Erlebnisintensität, Erfahrung im Miniaturbereich, also darum, Differenzen im Minimalen, im Kleinen zu erspüren, sowohl im Feinschmeckerkult (als beliebter Freizeittätigkeit) als auch in den Natur-, Frische- oder «Surviving»-Kulten. Die vielen Klagen über eine verlorene Sinnlichkeit deuten vielleicht weniger auf einen wirklichen Verlust der Sinnesleistungen als vielmehr auf eine verstärkte und veränderte Herausforderung unserer Sinne. Im Zeitalter der Elektronik sind Auge und Ohr, Nase, Mund und Tastsinn von manchen Aufgaben entbunden, während sie für bisher unbekannte Tätigkeiten unabdingbare, äußerst belastete Produktionsinstrumente werden.

Das ist der Luxus von heute: Im Fremden – auch im Unvorhergesehenen – sich als sich selbst zu inszenieren (darzustellen), als Herr und Bezwinger mit allen Sinnen ins Fremde einzudringen.

Die Fetten

Wenige Themen haben in den vergangenen zehn Jahren in den Massenmedien, in alltäglichen Gesprächen und Überlegungen, sogar in Regierungsverlautbarungen so sehr die Gemüter beschäftigt wie das Dicksein. Terrorismus, Einmarsch in Afghanistan und Atomenergie, nichts konnte die bange Frage niederhalten: «Bin ich schon zu dick oder noch normal? Habe ich immer noch nicht abgenommen oder sogar schon wieder zugenommen?» Selbst weltpolitisches Geschehen tritt in Gestalt von Freßmetaphern öffentlich auf: Wird der gefräßige russische Bär noch mehr verschlingen? Hat sich der Terrorismus unbemerkt von außen in unseren Sozialkörper eingefressen? Fressen uns die Sozialabgaben auf? Andererseits: Großbetriebe verschlanken ihre Belegschaft durch Massenkündigungen, und den Rentnern wird Zurückhaltung beim Griff auf den Sozialgabentisch empfohlen. Aber auch nach heimlichen Fressern wurde gefahndet, und manch einer bekannte sich reumütig als Sympathisant des Freßteufels. Viele argwöhnten, bei Personen aus dem Bekanntenkreis erste Anzeichen der Fettleibigkeit erkannt zu haben, andere hofften, durch Gewissenserforschung und den Erwerb einer Digitalwaage dem Unheil rechtzeitig Einhalt gebieten zu können.

Im Deutschland der frühen fünfziger Jahre waren Übergewicht, Korpulenz und Fettleibigkeit kein Thema, stand doch eher die Frage der Lebensmittelbeschaffung im Vordergrund. Kennzeichnend war die Figur des Spätheimkehrers, dem seine alten Anzüge schlotternd am Leib hingen. Ein Jahrzehnt später wurde in der hohen Zeit des «Wirtschaftswunders» der Bauch, der nun oft die Kleidung schon etwas stramm sitzen ließ, zum Zeichen familiären Wohlstands. (Zärtlich als «Spitzkühler» angesprochen, verwies der Wirtschaftswunderbauch auf die üppigen Formen des vor dem Häuschen geparkten Mittelklassewagens.) Damit war ein körperliches Kennzeichen demokratisiert, das noch in Georg Grosz' Karikaturen der zwanziger Jahre Macht, Reichtum und Schmarotzertum symbolisierte: Jene fettwanstigen Herren mit Zylinder und dicker Zigarre waren stets die Kapitalisten, die sich am Gemeingut vergriffen und von der Arbeit anderer ernährten.

Der langsame Abschied von der Leibesfülle, die man vornehm «Embonpoint» nannte, hatte jedoch schon – so der Kulturpsychologe Hellpach – um die Jahrhundertwende begonnen: «Im Bereich der

Nahrungsaufnahme stehen an den extremen Enden die zeitlichen Moden der *Völlerei* auf der einen, des *Hungerns* auf der anderen Seite. In der zweiten Hälfte des vorigen Jahrhunderts machen immer mehr Menschen gedankenlos den *Brauch* mit, daß man so viel in sich hineinißt, wie man es ‹sich leisten› kann (nämlich geldlich), das ‹Embonpoint› gilt geradezu als ein Merkmal dessen, der es ‹zu was gebracht hat›, dem es gutgeht, der kein ‹Hungerleider› zu sein braucht. Um die Jahrhundertwende bricht die Mode der ‹schlanken Linie› herein, namentlich die Frauenwelt der ‹besseren› Stände möchte nun um keinen Preis mehr ‹dick› werden; besondere Abarten davon, mit gesundheitlichen Begründungen dekoriert, sind die ‹Rohkost›, das ‹Müllern›, die Massage, heute die Sauna-Mode.» (Hellpach 1953, S. 10)

Wir sehen also, daß die bewertende Unterscheidung von dick und dünn auch früher schon eine gewisse Rolle spielte, doch es scheint, als sei sie noch nie so wichtig und noch nie so umkämpft und reglementiert gewesen wie heute. Pressemeldungen wie die folgende belegen diese Vermutung: «Das Ansehen der Dicken hat sich in den vergangenen Jahren radikal gewandelt. Zu diesem Ergebnis kommt eine am Freitag in Bonn veröffentlichte Befragung der Deutschen Gesellschaft für Ernährung. Galt der Wohlbeleibte früher als Symbol für Erfolg und Wohlstand, Gemütlichkeit und Genußfähigkeit, stehen die Dicken heute zunehmend im Abseits. Normalgewichtige, so das Umfrageergebnis, halten ihre fettleibigen Mitbürger für willensschwach und freudlos, ob im Leben oder in der Liebe. Auch die Dicken selbst beschreiben sich in der Regel als in sich gekehrt und sozial zurückgezogen. Dies könnte nach Meinung der Wissenschaftler die Auswirkung einer ‹zunehmenden Diskriminierung› der Übergewichtigen sein.» Das bestätigt auch ein kritischer Psychologe: «In der Tat weist die Haltung der Gesellschaft, speziell der Ärzteschaft gegenüber jenen, die falsche Gedanken hegen (die Geistes-Kranken), falsche Drogen nehmen (die Süchtigen) und das falsche Gewicht haben (die Dikken), einige bemerkenswerte Parallelen auf.» (Szasz 1978, S. 133)

«In Alltagserfahrungen und der nichtmedizinischen Literatur verbindet sich Fettleibigkeit mit bestimmten Verhaltensweisen. Der Fettleibige ist geruhsam, beschaulich, nicht von Ideen besessen. ‹Da aber Jeschurun fett ward, ward er übermütig. Er ist fett und dick und stark worden und hat den Gott fahren lassen, der ihn gemacht hat.› (5. Mose 32,15) Die wohlbeleibten Römer, die nachts gut schlafen, braucht Cäsar nur mit einem klingenden Titel, einer lukrativen Pfründe, einem Orden zu versehen, dann sind sie zufrieden und harmlos. Aber ‹der Cassius dort hat einen hohlen Blick. Er denkt zu viel. Die Leute sind gefährlich.› (...) Wohlbeleibt ist der philosophisch überlegene Betrachter der Welt und der zufriedene Spießer, mager ist der Aktive, der Vorwärtsstrebende, der Sektierer. Beleibt ist der autokratische, arrivierte Chef, mager der strebsame Privatdozent. Beleibt ist der Rechtgläubige und der Politiker mit dem richtigen Parteibuch, mager ist in metaphysisch gerichteten Zeiten der Märtyrer seines Glaubens und in säkularisierten Jahrhunderten der Märtyrer seiner Überzeugung. Beleibt ist der liebe Gott, mager ist der Teufel.» (Glatzel 1973, S. 190f.)

Welche Bedeutung hat nun Leibesfülle? Elias Canetti spürt ein Motiv des Dickwerdens auf: «Der Essende nimmt zu an Gewicht, er fühlt sich schwerer. Es liegt darin eine Prahlerei; er kann nicht mehr wachsen, aber zunehmen kann er, an Ort und Stelle, vor den Augen der anderen. Auch darum ißt er gern mit ihnen gemeinsam, es ist wie ein Wettbewerb im Vollerwerden. Das Behagen des Vollseins, wenn man nicht mehr kann, ist ein äußerster Punkt, den man gern erreicht. Ursprünglich hat sich niemand seiner geschämt: Eine große Beute mußte bald verzehrt sein, man aß, soviel man konnte, und trug seinen Vorrat in sich.» (Canetti 1980, S. 247) In der Tat spricht man vom «majestätischen» oder «mächtigen Leib». So gilt in Süditalien der «uomo di panza» («der mit dem Bauch») als «uomo d'onore», als ehrenhafte Machtperson: Er ist in der Lage, sich Respekt zu verschaffen und auch die Ehre anderer zu retten oder wiederherstellen zu lassen.

In einigen deutschen Regionen gelten füllige Personen als Naturen, die – an Sorgen, Alkohol und reicher Kost – einiges vertragen können: «Der hat vielleicht Kutteln ...», «Ja, bei dieser Plunze ...» Hellpach meinte 1953, «es ist die *Inkorporation,* die Einverleibung von Kräften, welche auf primitiven Stufen der menschheitlichen Entwicklung das (...) vielfach alleingültige, alleinverläßliche Verfahren darstellt, zu Kräften zu gelangen. ‹Kräfte› stammen immer anderswoher, auch dort, wo sie mit auf die Welt gebracht worden sind, dann sind sie eben vom Ahnen, vom Großvater, oder aus dem Erdschoß (...) empfangen. Man verzehrte die Glieder des erschlagenen Feindes (‹Kannibalismus›), um seiner Kräfte habhaft zu werden (...).» (S. 12) Heute nun geht es – umgekehrt – wohl eher darum, wie man sich vor diesen aufgenommenen Kräften schützt oder wie man sie am besten wieder los wird. Die Aufmerksamkeit hat sich offensichtlich von den Eigenschaften der Nahrung zu den Möglichkeiten ihrer Verwertung/Verwertbarkeit verlagert. Nun werden gerade jene «starken, herrschaftlichen» Gestalten als schwächlich, anfällig und kurzlebig dargestellt. (Was sagt das über den Zustand der Macht und ihrer Symbole heute?)

Beobachten wir nun einige Stationen im Wandel des Verhältnisses Essen – Dicksein. Als 1824 Brillat-Savarin die «Physiologie des schmacks» schrieb, war Fettleibigkeit noch kaum ein Problem des Über*gewichts,* sondern eines der Ästhetik der *Körperformen*: «... eine angenehme Rundung, weder zu viel noch zu wenig, ist für die Frau ja eine Lebensfrage. (...)

Ich verstehe unter Fettleibigkeit jenen Zustand von Fettanhäufung, in dem, ohne daß das betreffende Individuum krank zu sein braucht, die Gliedmaßen nach und nach an Umfang zunehmen und ihre ursprüngliche Gestalt und Harmonie verlieren.

Eine Art von Fettleibigkeit beschränkt sich auf den Bauch; bei Frauen habe ich sie niemals beobachtet, denn, da sie weniger widerstandsfähige Fasern haben, so wird bei ihnen kein einziger Körperteil verschont, wenn sie von der Fettleibigkeit befallen werden. Diese Abart nenne ich Gastrophorie und Gastrophoren die davon Betroffenen.

Ich gehöre selbst zu ihnen. Obwohl ich aber einen ziemlich stattlichen Bauch mein eigen nenne, so habe ich doch noch magere Unterschenkel und hervortretende Sehnen, wie ein arabisches Pferd.

Nichtsdestoweniger habe ich meinen Bauch stets als einen gefürchteten Feind betrachtet; ich habe ihn aber besiegt und ihn in den Grenzen seiner majestätischen Form gehalten; um ihn aber besiegen zu können, habe ich kämpfen müssen, und diesem dreißigjährigen Kampfe verdanke ich die in diesem Kapitel niedergelegten günstigen Erfahrungen.»

Brillat-Savarin führt nun die Belege für seine Theorie der Motive des Dickwerdens in Gestalt eines Auszugs vor, «aus mehr als fünfhundert Gesprächen, die ich früher mit meinen Tischnachbarn, welche entweder fettleibig waren oder es zu werden drohten, geführt habe. (...)

Ein kolossal Dicker. Bitte, mein Herr, reichen Sie mir die Kartoffeln, die gerade vor Ihnen stehen; man ist so dahinter her, daß ich zu spät zu kommen fürchte.

Ich. Hier, mein Herr, sie stehen ganz zu Ihrer Verfügung.

Der Dicke. Aber wollen Sie sich nicht zuerst bedienen? Sie reichen gut für uns beide, und nach uns die Sintflut!

Ich. Danke, ich esse sie nicht; ich schätze die Kartoffel nur als Vorbeugungsmittel gegen Hungersnot; im übrigen kenne ich überhaupt nichts Faderes.

Der Dicke. Welche gastronomische Ketzerei! Es gibt nichts Besseres als Kartoffeln, ich liebe sie auf jede Art bereitet. Wenn beim zweiten Gang wieder welche kommen, sei es nach Lyoner Art oder als Auflauf, so erhebe ich jetzt schon Protest zur Wahrung aller meiner Rechte.»

Er erfährt so auch von der Vorliebe einer «starken Dame» «für zwei

Sachen hier auf dem Tisch, die beide männlichen Geschlechts sind: Jenen Reisauflauf mit goldiger Kruste und diesen riesenhaften Savoyer Kuchen; denn ich bin, daß Sie es nur wissen, ganz vernarrt in überzuckertes Backwerk.

Ich. (Zu einer vierten.) Darf ich, meine Gnädige, während man da unten politisiert, für Sie eine Frage an diese Marzipantorte richten?

Die Dame. Sehr gerne, nichts geht mir über Kuchen. Einer unserer Mieter ist Kuchenbäcker, und ich glaube, daß meine Tochter und ich für den Preis der Miete und vielleicht sogar darüber hinaus bei ihm verzehren. (...)

Durch solche und ähnliche Gespräche erhärte ich eine Theorie, deren Grundanschauungen ich übrigens nicht dem menschlichen Geschlechte entnommen habe, nämlich, daß die Fettleibigkeit ihre Ursache immer in einer zu mehl- und stärkehaltigen Nahrung hat, wie ich mich auch vergewissert habe, daß eine derartige Diät stets genau eben dieselbe Wirkung hervorbringt.

Tatsächlich werden die fleischfressenden Tiere niemals fett (wie z. B. die Wölfe, Schakale, Raubvögel, der Rabe usw.).

Auch die pflanzenfressenden Tiere werden selten fett, sofern nicht das Alter ihnen eine erzwungene Ruhe auferlegt; dagegen können sie jederzeit rasch gemästet werden, sobald man sie mit Kartoffeln, Getreide und Mehlsorten aller Art füttert.

Niemals findet sich die Fettleibigkeit bei den Wilden und ebenso nicht bei denjenigen Klassen der menschlichen Gesellschaft, die arbeiten, um essen zu können, und die nur deshalb essen, um das Leben zu fristen.» (Brillat-Savarin 1913, Bd. 2, S. 36ff.)

Roland Barthes zufolge kommt unter dem Einfluß Rousseaus und der Schweizer Ärzte Trochin und Tissot Ende des 18. Jahrhunderts eine neue Hygiene-Vorstellung auf, «deren Grundlage nicht mehr die Sattheit ist, sondern die Reduktion. Die Abstinenz nimmt den Platz des allgemeinen Aderlassens ein, die ideale Diät besteht aus Milch, Früchten und frischem Wasser.» (1978, S. XXV) Doch trägt dieser Mythos ländlicher Natürlichkeit noch nicht unsere heutige mitteleuropäische Ästhetik in sich, nach der «ganz selbstverständlich Magersein schöner ist als Dicksein» (Barthes 1978, S. XXV).

Mit seinem Werk, so Barthes, begründete Brillat-Savarin die sich an einer Vernunft des Körpers ausrichtenden Kochbücher. «Er weiß, daß Fisch, und vor allem Muscheln und Austern wenige Kalorien entwikkeln, Teigwaren und stärkehaltige Speisen hingegen viele; er rät von Suppen, Süßspeisen und Bier ab, empfiehlt Gemüse, Kalbfleisch, Geflügel (aber auch Schokolade!); er rät dazu, sich regelmäßig zu wiegen, wenig zu essen, wenig zu schlafen, sich viel zu bewegen und bekämpft en passant einige Vorurteile (wie jenes, das ein Mädchen zu Tode brachte, das geglaubt hatte, es würde abnehmen, wenn es nur recht viel Essig tränke). Neben all dem verwendet er einen Schlankheitsgürtel und Chinarinde.» (Barthes 1978, S. XXVI)

Zwar hieß es schon 47 Jahre vor Brillat-Savarin in Krünitz' «Encyclopädie» über einen Zeitgenossen: «Sanctorius maß beständig seine Speisen ab, und wog sich dabey täglich ...» (1777, Artikel «Essen», S. 594), doch dann wird gegenüber der *Gewichts*berechnung der *Hunger* als zuverlässigeres Maß richtigen Essens angegeben: «Es ist, wenigstens für einen gesunden Menschen, nicht einmahl gut, seine Speisen und Getränke nach Maßen und Gewichten zu bestimmen; aber es ist auch ganz unmöglich, mathematisch fest zu setzen, wie viel und wie oft jeder Mensch Nahrung bedürfe und zu sich nehmen müsse. Der wahre Hunger ist das einzige und untrügliche Kennzeichen, daß der Mensch Nahrung bedürfe, und die Sättigung desselben die gewisseste Anzeige, daß der Mensch genug Speise zu sich genommen habe. Die Sättigung des Magens aber besteht nicht darin, daß man die Last und den Druck der Speisen fühlen müsse; nein, satt seyn heißt, nicht mehr mit Appetit essen.» (Krünitz 1777, Artikel «Essen», S. 594)

1847 machte es «Meyers Conversationslexikon» «vom Alter, der Körperkonstitution und der Lebensweise» abhängig, «wie viel Mal täglich zu essen der Gesundheit am zuträglichsten ist. Im allgemeinen ist es empfehlenswerth, täglich nur *eine* Hauptmahlzeit zu halten und außerdem, um der Leerheit des Magens vorzubeugen, 1 bis 2 mal etwas Weniges zu genießen. Vom größten und wohltätigsten Einfluß für Körper und Geist aber ist es immerhin, nicht bis zur völligen Sättigung, sondern nur zur Stillung des Naturbedürfnisses zu essen.» (Meyers Das große Conversations-Lexikon für die gebildeten Stände 1847, Abt. I, Bd. 9, S. 182)

In der Tat rückte erst die sich verbreitende Gleichsetzung von Essen und Ernährung – oder vielmehr: die Ersetzung des Essens durch Ernährung – die Gewichtsfrage in den Vordergrund: «*Ernährung* (...) umfaßt im weiteren Sinne (...) diejenige Reihe von Prozessen der organischen Ökonomie, durch welche die (...) Theile des Körpers in ihrer Integrität erhalten oder bei einer Ungleichheit zwischen den Einnahmen und den Ausgaben des Organismus vermehrt oder vermindert werden.» Durch Ernährung geschieht ein «anhaltender Wechsel der Materie» der Organismen. «So viel ihnen durch ihre Kraftäußerungen, durch die Thätigkeit ihrer Maschine an Stoffen verbraucht wird, so viel mindestens muß ihnen, wenn sie keinen Schaden leiden sollen, ersetzt werden.» (Meyers Conversationslexikon 1847, Bd. 9, S. 18, Sp. 2) In der fünften Auflage von «Meyers Conversationslexi-

Der Ratschlag stammt aus der Broschüre «Gesundheiit ist Lebensglück. Ein Werkbüchlein für jedermann», herausgegeben vom Reichsausschuß für hygienische Volksbelehrung, Berlin, um 1936

kon» (1894) tauchte der Artikel «Essen» schon nicht mehr auf, und in der sechsten Auflage (1908) ist schließlich auch das Stichwort «Mahlzeit» getilgt.

Hunger und Appetit gelten bei uns als äußerst unzuverlässige Indikatoren, denn sie sind weder meßbar noch irgendwie vom Wissenschaftler regulierbar. Dem gefällt es gar nicht, daß sich der gierige oder vergnügte Esser einfach auf Hunger oder Appetit beruft, ohne vorzuweisen, was er dafür geleistet hat oder was er mit dem aufgenommenen Energiebetrag anzufangen gedenkt. Jetzt sagt ihm der Wissenschaftler oder Arzt, *wieviel* er im Namen seiner Leistungsfähigkeit essen darf – aber auch, wieviel und was er dafür essen *müßte*. Diese Berechnungen waren eine wesentliche Grundlage der Sozialreformen des 19. Jahrhunderts, die die Volksernährung sichern sollten.

Heute nun verbinden sich auf merkwürdige Weise das Mißtrauen gegen die leiblichen Sinne des Essers mit der Forderung, er möge doch endlich – der Stimme seines Bauches folgend – genießen. Dabei bekommt der Bauch den Rang eines vernunftbegabten Wesens. Er «weiß» schon, was er braucht und was dem Körper guttut.

Wenden wir uns zunächst der *Kontrolle* der Ernährung zu; die Frage des «Genießens» soll im nächsten Kapitel behandelt werden.

Mit einer Presseerklärung der «12. Bad Mergentheimer Stoffwechseltagung» 1982 läßt sich die derzeitige Optik charakterisieren: *Kosten* und durchschnittliche *Lebenserwartung* sind nun die maßgeblichen Gesichtspunkte. «Durch Fettsucht (Adipositas) und daraus resultierende Erkrankungen entstehen in der Bundesrepublik jährlich im Gesundheitsbereich Kosten von 30 bis 40 Milliarden Mark. Dies stellte Professor Gotthard Schettler (Heidelberg) (...) fest. Professor Waldemar Hort (Düsseldorf) sagte nach einer Mitteilung der Pressestelle der Heilberufe auf der Tagung, daß eine schwere Fettsucht die Lebenserwartung mit zunehmendem Gewicht verkürze. Häufig bilde sich dabei auch eine Fettleber. Inwieweit eine Gewichtsverminderung die ‹Übersterblichkeit› herabsetze oder gar zur Norm zurückführe, sei jedoch bisher nicht bekannt. Keine Einigkeit bestand unter den Referenten über das genaue Krankheitsbild der Adipositas und ihre Behandlung. Auch auf das Idealgewicht konnte man sich nicht einigen.» (*Süddeutsche Zeitung*, 26.10.1982)

Für einige Ernährungsphysiologen stelle sich das Problem so dar: «Nach den Untersuchungsergebnissen von Nisbett und Schachter ist der Fettleibige stärker umweltansprechbar als der Normalgewichtige. Er ißt mehr als der Normalgewichtige, wenn er Essen vorgesetzt bekommt, und weniger als der Normalgewichtige, wenn er sich das Essen erst beschaffen muß. Nisbett spricht von ‹Unempfindlichkeit› gegen Sättigung und gegen Mangel.» (Glatzel 1973, S.192) Nach Schachter ißt der Fettleibige «bei vollem Magen ebensoviel wie bei leerem Magen; er ißt aber von einer langweiligen Kost im Labormilieu weniger als von seiner gewohnten Kost. Er ißt, wenn er glaubt, es sei Dinnerzeit (obwohl es in Wirklichkeit noch gar nicht so weit ist), und er ißt von einem geschmacklich attraktiven Gericht mehr als von einem unattraktiven.» (Glatzel 1973, S.193) Schließlich mußten die Ratten zum Vergleich herhalten, und es stellte sich heraus, daß eine Ratte mit einer bestimmten Hirnschädigung (Läsionen im medialen Hypothalamusbereich) ebenfalls «unattraktives Futter» (was immer das sein mag) liegen ließ, bei attraktivem Futter nicht zu fressen aufhörte und fett wurde. Über den Ursprung des mittlerweile als «anomal» geltenden Verhaltens der Vielesser und Leckermäuler sagt das aber gar nichts aus. (Sind sie etwa alle auf den Kopf gefallen?) Bis heute gibt es keine bündige Erklärung der Fettsucht.

Die Ernährungsforschung bietet folgendes Modell an: Bodenstedt macht für das Fehlverhalten (nicht nur der Dicken) *Gewohnheits*bildungen verantwortlich. Bestimmte Ernährungshandlungen werden so oft wiederholt, bis ihr ursprünglicher Anlaß, ihr «Sinn» (das «gefühlte Bedürfnis») kaum mehr erinnert wird. Solche Verhaltensmuster sind nach Bodenstedt «wandlungsabweisend» – letzten Endes Resultat eines menschlichen Baufehlers: «Wir haben keine stabile, institutionalisierte und habitualisierte Einstellung zur Bedarfs-Variabilität.» (Bodenstedt 1978, S. 105) Auch wenn der «physiologische Bedarf» also schwankt, unser «Eß- und Trinkstil» bleibt dennoch stabil. Als Beispiel solcher Ernährungsgewohnheiten nennt Bodenstedt, «z. B. um 5 Uhr eine Tasse Tee trinken, grünen Salat nach und nicht zur warmen Mahlzeit zu verzehren oder Graubrot zu bevorzugen» (1978, S. 103).

Andere Autoren sehen bestimmte «Einstellungen» der Esser am Werk, die sich hartnäckig zwischen vernünftiges Ernährungswissen und tatsächliches «Ernährungsverhalten» drängen. Diese Einstellungen drückten sich in «Erkenntnissen» wie den folgenden aus: «Dicke sind gemütlich; gesund ist das, was einem schmeckt; man sollte nur eiweißreiche Nahrung essen; Obst ist gesund; Milch ist gesund; ich habe in meinem Leben genug gehungert; Essen ist Erotik des Alters.» (Ernährungsbericht 1980, S. 93)

Wer nun seine individuelle Mittel-Zweck-Relation in Sachen Ernährung erkennen und verändern will, der hat den Weg der «bewußten Ernährung» zu beschreiten, wenn nicht gar den einer gezielten Kur oder Diät. Während für das eine Ernährungsberatungsstellen Empfehlungen bereithalten, finden sich in Tausenden von Büchern, Zeitschriftenartikeln usw. die widersprüchlichsten Ratschläge: von der fleischlosen und Brot-Diät über die Obst-Diät zur Psycho-Diät.

Da empfiehlt etwa die Zeitschrift für «Gesundheit. Freizeit. Lebensfreude», *vital*, einen «Fahrplan» für eine zweiwöchige Brot-Diät, die von Ernährungswissenschaftlern ausgearbeitet wurde. «Ohne Hunger, ohne Mehrkosten und ohne gesundheitliches Risiko kann jeder Übergewichtige rund 12 Pfund in vier Wochen abnehmen.» (*vital*, Sonderdruck, o. J.) «Natürlich wird man nicht allein dadurch schlank, daß man Brot ißt – der Name ‹Brotdiät› für unsere neue Schlankheitskost macht aber eines deutlich: mit Brot geht es leichter als ohne!» (*vital*, Sonderdruck, o. J.) Völlig im Gegensatz dazu hatte der geschäftlich äußerst erfolgreiche Diät-Ideologe Dr. Robert Atkins – mit annähernd sechs Millionen verkauften Büchern – die Kohlenhydrate zum Hauptfeind aller Fetten erklärt. Mit Dr. L. L. Pearsons «Psycho-Diät» («Abnehmen durch Lust am Essen») soll dagegen die Verführbarkeit des Essers bekämpft werden: «Unbeschwerte Gaumenfreuden und gleichzeitiger Gewichtsverlust erscheinen auf den ersten Blick unvereinbar. Wie eng beides jedoch in Wirklichkeit zusammengehört, wird Ihnen aufgehen, sobald Sie die Signale Ihres Körpers einwandfrei deuten können und begriffen haben, was ‹Essen› – für Sie ganz persönlich – wirklich bedeutet.» (Pearson 1977, S. 12) Zu diesem Zweck sollen nun alle Essenswünsche daraufhin untersucht werden, ob sie «wahre» Wünsche sind oder ob der Wunsch nicht «aus Ihrem Innern» kommt («Recht häufig denken Sie dabei zunächst überhaupt nicht ans Essen – bis Backwerk in der Bäckerei-Auslage Sie betört, bis süße Konfekt-Düfte Sie umwehen, bis die Leckerbissen Sie locken, die am Nebentisch serviert werden.» [Pearson 1977, S. 13]). Je nachdem nimmt das potentielle Opfer nämlich ein «Summen» oder «Winken» wahr («humming and beckoning»): «Wenn etwas zum Essen für Sie ‹summt›, sehnen Sie sich wirklich danach – und selbst, wenn es im Augenblick unerreichbar ist. Wenn etwas ‹winkt›, dann haben Sie sich ursprünglich nicht danach gesehnt. Es ist plötzlich da und kann gegessen werden – ‹es sieht lecker aus›, ‹es wird sicher schmecken›, es regt den Appetit an. Beim ‹Winken› werden Wünsche von außen her geweckt, während sie beim ‹Summen› spontan – ‹von selbst›, aus einem echten Bedürfnis – entstanden sind. Mit anderen Worten: ‹Summen› heißt, daß Sie etwas essen wollen, ‹Winken› bedeutet, daß etwas gegessen werden ‹will›. Zwischen ‹Summen› und ‹Winken› besteht also ein klarer Unterschied.» (Pearson 1977, S. 13)

Zur Emanzipation des Essers werden vielerlei Übungen vorgeschlagen, vom Beriechen und Belecken einer einzelnen Erdnuß bis zum Ausstopfen des Mundes mit einer zusammengeknüllten Papierserviette (um herauszufinden, ob nicht eher das Gefühl des vollen Mundes als solches schon Befriedigung verschafft).

Viele ziehen aus dem Wirrwarr von Diätvorschlägen eine einzige praktische Konsequenz: Es darf alles gegessen werden – «Hauptsache es schlägt nicht an». Doch gerade diese Haltung kann äußerst qualvoll sein, weiß man doch nicht, was woher rührt und was wann eine Zunahme bewirkt. Auf der Jagd nach dem Idealgewicht hatte 1980 in der Bundesrepublik jeder vierte Erwachsene bereits drei Abmagerungsversuche hinter sich, 13 Prozent der Erwachsenen brachten es sogar auf mehr als zehn solcher Versuche.

Die Drohung mit der verkürzten Lebensdauer («Mit jedem Pfund Übergewicht stirbt man früher») wirkte aber schließlich wie der Auswuchs eines verrückten Gelehrtenhirns, als im Herbst 1980 Meldungen über ein seit 30 Jahren betriebenes Forschungsprojekt in der amerikanischen Kleinstadt Framingham auftauchten. Plötzlich hieß es: «(...) tatsächlich hatten Menschen mit einem Gewicht von zehn

Prozent unter dem Idealgewicht (‹Klapperdürre›) die größte Frühsterblichkeit. Sie war höher als bei den zu dicken (...), bis zu 30 Prozent Übergewicht verkürzen das Leben nach diesen Zahlen kaum.» (*Berliner Morgenpost*, 14.9.1980) Wer nun jahrelang sich etwas mehr Lebenszeit hinzugefastet zu haben glaubte, hatte sich nun ganz im Gegenteil einige Jahre «abgehungert». Als die amerikanischen Mediziner nach der Auswertung einer Reihenuntersuchung (40 Studien mit den Daten von etwa sechs Millionen Amerikanern) behaupteten: «Unsere bisher aufgestellten Tabellen über Idealgewicht stimmen nicht. Wer länger leben will, muß mehr wiegen, als bisher für ihn gut befunden worden ist» (*Süddeutsche Zeitung*, 29.12.1980), mußten die Lebensversicherungen, die jene Listen hatten erstellen lassen, ihre Bewertungen ändern.

Ob wissenschaftliche Forschung nun die Senkung oder die Erhöhung des Idealgewichts empfiehlt, die Wirkung ihrer Ergebnisse stärkt auf jeden Fall die Überzeugung, man sei nun endlich der Wahrheit einen Schritt näher gekommen. Die Folgen können das Absurde streifen: die US-Army versucht für ihre Soldaten ein verbindliches Gewichtslimit anzusetzen – und stößt auf neue Schwierigkeiten bei der Bestimmung dessen, was als «dick» gelten kann. Im Sommer 1983 war zu lesen (u. a. in der Soldatenzeitschrift *Stars and Stripes*), daß die US-Army übergewichtigen Berufssoldaten ein Abmagerungsultimatum gesetzt hatte. Bald stellte sich heraus, daß aber auch solche Soldaten von dem Drohbrief betroffen waren, die durch fleißiges Body-Building sich einige Kilo Muskeln zugelegt hatten. Als dies bekannt wurde, hieß es, daß nun zur Sicherung der Kampfkraft der Soldaten zusätzlich deren Fettgewebe untersucht würde.

Die Ablehnung des Dicken als fett, lahm, faul und unrein scheint nicht erst mit jener in Deutschland etwa zehn, in den USA rund 30 Jahre währenden Kampagne für den mageren, elastischen Zeitgenossen entstanden zu sein. So verkündete schon 1930 Marinetti in seinem «Manifest der futuristischen Küche», «man müsse verhindern, daß der Italiener kubisch, massig und bleibeschwert werde, von undurchsichtiger und blinder Kompaktheit. Immer mehr Zustimmung findet dagegen die italienische Transparenz in Spiralen der Leidenschaft, der Zärtlichkeit, von Licht, Willen, Schwung, heroischer Zähigkeit. Laßt uns also die Agilität italienischer Körper vorbereiten, den leichtesten Zügen aus Aluminium angepaßt, die die gegenwärtigen schweren aus Eisen, Holz und Stahl ersetzen.» (Marinetti 1983, S. 24f.) Und überdeutlich fügt er hinzu: «Wir sind überzeugt, daß in dem zu erwartenden künftigen Weltkrieg das agilste und sprungbereiteste Volk siegen wird (...).» Erste Bedingungen zur Festsetzung einer

Nahrung, «die einem immer luftigeren und schnelleren Leben entspricht» ist «die Abschaffung der Pasta asciutta, dieser absurden Religion der italienischen Gastronomie» (Marinetti 1983, S. 25). Er zitiert zustimmend das Urteil eines Professor Signorelli, demzufolge sich von der Pasta asciutta – im Unterschied zu Brot und Reis – «Schlappheit, Pessimismus, nostalgische Untätigkeit und Neutralismus» (Marinetti 1983, S. 26) ableiten. Er fügt drohend hinzu: «Die Pasta asciutta ist zudem unmännlich, weil der beschwerte und beengte Magen niemals der physischen Begeisterung für die Frau und der Möglichkeit, sie geradewegs zu besitzen, förderlich ist. In der erwähnten Umfrage glänzt jedoch die Intelligenz der Ärzte, die sagen: ‹Der gewohnte und übertriebene Verzehr der Pasta asciutta ist sicher ausschlaggebend für die Verdickung und das übermäßige Volumen des Leibes.›

Die großen Pasta-asciutta-Esser sind von langsamem und friedfertigem Charakter, die Fleischesser von schnellem und aggressivem Charakter.» (Marinetti 1983, S. 32) Wie gesagt, das Ideal unserer Gegenwart ist nicht ein in sich ruhender, mächtiger, majestätischer Leib, der – physische oder politische – Macht bedeutet, sondern der unbelastete, einsatzbereite, mobile Dienstkörper (nach Art des Soldaten oder des Dschungelkämpfers). Gefordert wird jene Stromlinienform des Funktionsmenschen, die auch den Nazis mit ihrem Spruch «Flink wie Windhunde, zäh wie Leder, hart wie Kruppstahl» so wichtig war.

1978 liest man in der Broschüre «Familienbilder» (Eine Schrift der Aktion «Familie – jeder für jeden», herausgegeben im Auftrag des Bundesministers für Jugend, Familie und Gesundheit) von einer achtjährigen Monika, die bei einer schulärztlichen Untersuchung durch ziemliches Übergewicht auffällt und zum Gesundheitsamt bestellt wird. Die Mutter denkt im ersten Moment «Na so was! Was geht die das an, wie dick oder dünn einer ist», kommt dann aber doch der Aufforderung nach und fragt die Ärztin: «‹Finden Sie etwa, daß meine Tochter ungesund aussieht?› (...) ‹Ja›, sagt die Ärztin. Sie sagt das so klar und einfach heraus, daß Frau Gesell nun doch einen Schrecken bekommt. ‹Übergewichtige Kinder leisten viel weniger, sind passiver und leiden viel häufiger unter gedrückten Stimmungen. Und außerdem sind ihre Abwehrkräfte gegen Infektionskrankheiten niedriger als bei schlanken Kindern.› (...) Na, das Thema beim Abendessen läßt sich denken. Vater Gesell hat gerade mal wieder seinen Gürtel lokkern müssen, weil ihm die ‹Rettungsringe› zu schaffen machen. Während seine Frau ihm erzählt, was die Ärztin alles über Übergewicht gesagt hat, fühlt seine Hand verstohlen in die Herzgegend. Hat er doch manchmal so leichte Stiche und versucht erfolglos, den Gedanken zu verdrängen, daß zwischen Übergewicht und Herzinfarkt ein enger

Zusammenhang bestehen kann. Vater ist es schließlich auch, der vorschlägt: ‹Wißt ihr was, wir nehmen jetzt alle zusammen ab.› Und zu seiner Frau: ‹Du jammerst ja auch schon, daß du nicht mehr in deine Röcke paßt.› (...)

Der gute Vorsatz, sich mehr zu bewegen, kostete am Anfang auch ganz schön Kraft. Aber jeder gab dem anderen einen kleinen Schubs, und bald war es ganz selbstverständlich, daß Vater morgens 15 Minuten Dauerlauf machte, Mutter mit Hilfe einer Gymnastik-Platte Übungen machte und Monika regelmäßig in den Schwimmverein ging. Gesells fanden auf einmal richtig Spaß am Abnehmen. ‹Der ganze Muff ist weg, wir könnten wieder Bäume ausreißen.› (...)

Nach 6 Wochen war der Kampf gewonnen. Alle fühlten sich einfach ‹fittig›, wie Monika es nennt.» (*Familienbilder*, 1978)

Damit das Volk weiß, wie es um seine Körperfülle steht, werden modernste technische Hilfsmittel eingesetzt. Mit Computerhilfe wird vermessen: «Eine besondere Attraktion am Bayern-Stand in Halle 20 [der «Grünen Woche» 1980 in Berlin; d. Verf.] soll der Computer-Service für gesunde Ernährung werden. Jeder Besucher kann sich dort innerhalb einer halben Minute einen ‹Ernährungspaß› ausstellen lassen. Nach dem Eintippen von Körpergröße, Gewicht und körperlicher Tätigkeit wird von einem mit der EDV-Zentrale des Ministeriums in München verbundenen Computer der Nährstoffbedarf errechnet und auf Papier gedruckt.» (*Süddeutsche Zeitung*, 15.1.1980) Tests wie zum Beispiel der Allgemeinen Ortskrankenkasse «Wie gesund leben Sie?» folgern aus der Punktzahl, die man sich in den Bereichen «Ernährung», «Bewegung», «Alkohol», «Rauchen», «Umgang mit Arzneimitteln» erwirbt, ob man gesundheitsbewußt lebt. Schon im Vorspann zu den Ernährungsfragen werden die Positionen geklärt: «Essen gehört zu den ausgesprochen angenehmen Dingen des Lebens. Und das soll auch so bleiben. Aber unsere Ernährungsgewohnheiten sind leider sehr oft ungesund. Die meisten essen zu viel, zu fett, zu einseitig und zu kalorienreich. Deshalb ist nur jeder zehnte in Deutschland so schlank, wie er sein sollte. Nur jeder zehnte hat Idealgewicht und damit die höhere Lebenserwartung. Und wie steht es mit Ihnen?» In Frage 6 werden die Maßstäbe für gesundes und gesünderes Leben dargelegt: «Haben Sie Normalgewicht? (für jeden Zentimeter, den Sie über 1 m groß sind, dürfen sie ein kg auf die Waage bringen. (...) Noch gesünder ist natürlich das Normalgewicht minus 10 Prozent beim Mann, minus 15 Prozent bei der Frau.»

Flankiert werden diese Maßnahmen von Plakataktionen des Bundesverbandes der Ortskrankenkassen. Über einem großen Foto einer Show-Größe prangt in dicken Lettern «Nur Elefanten können wiegen, was sie wollen. ICH NICHT. Deshalb ernähre ich mich vernünftig (...).»

Was um 1930 Marinetti der Pasta asciutta ankreidete, wird – über 40 Jahre später – in Deutschland gegen Brot und Kartoffel vorgebracht. «Fettverliebt aus tiefer Seele» überschrieb der *Spiegel* (43/1976) seinen Artikel über den Bundesernährungsbericht 1976. Einige Jahre lang überboten sich viele Schreiber in den obszönsten Beschreibungen typischer deutscher Fettgerichte und dickmachender Speiserituale: Von Kaffee und Kuchen mit der doppelten Portion Schlagsahne bis zum Eisbein mit fettem Sauerkraut und Bier mit Korn wurde eine Landschaft des kulinarischen Schreckens, der Todesdrohung aus Teller und Glas ausgemalt.

Aber selbst wer durch striktes Einhalten einer Diät das Idealgewicht erreicht hat, sieht sich immer wieder gefährdet, denn, so ist in fast allen Merkblättern zu lesen: «Haben Sie Ihr Wunschgewicht erreicht, kommt die zweite Bewährungsprobe für jeden, der eine Schlankheitskur macht: schlank bleiben!» oder: «Noch schwieriger als abzunehmen ist es, das richtige Gewicht zu halten.» Entweder hat der Zeitgenosse seinen täglichen Speiseplan radikal umzustellen, oder er verfolgt rechnend an Hand einer «Kalorientabelle für den täglichen Gebrauch» (herausgegeben von der Deutschen Gesellschaft für Ernährung, 3/1973) seine Eßhandlungen. Vorgeschlagen wird dort ein Modell, das dem «Morgens wie ein König, mittags wie ein Bürger, abends wie ein Bettelmann» ziemlich ähnelt, allerdings wird auf die Tagesbilanz bestimmter Nährstoffe geachtet und darauf, daß die einzelnen Mahlzeiten sich ergänzen. Besonders problematisch scheint dabei die Zeit nach dem Abendessen: «Je länger die Freizeit am Ende eines Arbeitstages ist, um so sorgfältiger sollte man auf die Snacks, Knabbersachen und Getränke achten, die beim Genießen der Entspannung, in geselliger Runde und beim angeregten Erleben des Fernsehens leicht von der Hand in den Mund gelangen. Mit einer Handvoll Nüsse und einigen Gläsern Bier ist gar schnell der Energiewert einer vollen Mahlzeit erreicht.» Deshalb solle man diese Freizeit-Währung in eine andere konvertieren: «Für 2 Gläser Weinbrand und eine Handvoll Nüsse – in sehr kurzer Zeit verzehrt – könnte man mit fünf Gläsern Weinschorle und einem halben Paket Kräcker, vielleicht sogar für zwei Personen, einen ganzen Feierabend Angenehmes für Zähne und Kehle haben.»

Aliabadi und Lehnig haben bei ihrer Untersuchung «Wenn Essen zur Sucht wird» entdeckt, «wieviel *normalgewichtige* Menschen, insbesondere Frauen, ebenfalls unter einem gestörten Verhältnis zum Essen und zu ihrem Körper leiden. (...) Diese Menschen, ‹latent Fettsüchtige› genannt, können ihr Normalgewicht nur mit einem rigiden Kontrollsystem aufrechterhalten. Sie kontrollieren jeden Bissen und geraten in Panik, wenn sie auch nur wenige Gramm zugenommen haben. Bei einigen kommt es zu regelrechten Eßanfällen, die durch Erbrechen oder mit Abführmitteln wiedergutgemacht werden sollen. Für diese Form von Eßstörung, die fast immer schamvoll verschwiegen wird, ist die Bezeichnung ‹Bulimarexie› (‹Kotzsucht›) gefunden worden.» (Aliabadi, Lehnig 1982, S. 9)

Das Drama, das sich da meist im Verborgenen abspielt, illustriert die Geschichte der 27jährigen Lehrerin Martina, «schlank, hübsch und gepflegt», «die ihren Beruf erfolgreich ausübt und mit Schülern und Kollegen gut auskommt. Sie ist mit einem sehr gut aussehenden Rechtsanwalt verheiratet. Ihr Eßproblem fing an, als sie ca. 16 Jahre alt war und es ihr immer wichtiger wurde, den Männern zu gefallen. Ihrem Gefühl nach kann Martina aber nur gefallen, wenn sie eine ideale, schlanke Figur hat und auch sonst möglichst perfekt und gepflegt aussieht. Ihr ganzes Leben wird davon beherrscht, ob sie ihr Ziel, möglichst perfekt auszusehen, auch erreichen kann. Schon morgens wird ihr Lebensgefühl davon bestimmt, was die Waage in ihrem Badezimmer anzeigt: hat sie abgenommen, ist sie glücklich und beschwingt, hat sie jedoch auch nur wenige Gramm zugenommen, fühlt sie sich ganz deprimiert und voller Angst, daß sie noch weiter zunehmen könnte. Der nächste kritische Moment ist das Anziehen; wird sie sich in ihrer engen grünen Hose wohl fühlen, oder wird sie jeder Schritt daran erinnern, daß sie vielleicht doch wieder zugenommen hat?

Richtig wohl fühlen kann sich Martina eigentlich nur, wenn sie hungrig ist. Das ist für sie die beste Garantie dafür, daß sie nicht zuviel gegessen hat, und dann ist ihre Angst, daß sie zunehmen könnte, am geringsten. Satt sein ist für sie mit Vollsein verbunden, und das führt zwangsläufig zum Dicksein. Martina weiß genau Bescheid über sämtliche Diätformen, kalorienarme Nahrungsmittel und kennt viele Tricks, wie man Kalorien sparen kann. Alle ‹Dickmacher› wie Brot, Kartoffeln, Kuchen, Süßigkeiten usw. sind von ihrem Speisezettel gestrichen. Sie versucht sich ständig einzureden, daß ihr Knäckebrot mit Gurke ganz hervorragend schmeckt, und daß Kuchen sowieso nur ungesundes Zeug ist, das sie gar nicht vermißt. Martina hat solche Schranken gegen das Essen in sich aufgerichtet, daß sie kaum etwas herunterbringt, von dem sie weiß, daß es dick machen könnte. Eigentlich möchte sie auch mal etwas Abwechslung in ihre eintönige kalorienarme Kost bringen. Geht sie dann aber einkaufen, entscheidet sie sich nach langem Zögern und qualvoller Unentschlossenheit doch wieder für die gleichen Dinge wie immer.

Martina hat aber noch eine andere Seite, von der niemand etwas weiß, und die sie um jeden Preis geheimhalten möchte. Immer wieder bricht ihr sorgsam ausgeklügeltes Kontrollsystem zusammen, und sie wird von einer ganz starken Gier nach Essen überfallen. Die Spannung wird so unerträglich, daß sie sich wie im Rausch alles, was sie in ihrer Küche finden kann, in den Mund stopft – Unmengen von Keksen, Eis, Brot und andere, sonst verschmähte Nahrungsmittel, schlingt sie in sich hinein. Dabei kann sie kaum etwas schmecken oder genießen. Wenn sie so voll ist, daß sie sich kaum noch rühren kann, geht sie ins Badezimmer und erbricht, solange es geht. Die ganze Zeit ist sie aber von der Angst erfüllt, daß ihr Mann unvorhergesehenerweise nach Hause kommen und sie überraschen könnte. Besonders schlimm ist es für sie, wenn sie dieser Drang zu essen in Gegenwart von anderen Leuten überkommt, z. B. bei einer Einladung. Hat sie dann keine Gelegenheit, an Ort und Stelle zu erbrechen, fühlt sie, wie das Essen sich in ihr ausbreitet, sie dick und schwer macht, und wie sie nur noch von einem Gedanken besessen ist: wegzukommen und das gefährliche Zeug wieder aus ihrem Körper herausbringen. In solchen Fällen greift sie dann auch mal zu Abführmitteln, um sich wenigstens etwas zu beruhigen. Martina schämt sich sehr für ihre ‹schlechte Gewohnheit› und kann sie gar nicht mit ihrer sonstigen Vorstellung von Perfektion in Einklang bringen. Besonders schlimm findet sie es, daß sie manchmal ihre Freßorgien regelrecht plant, daß sie ganz deutlich spürt, wie die Spannungen in ihr immer stärker werden und sie dann etwas zu essen haben muß. Zu diesem Zweck kauft sie dann Unmengen von Süßigkeiten und Kuchen, die sie zu Hause sicher versteckt, bis die Gier ihren Höhepunkt erreicht hat und sie nicht mehr widerstehen kann.

Besonders stark wird Martina mit ihrem Eßproblem konfrontiert, wenn sie mit mehreren Leuten verreist. Schon vor der Abfahrt macht sie sich tausend ängstliche Gedanken: Wie wird sie mit dem Essen zurechtkommen? Wird sie den Versuchungen widerstehen können? Wie werden die anderen reagieren, wenn sie ihre Diätnahrungsmittel mitnimmt? Wird sie dafür abgelehnt werden? Wie soll sie den anderen klarmachen, daß sie auf ihre Figur achten muß? Wird ihr Mann sie auch nicht zu dick finden, wenn sie am Strand seinem kritischen Blick ausgesetzt ist? Während des ganzen Urlaubs quält sie sich immer wieder mit diesen Fragen herum und ist gar nicht in der Lage, ihn richtig zu genießen.» (Aliabadi, Lehnig 1982, S. 163 ff.)

Andere versuchen durch reine Funktionsnahrung, ihren Körper rein, leicht und unbeschwert zu halten: Dem Körper soviel zu geben, wie er gerade «verbraucht», ist der Zweck der verschiedensten Diät-

Tütchen. Einige versprechen sogar die Umwandlung der Aminosäuren nicht in Fette (wie das meist bei der normalen Ernährung der Fall sei), sondern in Bausteine «neuer, noch explosiverer, potenterer und elastischerer Muskeln; zugleich werden die Fette ‹verbannt›. (...) Ist das Hauptziel, überflüssige Fette abzubauen, kann Enervit Protein die Mittags- oder Abendmahlzeit ersetzen und kann als normales Frappé an jedem Ort, auch am Arbeitsplatz während der Mittagspause eingenommen werden.» (Prospekt für Enervit Protein) Mit Hilfe des speziell entwickelten Shakers werden die 71-Gramm-Rationen mit etwa einem viertel Liter Wasser zu einer Ersatz-Speise mit «Zabaglione-Geschmack» zurechtgeschüttelt. Das bevorzugte Werbebild sind Leichtathleten, die dank dieses Mittels in Höchstleistung bleiben. Andere hochkonzentrierte Nahrungsmittel werden als «Abfallprodukte» der Weltraumfahrt angepriesen, als Produkte der modernen Ernährungswissenschaft oder der wissenschaftlichen Erprobung im Hochleistungssport.

Ein umgekehrtes Schlaraffenland: Nicht mehr die gebratene Taube, sondern pillen- und pulverförmige Elixiere, die einem das Abnehmen versprechen, fliegen einem zu.

Dies alles hat seinen guten Zweck: «Verstehen Sie, was das für Ihre Familie bedeutet? Sie werden nicht gereizt oder nervös sein, ihre tägliche Arbeit werden Sie müheloser als bisher bewältigen, Sie werden attraktiver und tun Entscheidendes für Ihre Gesundheit. (...) Können Sie sich ihre Begeisterung vorstellen, wenn im nächsten Monat Ihre Waage 10 kg weniger anzeigt, Sie sehen in den Spiegel ... 10 kg sind verschwunden! Sie sind bezaubernd schlank! Bewundern Sie sich im Badeanzug, in Shorts, in langer Hose ... Sie werden es kaum glauben, alles paßt wieder wie früher. (...) Als Mann werden Sie endlich Ihre Jacke zuknöpfen können, ohne den Bauch einziehen und ständig Angst haben zu müssen, daß der Knopf abreißt.» – Versprochen wird kurzum die Rückkehr in die verlorene Zeit, eine Zeitmaschine in Pillenform dank Wissenschaft und Weltraumtechnologie. Der mehrwöchige Weg dahin wird im «Reduktions-Reiseplan» (Shape Metrecal) festgehalten. Ganz in der Ausrichtung auf eine Ästhetik des ‹Luftmenschen› gab es bei einigen Fluggesellschaften Überlegungen, ob nicht Passagiere auch für ein Überschreiten des normalen Lebendgewichts einen Aufpreis zahlen sollten. Die britische Luftfahrtbehörde erstellte folgende Fetten-Geographie: «Bei einer Überprüfung des Gewichts von Passagieren auf dem Londoner Flughafen Heathrow ist jetzt festgestellt worden, daß das für die Sicherheit der Maschinen wichtige Durchschnittsgewicht von 75 Kilo für Männer und 65 Kilo für Frauen längst nicht mehr stimmt. Die Behörde hatte seit 37 Jahren damit gerechnet. Männer auf internationalen Flügen brachten im Durchschnitt 80,8 Kilo auf die Waage, auf innerbritischen Strecken sogar 82,2. Frauen dagegen waren im Durchschnitt mehr als ein Kilo leichter als angenommen. Erhebliche Unterschiede gab es, wenn die Reiseziele berücksichtigt wurden: Schwergewichtige Männer fliegen bevorzugt nach Osteuropa, korpulente Frauen nach Deutschland und in die Benelux-Staaten. Die Damen mit diesen Reisezielen – und es ist anzunehmen, daß viele von ihnen in die Heimat zurückkehren – wogen im Durchschnitt 15 Kilo mehr als die weiblichen Passagiere, die nach Japan wollten.» (*Süddeutsche Zeitung*, 20.4.1983)

Doch die vielen, die sich auf entsagungsvolle Weise funktionsrein schlank halten, machten unter Umständen eines Tages eine böse Entdeckung: «Sie machen die Erfahrung, daß sich an ihrem schlechten Lebensgefühl, ihren Unsicherheiten und Ängsten wider Erwarten eigentlich nichts ändert. Häufig kommen sogar noch neue Probleme auf sie zu, weil die Umwelt auf ihr verändertes Aussehen in für sie ungewohnter Weise reagiert. Sie fühlen sich ‹... trotz ihrer Schlankheit in der Öffentlichkeit genauso unbehaglich ... wie vorher; sie haben ständig Angst, daß man «ihre Seele abstoßend und häßlich» finde, die Seele, die jetzt nicht mehr hinter einem fetten und mißgeformten Äußeren verborgen ist. Sie bleiben in bezug auf Gewicht und Körperform auf derselben Einstellung, die sie als dicke Menschen hatten: Sie sind jetzt schlanke fette Menschen› ...» (Aliabadi, Lehnig 1982, S. 172, Zitat im Zitat: Bruch 1960, S. 298)

Vielfältig sind die Versuche, in Körperfülle einen Sinn zu finden oder in Handlungen und Sprachäußerungen von «Fetten» irgendwelche Gemeinsamkeiten zu finden. Stellvertretend einige Überlegungen von Aliabadi und Lehnig: «Fragt man wieder nach dem Sinn und dem Nutzen, den ihnen ihr Leiden einbringt, so stößt man auf die große Diskrepanz zwischen ihrem überhöhten Persönlichkeitsideal und den unzulänglich ausgebildeten Fähigkeiten, diesen Idealen nahe zu kommen, d. h. ihr Leben in die Hand zu nehmen, es zu gestalten. Das ständige Kreisen ums Essen wirkt bezüglich der quälenden Ideale lindernd, es mindert die Angst vor Mißerfolgen und entschärft die Differenz zwischen Anspruch und Wirklichkeit. Die Gefahr, sich klein, unzulänglich und unterlegen zu fühlen, besteht für diese Menschen praktisch überall: in der Sexualität, im Umgang mit Menschen, im Beruf, in bezug auf den Partner, in der Kindererziehung. Entwickeln sie nun einen Eßzwang und sind somit extrem in Anspruch genommen, werden selbst geringe Leistungen fast zu Heldentaten, denn was unter derartig erschwerten Bedingungen trotzdem noch geschafft wird, zählt ja viel mehr – wie groß wären ihre Leistungen erst ohne diesen Zwang? (...)

Von vielen Eßsüchtigen hört man auch, daß sie dann einen Eßanfall bekommen, wenn sie eine Aufgabe vor sich haben, der sie sich nicht gewachsen fühlen. Ihnen fehlt dann der Spannungsbogen, eine Schwierigkeit zu überwinden, ein Problem zu lösen. Zu schnell geben sie entmutigt auf und flüchten sich ins Essen.» (1982, S. 165 f.)

Daneben gelten, weder überprüft noch bestritten, die Überzeugungen, daß Fettsüchtige in Kindheit und Jugend emotional benachteiligt wurden, daß sie Opfer wechselnder Gefühlslagen ihrer Eltern sind oder von einem Elternteil – im Gegensatz zum anderen – verwöhnt wurden. Auch die Ernährungsphysiologen haben sich zu Wort gemeldet und verweisen auf den prägenden Einfluß frühkindlicher Fehl- oder Zuviel-Ernährung.

In ihrem «Anti-Diätbuch» sieht die «feministische Psychotherapeutin» Orbach schließlich im Dicksein ein unbewußtes – und ungeeignetes – Kampfmittel: «Fettleibigkeit ist eine Möglichkeit, ‹nein› zu Machtlosigkeit und Selbstverleugnung zu sagen, zur Einschränkung der Ausdrucksmöglichkeiten, die von Frauen ein bestimmtes Aussehen und Verhalten verlangt und zu einem Frauenbild, das sie auf eine bestimmte gesellschaftliche Rolle festlegt. Dicksein bedeutet Angriff auf die westlichen Ideale von weiblicher Schönheit, und durch jede ‹übergewichtige› Frau werden die Möglichkeiten der Medien unterlaufen, uns zu reinen Objekten zu machen.» (1979, S. 28)

Ob Vielessen bzw. Dicksein durchgängig als «Ersatzbefriedigung» bezeichnet werden kann, ob man der Fettleibigkeit einen einheitlichen gesellschaftlichen «Sinn» unterlegen kann, muß bei der Vielzahl der Deutungsmöglichkeiten zweifelhaft bleiben. In seinem Aufsatz «Vom zeremoniellen zum geklonten Körper: Der Einbruch des Obszönen» verknüpft Jean Baudrillard das Phänomen der Fettleibigkeit – wie es ihm in den Vereinigten Staaten begegnete – deswegen mit Veränderungen unserer gesamten Kultur, die keinen «Sinn» mehr zuläßt: «Diese befremdliche Dickleibigkeit ist weder die einer schützenden Fettschicht noch die neurotische und psychosomatische der Depression. Das ist weder die kompensatorische Dickleibigkeit des Unterentwickelten noch die, einzig durch Ernährung verursachte, des Überernährten. Sie zeigt etwas vom System, von seiner leeren Aufblähung. Paradoxerweise reflektiert sie, ja *ist* sie eine Art des Verschwindens. Sie ist dessen nihilistischer Ausdruck: Der Körper hat keinen Sinn mehr. Die *Szene* des Körpers – die geheime Regel, die einen Körper begrenzt, ihm seinen Spielraum, seine Ausdehnung, seine gestischen und morphologischen Grenzen gibt – ist verschwunden. (...) Ohne Begrenzung, ohne Transzendenz: als ob der Körper sich nicht mehr von der Außenwelt abgrenzte, sondern versuchte, sie zu verschlingen, einzuverleiben und in der eigenen Hülle den Raum zu verdauen.

Diese fettleibigen Körper faszinieren gerade durch die Mißachtung oder die totale Verleugnung der Verführung. Sie kümmern sich übrigens nicht mehr darum und leben ohne Komplexe, mit einer Unbekümmertheit, als wenn sie kein Idealbild des Ich mehr hätten. Sie sind nicht lächerlich, was sie auch wissen. Sie beanspruchen eine Art Wahrheit, und in der Tat: es ist die der allgemeinen Zusammenhanglosigkeit der Zeichen, der Morphologien, der Ernährungsweisen und der Stadt – hypertrophisches und nach allen Seiten wucherndes Zellgewebe.» (1982, S. 350)

Für Baudrillard ist dieser dicke, unförmige Leib weder Statussymbol noch pathologische Erscheinung, sondern Normalfall des «obszönen» Körpers, der das dritte – und schwächste – Stadium in der Geschichte des Körpers sei. Er ist weder der Körper der Verführung und der Metamorphose (wie er in Mythen und im Zeremoniellen auftaucht), noch der Körper des «Individuums», in dem dieses seine «Identität» findet und den dieses als Ausdruck des Begehrens begreift.

Wenn die These stimmt, wonach sich Sinn und Begrenzung des Körpers in unserer Kultur auflösen, wird nachvollziehbar, warum die Appelle an Selbstdisziplin, die Vorschläge, Kalorien und Nährstoffe zu zählen und zu wägen oder Sprüche wie «Friß die Hälfte» bei vielen nicht mehr verfangen. Der Aufruf zu Lust und Genuß wird wieder hörbar: Man betreibt die Stilisierung von «Essen als Lebensfreude» an Stelle der früheren «Aufnahme des Nährstoffbedarfs».

Ganz im Sinne einer optimalen und intensiven «Lebenszeitnutzung» lancieren nun gesellschaftliche Kontrollinstanzen den «Genuß», der das Essen zu einem wirkungsvollen psychosozialen Happening macht. Hieß es vor einigen Jahren noch «Verlassen Sie vorzeitig den Eßtisch, der Sie zum Opfer eines unnatürlichen Appetits zu machen droht. Verleihen Sie dem Essen keinen ausgeprägten Genußcharakter, sondern betrachten Sie es als einen physiologischen Vorgang, der vornehmlich der Füllung der Energiespeicher des Organismus dient» (Freyberger 1972, S. 54), heißt es zu Beginn der achtziger Jahre: «Schönes und gutes Essen vermitteln nämlich auch Lebensfreude und Genuß, und beides sollte man den Menschen nicht unnötigerweise rauben. Es lebe die Lust am schönen, geschmackvollen Essen!» (Stellvertretend für viele andere Quellen hier *Berliner Morgenpost* im Oktober 1980)

Essens-Spaß: Genuß und Lustgewinn

Ein in die Bundesrepublik eingereister Rumäne wundert sich: «Pause zwischen zwölf und dreizehn Uhr. Schnell in die Stadt. Diese Läden! Die Lichter am hellichten Tag! Und siebenmal verpackt alles. Dafür stirbt jeden Tag ein Wald in Deutschland oder Finnland. Und was für Sprüche! Beispiel: Wurst essen *macht Spaß*! Früher machte Wurst satt, dick oder auch krank. *Heute Spaß!*» (Süddeutsche Zeitung, 19.4.1980) Spaß: Endlich ein direkter Zugang zu den Dingen selbst! Endlich sind Nahrungsmittel keine Prestige-Waren mehr, Essen hat nichts mehr mit Status zu tun, offizielle Normen des guten Geschmacks danken ab. Spaß, Lust und Genuß, so scheint es, sind dem heutigen Esser allein wichtig. Jeder wählt, was ihm schmeckt, was er als «stark» erfährt, was sich «gut» anfühlt oder was ihm sein Körper als «richtig» erspürt. Keiner mehr muß den Teller leeressen, jeder kann nehmen, soviel er will, solange noch etwas da ist. Ein gesetzloser, anarchischer Zustand?

Das Gesetz, dem der bürgerliche deutsche Esser des 18. Jahrhunderts unterstand – so kann man es den Erziehungslehren entnehmen (vgl. Kapitel «Schmecken und Geschmack») –, richtete sich gegen den Genuß, den das Geschmackserlebnis bereiten kann; Genuß bedeutet eine Gefährdung der Ordnung. Es wird abgelöst von einer Bestimmung der Normen des Wohlgeschmacks und einer Ästhetik des Essens im Zeitalter der Gastrosophen (vgl. Kapitel «Gastrosophie»). Seit Ende des 19. Jahrhunderts bekommt die Nahrungsphysiologie die Oberhand; sie setzt Nähr- und Brennstoff-Einnahmen mit den -Ausgaben in Beziehung und verpflichtet den Esser darauf, sich an der doppelten Buchführung von Nahrung und Leistung auszurichten.[1]

Heute also scheint der «Genuß» alle historischen Bestimmungen verdrängt zu haben. Doch ist er selbst Zeuge (und Ausdruck) einer langen Geschichte.

Die im Wort «Genuß» enthaltene Bedeutung «Nutzen, Gewinn» erscheint auf mehreren Ebenen:

1. Als *finanzieller Gewinn* im Sinne von Vorteil und Profit (Nutznie-

[1] Diese schematisch dargestellten Phasen sind in Wirklichkeit viel verwobener. Sie sollen hier nur einige Modelle im Denken und Sprechen über Essensangelegenheiten in der Moderne verdeutlichen.

ßung eines Kapitals; in den Genuß von Zinsen, eines Stipendiums usw. kommen).

2. In physiologischer Hinsicht als körperliche Aneignung, «Einnahme», eines Nahrungsmittels: «Je seltener gegessen wird, um so mehr wird dann natürlich bei jedem einzelnen Mahle genossen»; «... und wenn man etwas Schwerverdauliches genossen habe, so müsse alles spätere im Magen angehäuft bleiben ...»; «das zu Genießende darf nicht anhaltend ein einzelner näherer Bestandteil des organischen Reiches sein, sondern es muß eine successive Abwechslung stattfinden.» (Beispiele aus der «Allgemeinen Encyklopädie der Wissenschaft und Künste», 1843)
3. Auf der Ebene der psychischen Realität und deren Ökonomie, als Lustgewinn: Man schwelgt in sinnlichen Genüssen, gibt sich einem geistigen Genuß oder dem Kunstgenuß hin.

Im Begriff «Genußmittel» treten in ähnlicher Weise die Bedeutungen des bloßen Konsumierens und des Lustgewinns auseinander. Er bezeichnet zwar auch Nahrungsmittel im allgemeinen (im Gegensatz zu ungenießbaren Stoffen), doch «dann speziell diejenigen Produkte des Pflanzen- und Tierreichs sowie aus ihnen dargestellte Substanzen, welche wir nicht, wie die eigentlichen Nahrungsmittel, zum direkten Ersatz der durch den Stoffwechsel verbrauchten Körpersubstanz, sondern entweder nur des Wohlgeschmacks halber oder zur Erzielung einer bestimmten Wirkung auf das Nervensystem in sehr verschiedenartiger Zubereitung genießen oder benutzen» (Meyers Conversationslexikon 1894, Bd. 7). Also: Kaffee, Tee, Opium, Alkohol u. a. Genuß gilt von alters her als nicht ernährungsnotwendig (Luxus) oder gar als körperschädlich. So wetterte schon der Kirchenvater Augustinus im 10. Buch, 31. Kapitel seiner «Confessiones» («Bekenntnisse»): «Und während der Zweck des Essens und Trinkens die Erhaltung des Leibes ist, schließt sich als Begleiter der gefährliche Genuß an und versucht gewöhnlich weiterzugehen, damit das, was nach meinem Worte oder nach meinem Willen der Leibeserhaltung wegen geschieht, seinetwegen geschehe. Beide aber haben keineswegs das gleiche Maß; was für die Erhaltung ausreicht, ist der Ergötzung zu wenig, und oftmals bleibt ungewiß, ob die notwendige Sorge für den Leib noch weitere Hilfe verlangt oder die Begierlichkeit uns täuscht und der Genuß bedient sein will.» (Zit. nach Glatzel 1959, S. 18)

Auch im Begriff «Genußmensch» – ein Mensch, der nur auf Genuß bedacht ist – erscheint Genuß meist als von der Notwendigkeit abgehoben; es geht um einen Menschen, der sich sorglos sättigt, so daß er sein Tun ganz auf «Höheres», auf seine «überfeinerten» kulinarischen u. a. Ansprüche konzentrieren kann.

Die sich hieran knüpfende Frage, ob ein «bloßes», «reines» Einverleiben bzw. Funktionieren überhaupt menschenmöglich ist, hat uns schon im Zusammenhang mit Freuds Konstruktion des «Anlehnungsverhältnisses» zwischen Selbsterhaltungs- und Sexualtrieb beschäftigt. 1959 lenkt der Ernährungswissenschaftler Hans Glatzel in einer kleinen Broschüre «Vom Genußwert der Nahrung» die Aufmerksamkeit auf einen Aspekt, der «in der Ernährungsphysiologie und Biochemie (...) bisher kaum Beachtung gefunden» (S. 8) hatte. Für Glatzel ist Essen ohne Genußwert undenkbar: «Nicht aus der Erkenntnis der Notwendigkeit einer Versorgung mit Nährstoffen strebt die Menschheit nach Nahrung, sondern aus Lust am Essen. Die Verknüpfung mit der Lust ist *das* Mittel der Natur, um den Vollzug lebensnotwendiger Handlungen zu sichern.» (1959, S. 7) Die Bedeutung des Genußwerts «übersteigt zunächst sogar diejenigen des Brennwertes und des speziellen Nährstoffgehaltes der Nahrung, denn nur wenn die Nahrung einen bestimmten Genußwert besitzt, ist die Gewähr dafür gegeben, daß sie jene erste Voraussetzung erfüllt, die an jede Kost gestellt werden muß: daß sie verzehrt wird» (Glatzel 1959, S. 8). Wo also «das Essen keinen ‹Lustgewinn› bedeutet, droht die Gefahr der Unterernährung mit allen ihren Folgen für Körper und Seele des einzelnen und für das soziale Zusammenleben. In den Notzeiten der Nachkriegsjahre verfielen ältere Menschen oft auffallend schnell. Sie verzehrten nicht einmal ihre kärglichen Rationen, sie *konnten* sie nicht mehr aufessen, weil ihre Unlust, ihr Widerwillen gegen das monotone und geschmacklose Einerlei größer geworden war als ihr Hunger.» (Glatzel 1959, S. 7)

Daß es sich beim Genießen aber auch wieder (wie beim Schmekken) um bestimmte kulturelle Normen und ästhetische Vorstellungen handelt, verdeutlicht uns das Bestreben, den Genuß aus den «Niederungen» des «bloß» Sinnlichen (damit ist vor allem das körperliche und sexuelle gemeint) zu lösen und in Richtung eines «höheren», verinnerlichten, ideellen, «edlen» Genusses zu führen – bis hin zum Kunstgenuß und dem ästhetisierenden Naturgenuß.

Ob ein Mensch genießt und worin sein Genuß besteht, kann nur dieser selbst feststellen, denn «Der Geschmackswert (Genußwert) der Nahrung ist ein subjektiver, erlebbarer und in objektiven Merkmalen nur unvollkommen erfaßbarer Wert (...).» (Glatzel 1959, S. 8) Glatzel zufolge ist deshalb «die Ernährungsphysiologie ... noch weit entfernt davon, sagen zu können, welche Duft- und Schmeckstoffe, welche Mengen und welche Kombinationen für eine optimal ‹reizvolle› Ernährung notwendig und wünschenswert sind.» (1959, S. 15)

Lustgewinn ist, wie wir gesehen haben (z. B. im Kapitel «Die ersten

Mahle») eine Frage der Triebökonomie des Subjektes, sie schließt einen Prozeß ein, der sich nicht in sozial kodifizierter Form abspielt.

Die bewußten *Bekundungen* der Lust hingegen benutzen festgelegte, soziale Formen: Man versucht, klar und unmißverständlich auszudrücken, daß eine Speise einem außergewöhnlich gut mundet, indem man strahlt und ein «Mmh» oder «Aah» von sich gibt, die Köchin/den Koch überschwenglich lobt, interessiert nach dem Rezept fragt, mit der Frage «Haben Sie das *wirklich* selbst gemacht?» den Rang der Köchin/des Koches hebt, oder indem man – nach einem gewissen Zögern, einem Prüfen des Nachgeschmacks – ernst und kennerhaft nickt. Bei all diesen Gesten und sprachlichen Äußerungen, die ein Genießen bezeugen sollen, geht es nicht (nur) darum, ein Urteil über die Qualität der Speise abzugeben, also darüber, ob sie «ordentlich» gekocht sei, sondern um die Demonstration, daß sie einem gefällt, daß sie einem einen Lustgewinn bereitet.

Von den eingangs erwähnten drei Bedeutungen des Begriffs «Genuß» (finanzieller Gewinn – Einnahme einer Speise – Lustgewinn) ausgehend, können wir einige Spekulationen wagen über die Entwicklung der Rolle des Genießens und seinen heutigen Status. In der bürgerlichen Epoche gilt – im Unterschied zur Feudalzeit –, daß finanzieller Gewinn, Geld- und Sachwerte, nicht in ostentativer Weise zur Schau gestellt werden (vgl. Kapitel «Luxus und Notwendigkeiten»). Vielmehr geht es dem besitzenden Bürgertum ums Anlegen des Kapitals und die Reinvestition des Gewinns in Unternehmungen aller Art. Ähnliches gilt für den psychischen Gewinn: die direkte Kundgabe der Lust, des Genusses waren untersagt. Was als «unanständiges Verhalten» in der bürgerlichen Etikette auftaucht, ist ein recht genauer Katalog verpönter Lustbezeugungen. Das Verhalten des Essers hatte sich – wo nicht an der Etikette höfischen Ursprungs – an einer festen Norm der Zweckmäßigkeit, Gesundheit oder Natürlichkeit zu orientieren, die garantierte, daß kein Esser aus dem Rahmen fiel. Noch Mitte der siebziger Jahre finden sich Verhaltensregeln, die diesen Aspekt bezeugen: «Nicht aus Angst vor Herzinfarkt oder Schlaganfall sollten Sie (...) den Verzehr von Fetten und Kohlehydraten einschränken, sondern in der Überzeugung, daß Sie damit *Gesundheitskapital* ansammeln, das Ihnen später zugute kommen wird.» (Ärztliche Ratschläge Ihrer AOK: Ihrem Herzen zuliebe gesünder leben)

Eine dieser fürs Bürgertum gültigen Normen hat Georg Simmel zu Beginn dieses Jahrhunderts in seiner «Soziologie der Mahlzeit» gültig beschrieben; Individualismus und Mahlgemeinschaft vertragen sich nicht, Thema und Art der Gespräche haben sich, genauso wie körperliche Ausdrucksformen, deshalb stets ans Allgemeine der «guten Sitten» zu halten. Individueller Genuß ist kein Thema.

Heute hingegen gehört es zum üblichen Umgangston, jemanden vor dem Essen zu fragen «Worauf hätten Sie Lust?» Ebenso normal ist es, Mißfallen oder Unzufriedenheit auszudrücken, ohne daß gekränkte oder empörte Reaktionen die unvermeidliche Folge wären.

Diese individuellen Freiheiten sind auch Resultat der Auflösung eines verbindlichen Musters des Wohlgeschmacks; es «hat» nicht zu schmecken, sondern man schaut prüfend in die Runde, um herauszufinden, *ob* es denn den anderen auch schmecke. Anders als im bürgerlichen 19. Jahrhundert geht es bei Schmecken und Geschmack nicht mehr um einen verbindlichen Code (vgl. Kapitel «Schmecken und Geschmack»), den ich anerkennen oder gegen den ich verstoßen kann. Wie ein Gericht zu schmecken hat und was als gut gilt, entzieht sich Festlegungen, wie sie die Gastrosophen und ihre Nachfolger noch versucht haben. Die Unverbindlichkeit der Geschmacks-Codes schließt aber nicht den Erfolg bestimmter Gerichte aus (Hamburger oder andere standardisierte Massenprodukte), ihr Geschmack wird nicht zur *Norm*, die es zu befolgen gilt; vielmehr kann man für sie eine Vorliebe hegen oder nicht. In den Vordergrund der Wahrnehmung schiebt sich das Geschmacks*erlebnis*, der individuelle Gewinn im «starken Geschmack». Gefragt ist nicht mehr die Fähigkeit der «Feinschmeckerei» wie zu Brillat-Savarins Zeiten, heute lauten die Schlüsselwörter eher «Erlebnisfähigkeit», «Glücksfähigkeit» oder «Genußfähigkeit».

Jedes Essen, jede Speise wird für den einzelnen nun zum «Geschmacksereignis». Die Tatsache, daß es schmecken *kann* (oder auch nicht) führt zum Reden übers Essen, zu dessen Versprachlichung. Nicht mehr Stillschweigen oder Teilnahme an einer «allgemeinen und unintimen» Tischunterhaltung ist gefordert, sondern die Mitteilung des eigenen Erlebens, in dem sich irgendein Begehren deutlich zeigen oder ausdrücken muß. Die Kommunikation über eine individuelle Erfahrung braucht sich nicht aufs Sprechen zu beschränken; Mimik und Gestik – eine kleine Unentschlossenheit oder kräftiges Zulangen – werden nun als bedeutungsvolle Äußerungen des Genusses oder des Nicht-Genießens «gelesen». (So lächerlich uns auch Brillat-Savarins Versuche einer Physiognomie des Feinschmeckers anmuten mögen, so war er darin doch unser Vorläufer.)

Deshalb erscheint es heute besorgniserregend, wenn wir eine Person zum Tischgenossen haben, die sich – im traditionellen Sinn – «völlig korrekt» verhält, denn sie signalisiert uns heute die Gleichgültigkeit, ja *Unfähigkeit* ggenüber dem Dargebotenen. (Um es noch einmal zu wiederholen: Bei dem, was wir als genußvollen Ausdruck bezeichnen, geht es einzig und allein um ein Zurschaustellen des Lustgewinns, nicht aber um ihn selber.) Ein ähnlicher Vorwurf richtet sich gegen die «gierigen Fresser», die alles unterschiedslos in sich hineinzuschlingen scheinen, denn von ihnen ist kein anderes Urteil zu erwarten als das, daß sie nun endgültig zum Platzen voll sind. Ebenso scheinen «jene Mädchen, die das Zustandsbild der *Anorexia mentalis* [auch «Pubertätsmagersucht» genannt; d. Verf.] bieten und aus undurchsichtigen Gründen eines Tages anfangen, jede Nahrung zu verweigern» (Glatzel 1959, S. 23) völlig ohne Begehren, das sich auf einen anderen oder etwas anderes richtet.

Während also bis ins späte 19. Jahrhundert hinein versucht wird, «Genuß» zunehmend zu entkörperlichen und zu sublimieren – hin zum Kunstschönen (das aber andererseits zugleich oft wieder als «Überfeinerung» kritisiert wird) und parallel dazu die Gastrosophen die Genußmöglichkeiten des Essens zu katalogisieren und zu normieren suchen – taucht nach der Mitte des 20. Jahrhunderts die Rede von der «verlorenen Genußfähigkeit» auf, die es wieder herzustellen gelte. In ihr zeigt sich die Tendenz zu einem normativen Verständnis von «Genuß» als direktes Erbe des 19. Jahrhunderts. «Genießen» tritt so gleichsam als autonome Qualität (Ereignis, Äußerung) dem (Überlebens-)Notwendigen, das heißt der Ebene der Funktion, zur Seite, oder es wird gar ein Gegensatz zwischen ihnen konstruiert.

Kiwus und Grunwald sehen zum Beispiel eine heutige Disparität zwischen Genußmöglichkeit und Genußfähigkeit und konstatieren den Verlust einer «ursprünglichen genießerischen Vitalität»[2].

«Unser heutiges Überangebot an Genußmöglichkeiten bei gleichzeitig verflachender Genußfähigkeit geht nun aber mit einer Gierbereitschaft einher, wie sie so outriert vermutlich weder bei den Gelagen römischer Aristokraten noch bei den Sauf- und Freßorgien von Bauern und Bürgern späterer Zeiten zu finden war. So herzhaft übertrieben es damals zugehen mochte, so verquält und wenig herzerfrischend kommt einem der heutige Konsumperfektionismus vor. Während noch bis in unser Jahrhundert hinein das Wohlbehagen derer, die es sich auf Kosten anderer leisten konnten, seinen Ausweis im stattlichen Embonpoint fand, kam nach dem sogenannten Wirtschaftswunder die Gefräßigkeit aus der Mode und wurde abgelöst durch reine

[2] Es müßte diskutiert werden, inwiefern damit eine bestimmte Genuß- und Geschmacks-*Normung* abgelehnt wird und inwiefern diese Haltung nicht auch auf unsere ungeheuer erweiterten Vorstellungs- und Bilderwelten zurückgeht, die das Essen umgeben – etwa dergestalt, daß man heute hinter jedem Phänomen sich einen «Genuß» vorstellen kann, nachdem die Auflösung von Normen (Informalisierung) viele der verbindlichen Sinnzuweisungen in Frage gestellt hat.

Kultur der kleinen, aber kostbaren Häppchen. Die Lust am Völlern mußte einem kärglichen Surrogat weichen, man genoß nicht mehr aus dem Vollen, man genoß Status.» (1978, S. 253f.)

Merkwürdigerweise findet man heute nicht nur in der Gastronomiewerbung Schlagwörter vom «Fast food happiness» oder vom «Essens-Spaß»; vielmehr hat sich auch die offizielle Ernährungsberatung dem Genuß zugewandt. In einer Broschüre «10 Regeln für eine vernünftige Ernährung» («Verbraucherdienst informiert», gefördert von der Bundesregierung) findet man 1979 folgende Sätze: «‹Essen und Trinken halten Leib und Seele zusammen›, so spricht der Volksmund. Und abgesehen von einigen unverbesserlichen ‹Gesundbetern› wird niemand bestreiten, daß ein *schmackhaftes, mit Genuß verzehrtes Essen viel zur Lebensfreude beitragen kann.* Wer im Ernst behauptet, man könne grundsätzlich auf Gaumenkitzelfreuden verzichten, übersieht ein fundamentales menschliches Bedürfnis. (...) Sollten Sie sich (...) hin und wieder bei geselligen Kalorienschlachten ein wenig zu sehr engagieren, so brauchen Sie deshalb – wenn sonst der Durchschnitt stimmt – keineswegs vorzeitiges Siechtum zu befürchten. (...) Der ernährungswissenschaftlich Aufgeklärte ist nicht daran zu erkennen, daß er auf Parties an mitgebrachten Gurkenstückchen knabbert. Auch wird er nicht vor einem Minibutterflöckchen zurückschrecken, *sondern sich in Maßen, aber mit Genuß den bereitgestellten Gaumenfreuden hingeben.*» Auch die Fahnder nach dem Ernährungsbewußtsein stoßen endlich auf die Genuß-Spur. In einem Test auf den Seiten der Broschüre «Tips zum Fitbleiben und länger leben» («Essen und Trimmen – beides muß stimmen»; herausgegeben von der Bundeszentrale für Gesundheitliche Aufklärung, Köln, im Auftrag des Bundesministers für Jugend, Familie und Gesundheit) gilt es auf die Frage 8 zu antworten (natürlich wie bei allen Fragen «ohne sich zu beschwindeln. Nicht einmal ein bißchen»): «Genießen Sie Ihr Essen? A Meistens, B Manchmal, C Habe ich noch nie darüber nachgedacht.» Die Antwort A wird mit 10, B mit 5 und C mit null Punkten bewertet. Wer bei den zwölf Fragen insgesamt auf weniger als 65 Punkte kommt, dem wird geraten: «Was Ihr Testergebnis betrifft, so sind Sie ganz unten. Lassen Sie sich zur Sicherheit noch einmal gründlich untersuchen. Denn Sie sind sozusagen prädestiniert für eine unserer Zivilisationskrankheiten. Wir wollen Ihnen keine Angst einjagen! Aber machen Sie sich nichts vor – so wie bisher darf es nicht weitergehen, wenn es weitergehen soll!»[3]

[3] In einem nahezu identischen Test der AOK lautet jene Frage 8: «Macht Ihnen das Essen eigentlich Freude, essen Sie gern? A Ja, B Weder/Noch, C Nein»; die Bewertung ist die gleiche.

In den Tests erscheint bewußter Genuß als Garant der Bekömmlichkeit, so als spräche der Bauch die Wahrheit. Genuß wird damit auch zur Verdauungshilfe, denn «genossene Speisen» sind «bekömmlicher» – was nichts anderes heißt, als daß sie besser verwertet werden.

War früher «Genuß» also großen Festen vorbehalten oder dem verborgenen Lustgewinn des «heimlichen Genießers», so muß sich der Genuß heute zu erkennen geben, und – einmal erfaßt – hat er auch seine alltägliche Arbeit zu tun.

Jene Gleichzeitigkeit von Genuß und Kontrolle, von scheinbar kontrolliertem Genuß und genossener Selbstkontrolle kündigte sich schon Mitte der siebziger Jahre an, als die Deutsche Gesellschaft für Ernährung in der ersten ihrer «10 Regeln für eine vernünftige Ernährung» (die den anderen Schriften zugrunde liegen) die Parole vom Eßerlebnis ausgab: «Essen und Trinken – Freude am Leben. Essen ist nicht nur Nahrungsaufnahme; ein wichtiger Teil unseres Wohlbehagens entsteht durch den ruhigen Genuß einer guten Mahlzeit. Auch Bekömmlichkeit ist eine Sache des Genießens. Lassen Sie sich, zu Hause im Familienkreis, bei geselligem Zusammensein oder ähnlichen Gelegenheiten ausreichend Zeit, appetitlich zubereitete Speisen zu ‹erleben›. Zur vernünftigen Ernährung in einer hektischen Zeit gehört, daß Sie sich auf das Essen freuen und es in Muße verzehren: Vernünftige Ernährung ist ein bewußtes Vergnügen.»

Mit der Orientierung an Freude, Spaß, Genuß scheint nun der unmittelbare Bezug zur Natur, zum Nahrungsmittel, zur Gabe und zu den Tischgenossen hergestellt: die Frische genießen, das Essen genießen, die Tafelrunde genießen ... Es geht nicht mehr um formale Anerkennung («Es hat gut geschmeckt» etc.), jeder muß sich nun zur Wirkung der Speise und zu seinem psychophysischen Zustand bekennen, zu seinem Wohlbehagen wie zu seinem Unbehagen. «Heraus mit der Sprache!»

Die Vorstellung einer allgemeinen Genußpflicht beim Essen scheint direkt mit dem Vordringen der Wissenschaft in diesen Lebensbereich zusammenzuhängen: einerseits sorgte sie für verstärkte Kontrolle (Kalorientafeln, Übergewicht als Kündigungsgrund, diätetische Ratschläge aller Art); andererseits beschwor sie aber durch das Einspannen aller Eßhandlungen in ein angeblich wissenschaftlich fundiertes Regelwerk und durch das ständige Benennen von Grenzen und Einschränkungen die Dimension von Lust, Genuß und Spaß geradezu herauf (Werbeparolen «Essens-Spaß», «In meinem Haus muß alles schmecken», «Komm auf den großen Geschmack» usw. benennen das angrenzende Terrain). Man könnte also sagen, daß paradoxerweise gerade das Bestreben der diätetisch orientierten Forschung, *Essen* (ge-

nußvolles Einverleiben von Speisen) mit *Nahrungsaufnahme* zu identifizieren (ähnlich der Gleichsetzung von Sexualität und Zeugung in der katholischen Morallehre), und die Verbreitung entsprechender Lehrsätze zu einer Erweiterung der schwer kontrollierbaren Dimension des Genusses und der Vorstellungswelt geführt haben. Nun wird – wohl vergebens – versucht, Genuß zu erfassen und zu kodifizieren, ihn dann in scheinbar meßbare und politisch verwertbare Dimensionen wie «Lebensqualität», «Lebenskunst», «Glücklichsein» oder «Sinnlichkeit» zu übersetzen.

Dieser Versuch, Genuß empirisch-wissenschaftlich zu definieren und zu werten, ist gewiß nicht allein Resultat der Ernährungsforschung, deren Devisen hier als Beispiel angeführt wurden. Er greift weit über den Bereich des Essens hinaus und wird keineswegs nur – wie wir schon gesehen haben – von der Wissenschaft vorgetragen. Vielmehr scheint sich in der gesamten Gesellschaft die Frage nach der Erkennbarkeit und der Rolle des Genießens zu stellen. Da es sich aber beim Genießen um einen subjektiven und innerpsychischen Prozeß handelt, muß eine vordergründig lesbare Sprache, ein Spektakel des Genießens entwickelt werden, mittels dessen sich die Gesellschaftsmitglieder gegenseitig ihres Begehrens versichern.

Hier zeichnet sich etwas kulturgeschichtlich Neues ab, das sich vielleicht mit dem Unterschied zwischen leisem und lautem Lesen vergleichen läßt: Beim stillen Lesen spielt sich der Großteil der rezeptiven Tätigkeit ausschließlich im psychischen Apparat des Lesers ab – nach außen hin sind nur Körperhaltungen und einige gestische oder mimische Aktionen zu beobachten. Der Lesende *scheint* wie gebannt vom Text, er vergißt sogar, die Zigarette anzuzünden, die er sich zwischen die Lippen gesteckt hat; er lacht oder schaut völlig «verspannt» und antwortet nicht, wenn man ihn anspricht. Das laute Lesen hingegen erlaubt anderen (scheinbar), die Befindlichkeit des Lesenden und seine Einstellung zum Text (Genuß, Ablehnung) zu kontrollieren. Liest er hastig? Wann verspricht er sich? Wirkt er dabei aufgeregt? Beteiligt oder gleichgültig? Diese Haltung des «Heraus mit der Sprache!» scheint die heutige Eßgemeinschaft zu charakterisieren. Sie gründet sich nicht mehr auf Etikette oder die Suche nach dem «Zusammen» als eigenem Wert (Simmel), vielmehr erlaubt dieses scheinbar zwanglose, «offene» Mit-Teilen des subjektiven Genießens eine beliebige Gesellung, denn es bewältigt offensiv das von Simmel beschriebene Dilemma von Zusammensein und «egoistischem» Sich-Sättigen. «Was ich denke, kann ich andere wissen lassen; was ich sehe, kann ich sie sehen lassen; was ich rede, können hunderte hören – aber was der einzelne ißt, kann unter keinen Umständen ein anderer essen.» (Simmel 1957, S. 243) Aus dem formal-geselligen Esser des Bürgertums wird nun der «Kontaktesser», der überall seinen Platz findet, wo seine (verbale oder Körper-)Sprache gesprochen und «verstanden» wird. Wohlbefinden oder Unbehagen ständig zu dokumentieren ist – so scheint es – das neue Gesetz des Essers, das ihm die Illusion erhält, nicht allein zu sein, wenn er auf seinem Bissen herumkaut.

Der sanfte Zwang zur Dauer-Öffentlichkeit verbindet sich ohne Problem mit der sogenannten Neuen Einfachheit: Es kommt nicht mehr darauf an, zu zeigen, welch großen Aufwand man betrieben hat, um eine Speise zu erwerben (klassischer Luxus), sondern darauf, nachzuweisen, welches Maß an Genuß man aus einer – auch der schlichtesten – Speise herauszuholen vermag. Auch das Verzehren einiger bloß gekochter Körner geschieht nun nicht mehr mit dem Gestus des Verzichts oder im Namen der Gesundheit («Was bitter dem Mund, ist dem Magen gesund»); vielmehr wird jetzt bedeutet, daß man auch im Unscheinbarsten einen Genuß finden kann, daß alles und jedes seinen Wert auf der Genußskala besitzt. All das, was in den letzten Jahrzehnten als Genußhindernis empfunden wurde – Überlegungen zum Kaloriengehalt und Nährwert der Speisen –, wird nun zum «Genußwert» umgebucht.

Damit verändert sich in eigentümlicher Weise das Verhältnis zu den in jeder Nahrung enthaltenen Wirkstoffen. Nachdem in der Lebensreform-, der Vegetarier- und der Reformhaus-Bewegung von der

Mitte des 19. Jahrhunderts an[4] der Aspekt der Wirkung ein meist latentes Dasein geführt hatte, tritt nun die Idee des Essens als Einnahme von Wirkstoffen – also nicht bloß stärkender oder dickmachender Nährstoffe – in den Vordergrund. Wurden einzelne Speisen und Lebensmittel zu Beginn dieser neuen Strömung danach beurteilt, welche schädlichen Wirkstoffe sie *nicht* enthielten (man entsinne sich an die Fettsäure-Debatte um Butter und Margarine), so konzentrierte sich im Laufe der Zeit das Interesse darauf, wie man die Inhaltsstoffe einer Speise am besten verkraften und verwerten könne. Inhaltsangaben und Packungen gewannen an Wichtigkeit, und die Werbung begann ihre Slogans auf diese Tendenz einzustellen, um Lebensmittel sowohl unter ästhetischen Aspekten als auch denen der Wirkung anzupreisen. Mag dieses neuartige Verhältnis zu Nahrungsmitteln auch als Parallele zur antiken Medizin und zur Humoralmedizin erscheinen, so unterscheidet es sich doch von diesen: Es geht nun nicht mehr um eine symbolische Zuschreibung von Eigenschaften, sondern um einen verwissenschaftlichten, geradezu an biochemischen Modellen orientierten *Mikroblick*. Der wissenschaftliche Diskurs hat das Eß-, besser: das Ernährungsbedürfnis weit über die Forderung nach leichter Verdaulichkeit und Nahrhaftigkeit hinausgetrieben, auch in den scheinbar autonomen Bereichen der «Szenen» oder «Gegenkulturen».

Der Nachweis der Unbedenklichkeit eines Nahrungsmittels oder die Zufuhr einiger als besonders wertvoll erachteter Wirkstoffe und deren ausgewogenes Verhältnis zueinander steht nicht mehr auf der Tagesordnung, gefordert wird die Herstellung eines Leistungs- und Funktions-Körpers, der nicht nur zur produktiven Arbeit, der Herstellung von Gütern, in der Lage sein soll, sondern auch zur erkennbaren Produktion von Genuß. Der eigene Körper wird als richtig zu versorgender und zu pflegender Organismus verstanden – gerade so, als ginge es dabei um ein Haustier. Wenn Elias Canetti von der Haltung der Mutter zu ihrem Kind sagt «Ihre Leidenschaft ist, zu essen zu geben; zu sehen, daß es ißt; zu sehen, daß das Essen bei ihm zu etwas wird» und dabei von der damit verbundenen Herrschaft spricht, «daß man *wachsen* machen kann» (1980, S. 246), so könnte man jetzt von einer Art Selbstbemutterung und versuchter unmittelbarer Herrschaft des «Organismus Mensch» über sich selbst sprechen. Denn im Gefolge der Auflösung traditioneller Versorgungs-Institutionen und im Gefolge des von Norbert Elias «Informalisierung» genannten Abbaus von Normen sehen die Subjekte sich immer mehr auf sich selbst gestellt.

[4] Mit Vorläufern u. a. in der Humoralmedizin und der Makrobiotik (Hufeland 1796)

Literaturliste

Abraham, K.: Psychoanalytische Studien, Frankfurt 1969.

Adlon, H.: Hotel Adlon, München 1955.

Albrecht, F.: Der Ratgeber für den Guten Ton in jeder Lebenslage, Berlin o.J. (ca. 1905).

Aliabadi, Ch., Lehnig, W.: Wenn Essen zur Sucht wird, München 1982.

Amadeus, P.: Der gedeckte Tisch. Ein Brevier für Feinschmecker, Marbach 1958.

Aron, J.-P.: Le mangeur du 19e siècle, Paris 1973.

Aronson, N.: Social definitions of entitlement: food needs 1885–1920. In: Media, Culture and Society, Heft 4, London 1982.

Asmus, G.: Hinterhof, Keller und Mansarde. Einblicke in Berliner Wohnungselend 1901–1920, Reinbek 1982.

Attias, E.: Cibi, attrezzi e modi di nutrirsi sulle astronavi. In: Album, Nr. 1, Progetto Mangiare, Hg. M. Bellini, Milano 1981.

Bahr. H.-D.: Mißgestalten. Über bürgerliches Leben, Lollar/Lahn 1976.

Barthes, R.: Mythen des Alltags, Frankfurt 1970.

Barthes, R.: Lettura di Brillat-Savarin (= Einleitender Kommentar zu: Brillat-Savarin letto da Roland Barthes), Palermo 1978.

Barthes, R.: Für eine Psycho-Soziologie der zeitgenössischen Ernährung. In: Freiburger Universitätsblätter, Heft 75, Freiburg 1982.

Baudrillard, J.: Vom zeremoniellen zum geklonten Körper: Der Einbruch des Obszönen. In: Kamper, D., Wulf, Ch.: Die Wiederkehr des Körpers, Frankfurt 1982.

Baumann, W., Kimpel, H. u.a.: Schnellimbiß. Eine Reise durch die kulinarische Provinz, Marburg 1980.

Baumgarten (Reichsbahndirektor): Schlafwagen und Speisewagen in Deutschland in ihrer geschichtlichen Entwicklung (Kopie ohne Quellen- und Jahresangabe) ca. 1931.

Baumgarten, K.: Die Tischordnung im alten mecklenburgischen Bauernhaus. In: Deutsches Jahrbuch für Volkskunde, Bd. 11, Berlin 1965.

Bausinger, H.: Ein Metzger ist kein Schlachter. Unmerkliche Fixpunkte im Alltag. In: Zeitungskolleg «Heimat heute»; Deutsches Institut für Fernstudien an der Universität Tübingen, Tübingen 1980.

Benjamin, W.: Gesammelte Schriften, Frankfurt 1972ff.

Benker, G.: Der Gasthof, München 1974.

Benz, E.: Die Vision. Erfahrungsformen und Bilderwelt, Stuttgart 1969.

Bien, H. Schnellverzehr, Rundfunkmanuskript, Deutschlandfunk, Köln 1983.

Bloch, E.: Das Prinzip Hoffnung. In: Gesamtausgabe, Bd. 5, Frankfurt 1977.

Bodenstedt, A.: Ernährung und Tradition: Soziokulturelle Einflüsse auf das Ernährungsverhalten. In: Ernährungs-Umschau 25 (1978), Heft 4, Frankfurt 1978.

Bodin, F., Cheinisse, C.F.: Gifte. Vorkommen. Wirkung. Bekämpfung. München 1970.

Bopp, J.: Wir machen es jetzt. Zur Moral der Jugendlichen. In: Kursbuch 60 «Moral», Berlin 1980.

Bourdieu, P.: Die feinen Unterschiede. Kritik der gesellschaftlichen Urteilskraft, Frankfurt 1982.
Bovenschen, S.: Einleitung zu W. Sombart (1983).
Bräker, U.: Der arme Mann im Tockenburg: In: W. Abel, Agrarkrisen und Agrarkonjunktur, Hamburg und Berlin 1978.
Braudel, F.: Die Geschichte der Zivilisation (15.–18. Jahrhundert), Kindlers Kulturgeschichte Band 31, München 1971.
Brecht, B.: Gesammelte Werke, Frankfurt 1967.
Brillat-Savarin, J. A.: Physiologie des Geschmacks oder Betrachtungen über transzendentale Gastronomie (Hg. H. Conrad), 2 Bände, München 1913.
Brillat-Savarin, J. A.: Physiologie des Geschmacks. Ausgewählt, übersetzt und eingeleitet von E. Ludwig, Frankfurt 1979.
Brin, I.: Usi e costumi, Palermo 1981.
Bursche, S.: Tafelzier des Barock, München 1974.
Canetti, E.: Masse und Macht, Frankfurt 1980.
Claessens, D.: Familie und Wertsystem, Berlin 1967.
Cleaver, E.: Seele auf Eis, München 1970.
Conrad, H.: Vorwort zu Brillat-Savarin (1913) Bd. 1.
Corbeau, J. P.: «Nouvelle Cuisine», «Fast Food» et vision du monde technocratique (Vortragsmanuskript 1982).
Denckler, H.-J.: Das Tomaten-Kochbuch, München 1978.
Denis, A.: Barfuß durch die Küche, Frankfurt 1980.
Döbler, H.: Döblers Kultur- und Sittengeschichte der Welt. Kochkunst, Tafelfreuden, Eßkultur, München 1972.
Douglas, M.: Deciphering a Meal. In: Implicit Meanings, Essays in Anthropology, London 1975.
Dries, F., Seibert, K. H.: Grundzüge der Kochlehre, Gießen 1972.
Duden Etymologie. Herkunftswörterbuch der deutschen Sprache, Mannheim 1964.
Egardt, B.: Hästslakt oh rackars kam, Stockholm 1962.
Elias, N.: Der Prozeß der Zivilisation (2 Bände), Frankfurt 1976.
Elias, N.: Die Zivilisierung der Eltern. In: «... und wie wohnst Du?», Hg. L. Burkhardt, Berlin 1980.
v. Eltz, J.: Das goldene Anstandsbuch. Ein Wegweiser für die gute Lebensart zu Hause, in Gesellschaft und im öffentlichen Leben, in: Gesellschaft und im öffentlichen Leben, Essen 1908.
Elsenhans, T.: Lehrbuch der Psychologie, Tübingen 1912.
Engler, H. H.: Kantine als human environment. In: Essen in der Arbeitswelt (IDZ), Berlin 1972.
Ernährungsbericht 1969, 1972, 1976, 1980, herausgegeben von der Deutschen Gesellschaft für Ernährung e. V., Frankfurt, im Auftrag des Bundesministers für Jugend, Familie und Gesundheit und des Bundesministers für Landwirtschaft und Forsten.
Fassbinder, R. W.: Angst essen Seele auf, Kopenhagen [7]1981.
Fischer, F.: Vier Wochen ohne Küchensorgen. Mit 35 zeitgemäßen Sparrezepten, Stuttgart o. J.

Forster, J. G.: Über Leckereien. In: Deutsche Essays – Prosa aus zwei Jahrhunderten (Bd. 1) (Hg. L. Rohner), München 1968.
Freud, S.: Neue Folge der Vorlesungen zur Einführung in die Psychoanalyse, Studienausgabe Bd. 1, Frankfurt 1969.
Freud, S.: Die Traumdeutung, Studienausgabe, Bd. 2, Frankfurt 1972.
Freud, S.: Drei Abhandlungen zur Sexualtheorie, Studienausgabe, Bd. 5, Frankfurt 1972.
Freyberger, H.: Psychosomatische Aspekte der Fettsucht. In: Essen in der Arbeitswelt (Internationales Design Zentrum Berlin), Berlin 1972.
Gaebe, W.: Die räumliche Differenzierung der Ernährungsformen in den Ländern der EWG. Ein Beitrag zur Geographie des Konsums, Wiesbaden 1969.
Giersch, U.: Störende Gedanken in der Tafelrunde, Rundfunkmanuskript, Deutschlandfunk, Köln 1983.
Ginzburg, C.: Spurensicherung. Der Jäger entziffert die Fährte, Sherlock Holmes nimmt die Lupe, Freud liest Morelli – die Wissenschaft auf der Suche nach sich selbst. In: Freibeuter Nr. 3 und Nr. 4, Berlin 1980.
Glaser, H.: Kleinstadt – Ideologie. Zwischen Furchenglück und Spärenflug, Freiburg 1969.
Glatzel, H.: Vom Genußwert der Nahrung (Schriftenreihe des Bundes für Lebensmittelrecht und Lebensmittelkunde, Heft 26), Wiesbaden, Berlin 1959.
Glatzel, H.: Verhaltensphysiologie der Ernährung. Beschaffung, Brauchtum, Hunger, Appetit. München, Berlin, Wien 1973.
Glatzel, H.: Wege und Irrwege moderner Ernährung, Stuttgart 1982.
Gollmer, R.: Die vornehme Gastlichkeit der Neuzeit. Ein Handbuch der modernen Geselligkeit, Tafeldekoration und Kücheneinrichtung, Leipzig 1909.
Goody, J.: Cooking, cuisine and class. A study in comparative sociology, Cambridge 1982.
Grieshofer, F. J.: Vom Essen und Trinken in Nestelberg. Eine strukturell-funktionelle Analyse. In: Bockhorn, O. (Hg.): Nestelberg. Eine ortsmonographische Forschung, Veröffentlichungen des Instituts für Volkskunde der Universität Wien, Wien 1980.
Grimm, J., Grimm, W.: Deutsches Wörterbuch. Leipzig 1854 ff.
Grube, F., Richter, G.: Alltag im Dritten Reich. So lebten die Deutschen 1933–1945, Hamburg 1982.
Gruneberger, R.: Das zwölfjährige Reich, Wien 1971.
Guy, Chr.: La vie quoditienne de la société gourmande, Paris 1975.
Habs, R., Rosner, L.: Appetit-Lexikon, München 1977 (Wien [2]1894).
Handwörterbuch des deutschen Aberglaubens, Hg. Bächtold-Stäubli, H., Berlin u. Leipzig 1927–1942 (10 Bände).
Hauschild, R.: Das Buch vom Kochen und Essen. Ein Streifzug durch die Küchen und Kochtöpfe der Weltgeschichte, Stuttgart 1975.
Hauser, A.: Vom Essen und Trinken im alten Zürich, Zürich 1962.
Heckmann, H.: Für alles ein Gewürz. In: Sprache im Technischen Zeitalter, Berlin 1977.
Heckmann, H.: Die Freud des Essens. Ein kulturgeschichtliches Lesebuch vom Genuß der Speisen aber auch vom Leid des Hungers, München 1979.

Heischkel-Artelt, E.: Ernährung und Ernährungslehre im 19. Jahrhundert, Göttingen 1976.
Hellpach, W.: Kulturpsychologie, Stuttgart 1953.
Henscheid, E.: Beim Fressen beim Fernsehen fällt der Vater dem Kartoffel aus dem Maul (Roman), München 1981.
Hermatzy-Simon, B.: Kommunikationsfördernde Innenarchitektur. In: Knorr caterplan Symposium «Sprechen, verstehen und essen in der Gemeinschaft», Frankfurt 1977.
Herre, F.: Der vollkommene Feinschmecker oder Die Kunst des Genießens, Düsseldorf 1977.
Herrig, G.: Strukturwandel ländlicher Ernährung, Meisenheim a. G. 1974.
Hollein, H.: Das Abendmahl. In: Essen und Ritual, Ergebnisse der Entwurfswoche im IDZ Berlin, Januar 1981, Berlin 1981.
Hollstein, W.: Die Gegengesellschaft. Alternative Lebensformen, Bonn 1980.
Horbelt, R., Spindler, S.: Tante Linas Kriegskochbuch. Erlebnisse, Kochrezepte, Dokumente. Rezepte einer ungewöhnlichen Frau, in schlechten Zeiten zu überleben. Frankfurt 1982.
Hufeland, C. W.: Makrobiothik oder die Kunst, das menschliche Leben zu verlängern, München 1978.
Huret, J.: Berlin um 1900, Berlin 1979 (Reprint d. Ausgabe von 1909).
Hussong, F.: Der Tisch der Jahrhunderte, Berlin 1937.
Johansen, U.: Die guten Sitten beim Essen und Trinken. Bericht von einem Feldforschungspraktikum über Gastfreundschaft, Konsumptionsnormen und Wirtschaftsdenken im Wandel bei türkischen Gastarbeitern. In: Sociologicus 1973.
Keidel, W. D.: Kurzgefaßtes Lehrbuch der Physiologie, Stuttgart 1970.
Kiaulehn, W.: Berlin – Schicksal einer Weltstadt, München 1981.
Kiehnle-Kochbuch für die einfache bürgerliche Familie, Stuttgart-Weil der Stadt 1953.
Kiwus, K., Grunwald, H.: Vom Essen und Trinken, Frankfurt 1978.
Kluge, A., Negt, O.: Öffentlichkeit und Erfahrung, Frankfurt 1972.
Koeppen, W.: Vorwort zu Rumohr (1978).
Köstlin, K.: Revitalisierung regionaler Kost. In: Ethnologische Nahrungsforschung, Helsinki 1975.
Köstlin, K.: Von den Kösten der Bürger. Bemerkungen zur darstellenden Funktion von Mahlzeiten. In: Kieler Blätter zur Volkskunde, Heft 4, Kiel 1972.
Kramer, F.: Verkehrte Welten. Zur imaginären Ethnographie des 19. Jahrhunderts, Frankfurt 1977.
Krünitz' Oeconomische Encyclopädie oder allgemeines System der Staats-Stadt-Haus- und Landwirtschaft, Brünn 1788.
Kubelka, P.: Kochen als Kunstgattung. In: Essen und Ritual, Ergebnisse der Entwurfswoche im IDZ Berlin, Januar 1981, Berlin 1981.
Lepenies, W.: Melancholie und Gesellschaft, Frankfurt 1969.
Lévi-Strauss, C.: Mythologica III: Der Ursprung der Tischsitten, Frankfurt 1976.
Lewin, K.: Forces behind Food habits and Methods of Change. In: Feldtheorien in den Sozialwissenschaften, Bern 1963.

Lewin, L.: Die Gifte in der Weltgeschichte. Toxikologische, allgemeinverständliche Untersuchungen der historischen Quellen, Berlin 1920.
Loose, S. u. a.: Berlin – Ein Handbuch, Berlin 1980.
Maffesoli, M.: La pulsione orgiastica. In: Freund, J. Maffesoli, M., Rath, C.-D.: Il luogho della violenza, Band 1: la violenza e la cittá, Bologna 1979.
Marinetti, F. T. und Fillia: Die futuristische Küche, Stuttgart 1983.
Mattenklott, G.: Der übersinnliche Leib. Beiträge zur Metaphysik des Körpers, Reinbek 1982.
Mauss, M.: Die Gabe. Form und Funktion des Austausches in archaischen Gesellschaften, Frankfurt 1968.
Mauss, M.: gift – gift (1924). In: Œuvres, 3. cohésion sociale et divisions de la sociologie, Paris 1969.
Meyer's Das große Conversations-Lexikon für die gebildeten Stände. Hildenburghausen, Amsterdam, Paris und Philadelphia, 1840ff.
Meyers großes Konversationslexikon, Leipzig, Wien 1909.
Moles, A.: Rituale der Massenkommunikation im Alltag. In: Pross, H., Rath, C.-D.: Rituale der Medienkommunikation, Berlin 1983.
Mosse, G. L.: Der nationalsozialistische Alltag. So lebte man unter Hitler, Königstein 1979.
Mühlmann, W. E.: Umrisse und Probleme einer Kulturanthropologie. In: Mühlmann, W. E., Müller, W.: Kulturanthropologie. Köln, Berlin 1966.
Nagel, O.: Die weiße Taube oder Das nasse Dreieck, München 1979.
Neuloh, O., Teuteberg, H. J.: Ernährungsfehlverhalten im Wohlstand, Paderborn 1978.
Oetker, A. (Hg.): Warenkunde, Bielefeld 1957 (6. Aufl.).
Orbach, S.: Das Anti-Diätbuch, München 1979.
Orwell, G.: 1984. Roman, Frankfurt, Berlin, Wien 1981.
Ostwald, H.: Großstadt-Dokumente, Berlin 1904ff.
Ostwald, H.: Kultur- und Sittengeschichte Berlins, Berlin 1924.
Ostwald, H.: Sittengeschichte der Inflation. Ein Kulturdokument aus den Zeiten des Marktsturzes, Berlin 1931.
Pearson, L. u. L.: Psycho Diät. Abnehmen durch Lust am Essen, Reinbek 1977.
Penkert, D.: Volksgenossen und Gemeinschaftsfreunde, Köln 1982.
Pleyer, K.: Volk im Feld, Hamburg 1943.
Pouillon, F.: Lusso, Artikel in Enciclopedia Einaudi, Bd. 8, Turin 1979.
Proshansky, H. M., Ittelson, W. H.: Einführung in die Umweltpsychologie, Stuttgart 1977.
Ramlow, R.: «... Und jetzt ist Feierabend!», Berlin o. J.
Raulff, U.: Amaro digestivo. In: Basler Zeitung 21.3.1981.
Raulff, U.: Chemie des Ekels und des Genusses. In: Kamper, D., Wulf, Ch. (Hg.): Die Wiederkehr des Körpers, Frankfurt 1982.
Reif, H.: Fabrikarbeit und Mittagsmahlzeit in der Ruhrindustrie 1895–1914 (Eine Problemskizze am Beispiel der Gute Hoffnungshütte Oberhausen), Vortragsmanuskript 1982.
Religion in Geschichte und Gegenwart (Hg. K. Galling), Tübingen 1957–62 (6 Bände).

Revel, J.-F.: Erlesene Speisen. Mitteilungen aus der Geschichte der Kochkunst, Frankfurt 1979.
Risso, M., Böker, W.: Verhexungswahn. Ein Beitrag zum Verständnis von Wahnerkrankungen süditalienischer Arbeiter in der Schweiz, Basel, New York 1964.
Rühle, O.: Illustrierte Kultur- und Sittengeschichte des Proletariats, Frankfurt 1971 (Reprint der Ausgabe von 1930).
Rumohr, K. F.: Geist der Kochkunst, Frankfurt 1978.
Rutschky, K.: Schwarze Pädagogik. Quellen zur Naturgeschichte der bürgerlichen Erziehung, Frankfurt 1977.
Scheibler, S. W.: Allgemeines Deutsches Kochbuch für alle Stände oder gründliche Anweisung alle Arten Speisen und Backwerk auf die wohlfeilste und schmackhafteste Art zuzubereiten, Leipzig, Berlin 1868.
Schivelbusch, W.: Das Paradies, der Geschmack und die Vernunft, München 1982.
Schlesinger, K.: Alte Filme. Eine Berliner Geschichte, Frankfurt 1979.
Schwab, H. O.: The semantic Development of Words for Eating and Drinking in Germanic, Chicago 1971 (Reprint der Ausgabe von 1915).
Sciascia, L.: Vorwort zu R. La Duca: I veleni di Palermo, Palermo 1970.
Seuse, H.: Des Dieners Leben. In: Gabele, A.: Deutsche Schriften, Leipzig 1924.
Siebeck, W.: Kulinarische Notizen, München 1980.
Simmel, G.: Brücke und Tür, Stuttgart 1957.
Sombart, W.: Liebe, Luxus und Kapitalismus. Über die Entstehung der modernen Welt aus dem Geist der Verschwendung, Berlin 1983.
Stein, E.: Hungrige Speisen, Ulm 1966.
Steiner, R.: Ernährung und Bewußtsein. In: Themen aus dem Gesamtwerk, Bd. 7, Stuttgart 1981.
Steinwachs, G.: Ansätze zu einer gastronomischen Maieutik. In: Habs, Rosner: Appetit-Lexikon (1977).
Stollmann, R.: Ästhetisierung der Politik, Stuttgart 1978.
Stolten, I.: Das alltägliche Exil. Leben zwischen Hakenkreuz und Währungsreform, Bonn 1982.
Szaz, T.: Das Ritual der Drogen. Das «Drogenproblem» in neuer Sicht: Sündenbock unserer Gesellschaft, Frankfurt 1980.
Tannahill, R.: Kulturgeschichte des Essens. Von der letzten Eiszeit bis heute, München 1979.
Tellenbach, H.: Geschmack und Atmosphäre. Medien menschlichen Elementarkontaktes, Salzburg 1968.
Teuteberg, H. J.: Studien zur Volksernährung unter sozial- und wirtschaftspolitischen Aspekten. In: Teuteberg, H. J./Wiegelmann, G.: Der Wandel der Nahrungsgewohnheiten unter dem Einfluß der Industrialisierung, Göttingen 1972.
Tokarev, S. A.: Zur Methodik der ethnographischen Erforschung der Nahrung. In: Studia ethnographica et folkloristika in honorem Bela Gunda, Debrecen 1971.
Tolksdorf, U.: Strukturalistische Nahrungsforschung: Versuch eines generellen Ansatzes. In: Ethnologia Europea, Vol. 9, Heft 1, Göttingen 1976.

Tolksdorf, U.: Essen und Trinken in alter und neuer Heimat. In: Jahrbuch für ostdeutsche Volkskunde, Band 21, Marburg 1978.
Tolksdorf, U.: Der Schnellimbiß und The World of Ronald Mc Donald's. In: Kieler Blätter zur Volkskunde, Heft 13, Kiel 1981.
Tolksdorf, U.: Nahrung – Not und Überfluß. In: Umgang mit Sachen, Hg. Köstlin, K., Bausinger, H., Regensburg 1983.
Triton (Pseudonym): Der Hamburger ‹Junge Mann›. In: Großstadt-Dokumente, Heft 39, Hg. Ostwald, H., Berlin, o. J. (ca. 1910).
Unruh, C.: Der Giftmord. Tat. Täter. Opfer. Berlin, Neuwied 1965.
van Ussel, J.: Sexualunterdrückung. Geschichte der Sexualfeindschaft, Gießen [2]1977.
Weber, M.: Wirtschaft und Gesellschaft, Tübingen 1976.
Wetzel, B.: Das Motiv des Essens und seine Bedeutung für das Werk Heinrich Heines, München 1972.
Wiegelmann, G.: Alltags- und Festspeisen. Wandel und gegenwärtige Stellung, Marburg 1967.
Wiegelmann, G.: Volkskundliche Studien zum Wandel der Speisen und Mahlzeiten. In: Teuteberg, H. J., Wiegelmann, G.: Der Wandel der Nahrungsgewohnheiten unter dem Einfluß der Industrialisierung, Göttingen 1972.
Wouters, C.: Informalisierung und der Prozeß der Zivilisation. In: Gleichmann, P., Goudsblom, J., Korte, H.: Materialien zu Norbert Elias' Zivilisationstheorie, Frankfurt 1979.
Zedler, J. H.: Großes vollständiges Universal-Lexikon, Graz 1961ff. (Nachdruck der Ausgabe von 1739ff.)

Quellennachweis der Abbildungen

S. 6: © 1984, Copyright by A.D.A.G.P., Paris & Cosmopress, Genf; S. 7: Der Große Duden. Bildwörterbuch der deutschen Sprache, Leipzig 1938, S. 49, Tafel 26, Bibliographisches Institut; S. 8: Duden. Bildwörterbuch der deutschen Sprache, Mannheim 1958, S. 92, Tafel 45, Bibliographisches Institut; S. 9: Der Große Duden, Bd. 3. Das Bildwörterbuch, Mannheim 1977, S. 454, Bibliographisches Institut; S. 19: Landesbildstelle Berlin; S. 31: © Juliet Man Ray, Paris; S. 49: Iggie Briel, Berlin; S. 64: Neuzeitliche Kochkunst für Gesunde und Kranke. Hg. v. Dr. K. Schantz und Küchenchef G. Greindl, Zürich o. J., gegenüber S. 160; S. 71: Werbebroschüre für Johnnie Walker-Whisky; S. 101: Mit freundlicher Genehmigung der Zeitschrift DM; S. 111: Landesbildstelle Berlin; S. 112: Bildarchiv Preußischer Kulturbesitz, Berlin; S. 114: Friedrich Seidenstücker: Von Weimar bis zum Ende. Fotografien aus bewegter Zeit. Hg. von Ann und Jürgen Wilde, Dortmund 1980, S. 263, Bildarchiv Preußischer Kulturbesitz, Berlin; S. 118: Claus-Dieter Rath, Berlin; S. 127: Bruno Nugeron: Paris Ketchup, 1979; © Éditions F. Nugeron, Levallois-Perret; S. 132: Bildarchiv Preußischer Kulturbesitz, Berlin; S. 134: Landesbildstelle Berlin; S. 138: Fausto Giaccone, Rom; S. 141: A. Paul Weber Erben, Ratzeburg; S. 143: Claus-Dieter Rath, Berlin; S. 148: Landesbildstelle Berlin; S. 159: Fausto Giaccone, Rom; S. 178: Nach: Kunst im 3. Reich. Dokumente der Unterwerfung, Frankfurt 1974, S. 153; S. 190: Fausto Giaccone, Rom; S. 191: Landesbildstelle Berlin; S. 196: Landesbildstelle Berlin; S. 209: Landesbildstelle Berlin; S. 230: Bildarchiv Preußischer Kulturbesitz, Berlin; S. 255: Claus-Dieter Rath, Berlin; S. 258: Gianfranco Baruchello, Rom; S. 325: © Gerhard Glück, Kassel; alle übrigen Abbildungen: Archiv Claus-Dieter Rath, Berlin.